아동건강교육

머리말

현대사회의 산업화, 도시화, 정보화, 세계화 현상은 사회전반에 걸쳐 많은 변화를 가져왔다. 고도의 산업화로 인해 환경오염의 심각성이 심화되고 있을 뿐 아니라, 한 자녀 가정이 증가하는 저출산 시대가 계속되면서 건강한 사회 구성원에 대한 사회적 요구도 높아지고 있다. 이러한 관심은 전인적 발달의 기초라 할 수 있는 건강에 대한 관심으로 이어지고 있으며, 생의 초기인 아동의 건강교육에 대한 사회적 관심으로 확산되고 있다.

또한 직장생활로 자녀양육에 어려움이 있는 맞벌이 부부, 그리고 전업주부들도 취학 전 자녀를 보육시설에 맡기고 있는 실정이며, 보육시설 이용 아동의 연령이 점차 낮아지고 있다. 이에 따라 영유아의 건강 및 영양섭취와 식생활 행동발달에 대한 책임이 가정에서 보육시설의 교사에게로 이동하고 있어, 보육시설 영유아의 평생건강 마련을 위한 전문적인 영양관리가 중요해지고 있다.

이와 함께 아동의 신체발달 못지않게 정신적인 발달이 중요한데 이는 아동의 부적절한 정신건강은 본인의 인지적 · 신체적인 면은 물론 가족 구성원과 지역사회의 모든 영역에 부정적 영향을 주게 되며, 훗날 아동이 바람직한 사회의 구성원으로 성장하는 데 어려움을 준다는 사실이 인식되면서 정신건강 면에 대해서도 관심이 증대되고 있다.

그리고 보육시설의 영유아들은 스스로 자신을 보호할 수 있는 능력이 부족하고 신체적인 발달 미숙으로 유아끼리의 상호작용에서도 사고가 자주 일어나며, 가정보다 보육시설에서 더 많은 생활을 하고 있기 때문에 교사들은 각별히 안전에 주의를 기울여야 한다. 이 때문에 부모와 사회는 아동의 신체적 건강, 정신건강, 아동영양과 안전한 생활에 많은 관심을 가지게 되었고, 그 역할은 고스란히 보육 현장의 교사에게 일임되었다.

이 책은 영유아 보육이란 중요한 역할을 수행하는 교사들이 아동의 건강, 영양, 안전에 대해 바르게 알고 적용할 필요성에 대해 알게 되기를 바라는 마음과, 예비 보육교사들이 좀 더 바람직한 아동 건강에 대한 이론과 실제에 관심을 가질 수 있기를 바라는 간절한 마음을 담아 출간하게 되었다.

이 책의 내용은 '아동 건강', '아동 영양', '아동 안전'으로 크게 구분하였다.

1부 '아동 건강'에서는 아동 건강의 개념 및 기초, 아동 건강관리, 아동 정신건강, 아동 건강교육활동의 계획 및 실제에 도움을 주고자 하였다.

2부 '아동 영양'에서는 아동 영양관리, 수유, 이유, 아동 영양문제와 보육시설 급식의 중요성과 식단계획에 대해 다루었다.

3부 '아동 안전'에서는 안전지도의 개념, 내용 및 방법과 실내 · 외 안전, 그리고 응급처치의 개념 및 필요성, 사고상황에 대비하기 위한 기본지침으로 구성하여 현장의 교사도 쉽게 활용할 수 있도록 하였다.

이 책에서 저자들은 많은 자료를 통한 심층적인 접근으로 아동 건강과 영양, 안전에 대한 이론의 문제점이 없도록 많은 노력을 하였으며, 또한 아동과 직간접으로 연관되어 있는 교수, 행정가, 연구원, 시설장들의 충실한 이론의 정립을 통해 현장에서 실제 적용할 수 있도록 하였다. 보육현장에 계시는 많은 관계자분들께 도움이 되길 간절히 바라는 마음으로 책을 저술하였음을 다시 한번 말씀드린다.

이 책은 한국부모아동연구소의 아동보육에 관련하여 진행되는 프로젝트의 일환으로, 이러한 저술활동을 통하여 연구소가 한국의 부모 · 아동 · 보육 · 상담(치료)의 발전을 위해 많은 역할을 할 수 있기를 바란다.

마지막으로 우리나라의 아동과 보육 발전을 위하여 기꺼이 이 책을 출판하여 주신 파워북 유제구 사장과 책의 출판을 위해 노력하여 주신 김재원 실장, 그리고 편집부에도 감사의 말을 전하고 싶다.

저자 일동

차례

Ⅰ. 아동 건강

Ⅱ. 아동 영양교육

Ⅲ. 아동 안전교육

I. 아동 건강

1

Chapter

아동 건강의 개념 및 기초

1. 아동 건강교육의 개념
2. 아동 건강교육의 목적 및 중요성
3. 아동기 성장과 발달단계

아 동 건 강 교 육

1. 아동 건강교육의 개념

일반적으로 건강이란 개인의 신체적 상태를 의미하는 말로서 주로 질병의 치료를 강조하는 의미로 사용된다. 그러나 보다 적극적인 의미에서의 건강이란 신체의 측면에서 질병이 없다거나 아프지 않다는 것을 넘어 더 광범위한 뜻으로 사용되고 있다. 세계보건기구WHO의 정의에 의하면, 건강하다는 것은 아동의 성장발육이 저해되지 않고 순조롭게 진행되는 상태로서 단순히 질병에 감염되지 않았거나 허약하지 않다는 것만을 의미하는 것이 아니라 신체적 · 정신적 · 사회적 모든 인간발달의 측면에서 아무런 문제가 없는 상태를 의미한다. 즉 건강하다는 것은 신체적 측면만이 아니라 인간 성장 발달의 세 가지 요인인 신체적 · 정신적 · 사회정서적인 측면에서 건강함을 의미하는 것이다.

건강교육health education이란 건강을 교육한다는 건강과 교육의 합성어이다. 인간에게 건강을 교육한다는 것은 건강을 유지하도록 방향을 변화시켜 주는 것이라 할 수 있다. 즉 건강교육이란 새로운 지식을 얻거나 이미 알고 있는 지식을 새롭게 이해하여 이를 통한 새로운 건강행위를 하도록 노력하고 또 이미 활용하고 있는 습성이나 행위를 수정하여 올바른 건강행위를 실천하는 것을 의미한다.

2. 아동 건강교육의 목적 및 중요성

건강한 생활을 실천하기 위해서는 건강에 관한 충분한 지식과 정보를 토대로 건강에 대한 생각과 태도를 변화시켜야 한다. 그리고 건강을 증진, 유지, 회복하는 데 도움이 될 수 있는 행동양식을 배워야 한다. 이러한 의미에서 건강교육이 요구된다. 건강교육은 건강을 발달시키는 데 필요한 지식, 태도, 행동의 발달을 통하여 삶의 질을 유지 · 향상시키는 것을 목표로 하기 때문이다.

건강교육의 궁극적 목표는 개인 또는 가족의 일원, 그리고 사회의 일원으로서 자신의 건강에 관하여 책임감을 갖도록 교육하는 것이다. 즉 정확한 건강지식을 토대로 바람직한 태도를 형성하며, 필요한 생활기술을 습득하여 개인 스스로 건강관리

능력을 갖추는 것이다. 건강관리능력이란 건강에 미치는 다양한 결정요인에 대한 통제력을 말한다(김혜경 · 고승덕, 2007; Meaks, Heit & page, 2003). 건강에 영향을 미치는 요인에 대한 통제력을 갖는다는 것은 건강에 영향을 미치는 것들을 인식하고, 긍정적인 의사결정을 내리며, 자신의 건강을 책임질 수 있도록 하는 것을 의미한다(이순형 외, 2008).

고도의 산업화로 인해 환경오염의 심각성이 경고되고 있을 뿐 아니라 한 자녀 가정이 증가하는 저출산 시대가 계속되면서 건강한 사회 구성원에 대한 사회적 요구도가 높아지고 있다. 이러한 관심은 전인적 삶의 기초라 할 수 있는 건강에 대한 관심으로 이어지고 있으며, 생의 초기인 아동건강교육에 대한 사회적 관심으로 확산되고 있다. 아동건강교육에 대한 사회적 관심이 확산되는 것은 발달의 기본 성격인 기초성, 적기성, 누적성, 불가역성을 고려할 때 자연스러운 일이라 할 수 있다.

첫째, 아동기는 일생의 기초가 형성되는 시기다. 이 시기에 겪게 되는 모든 경험과 성장발육은 성인기의 행동특성 및 신체기능을 결정하는 토대가 된다(박순형 외, 2007). 이러한 점을 고려해 볼 때 생의 초기인 아동기에 제공되는 건강에 대한 생각과 건강행위는 건강습관으로 이어져 평생 지속될 가능성이 높다.

둘째, 결정적 시기 동안 내외적인 환경적 경험에 의해 획득된 특성은 전 생애에 걸쳐 영향을 미치기 때문에 보다 풍부한 환경 경험이 결정적 시기 동안 제공되어야 한다. 즉 아동기에는 신체적 · 정서적 · 사회적 건강발달과 밀접한 청각발달, 시각발달, 언어발달, 애착발달 및 성역할 발달 등 다양한 발달영역에서 결정적 시기가 존재하고 있는 것으로 알려져 있다. 이를 고려해 볼 때, 조기진단과 예방에 도움을 주는 아동건강교육은 생애 어느 단계보다 중요하다고 할 수 있다.

셋째, 사회적 건강과 관련하여 영아기 어머니와의 관계에서 수유과정 동안 불신감이 형성되면 청소년기 및 성인기 사회적 관계에 부정적 영향을 미치는 것으로 알려져 있다. 초기 결핍된 환경 경험이 성장과정 동안 누적적으로 영향을 미치는 것으로서 발달의 누적성이라 할 수 있다. 발달에 어떤 결손이 생기면 다음 시기의 발달에 좋지 못한 장애가 일어날 수 있음을 의미하는 발달의 누적적 성향을 고려해 볼 때, 아동기의 바람직하지 않은 건강습관은 생애 전체에 부정적 영향을 미칠 수 있다.

넷째, 아동기 건강교육이 중요한 것은 발달의 최적기를 놓치게 되면 그 시기에 이를 보완하거나 교정하기가 매우 힘들기 때문이다. 이는 발달의 불가역성을 의미한다. 건강과 관련된 발달의 불가역성을 예방할 수 있는 것은 생의 초기에 정확한 건강에 대한 지식과 정도 습득 및 행동습관을 형성시키는 것이다. 이러한 의미에서 아동건강교육은 정보부족으로부터 유발될 수 있는 건강의 불가역성을 예방하기 위한 중요한 수단이라고 할 수 있다.

3. 아동기 성장과 발달단계

모든 아동은 부모에게서 물려받은 유전인자를 기초로 하여 각자가 처한 환경의 영향을 받으면서 자라게 된다. 아동이 성인으로 자라는 현상을 발육이라고 하는데 발육은 시간이 지남과 경험의 정도에 따라 일어나는 양적인 변화와 질적인 변화에 의해 진행된다.

발육과정에서 세포가 양적으로 증가하여 나타나는 변화를 성장이라 하며, 세포가 질적으로 변화함에 따라 나타나는 현상을 발달이라고 한다. 성장이란 신체 크기나 근육 굵기 등이 증가하는 것으로 그 여부는 대개 관찰이나 측정이 가능하므로 쉽게 평가될 수 있는 특징이 있다. 반면 발달은 신체기능이나 운동기술, 인지능력, 정서, 도덕성, 사회성 등이 발전해 나가는 것을 일컫는 말로 성장에 비해 그 변화 정도의 관찰이 어려우며 측정도 용이하지 않다.

아동의 성장과 발달은 연령의 증가와 함께 나타나는 것이 일반적이다. 따라서 건강한 아동이라면 연령이 증가함에 따라 성장과 발달이 균형 있게 지속적으로 이루어지게 되므로 꾸준한 성장과 발달은 아동의 건강상태를 가늠하는 중요한 척도가 된다.

아동의 성장과 발달에 대한 과학적인 연구는 1900년대 초 심리학이 철학에서 분리되어 나오면서부터 시작되었다. 스탠리 홀에 의해 시작된 아동연구 운동은 오랜 세월이 흐르는 동안 여러 학파의 심리학자, 의학자 및 생리학자들에게 영향을 미치게 되었고, 그 결과 아동들이 성장 · 발달하는 과정을 여러 각도에서 규명한 다양한 이론–자연주의 이론, 환경주의 이론, 상호주의 이론, 정신분석학 이론, 인본주의 이론 등–이 제시되었다. 이러한 이론들은 아동의 성장과 발달과정에 대해 각각 다른 관점에서 또는 다른 측면들을 설명하고 있는데, 이들 이론들이 제시하고 있는 공통된 성장과 발달의 원리를 요약하면 다음과 같다.

- 아동의 성장과 발달은 유전적 요인과 환경적 요인의 상호작용에 의해 이루어진다.
- 모든 아동은 성장과 발달에 있어 개인차를 보인다.
- 아동들의 성장과 발달은 연속적으로 일어나며 이전의 성장과 발달의 정도는 다음의 성장과 발달의 수준이나 질적인 측면에 영향을 미친다.

아동의 성장과 발달은 각자가 처한 유전적 · 환경적 요인의 상호작용에 의해 개인차를 보이며 이루어지는 것이므로 특별히 어떤 시기에 어떤 특징을 보여야만이 정상적으로 성장 · 발달하고 있는 것으로 단언하기는 어렵다. 그러나 각각의 이론에서 제시한 연령별 · 발달단계별 정상적인 성장 · 발달의 범위를 이해하는 것은 아동이 건강하게 발육하고 있는지를 평가할 수 있는 중요한 기준이 될 수 있다. 어떤 시기에 이르러 동일 연령 집단과 비교하여 어떤 범위 내에 속하는지 아닌지를 판단함으로써 교사나 부모는 한 아동의 발육상태를 알 수 있게 된다. 정상적인 성장 · 발달의 범위에 속하는 아동들의 특징을 태내기, 신생아기, 영아기, 유아기, 아동기로 나누어 설명하면 다음과 같다.

1) 태아기

(1) 발달특성

인간의 생명은 정자와 난자가 만나 수정란을 이루는 순간부터 시작된다. 정자는 머리부터 꼬리까지 1/600mm이며, 한 번 사정 시 약 5억 개가 방출된다. 난자의 크기는 1/7mm 정도이며, 28일에 한 번씩 성숙한 여성의 양쪽 난소로부터 번갈아 생성된다. 수정란은 곧 급속한 세포분열을 이루면서 하나의 개체로 발달해 간다.

태아기는 정자와 난자가 만나 수정란을 이루는 순간에서부터 출산에 이르기까지의 기간을 말한다. 이 기간은 발아기, 배아기 그리고 태아기로 나뉘며, 약 266일 정도이다. 발아기germinal stage는 수정에서부터 2주까지의 기간으로, 수정란은 급속한 세포분열을 이루면서 내부세포군과 외부세포군으로 나뉜다. 후에 태아가 될 내부세포군은 신경계 및 표피 등으로 발달할 외배엽과 소화기계 및 호흡기계로 발달할 내배엽으로 나누어진다. 외부세포군은 태아의 발달을 지지하는 영양세포층으로 발달한다. 수정란은 수정 후 10~14일경에 자궁내막에 착상된다. 배아기embryonic stage는 수정 후 2주에서 8주까지의 기간을 말하며, 신체의 기관과 조직이 가장 급속하게 발달하는 기관발생기이다. 이 시기부터 태아의 심장이 뛰기 시작하고 탯줄과 척추가 형성되며 눈, 코, 입, 팔다리 등이 만들어진다. 이 시기는 임신의 전 과정 중 태내환경의 영향에 의해 가장 손상 받기 쉽다. 태아기fetal stage는 8주에서 출생까지의 시기이며, 신체의 모든 기관과 조직의 구조와 기능이 정교화된다. 이 기간 동안에는 신경계의 발달과 체중 및 신장의 발달이 활발히 이루어진다. 태내기 동안의 주요 발달은 표 1-1 과 같다.

표 1-1 태내기 월령별 주요 발달

태내 월령	신 장	체 중	주요 발달
1개월	0.6 ~ 1.3cm	–	• 혈액이 미세한 정맥과 동맥을 통해 흐름 • 뇌, 콩팥, 간장, 소화기관의 초기형태가 갖추어짐 • 탯줄이 작동함. 아직 성을 구별할 수는 없음
2개월	2.5cm	2.2g	• 머리가 전체 몸길이의 절반을 차지함 • 얼굴이 발달되어 있고, 손, 발, 손목, 발목, 손가락, 발가락, 무릎 등이 생김
3개월	7.6cm	28.4g	• 머리가 전체 몸길이의 1/3, 성별 구별 가능 • 숨을 쉬고, 폐 안팎으로 양수를 받아들이고 내뱉으며 가끔씩 소변을 봄 • 머리, 팔다리, 눈꺼풀, 손바닥, 발바닥, 입술 등이 자극에 대해 반응함
4개월	20.3 ~ 25.4cm	170g	• 머리가 전체 몸길이의 1/4 • 모체는 태아의 태동을 느낄 수 있음 • 근육발달로 반사행동이 더 활발해짐
5개월	30.5cm	340 ~ 453g	• 잠자고 깨는 습관이 분명해지고 자궁 내에서 좋아하는 자세가 생김 • 활동성이 더 커져서 차기, 뻗기, 꿈틀거리기 등을 함 • 눈썹과 속눈썹, 가는 머리카락이 자라고 솜털이 온몸을 덮음
6개월	35.6cm	567g	• 피하지방이 생기고 눈을 감고 뜨고 모든 방향을 볼 수 있음 • 아직 호흡기관이 미성숙하여 조산 시 생존가능성 희박
7개월	40.6cm	1.4 ~ 2.3kg	• 반사행동이 완전히 발달함. 물고, 숨 쉬고, 엄지손가락을 빨 수 있음 • 1.6kg 이상일 경우, 조산 시 의료적 보호를 받으면 생존가능 • 청각, 미각, 후각 발달
8개월	45.7 ~ 50.8cm	2.3 ~ 3.2kg	• 피하지방이 크게 발달하여 온도변화에 적응할 수 있도록 준비됨 • 좁은 자궁 환경 때문에 동작은 오히려 줄어듦
9개월	50.8cm	3.2kg	• 피하지방의 축적은 계속되고 노폐물을 더 많이 배출함 • 모든 기관의 작동이 더 효율적이 됨

출처 : Papalis, Olds & Feldman(2001)

(2) 영양 및 섭생

임신 중 모체의 안위와 영양상태는 임부 자신의 건강뿐만 아니라 태아의 건강과 안녕을 결정하는 중요한 요소이다. 임부의 충분하고 균형 잡힌 영양섭취는 임신의 합병증을 감소시키고 정상적인 태아의 성장을 가능하게 한다.

① 에너지 권장량

에너지 필요량은 생명현상 유지에 필요한 기초대사, 활동에 필요한 활동대사, 음식섭취에 따른 신진대사율의 영향을 주로 받는데, 임신과 수유를 위해서는 추가 열량의 섭취가 필요하다. 임신 기간은 다른 어떤 기간보다 급속한 성장발달을 하는 시기이며 자궁 내 태아의 건강상태는 전적으로 모체의 영양상태에 의존하게 된다. 태아는 자궁내막에서 형성된 태반을 통하여 모체로부터 영양을 공급받는다. 임신부는 자신의 건강 유지뿐 아니라 태반과 태아, 자궁의 성장과 출산 후 수유를 위해 임신 전보다 고른 영양섭취에 더욱 신경을 써야 한다. 하루 필요 열량은 임신 전반기에는 20~49세의 가임 여성의 영양권장량(2,000kcal)에 150kcal, 후반기에는 350kcal를 추가하도록 하고 있다. 수유부는 일반 여성보다 400kcal를 추가로 섭취하도록 한다.

임신 중 모체와 태아의 체중 증가량에는 개인차가 있다. 건강한 임신부의 체중 증가량은 약 10~12.5kg 정도가 바람직하다. 체중이 지나치게 증가하면 출산 후 비만 가능성이 높고 임신 중 고혈압, 당뇨, 심혈관계 장애와 같은 만성질환의 위험이 높아진다. 임신 중 첫 10주 동안은 체중증가가 적으며 체중증가의 대부분은 자궁의 성장과 모체 혈액량의 증가로 인한 것이다. 임신 말기가 되면 태아의 성장이 체중증가의 가장 큰 부분을 차지하게 된다.

② 영양소별 권장량

■ **단백질**

임신 중에 태아의 조직과 태반의 구성을 위해, 그리고 모체 혈액 증가와 분만 및 수유 시에 필요한 영양저장을 위해 단백질을 공급하려면 임신 전보다 하루 15g의 단백질을 더 섭취할 필요가 있다. 단백질 결핍은 비정상적 출혈의 빈도를 증가시키고 태아의 발육부전 등을 유발할 수 있다.

■ **미네랄**

칼슘은 인체에 가장 많이 들어 있는 무기질로서 뼈를 구성하고 신경의 흥분, 혈액응고, 근육수축 등 신체의 기본적인 활동을 조절한다. 칼슘은 우리나라 식생활에 있어서 가장 결핍되기 쉬운 영양소 중의 하나로 대부분의 사람이 1일 섭취권장량을 충족시키지 못하고 있으며, 특히 전 가구 수의 50%가 권장량의 75% 미만을 섭취하는 것으로 조사되었다. 한국 성인의 1일 칼슘권장량은 700mg이며 임신부는 300mg, 수유부는 400mg을 추가로 권장하고 있다. 태아는 골격성장이 활발하며 임신 후반기에는 치아가 형성되므로 많은 양의 칼슘이 필요하다. 특히 칼슘은 임신 말기에 태아에게 축적되어 출생 시 신생아는 약 25~30mg의 칼슘을 가지고 태어나기 때문에 임신부는 충분히 섭취해 주어야 한다.

인은 칼슘과 체내에서 기능과 대사적으로 밀접한 관계를 맺고 있어서 칼슘과 비슷한 수준으로 섭취하도록 권장되고 있다. 현재 우리나라 식생활에서 인은 충분히 섭취되고 있으며 오히려 인스턴트식품의 섭취증가에 따른 과잉섭취가 우려되고 있다.

철분은 산소의 운반과 세포호흡의 생리과정에서 꼭 필요한 무기질이다. 철 결핍의 위험이 높은 시기는 급격한 신체성장이 이루어지는 영유아기, 사춘기, 철의 요구가 증가하는 임신기이다. 임신 후반기 체내의 철분 결핍으로 인해 모체의 헤모글로빈 농도가 감소하면 태반이나 태아 세포에 적절한 산소를 공급하기 위해 모체의 심장운동이 증가한다. 이로 인해 모체는 쉽게 피곤해지고 다른 생리적 스트레스에 민감한 반응을 나타내게 된다. 또한 빈혈이 심하면 분만 시 효과적으로 자궁수축이 진행되지 않아 난산의 위험이 있고 출혈로 인한 사망의 위험도 있다. 임신부의 철분권장량은 성인 여자의 1일 필요량인 16mg에 전반기에는 4mg, 후반기에는 8mg을 추가한 것이다. 수유기에는 2mg을 추가로 섭취하도록 한다. 철분의 섭취는 식품을 통하는 것이 바람직하나 임신 수유부의 경우는 철분보충제가 추가로 필요하다. 철분은 비타민 C와 함께 섭취할 때 흡수율이 좋고 차, 우유와 함께 섭취하면 흡수율이 떨어진다.

아연은 모든 동물세포의 구성성분으로 체내에서 여러 가지 효소 작용과 구조에 관여하고, 많은 호르몬의 활성과 면역 등의 중요한 기능을 담당하고 있다. 아연은 식품에 널리 존재하기 때문에 극심한 아연 결핍은 드물지만 경미한 상태의 아연 결핍은 세계적으로 만연해 있는 실정이다. 아연 섭취권장량은 남자 12mg, 여자 10mg이며, 임신기에 3mg, 수유기에 6mg을 추가로 권장하고 있다.

■ 비타민

지용성 비타민

비타민 A는 모체의 대사항진, 태아의 성장, 세포분화 및 정상적 발달, 생후의 시력 형성, 세균감염에 대한 저항력 증가 등에 필요하다. 임신부는 성인 여성과 동일하게 섭취하도록 하며 수유기에는 350RE를 추가하여 총 1,050RE를 섭취하도록 한다.

비타민 D는 칼슘의 장내 흡수를 촉진시키고, 칼슘과 다른 물질이 뼈와 이에 흡수되는 것을 도와준다. 또한 임신기 칼슘 균형을 유지시켜 주며 신생아의 칼슘 균형에도 관계하는 것으로 알려져 있다. 임신부와 수유부 모두 일반 여성의 2배(10ug)가 권장되고 있다.

비타민 E는 임신 후반기 성인 여성의 권장량(10mg)에 2mg, 수유부는 3mg을 추가로 섭취할 것을 권장하고 있다.

수용성 비타민

비타민 B_1, 비타민 B_2, 비타민 B_3(나이아신)는 에너지 생성 과정에 참여하므로 요구량은 열량섭취에 의존한다. 임신기에는 각각 1.3mg, 1.6mg, 15mgNE(나이아신 당량)를, 수유기에는 1.4mg, 1.7mg, 17mgNE를 섭취할 것을 권장하고 있다.

비타민 B_6는 아미노산 대사와 단백질 합성에 관여한다. 비타민 B_6가 결핍되면 임신부에게 펠라그라, 구내염 및 입덧 심화를 야기할 수 있다. 임신 기간 중에는 0.6mg, 수유기에는 0.5mg을 추가로 권장하고 있다.

비타민 C는 골격, 치아, 콜라겐 형성에 중요한 구조적 요소이며 항산화제로서도 작용을 한다. 임신 중에는 85mg의 섭취가 권장되고 수유기에는 일반 여성보다 50% 이상 섭취량을 늘려 105mg 정도를 섭취하도록 한다.

엽산

엽산은 세포분열과 단백질 합성에 필요한 DNA, RNA 합성에 필수적인 수용성 비타민이다. 엽산은 백혈구와 적혈구의 생성, 아미노산 대사에 관여하고 그 세포분열에 필수적인 요소이기 때문에 태아의 성장을 위해 꼭 필요하다. 최근 많은 연구에서 엽산을 포함한 다양한 비타민이 임신 전후에 보충되면 신경계 장애를 가진 신생아 출산 확률이 감소한다는 보고가 있는데 이를 위하여 엽산보충제는 임신 전과 임신 초기에 복용하는 것이 효과적이다. 임신부는 일반 여성에 비해 두 배 정도의 엽산이 필요하며 권장량은 500μg이다.

(3) 활동과 휴식

① 활동

임신 중 운동은 권장되어야 한다. 그러나 지나친 운동은 태아를 위태롭게 할 수 있다. 옥외운동은 태양광선과 신선한 공기와의 접촉을 가능하게 해주기 때문에 유익하다. 임신 중 운동의 증감은 임부의 개별적 상태에 따라 결정되어야 하며, 임신 초기와 말기에 따라 운동량이 달라져야 한다. 임신이 진행될수록 운동은 이전보다 제한되어야 한다.

운동은 신경을 강화하고 마음을 안정시키며, 수면을 증진하고 식욕을 자극한다. 신선한 공기 내에서의 보행은 전신의 근육운동을 자극하고, 분만 중 사용되는 근육을 강화하므로 추천된다. 그러나 어떤 종류의 운동을 하든지 피로해져서는 안 된다. 가장 좋은 결과를 위해서는 신선한 공기와 햇살을 받으며 운동을 하고 휴식기가 마련되어야 한다. 가정에서 가사를 돌보는 임부는 육체적으로는 별도로 계획된 운동을 할 필요가 없지만 신선한 공기와 태양광선, 그리고 오락은 어느 정도 필요하다.

② 휴식

임부는 하루 8시간 이상의 충분한 수면과 오전, 오후 2회에 걸쳐 30분가량 편안히 누워 낮잠을 취하거나 휴식을 도모하여 피로를 풀도록 한다. 임부는 쉽게 피로해지며 피로는 불안, 근심, 초조 등의 증상을 수반하므로 피로를 회복하는 것보다는 예방이 중요하다. 만일, 임부가 밤에 수면을 취할 수 없으면 낮잠이나 휴식을 취한다. 휴식은 편안하게 이완하는 능력이므로 누워서 자는 것뿐 아니라 편안히 누워 있거나 앉아 있는 것도 포함된다. 임신 말기, 특히 마지막 한 달 동안에는 옆으로 누워 있을 때 작은 베개로 복부를 지지하면 불편함을 덜 수 있다. 앉아 있는 것을 권장하며 하지를 높인 상태로 앉아서 쉬는 것은 유익하다.

(4) 위생관리

임신 기간에는 임신 전보다 질 분비물이 많아진다. 게다가 임신을 하면 평소보다 땀을 많이 흘리는 사람도 많다. 샤워나 목욕을 자주 해 피로를 풀고, 청결을 유지해야 한다. 임신 중 샤워나 머리감기는 임신 전과 같이 할 수 있으나, 통목욕은 조심해야 한다. 특히, 임신 초기는 태아가 아직 불안정한 상태이기 때문에 세균이나 질병에 노출되기 쉬운 공중목욕탕은 사람이 덜 붐비고 욕탕물이 깨끗한 아침시간대를 이용하는 것이 좋다. 임신 중에는 질 내 산도가 떨어져 감염가능성이 있으므로 물이 더럽다면 욕탕 안에는 들어가지 않는 것이 바람직하다. 또한 뜨거운 목욕물이나 사우나, 한증막은 피하는 것이 좋다. 지나치게 뜨거우면 태아의 신경계에 손상을 입힐 수 있다. 특히 사우나실이나 한증막 같은 경우 체내 수분이 많이 증발되어 현기증이 일어나기 쉬우므로 피해야 하고 욕실이나 대중탕은 바닥에 물기가 있어 미끄러지기 쉬우므로 조심해야 한다.

(5) 정서관리

임신부 정서상태의 중요성은 우리나라 전통육아에서도 태교라는 용어로 강조되어 왔고, 태교의 중요성은 오늘날 현대 의학에서도 입증되고 있다. 임신부의 불안, 공포, 분노와 같은 정서상태는 태아에게로 가는 혈액공급을 감소시키고, 자율신경계에 영향을 미쳐 부신호르몬 분비를 촉진시킨다. 이는 태반을 통해 곧바로 태아에게 전달된다. 어머니의 스트레스는 혈관을 수축시켜 태반 내 혈액량을 감소시키므로 태아에게 산소나 영양공급의 부족을 초래한다. 스트레스 수준이 높았던 임신부의 아기는 심장박동률이 정상 태아보다 불규칙하다.

또한 정서적으로 안정되지 못한 어머니에게서 태어난 아기는 미숙아나 까다로운 기질을 보이는 경우가 많으며, 과잉행동이나 성급한 성격특성을 보이거나 소화기 장애가 많은 것으로 보고되고 있다. 또한 어머니의 불안은 신진대사율을 증가시켜 저체중아 출산의 원인이 되고, 불안에 반응하기 위해 모체에서 분비되는 호르몬은 조산을 유발하기도 한다. 더욱이 정서적으로 불안한 임신부는 흡연이나 알코올을 섭취하게 되어 태아에게 또 다른 형태의 해를 줄 수 있다. 따라서 임신부는 편안하고 안정적인 마음을 가지도록 노력해야 한다.

2) 신생아기

(1) 발달특성

출생 시 아기의 머리 크기는 신장의 1/4 정도이고, 두개골은 완전히 봉합되지 않은 상태이다. 평균체중은 3.3kg인데, 2.6~4.1kg이면 정상체중에 속한다고 본다. 신장은 평균 50cm이고, 두위는 평균 34cm이다. 신생아는 피하지방이 적고 몸의 크기에 비해 체표면적이 넓으며 양수에 젖어 있는 상태이므로 성인의 4배 정도 쉽게 체열을 손실할 수 있다. 심장박동은 1분에 140회에 이를 만큼 빠르고 불규칙하며, 혈압은 생후 10일이 지나야 제대로 안정된다. 출생 후 대개 20~30초 이내에 첫 호흡을 시작하는데, 출생 직후 3분이 경과해도 호흡을 하지 않으면 산소결핍증으로 인한 두뇌 손상이 일어날 수 있다. 신생아의 호흡수는 1분에 40~50회이고, 생후 일주일 동안은 불규칙하다. 신생아는 간 기능이 불완전하여 생후 2~3일경 피부와 눈동자가 노란색을 띠는 생리적 황달현상을 보이는데, 시간이 지나면 보통 자연적으로 사라진다.

신생아는 수면과 각성 정도에 따라 다섯 가지의 상태를 나타낸다. 이는 깊은 수면, 불규칙 수면, 칭얼대기와 울기, 활동적인 각성, 졸음 상태로, 신생아는 두 시간 간격으로 이 다섯 가지의 상태를 되풀이한다. 깊은 수면은 호흡이 규칙적이고 움직임이 거의 없는 non-REM non-rapid-eye-movement의 수면상태이다. 이에 비하여 불규칙 수면은 눈꺼풀 아래로 눈동자가 빠른 움직임을 보이고 호흡이 불규칙한 REM rapid-eye-movement 수면으로, 이 시간에는 주로 꿈을 꾸는 등의 대뇌 활동이 이루어진다. 신생아의 REM 수면시간은 어른보다 두 배 이상 긴 것으로 보고되는데, 이는 깨어 있는 각성시간이 적은 신생아가 중추신경계의 성장을 위해 필요한 자극을 스스로 받아들이는 시간으로 인식된다.

또한 신생아는 외부자극에 대해 반응하는 반사행동을 나타낸다 표 1-2 . 반사행동의 출현 및 소실 시기는 신경계 발육의 성숙도 및 활성도와 관련이 있다. 신생아의 감각능력은 최근의 연구 결과, 보통 생각했던 것보다 상당히 발달한 것으로 밝혀지고 있다. 촉각 및 움직임에 대한 감각은 아기가 자궁 속에서부터 움직이고 있었기 때문에 가장 잘 발달된 감각이다. 또한 단맛, 신맛, 쓴맛에 대한 미각이 어른의 수준 정도로 발달되어 있고, 냄새에 대한 판별능력과 특정 냄새에 대한 선호도 나타난다. 청각능력 및 언어지각 능력도 상당히 발달되어 3개월경부터는 섬세한

표 1-2 신생아 정상 반사행동의 종류와 특징

정상 반사의 종류	특 징	소실 시기
모로반사 (moro reflex)	검사자의 손으로 아기의 어깨를 받치고 갑자기 머리를 떨어뜨릴 때 가장 잘 나타난다. 등을 펴고 팔을 쭉 뻗어 외전하고 손바닥, 발바닥을 활짝 편다.	2개월에 가장 강하고, 3~4개월경 소실
경악반사 (startle reflex)	갑작스런 큰소리에 팔꿈치를 굽힌 채 팔을 벌린다. 손은 주먹을 쥔 상태이다.	4개월경
긴장성 경반사 (tonic neck reflex)	안정상태의 신생아 머리를 한쪽으로 돌리면 굴근의 긴장이 사라져 돌린 쪽의 팔과 다리를 펴게 된다.	3~4개월경
파악반사 (grasp/plantar reflex)	아기의 손바닥을 검사자의 손가락으로 건드리면 그것을 꽉 붙잡고 놓지 않는다. 발바닥을 발꿈치에서부터 앞으로 건드리면 발가락을 앞으로 오므린다.	3~4개월경
바빈스키 반사 (barbinski reflex)	발바닥의 외면을 발꿈치에서부터 발가락 쪽으로 가볍게 긁으면 엄지발가락은 배굴되고 나머지 발가락은 부챗살처럼 펴진다.	10~17개월경
흡철반사 (sucking reflex)	젖꼭지로 입을 자극하면 빤다.	6개월경, 출생 후 자극이 없으면 소실
연하반사 (swallowing reflex)	음식물이 구강후부에 닿으면 삼킨다.	소실되지 않음
포유반사 (rooting reflex)	아기의 뺨에 물체가 닿으면 그쪽으로 향하고 젖꼭지를 물 때와 같이 입을 벌린다.	깨어 있을 때 : 3~4개월경 잘 때 : 7~8개월경
발 내딛기 반사 (placing response)	아기를 세운 자세로 쳐들고 아기의 발등을 책상 모서리에 스치도록 하면 그 다리의 무릎과 대퇴관절을 구부린 뒤 그 발을 책상 위에 올려놓고 다리를 펴서 몸을 지탱한다.	
대광반사 (light reflex)	눈에 빛을 비추면 동공이 작아진다. 그러나 작아졌다가 2차적으로 확대되는 수도 있다.	소실되지 않음
밀어내기 반사 (extruding reflex)	물질을 혀의 전방부에 놓으면 밖으로 밀어낸다.	4개월경
견인반응 (traction response)	아기의 양손을 붙잡고 누운 자세로부터 당겨 일으키면 처음에는 머리가 뒤로 젖혀지지만 상체가 수직 위치로 되면 앞으로 수그러지며 잠시 머리를 고정할 수 있다. 이때 어깨 상자의 근육이 수축하여 자기도 끌어올리는 데 협력하려는 긴장을 느낄 수 있다.	4개월경
척주반사 (incurvation reflex)	아기 등의 척주 옆을 길이의 방향으로 긁으면 척주가 그쪽으로 구부러진다.	

반응을 보인다. 반면 신생아의 시력은 아주 약해서 가까이 있는 것만 볼 수 있으며, 밝은 색깔의 물체나 사람의 얼굴을 따라 눈동자를 움직이는 시각적 자극에 대한 추적능력도 잘 발달되어 있지 않다. 그리고 직선보다는 곡선을, 단순한 형태보다는 흑과 백이 대비되는 기하학적 무늬를, 빨강보다 파랑이나 녹색을, 밝거나 어두운 색보다는 중간색을 더 좋아하는 것으로 보고되고 있다.

(2) 영양 및 섭생

매일 약 30g씩 몸무게가 증가하려면 매일 약 120kcal/kg의 섭취가 필요하다. 이것은 체중이 4kg인 경우 하루 480kcal를 섭취해야 한다는 뜻이 된다.

① 섭식행동의 발달

출생 후 만삭 신생아는 코로 냄새를 맡아 엄마의 젖을 찾고 빨 수 있다. 구강반사로 포유반사rooting reflex가 있어 젖 냄새를 맡거나 배가 고플 때 입 주위를 자극하면 자극된 방향으로 고개를 돌리고, 흡철반사(sucking reflex, 젖꼭지가 입술에 닿거나 입 안에 넣으면 빤다), 연하반사(swallowing reflex, 젖이 입 안에 들어오면 삼킴운동이 유발된다)가 있어 모유나 조제유 수유가 가능하다. 또 혀가 앞뒤로 움직이므로 혀 위에 음식이 얹힌 경우 혀 밀어내기 반사tongu extrusion reflex로 음식을 강하게 내뱉는다. 생후 한 달쯤이면 얼굴에 초점을 맞추어 쳐다보고 3개월 정도가 되면 움직임을 눈으로 좇는다. 10주 정도의 아기는 젖이나 젖병이 음식을 주는 것임을 알아볼 수 있다. 아직 머리를 잘 가누지 못하며, 수유 자세는 머리 쪽을 45° 정도 상승시키고 목과 머리를 지지해 주는 것이 좋다.

영아가 4~6개월이 되면 아래턱이 아래와 앞쪽으로 자라면서 구강의 공간이 좀 더 넓어지고 혀 밀어내기 반사가 약해지면서 수저를 이용한 음식공급이 가능해진다. 6개월 무렵이 되면 아기는 식사과정에 좀 더 많은 참여를 하게 된다. 치아는 최초 아랫니 두 개가 나오기 시작하고 으깬 부드러운 음식을 혀 뒤로 움직여 삼킬 수 있다. 6개월에는 컵 사용을 시작할 수 있으나 음식물의 양이 많으면 갑작스럽게 흘러나와 기침을 하거나 사레들리는 경우가 발생할 수 있으므로 주의해야 한다.

② 모유수유

모유는 6개월 이전의 영아가 섭취할 수 있는 가장 적절하고 완벽한 식품이다.

- 모유는 생후 6개월 동안 자라는 영아에게 이상적인 음식이다.
- 1회 수유 동안에도 모유 사이에는 지방 농도에 차이가 생겨 맛의 변화가 있다.
- 모유에는 생후 미숙한 장관점막의 성숙을 촉진시키는 인자가 있다.
- 알레르기 발생 우려가 적다.
- 무균적이다.
- 감염에 대한 방어 작용이 있다.
- 아무 때나 즉시 먹일 수 있으며 기구나 물이 필요 없고, 따로 비용이 들지 않는다.
- 양을 조절할 필요가 없다.
- 모자 간의 친밀한 정신적 관계를 증진시킨다.
- 모유는 영아의 인지력 발달을 돕는 것으로 생각된다.
- 모유수유는 모체에도 유익하다.

이 시기까지는 모유를 섭취하는 경우 따로 물이나 이유식을 섭취하지 않아도 된다. 3~4개월까지는 빠른 반사와 입에서 음식을 밀어내는 반사를 가지고 있고 위장이 미숙해 큰 입자를 흡수할 능력이 부족하여 음식물 알레르기가 일어날 수 있으므로 이유식은 하지 않는 것이 좋다. 5~6개월 이전의 고형식이는 신장에 부담을 주는 신장용질의 증가와 비만을 유도할 수 있다. 영아가 자람에 따라 하루 동안 수유하는 횟수는 감소되고 매 수유 시 먹는 양은 늘어난다. 영아는 출생 시 4~6개월 동안 사용할 수 있는 철분을 비축하여 나오고, 모유에 들어 있는 철분은 소량이나 흡수가 잘되므로 추가 섭취가 필요하지 않다. 시판되고 있는 철분 강화용 조제유는 모유수유가 불가능한 경우 대체할 수 있는 식품이다. 생우유나 탈지분유, 저지방우유, 산양유 등은 영아의 주식이 될 수 없는데, 그 이유는 영아가 소화시키기 어렵고 그에 필요한 영양성분을 갖추지 못하였기 때문이다. 또한 생우유는 철분과 아연, 비타민 C가 부족한 식품으로 과량섭취 시 위장관출혈을 일으킬 수 있으므로 12개월 이전 영아의 주식이 될 수 없다. 모유수유를 하는 어머니는 하루 800kcal를 더 섭취해야 하고 수분과 각종 영양소를 골고루 섭취하도록 하며 인스턴트식품, 카페인, 술, 향신료 등 자극적인 음식섭취를 하지 않도록 한다.

우리나라 신생아의 모유수유 비율은 16%로 유럽의 75%, 미국의 52%, 일본의 45%에 비해 매우 낮은 실정이다(대한가족보건복지협회, 2003). 영아의 월령에 따른 모유수유 비율을 살펴보면, 생후 1개월에도 31.6%만이 모유영양을 하고 있으며, 3개월 18.7%, 생후 6개월 9.8%에 불과한 실정이다(한국보건산업진흥원, 2002). 영아가 있는 보육시설에서도 가능하다면 영아들이 모유를 먹을 수 있도록 어머니를 도와야 한다. 이를 위해서는 조용하고 방해받지 않는 장소를 제공하여 어머니가 떠나기 전, 기타 가능한 시간에 수유할 수 있도록 해야 한다. 그리고 기관에서 조제유를 주는 시간대를 조절해야 하는데, 적어도 어머니가 아기를 데리러 오기 2시간 반 전에 조제유를 먹이게 되면 어머니가 왔을 때 영아는 모유를 잘 먹을 수 있다. 보육시설에 올 수 없는 어머니는 손이나 유축기를 사용하여 모유를 짜서 가져올 수 있으므로 철저한 위생관리하에 보관하여 영아에게 먹이도록 한다.

③ 조제유 수유

상품화된 제유를 수유하기 적당한 형태로 만들어 주는 행위를 조유라고 한다. 조제유 상품을 사용할 경우 반드시 유효기간을 확인해야 하고, 상품을 개봉한 뒤에는 색 또는 냄새를 통해 변질되지 않았는가를 확인해야 한다. 일단 개봉한 조제유는 가능한 한 빨리 사용하도록 하고 건조하고 통풍이 잘되는 장소에 보관해야 한다. 장기간 방치하면 공기 중의 산소를 흡수하여 변질될 우려가 있을 뿐 아니라 세균 또는 곰팡이 등에 오염될 가능성이 많기 때문이다. 조유에 사용하는 물은 중금속 또는 세균에 오염되지 않은 순수한 물이어야 한다. 시판되는 식수와 정수된 수돗물 정도면 좋지만, 사용 전에는 반드시 끓여 식힌 물을 사용해야 한다. 오염 정도가 확인되지 않은 지하수나 약수는 사용하지 말아야 하고, 보리차나 찻물, 건강에 좋다는 나무 수액 등은 피해야 한다. 영양보충과 맛을 내기 위해 미음이나 육수를 사용하는 경우가 있는데, 미음은 100cc에 10kcal도 못 미칠 정도로 영양공급에는 별다른 이점을 주지 않을 뿐 아니라 점액도가 높아져 충분량을 빨지 못하게 되어 오히려 영양공급에 지장을 초래할 수도 있다. 육수도 영양공급에 별 도움을 주지 않을 뿐 아니라 조제유의 맛에 변화를 주어 굳이 사용할 필요가 없다.

조제유의 양은 항상 상품의 설명서대로 해야 하며, 계량스푼에 표시된 양만큼 젖병에 부어 물과 섞어 조유한다. 먹다 남은 조제유는 세균에 쉽게 오염되기 때문에 버리는 것이 안전하다. 특히 여름철에는 이러한 위험성이 높다. 따라서 신생아가 한 번에 먹을 수 있는 분량을 만들어 남기지 않도록 해야 한다. 여행을 하거나 직장 여성들의 경우 하루에 먹일 조제유를 여러 개의 젖병에 미리 만들어 놓을 때가 있다. 이럴 때는 물까지 타서 보관하지 말고 젖병에 먹일 분량의 조제유만을 넣어 물은 보온병에 따로 준비하였다가 먹일 때마다 타는 게 좋다. 또한 수유하기 전에는 항상 조제유의 온도를 확인해야 한다. 더운물에 탄 조제유가 뜨거워 입 안이 화상을 입는 경우가 발생하지 않도록 주의해야 한다. 일회용 액상 조제유는 냉장고에 보관하였다가 차게 먹일 수도 있지만, 가능한 한 항상 따뜻하게 먹이는 것이 심리적인 측면에서 바람직하다.

조유를 하거나 조제유 수유를 할 때는 우선 손을 깨끗이 씻어야 한다. 조제유를 수유할 때는 영양공급뿐 아니라 신생아에게 심리적 만족감도 제공하기 때문에 항상 모유를 먹이듯이 수유해야 한다. 눈 맞춤을 하거나 다른 손으로 신생아의 손과 팔을 가볍게 잡아 주거나 말을 건네는 등 모든 행동을 아기와 함께해야 한다. 젖병 꼭지는 표면을 적셔 조심스럽게 충분히 입 안으로 넣어준다. 젖병 꼭지부분이 조제유로 채워지도록 잡아, 젖병을 빨 때 젖병 내의 공기를 마시지 않도록 해야 한다. 모유 먹일 때와는 달리 젖병 꼭지를 빠는 경우는 공기를 함께 삼키게 된다. 때문에 수유 후 신생아를 어깨에 기대 똑바로 세운 후 등을 쓸어주거나 가볍게 두드려 주어 트림을 시키지 않으면, 위 속에 공기가 차서 아기가 몹시 불편을 느끼고 토하게 된다.

1회 수유 시 걸리는 시간은 신생아의 연령과 먹는 습관에 따라 5~25분 정도로 차이를 보이고 있으나, 경우에 따라 이보다 더 빨리 먹거나 더 오래 젖병 꼭지를 물고 있을 수도 있다. 그러나 일반적으로 신생아의 충분한 휴식과 위의 수용능력을 고려하여 가능한 한 10~20분에 맞추는 것이 바람직하다. 너무 빨리 수유를 하거나 너무 오랜 시간이 걸리면 위가 팽창하여 토할 수도 있다. 이러한 수유 시간의 문제는 젖병 꼭지 구멍의 크기가 잘못된 경우가 주된 원인이므로 이를 교정해 주어야 한다. 종종 아기들이 젖병 꼭지를 물고 장난하는 경우도 있기 때문에 이를 감별해 주는 것도 필요하다. 작은 구멍의 경우는 신생아들이 땀을 내며 계속 빨려는 노력을 하는 것이 감별점이 된다.

3) 영아기

(1) 발달특성

① 신체운동 발달

출생 시의 평균체중은 3.3kg이며, 생후 5~6개월까지는 하루에 20~30g 정도씩 체중이 증가하다가 후반 6개월 동안은 하루에 10~20g으로 체중증가 정도가 줄어든다. 보통 생후 4개월이 되면 출생 시 체중의 2배, 1년이면 3배, 3년이 되면 4배가 된다. 또한 출생 시 신장은 약 50cm이며, 생후 1년에는 1.5배인 75cm 정도가 되고, 4년이면 100cm 정도로 2배가 된다. 그 후 유아기는 1년에 7cm씩, 아동기에는 1년에 5~6cm씩 자란다.

두위의 측정은 뇌의 발달을 간접적으로 알아볼 수 있는 가장 손쉬운 방법이다. 출생 시 두위는 약 34cm이며 처음 1년간 약 12cm가 증가한다. 4세가 되면 50cm 정도가 되어 성장이 완료된 성인 두위(55cm)의 90%에 도달한다. 아기의 두뇌는 첫 1년 동안 성인 두뇌 무게의 66%까지 성장하게 되는데 이 시기를 두뇌성장 급등기라고 한다. 출생 시에는 주로 반사운동능력이 발달되어 있으나, 점차 자의적인 운동이나 언어 및 인지적인 과정과 관련된 대뇌피질의 발달이 이루어진다.

출생 시 신장의 1/4을 차지했던 머리의 비율은 점차 변화하여 2세경에는 1/5이 되며, 다리의 상대적인 길이가 점차 길어지고 신체중력의 중심도 아래로 내려가 보다 균형 잡힌 자세로 변화한다. 태내기 말기부터 증가하기 시작한 체지방은 출생 이후에도 계속 증가하여 생후 9개월경 정점에 이르러 통통한 모습이 되는데, 이러한 체지방의 증가는 아기의 체온을 일정하게 유지시키는 기능을 한다.

영아의 두개골은 골 형성이 완성되지 않은 몇 부분의 연골들로 이루어져 출생 시 좁은 산도를 빠져나오는 데 용이하다. 이 연골이 완전히 봉합되지 않은 빈 부분을 천문이라 한다. 두개골 뒷부분에 있는 5mm 크기 삼각형 모양의 소천문은 생후 6~8주 정도에 닫히고, 두개골 앞부분에 있는 2.5cm 크기 마름모 모양의 대천문은 대개 16~18개월 정도면 닫힌다. 치아는 출생 후 6~7개월경이면 나오기 시작하여 생후 1년이면 약 6~8개의 유치가 나오고, 1년6개월이면 12개, 2년이면 16개, 그리고 생후 2년 반이 되면 20개의 유치가 모두 나온다.

운동기능의 발달은 근육과 골격, 그리고 신경계의 성숙에 달려 있다. 보통 생후 6주부터 3개월 사이에 반사행동이 점차 사라지면서 목과 어깨 근육의 조절능력이 증진된다. 생후 3주면 90%의 아기들이 엎드린 자세에서 턱이 보일 정도로 머리를 들 수 있고, 2개월경에는 표면에서 45° 정도 들어 올릴 수 있다. 3~4개월경에는 목을 가누고, 5~6개월이 되면 눈과 손의 협응이 가능해져 물건을 정확히 잡을 수 있다. 등을 대고 누운 자세에서 옆으로 뒤집는 것은 약 4개월 반이면 가능하고, 6~7개월이면 혼자서 앉을 수 있으며, 엎칠 수도 있다. 7개월경이 되면 배를 바닥에 대고 팔다리를 이용해 이동할 수 있고, 8개월 반에는 손과 무릎으로 길 수 있다. 8~10개월에는 벽면 등을 이용해 스스로 설 수 있고, 12~14개월경이면 첫 걸음을 걷기 시작하며, 18개월이면 가끔 달리기도 하고 안전하게 멈출 수도 있다. 월령에 따른 운동발달의 순서를 요약하면 표 1-3 과 같다.

표 1-3 영아의 월령별 운동발달

개월 수	운동발달 내용
1개월경	엎드린 자세의 영아를 들었을 때, 머리가 밑으로 처지지 않는다.
3~4개월경	목을 가눈다.
4개월경	뒤집기를 할 수 있다.
5개월경	배에서 등으로 뒤집기가 가능하다.
5~6개월	물건을 붙잡는다. 눈과 손의 협응이 가능하다.
7~8개월	혼자서 앉는다.
8~9개월	기어 다닌다.
9~10개월	붙잡고 선다.
10개월경	가구 등을 붙잡고 걷는다.
12~13개월	혼자서 선다. 도와주면 걸을 수 있다.
14~15개월	혼자서 걷는다.

② 인지발달

Piaget에 의하면, 생후 2년까지의 영아는 신체적인 활동과 감각을 통해 환경을 알게 된다고 하였다, 이 생후 2년 동안을 감각운동기sensori-motor period라고 부른다. 감각운동기는 6개의 하위 단계로 나뉘며, 각 하위 단계마다 각각 다른 인지적 발달 특성을 보인다. 2~4개월의 영아는 자신의 신체를 중심으로 반복적인 반응행동을 하며, 4~8개월에는 자신의 행동 자체보다는 자신의 행동으로 인한 흥미로운 결과에 더 관심이 많고, 8~12개월이 되면 어떤 목표에 도달하기 위한 의도적인 행동이 많아진다. 생후 1년 동안의 영아의 인지발달은 자신의 신체를 중심으로 한 감각과 환경과의 상호작용을 통해 지속된다. 그러나 아직 대상영속성 개념이나 정신적인 표상능력 등의 발달은 이루어지지 않는다.

③ 언어발달

생후 1년까지는 언어발달로 이어지는 기초발달이 이루어지므로 언어 이전의 발달단계라고 부른다. 생후 1~3개월이면 '아아', '오오' 등 모음을 반복하는 목 울림소리가 나타나고, 6~7개월경에는 모음에 자음을 연합한 단음절의 소리를 낸다. 10개월경에는 뜻을 알 수 없는 소리jargon를 내는데, 이는 옹알이가 대화처럼 길게 연결되어 일어나는 것으로 억양이 있고 몸짓이나 눈 맞춤이 있다. 11~12개월이면 영아는 '엄마', '맘마' 등의 한 단어로 첫말을 시작한다. 영아의 월령별 언어발달은 표 1-4 와 같다.

④ 정서발달

신생아는 괴로움이나 불편함, 고통 등의 불쾌정서와 흥분, 관심 등의 유쾌정서 등 두 가지 정서상태를 나타내지만, 곧 여러 다른 정서들로 분화되어 간다. 싫어함/혐오의 정서와 슬픔의 정서는 출생에서부터 3개월 사이에 분화되고, 즐거움/환희의 정서는 2~7개월에, 놀람의 정서는 3~6개월에, 분노의 정서는 4~7개월에, 경계심/두려움은 4~9개월에 그리고 심한 분노는 7~18개월에 각각 분화된다. 이들 정서들은 모두 일차 정서로 분류되며, 기쁨이나 분노, 두려움의 정서가 원천적 정서이다.

기쁨의 정서는 얼굴을 알아보고 웃음으로 표현하는 3개월경이 되어야 분명하게 나타나는데, 이때는 배를 간질이거나 장난스러운 행동 등의 아주 적극적인 자극에 의해서만 웃는다. 그러나 12개월경이 되면 사소한 일에도 많이 웃으며, 생후 1년 반경이면 친숙한 사람과 상호작용할 때 더 자주 웃고, 다른 사람과 사회적인 관계를 갖기 위해 의도적으로 미소를 짓는다.

분노의 정서는 신생아 때부터 나타나는 고통스러움에 대한 일반적인 반응으로서, 보통 울음으로 표현된다. 그러나 분노의 표현이 보다 명확하게 분화되는 것은 4~7개월경이다. 이때 영아들은 자신의 행동이 좌절되는 상황에서 분노를 느끼기 때문에, 장소를 이동해 움직일 수 있는 6개월 이후부터는 분노의 표현이 더욱 빈번해지며 영아기 동안 계속 증가하게 된다. 보통 생후 첫 1년 이전에는 신체적인 제약이나 속박이 있는 상황에서 분노 표현이 많으나, 2세가 되면 자아의식이나 독립의 욕구 때문에 어른의 요구에 대해 심한 분노나 저항을 나타낸다. 어린 영아는 울음이나 몸부림으로 분노를 표현하지만, 1세경부터는 발 구르기나 차기, 물건을 던

표 1-4 영아의 월령별 언어발달

개월 수	언어발달 내용
1~2개월	음조와 강도가 다른 울음소리로 욕구를 표현한다.
6~10개월	자음과 모음을 합친 소리를 반복적으로 되풀이하는 옹알이를 한다.
3개월경	자신의 소리를 성인이 모방하면 다시 반응한다.
8개월경	다른 사람의 소리를 모방하기 시작한다.
11~13개월	다른 사람의 언어적 요구에 간단한 행동으로 반응을 보인다.

지거나 부수어 버리는 행동을 한다. 2세가 되면 '싫어', '안 돼' 등의 언어와 함께, 밀치고 깨물고 때리는 등 과격하고 공격적인 행동으로 표현한다.

불안과 두려움의 정서는 7~8개월경에 명확해지고, 낯선 사람에 대한 두려움인 낯가림은 생후 12개월경에 가장 심하게 나타난다. 생후 8~9개월경에 흔하게 나타나는 어머니와의 분리불안separation anxiety 역시 12개월경에 절정에 이르며, 생후 2년이 가까워오면서 점차 사라진다. 그리고 낯가림 및 분리불안과 같은 두려움의 정서는 대상영속성의 발달과 같은 인지발달 측면과 밀접하게 관련되어 있어, 대상영속성의 개념을 획득하는 만 2세 이후가 되면 거의 사라진다. 또한 정서의 이해능력은 아주 어린 시기부터 나타난다. 생후 3~4개월에 아기는 화난 얼굴, 슬픈 얼굴, 행복한 얼굴을 구별하여 행복한 표정을 더 오랫동안 쳐다보고, 5~6개월에는 얼굴과 목소리의 미묘한 변화를 알아차릴 수 있어, 어머니가 표정과 목소리를 달리했을 때 그에 따라 영아의 반응이 달라진다. 이러한 정서적 표정의 이해는 약 9개월경에 더욱 분명해져서, 영아들은 어떤 불확실한 상황에 놓이게 되면 어머니의 표정을 보고 상황을 판단하여 자신의 행동을 조정하는 사회적인 참조행동social referencing을 보인다. 아울러 영아들은 자신의 정서적인 경험을 처리하고 자신이나 타인의 정서를 이해하고 편안한 상태로 자신의 정서를 수정하는 정서조절능력을 발달시킨다. 아주 어린 영아들도 자극원으로부터 시선을 피하거나 고개를 돌리고 울음으로써 외부로부터의 지나친 자극을 피하고 편안한 상태를 유지하려 한다.

⑤ 사회성 발달

영아기의 사회정서발달에 중요한 것은 애착의 발달이다. 생후 6~8개월이 되면 영아는 자기를 돌보는 사람과 긴밀한 정서적 유대관계를 발달시킨다. 낯선 사람에 대한 두려움인 낯가림과 어머니와의 분리불안이 나타나며, 이러한 것들은 영아가 애착관계를 형성했다는 표시가 된다. 아기들이 나타내는 낯가림과 분리불안은 6~8개월경부터 나타나기 시작하여 15개월까지 계속 증가한다. 영아는 애착대상에게 접근을 유지하려 하거나, 환경을 탐색할 때, 또는 위안이 필요할 때 애착대상을 안전기지로 활용한다. 그러나 18~24개월경이 되면 낯가림과 분리불안이 거의 사라진다. 이러한 애착관계는 자아의식이나 다른 사람과의 관계, 또는 앞으로의 사회적 관계 및 행동에 중요한 의미를 지닌다. 따라서 영아가 성취해야 하는 최초의 사회적 과업은 양육자와의 정서적인 유대를 형성하는 일이라고 할 수 있다.

한편, 영아기에도 양육자 및 또래와의 상호작용이 이루어지고, 사회성 발달을 위한 기초가 형성된다. 영아의 사회적인 인식이나 반응을 나타내는 지표는 사회적인 미소나 웃음, 또는 울음이다. 영아는 3~4주에는 사람의 목소리에, 그리고 4~5주 정도가 되면 움직이는 얼굴 모습이나 갑자기 나타나는 대상을 보고 미소 짓는다. 6~8주가 되면 사람의 얼굴 모습에 미소를 지음으로써 진정한 사회적 미소가 나타난다. 생후 3~4개월경부터는 미소가 점점 증가하고, 3~6개월이 되면 보다 선별적인 미소가 나타나며, 보통 2~4개월이면 소리 내어 웃기 시작한다. 6개월경 이후에는 '까꿍 놀이'와 같은 시각적인 자극이나 사회적인 자극에 더 잘 웃고, 1년이 지나면서부터는 자신이 직접 참여하는 행동에 웃는 경우가 많다. 영아는 연령이 증가함에 따라 점차 인지적인 해석에 근거하여 웃게 된다.

또한 울음의 사회적인 기능도 연령과 더불어 변화한다. 신체적 · 생리적인 욕구를 충족시키기 위해 울던 영아는 3개월 이후부터는 사회적 · 인지적 · 정서적인 의사소통의 한 표현으로 운다. 특히 12개월부터는 부정적인 정서표현이 많아지기 시작하여 심하게 울며, 15~18개월에는 성질을 몹시 부리는 행동tempertantrum이 극도에 달한다. 그리고 24개월 이후부터는 점차 우는 행동이 줄고 긍정적인 정서표현이 많아진다.

이 기간 동안 양육자와의 상호작용은 쳐다보기와 말하기 및 놀이로 분류된다. 미소나 웃음, 울음 등 영아가 표현하는 정서는 의사소통의 기능을 함으로써 양육자의 행동을 이끌어낸다. 반대로 양육자도 표정이나 말소리를 통해 영아의 반응을 이끌어내고, 양육자의 정서표현에 담겨 있는 정보는 영아가 세상을 이해하는 데 영향을 준다. 이러한 양육자와의 상호작용을 통해 영아는 사회적 상호작용은 물론, 여러 다양한 상황에서 어떻게 행동해야 할지를 알게 된다. 따라서 영아와 양육자 간의 조화로운 상호작용은 이후 영아가 형성해 나갈 사회적인 관계의 원형이 되므로 매우 중요하다.

양육자와의 상호작용에서 이루어지는 사회화의 중요한 과정은 놀이이다. 놀이는 영아에게 즐거움을 줄 뿐만 아니라 상호작용이나 의사소통의 방법을 연습하는 기회가 된다. 영아의 또래 간 상호작용은 그 관계가 짧고 단순해서 서로 탐색하는 정도에 지나지 않으나, 아주 어려서부터 또래 간의 상호작용이 시작된다는 점은 최근에 알려지기 시작한 중요한 사실이다. 생후 2개월경에는 다른 아기들을 쳐다보기 시작하며, 3~4개월에는 다른 아기에게 손을 내밀거나 만지려 한다. 이때의 상호작용은 대부분 간단한 시도이거나 반응이며, 다른 아기에게 어떤 시도를 하더라도 그 시도의 38~50%는 다른 아기로부터 반응을 이끌어내지 못한다(Hartup, 1983). 6개월경이면 옹알이가 발달하면서 사회적인 미소나 발성이 나타나고 장소를 이동하는 움직임이 가능해지면서 다른 아기를 쫓아다니며 눈이나 입, 귀를 만지는 등 신체적인 접촉을 꾀하려 한다. 생후 1년이면 초보적이기는 하지만 쳐다보고, 미소 짓고, 소리를 내면서 서로 반응을 주고받는 행동을 한다. 14~18개월에는 나란히 앉아 노는 단순한 평행놀이가 시작되고, 18개월이 지나면 서로 모방을 한다든지 쫓아다니는 관계적인 행동을 보이며, 친구에 대한 선호를 나타낸다. 그러나 영아들은 대부분 또래의 상호작용 요구에 무심한데, 언어를 발달시키게 되면서 상호작용은 점차 사회적이 되어가고 복잡해진다.

⑥ 인성발달

영아기 인성의 핵심 요소는 기질인데, 보통 쉬운 기질, 까다로운 기질, 천천히 반응하는 기질로 분류된다. 물론 기질의 기원은 유전적이고 생리적인 측면에 기초를 두고 있으므로 기질 자체가 발달하는 것은 아니다. 그러나 기질이 비교적 지속적인 특성임에도 불구하고 환경적 경험이나 양육행동에 의해 적지 않은 영향을 받기 때문에 영아보육에서 기질을 고려하는 것은 매우 중요하다. 쉬운 기질의 영아는 영아기에 일상적인 활동들이 쉽게 정착되고, 밝은 성격이며, 새로운 경험에도 쉽게 적응한다. 이에 비해 까다로운 기질의 영아는 일상적인 활동이 불규칙하고, 새로운 경험을 받아들이는 데 힘이 들며, 부정적 정서로 강하게 반응하는 특성이 강하다. 또한 천천히 적응하는 기질의 영아는 비활동적이고, 환경적인 자극에 쉽게 반응하지 않으며, 새로운 환경 적응에 오랜 시간이 걸리는 등, 전반적으로 부정적인 정서 분위기를 지니는 특성이 있다. 이와 같은 기질은 영아가 태어날 때부터 타고나는 독특한 특성이므로, 영아들은 자신의 기질에 따라 독자적인 양육요구를 갖는다.

한편, 자아개념은 영아기 동안 자아인식self awareness, 자아인지self recognition, 자아정의self definition로 표현되는 과정을 거쳐 발달한다. 자아인식은 영아가 자기 자신이 다른 사람이나 물체들로부터 독립된 개체라는 사실을 인식하는 과정으로서 4~5개월경부터 분화된다. 자아인지는 자신의 모습을 보고 스스로의 모습임을 분명하게 아는 것으로 보통 12개월 이전에는 거의 발달하지 않으며, 15~18개월에 1/4 정도의 아동이 자아인지를 발달시킨다. 그리고 24개월경이 되면 자신의 모습이나 행동 또는 능력을 묘사하는 말들을 사용하는 등, 말로 자기 자신을 명명하고자 하는 자아정의가 발달하기 시작한다. 만 2세 정도가 되면 영아는 비교적 분명한 형태의 자아개념을 발달시킨다고 볼 수 있다.

(2) 영양 및 섭생

영아기는 신체 성장발육이 가장 왕성한 시기이며 뇌 발달의 70~80%가 이 시기에 완성된다. 또한 빠른 성장으로 인해 에너지와 단백질, 그리고 칼슘과 철분의 요구량이 증대되고, 성인에 비해 단위 체중당 더 많은 양의 영양소들이 음식을 통해 공급되어야만 정상적인 성장과 발육을 이룰 수 있는 중요한 시기이다. 이렇듯 중요한 성장기에 있는 아동의 영양과잉이나 영양부족은 성인기 만성질환의 위험요인이 될 수 있고, 신체적, 정서적 발달의 지연을 초래할 수도 있다. 생후 4~6개월은 모유수유나 조제유수유 혹은 혼합수유를 하고 4~6개월 이후 보충식이로 고형식이를 한다.

이 기간 동안 영아는 하루 15mg(0.5oz)씩 성장하고 하루 100kcal/kg이 요구된다. 아직까지는 모유나 철분 강화 조제유가 주식이어야 한다.

7~9개월에는 원하는 물건을 손으로 집어 입으로 가져가는 것이 가능하므로 손가락으로 집어먹는 음식을 제공할 수 있다. 7개월쯤이면 영아는 혼자서 앉은 자세로 젖병을 빨기 시작하고 이 행동은 돌 무렵 거의 완전하게 조절이 가능하다. 이 단계는 부드럽고 체에 걸러진 퓌레나 으깨진 형태의 음식이 적당하다. 힘을 들이거나 노력을 해서 씹는 운동을 시작해야 하는 결정적 시기이기도 하다.

6~12개월의 영아는 점차로 고형식 섭취량이 늘고 가족의 식사나 식단에 참여하게 되며 완전히 으깨진 형태에서 잘게 다져진 음식섭취로 변하게 된다. 하지만 이 시기는 아직 섭식기술이 완전하지 않아 기도폐쇄나 이물 흡인으로 인한 위험이 높다. 완전히 익힌 야채나 잘 갈아서 완전히 익힌 고기가 적절하다. 10~12개월에는 식기의 용도를 이해하고 식사 시늉을 할 수 있다. 혀의 움직임이 자유롭고 입술에 묻은 음식을 혀로 깨끗하게 닦을 수 있다. 식사시간에 수저를 입으로 가져가지만 혼자 먹기는 어렵다. 흘리기도 하지만 컵을 혼자 들고 마시며 거칠게 다진 음식을 씹을 수 있고 덩어리가 있어도 씹어서 삼키기 적당한 크기로 만드는 것이 가능하다.

① 이유식(고형식, 보충식)

이유식이란 액체인 음식만 섭취하던 영아가 향후 식사섭취를 위해 조금씩 고체인 음식 섭취를 연습하는 것이다. 6개월이 지나면 모유나 조제유만으로는 필요한 영양을 제대로 섭취하기 힘들어 고형식의 보충이 요구된다. 영아에게 언제부터 고형식이를 줄 수 있느냐는 발달상태를 통해 판단할 수 있다. 밀어내기 반사와 삼키는 반사가 조절되어 고형식을 섭취해도 쉽게 삼킬 수 있으며, 위장관이 성숙되어 알레르기 유발의 위험 없이 음식을 먹을 수 있으면 고형식을 먹을 준비가 된 것이다. 이때의 영아는 혼자서 앉을 수 있고 머리를 잘 가누며, 치아가 나오기 시작하고 어른이 음식을 먹는 것을 보면 입맛을 다시며, 손에 잡은 것을 입으로 가져갈 수 있다.

알레르기의 가족력이 있거나 아토피가 있는 경우는 생후 6개월이 지난 후 고형식을 시작하도록 한다. 이유식은 집에서 만들어 먹이는 것이 가장 좋은데 다양한 맛의 경험과 씹는 행동은 영아의 두뇌발달에 도움을 준다. 시판 중인 이유식이나 선식, 생식 등의 가루로 된 이유식 대체용품을 물과 함께 섞어 젖병에 넣어 빨아 먹게 하는 것은 적절한 고형식이 형태가 아니므로 피한다. 반드시 수저를 이용하여 떠먹이고 8개월 이후에는 아기에게 수저를 주어 스스로 먹는 연습을 하도록 한다. 처음 고형식을 먹이면 빠는 동작을 함으로써 음식을 내뱉는 것처럼 보이기도 한다. 영아를 적절히 지지하여 앉히고 턱받이를 해 주고 조용하고 즐거운 태도로 음식을 먹이며 긴장한 태도로 강요해서는 안 된다. 새로운 음식의 시도는 영아가 배고플 때, 모유나 조제유를 먹기 전에 준다. 작은 찻숟가락이나 영유아용 수저를 이용하고, 혀끝에 음식을 얹어주면 내뱉으므로 혀 뒤쪽으로 깊숙하게 넣어주되 수저로 누르면 안 된다

처음에는 찻숟가락 1~2수저 분량의 음식을 주고 한 번에 한 가지씩 새로운 음식을 첨가한다. 초기의 이유식은 맛을 익히는 정도로 하고 단순한 음식에서 시작하여 음식 재료를 하나씩 추가한다. 그 간격은 3~4일, 아토피가 있는 경우는 1~2주 정도로 하여 음식에 의한 알레르기 반응(습진, 두드러기, 설사, 구토, 복통, 천명, 천식)이 있는지 확인한다. 식사 전후 영아의 손을 씻어주고 음식물을 만지는 것을 허용한다. 생후 4~6개월이 되면 미음부터 시작하여 점점 농도와 굳기를 조절한다. 유동식으로 물기가 많게 하고 6개월 정도부터는 마요네즈나 잼 정도의 굳기로 으깨서 준다. 7개월 이후에는 음식을 잘게 다져 주거나 죽을 먹이며 12개월이 되면 진밥이나 된죽을 먹일 수 있다.

너무 일찍 밥알을 주면 아기가 씹지 않고 삼키게 되어 소화가 잘되지 않고 너무 많은 양을 섭취하여 비만의 우려도 있다. 처음 시작은 곡류(쌀)로 하고 이어 야채, 6개월 이후 과일, 그 이후 육류를 시작한다. 야채를 시작할 때는 푹 삶아서 곱게 갈거나 체에 내려서 먹이고 과즙은 6개월 이후 시작하며 수박, 딸기, 토마토, 멜론 등

은 12개월 이후 준다. 계란은 6개월 이후 끓는 물에 완전히 익혀서 노른자만 먹이고 흰자는 영아가 계란 알부민에 과민할 수 있으므로 12개월 이후 먹이도록 한다. 옥수수나 밀가루도 6개월이 지나서 먹이며 아토피인 경우는 돌이 지나서 먹인다. 쇠고기, 닭고기 등은 6개월 이후 알레르기 반응을 살피면서 기름기를 제거하여 잘게 썰어 먹이고 생선은 흰살생선을 먼저 시도한다. 완두콩과 두부 등도 좋은 이유식 재료이다. 12개월이 지나 먹이도록 권장되는 음식은 생우유, 계란 흰자, 조개류, 등 푸른 생선, 초콜릿, 견과류, 딸기, 토마토, 꿀(보툴리즘의 우려가 있으므로), 조미료(젓갈, 장류) 등이 있다.

이유란 모유를 먹거나 젖병으로 먹던 것을 중단하는 것으로, 컵을 이용하여 젖이나 조제유를 먹이는 것이다. 영아는 지금까지 빨던 즐거움을 잊어야 하므로 외상적인 경험이 될 수 있다. 일반적으로 가장 좋은 이유 시기는 생후 8~9개월 영아가 모유에 흥미를 잃을 때이다. 이유를 할 때는 갑자기 젖병에서 컵으로 바꾸지 말고 서서히 젖병 사용횟수를 줄이면서 컵으로 바꾸어 먹이도록 한다. 적어도 12개월 무렵까지는 젖병을 끊고 컵으로 먹도록 해야 하는데 이는 우유병을 오래 물고 있으므로 해서 우유병 우식증이 발생할 수 있기 때문이다.

② 이유식 조리

■ 식품 구입

아동을 위한 음식조리에 필요한 재료구입 혹은 상품으로 판매되는 이유식을 구입할 때는 먼저 용기에 표시된 유효기간을 확인한다. 유효기간이 지났거나 유효기간이 표시되지 않은 상품은 구입하지 않도록 한다. 냉장 혹은 냉동보관 제품은 만져봐서 차갑거나 언 것을 확인한다. 차갑지 않거나 딱딱하게 얼어 있지 않은 제품은 구입하지 않는다. 진공포장된 유리병에 담긴 이유식을 구입할 때는 뚜껑이 부풀어 있거나 녹이 슬어 있는지 확인하고 유리에 금이 간 곳은 없는지 확인한다. 뚜껑을 열 때 딸깍 소리가 들리지 않는 경우 그 내용물을 아이에게 먹여서는 안 된다.

■ 식품 보관

생고기, 생닭, 날생선, 날계란, 해산물 등 음식의 재료는 이미 조리한 음식과 분리하여 보관해야 한다. 생고기나 생닭 등을 담았던 용기에 조리한 음식을 담아서는 안 된다. 날계란은 씻지 말고 그대로 냉장고의 계란 칸에 넣어 보관한다. 날고기나 날생선 등을 냉장고에 보관할 때는 완전하게 밀봉하여 보관해야 한다. 고기에서 나온 육즙이나 피가 다른 음식에 닿을 경우 오염될 수 있기 때문이다. 냉장고에 보관할 때도 쇠고기는 3~5일, 우유는 2~4일, 어패류는 1~2일 이상 넘겨서는 안 된다. 대개 온도가 낮을수록 세대시간은 길어지지만 저온세균은 0℃ 이하에서도 증식이 가능하므로 식품을 냉장 · 냉동하여도 선도저하가 일어난다. 2시간 이내에 썩기 쉬운 음식, 조리된 음식, 먹다 남은 음식은 냉장 또는 냉동실에 보관하도록 한다. 색이나 냄새가 의심스러운 경우는 버리도록 한다.

■ **조리**

통조림이나 용기에 보관된 음식은 뚜껑을 열기 전 흐르는 물로 닦아 겉에 묻어 있는 먼지나 오염물을 제거한다. 도마는 나무로 된 것보다 단단한 플라스틱으로 된 것을 사용하고 주기적으로 끓는 물을 붓거나 살균작용이 있는 세척제를 사용하여 닦는다. 생고기를 자르는 칼과 도마는 다른 음식을 자를 때 사용해서는 안 된다. 음식은 완전히 익혀서 먹도록 한다. 계란 껍데기에 있는 살모넬라균이 식중독을 일으킬 수 있으므로 노른자와 흰자를 완전히 단단하게 익혀서 먹인다. 부패한 식품을 사용하지 않는다. 특히 단백질 성분은 미생물의 분해작용에 의하여 형태, 색, 정도, 맛 등의 본래의 성질을 잃고 악취를 풍기거나 독물을 생성하여 먹을 수 없게 되는 현상이 생긴다. 어패류는 반드시 5℃ 이하에서 냉장보관한 뒤 75℃에서 15분 이상 끓여 조리해야 한다. 브로콜리처럼 완전히 씻기 어려운 야채는 끓는 물에 데쳐서 먹는다.

전자레인지를 이용하여 음식을 조리할 때는 전자레인지용 그릇을 이용하고 그 위에 덮개를 덮어둔다. 그렇게 하면 음식이 익으면서 발생하는 증기가 음식물을 골고루 완전히 익힐 수 있고 음식의 오염을 막아 준다. 음식을 조리할 때는 뒤집거나 이리저리 뒤섞어서 골고루 익힌다.

③ 보육기관에서 이유식 먹이기

보육기관에서 영아에게 이유식을 먹일 때는 가정에서의 방법과 일관된 계획을 세워야 한다. 영아의 발달수준, 성장, 특별한 보충식에 대한 요구에 근거해서 먹인다. 과거 여성 취업이 보편화되기 전에는 유아의 영양상태와 식습관이 전적으로 부모에 의해 영향받고 결정되었으나 현대는 취업여성의 증가로 인해 보육시설의 급식이 영유아 식습관에 영향을 미치는 정도가 점차 증가하고 있는 추세이다.

영아가 받아들이는 음식과 거부하는 음식을 기록하게 되면 다양한 음식을 제공하는 데 도움이 된다. 또한 섭식기술, 식사시간 동안의 상호작용, 섭식과 관련한 어려움에 대한 기록이 섭식과 관련한 유아의 진전상황을 밝히는 데 도움이 된다. 기록에는 먹은 음식의 종류와 양, 먹은 시간에 대한 정보, 배변, 투약, 활동, 기타 부모에게 전달할 필요가 있는 정보를 포함할 수 있다. 영아의 섭식 행동에 대한 정보는 영양문제가 발생하여 진단이 필요할 때 중요한 정보가 된다.

(3) 활동과 휴식

① 활동

운동발달은 신체성장, 인지발달, 사회성 발달과 강하게 연관되어 있다. 운동발달은 전체운동과 미세운동 발달을 포함하며, 영아가 환경을 탐색할 수 있는 자유를 누릴 수 있게 하는 수단이 된다. 수의적, 원시적 반사가 없어진 후부터 발달하는데, 영아가 의도적으로 사물을 잡을 수 있으려면 먼저 잡는 반사가 없어져야 한다. 손을 외전하기 전에 내전하는 능력이 먼저 발달하며 물체를 잡는 능력이 잡은 물체를 놓는 능력보다 먼저 발달한다. 먼저 물체를 잡을 수 있는 능력이 있어야 물체를 입 안에 넣을 수 있다. 물체를 잡는 것은 손의 내전에 해당되며 물체를 입 안에 넣는 것은 외전에 해당된다. 영아의 미세운동 발달은 표 1-5 와 같다.

■ 머리 가누기

정상 만삭아는 수평으로 엎드려 뉘였을 때 순간적으로 머리를 들고 좌우로 돌릴 수 있다. 그러나 베개나 푹신한 요 위에서는 이 현상이 나타나지 않는다. 움푹 팬 요 위에서는 머리를 들고 가눌 수 없기 때문에 질식의 원인이 된다. 누워 있는 영아를 일으켜 앉힐 때는 머리가 뒤로 처지는 현상이 나타난다. 3개월 된 영아는 엎드려 뉘였을 때 머리를 몸의 수평면보다 위로 들 수 있으며, 4개월이 되면 90° 정도까지 머리를 들 수 있고 엎드린 채 전박으로 몸무게를 지탱할 수 있다. 5~6개월경이면 손에 체중을 싣고 지탱하면서 머리와 가슴, 배를 들 수 있다.

■ 앉기

앉을 수 있는 능력은 머리 가누기와 등을 똑바로 세우는 운동이 발달하는 정도에 비례한다. 생후 첫 2~3개월에는 등이 둥근 상태이며, 세워 안고 지지해 줄 때 머리를 가누지 못하고 흔들거린다. 생후 3~4개월경 머리 가누기가 달성될 때 정상 경추만곡이 형성된다. 정상 요추만곡은 생후 4개월, 아동이 앉기 시작할 때 나타난

표 1-5 영아의 미세운동발달

시기	운동발달 내용
2~3개월	• 생후 1개월에는 주먹을 쥐고 있으나 3개월까지는 손을 펴게 된다. • 원시적 반사형태에서 점진적으로 수의적인 행동으로 발달한다. • 손을 벌리고 집는다. • 자신의 손과 손가락을 얼굴 앞에 두고 응시한다. • 손을 입 안에 넣는다. • 매달려 있는 물체에 잠시 손이 닿을 수 있다.
4~5개월	• 생후 4개월엔 작은 공을 갖다 주면 자기 손과 공을 응시하면서 손에서 공으로, 다시 공에서 손으로 바꿔가면서 주시한다. • 생후 5개월이 되면 자발적으로 물건을 잡을 수 있다. • 물체에 손을 뻗어 집는다. • 물체를 입 안에 넣는다. • 손 전체를 이용하여 물체를 집는다. • 손과 발을 활발하게 가지고 논다.
6~7개월	• 6개월 된 영아는 손으로 조작하는 기술이 많이 발달된다. 우유병을 집기도 하고, 발을 쥐고 입으로 가져가기도 하며, 과자를 스스로 잡고 먹기도 한다. 7개월이 되면 물체를 한 손에서 다른 손으로 옮기기도 하고, 한 손만으로 물체를 잡기도 하며, 양손으로 물건을 쥐기도 한다. 물체를 세게 두드리는 것을 좋아하고, 장난감의 움직이는 부분을 관찰할 수 있다. • 물체를 안전하게 잡고 두드린다. • 물체를 능동적으로 떨어뜨린다. • 손에서 손으로 물체를 옮긴다.
8~9개월	• 엄지와 검지를 이용하여 집게처럼 집어 잡기가 시작된다. • 의지대로 물체를 놓을 수 있다. • 오른손잡이와 왼손잡이가 드러난다.
10~12개월	• 정확하게 집어 잡는다. • 혼자서 음식을 손가락으로 집어먹을 수 있다. • 작은 물체를 용기에 집어넣을 수 있다. • 용기에서 작은 물체를 꺼낼 수 있다. • 크레용을 잡고 그릴 수 있다. • 책을 여러 페이지 넘길 수 있다.

다. 척추가 똑바로 세워짐에 따라 앉은 상태에서 몸을 똑바로 가눌 수 있게 된다. 생후 7~8개월경에는 혼자 앉아 있을 수 있고, 조금 지지해 주면 앉아서 체중을 지탱한다. 누워 있을 때보다 앉아서 주변 환경에 대한 탐색을 더 잘하게 된다. 생후 10개월경에는 엎드린 자세에서 앉을 수 있게 된다.

■ 뒤집기

영아는 등이 둥글게 되어 있어 우발적으로 뒤집기를 할 수도 있다. 엎드린 상태에서 바로 뒤집으려는 시도는 5개월경부터 일어나며, 바로 누운 상태에서 거꾸로 뒤집으려는 운동은 6개월경에 이루어진다. 7개월이면 추락에 대한 보호반응인 낙하산 반사가 나타난다.

■ **이동력**

발달의 방향이 머리 부위에서 몸의 아래 부위로 발달함에 따라 생후 4~6개월 된 영아는 팔의 통합능력이 증가되며, 6~7개월 된 영아는 부축해 주면 다리에 체중을 완전히 지탱할 수 있게 된다. 9개월이 되면 기구를 잡고 일어서며, 선 자세에서 스스로 몸을 끌어당길 수 있으나 뒤로 물러서는 것은 불가능하다. 또한 바닥에서 배를 떼고 팔과 무릎으로 기어갈 수 있다. 11개월 된 영아는 가구를 잡고 걷거나 양손을 붙잡은 상태에서 걸을 수 있다. 12개월이 되면 영아는 한 손만 잡은 채 걸을 수 있게 되고, 대부분의 영아가 혼자 걷기 시작한다.

② 수면

영아의 수면 양상은 매우 다양하게 나타나는데 활동적인 영아는 내성적인 아이들보다 적게 잔다. 하루의 총 수면시간은 대개 13~15시간이며, 일반적으로 3~4개월 된 영아는 9~11시간의 밤잠을 자게 된다. 낮잠 횟수는 아동에 따라 다양하지만, 영아기 말이 되면 하루 한두 번의 낮잠을 잔다. 모유를 먹고 자란 아이들은 우유로 자란 아이들보다 수면시간이 적은 편인데, 특히 밤에 자는 시간이 적다.

흔히 부모들은 아이가 너무 많이 자는 것을 걱정하는 등 수면에 관해 궁금해하는 경우가 많다. 수면에 관한 문제가 나타나면 주의 깊게 사정해야 한다. 즉 깨어 있는 빈도와 시간, 일상적인 정규 취침과정, 밤에 우유 먹이는 횟수, 인식된 문제, 아동에게 취한 조치 등을 사정하여 효과적인 접근방법을 계획하는 것이 중요하다.

수면 문제를 예방하는 가장 좋은 방법은 부모에게 문제성이 있는 수면패턴을 조장하지 않도록 권고하는 것이다. 가장 건설적인 방법 중의 하나는 영아가 깨어 있는 상태로 잠자리에 드는 습관을 들이게 하는 것이다. 다른 곳에서 부모의 팔에 안겨 잠이 드는 것에 익숙해지면, 잠자리로 옮겨진 후 낯선 환경에서 잠을 깨게 되어 다시 잠드는 것이 어려워진다. 또한 침대는 놀이터가 아니라 잠자는 곳이므로 침대 위에 장난감을 올려놓지 말아야 한다. 아이가 밤에 잠투정을 하며 울더라도 안고 얼러 준다든지 우유병이나 노리개 젖꼭지를 물리는 것은 좋지 않은 방법이다.

(4) 위생관리

① 목욕

너무 더운 날씨를 제외하고는 매일 목욕을 할 필요는 없다. 만약 부모가 너무 바쁘거나 피곤하고 영아가 목욕을 즐기지 않는다면 목욕은 생략하고 영아의 얼굴과 손 그리고 기저귀를 착용한 부위를 씻긴다. 영아의 머리와 두피가 약간 붉거나 노란색의 딱딱한 조각 같은 것이 들러붙는 지루 장애가 나타나면 머리와 두피관리에 신경을 써야 한다. 두피 부위에 미네랄 기름 또는 바셀린을 발라 부드럽게 한 다음 이튿날 아침 머리를 감겨 제거한다. 이때 부드러운 칫솔 또는 빗살이 좋은 빗을 사용하기도 한다.

목욕은 청결 외에 여러 기능을 제공하는데, 물 위의 비눗방울을 손가락으로 찌르거나 목욕 장난감을 가지고 노는 즐거움을 줄 수 있다. 그리고 다른 감촉과 감정을 배우고 발을 구르는 등 운동의 기회가 되며 부모가 아동을 만지고 아동과 의사소통할 수 있는 좋은 기회를 제공한다.

② 기저귀 부위의 청결

매번 기저귀를 교환할 때마다 깨끗한 물로 피부를 씻어 주고 가볍게 두드리거나 공기 중에 마르도록 한다. 파우더 사용은 최소화하거나 금하되, 만약 파우더를 사용할 경우 파우더를 먼저 손에 바르고 난 후 영아의 피부에 바르도록 한다. 파우더가 기도로 흡입되는 것을 막기 위해 적은 양만 쓰도록 하고, 파우더 통을 흔들지 말아야 한다.

더러워진 기저귀를 오랫동안 차고 있지 않도록 하는 것은 기저귀 부위의 위생을 증진하는 데 있어 매우 중요하다. 아동이 깨어 있는 동안에는 2~4시간 간격으로 기저귀를 자주 교환해 주어야 한다. 천 기저귀 사용 시 자주 교환해 주지 않으면 아기의 피부에 염증을 일으킬 수 있다. 집에서 세탁한 기저귀는 비누나 표백제의 잔류 때문에 때때로 피부에 염증을 일으킬 수 있으나 세탁 후 여러 번 헹굼으로써 해결될 수 있다. 만약 기저귀 발진이 발생했다면, 밤에는 기저귀 없이 자는 것이 좋다.

③ 의복

영아 의복은 세탁하기 쉽고 단순하게 구성되어야 하며 입고 벗는 것이 힘들지 않아야 한다. 영아는 거칠고 크게 몸을 움직이는 것을 즐기므로 옷이 죄어서는 안 된다. 기어 다니기 시작할 때는 무릎을 보호하기 위해 긴 바지가 필요하다. 걷기 시작하기 전까지는 발을 따뜻하게 유지하기 위해 바닥이 부드러운 신발이나 양말, 털신 등이 필요하다. 걷기 시작했을 때도 신발 바닥은 거친 바닥으로부터 발을 보호할 수 있는 정도로만 단단하면 된다. 딱딱한 바닥과 발목까지 올라오는 신발은 필요하지 않다.

(5) 정서관리

생후 첫 1년 동안 영아의 정서는 활발하게 분화된다. 기쁨, 분노, 두려움의 1차 정서가 분명해진다. 따라서 정서의 발달적 분화과정에 대한 이해가 요구된다. 영아가 건강한 정서상태를 유지하기 위해서는 정서적으로 안정감을 가져야 한다. 영아가 느끼는 정서적 안정은 부모-자녀 관계에 달려 있다. 그러므로 부모와 긴밀하고 온정적인 관계를 통해 영아는 세상과 타인에 대한 기본적인 신뢰감을 형성한다.

영아와 눈을 자주 맞추는 것은 영아의 정서발달에 매우 중요하다. 영아는 출생 후 일주일 만 지나도 다른 사람과 눈을 맞추면서 정서적인 유대감을 느끼며 사회성 발달의 기초를 발달시킨다. 그러므로 젖을 먹일 때나 안아줄 때, 기저귀를 갈아줄 때, 항상 온화한 미소와 함께 아기와 눈을 맞추는 것이 중요하다. 애정 어린 신체접촉은 영아에게 사랑을 표현하는 가장 중요한 방법이다. 어른들은 말을 하거나 상황을 판단함으로써 상대방의 마음을 알 수 있지만 영아는 눈으로 보고 귀로 듣고 접촉하고 냄새를 맡는 등의 오감을 통해 애정을 느낀다. 따라서 영아를 꼭 안아주는 애정 어린 신체접촉은 영아의 정서를 안정시킨다.

생후 7, 8, 9개월경에 나타나는 낯가림과 주 양육자에 대한 분리불안은 영아가 애착관계를 형성하기 시작했다는 지표이다. 안정적인 애착관계의 형성은 이후의 탐색활동과 안정된 정서 · 사회성 발달에 가장 큰 영향을 주는 발달적 사건이다. 따라서 이 시기의 낯가림과 분리불안을 발달의 한 과정으로 이해해야 하고, 보다 안정된 애착관계를 공고히 하여 이후의 독립성 발달의 토대를 마련해야 한다.

4) 유아기

(1) 발달 특성

① 신체운동발달

유아기에는 매년 평균 5~7cm 정도 자라며, 체중은 2~3kg 정도 증가한다. 유아기의 성장속도는 영아기보다 느리지만, 이전의 발달단계와 동일한 일반원리를 따른다. 유아들의 성장은 계절에 따른 차이를 나타내 신장의 증가는 봄에 체중의 증가는 가을에 보다 급속도로 일어난다. 성장해 가면서 신체의 비율도 달라져 유아기에는 팔과 다리가 가장 빨리 성장하는 반면에 머리의 성장속도는 훨씬 느리다. 이는 2세에 이미 두뇌의 무게가 어른 크기의 75% 정도에 도달했기 때문이다. 그러므로 유아기가 되면 영아기에 보였던 배불뚝이의 모습이 사라지고 어른의 신체비율과 매우 비슷하게 변화한다.

만 3세에는 걷고, 뛰고, 발로 차기를 할 수 있으며, 두 발 모아 20cm 정도 점프하기, 발 교대로 계단 오르기, 한 발로 균형 잡기, 큰 공 잡기, 능숙하게 자전거 페달 밟기 등을 할 수 있다. 소근육도 발달하여 엄지손가락과 집게손가락으로 물건 집기, 가위로 선을 따라 오리기, 큰 구슬 꿰기, 블록 탑 쌓기 등을 할 수 있으나, 정교한 눈과 손의 협응을 요구하는 활동에 대해서는 쉽게 피로감을 느낀다. 3세 아동은 흘리지 않고 음식을 먹을 수 있으며 스스로 입고 벗을 수 있으므로 자조기술을 격려하고 연습할 수 있도록 한다.

만 4세에는 대근육 운동능력이 더욱 향상되어 한 발로 뛰거나 5초 이상 한 발로 서 있을 수 있으며, 발을 바꾸면서 계단을 내려올 수 있다. 쉽게 구조물을 오르고, 평균대 위를 균형 잡고 걸어갈 수 있다. 그러므로 낮은 농구대, 뜀틀, 평균대 등을 제공해 주는 것이 좋다. 소근육 운동능력도 발달하여 가위질이 보다 정교해지고 점토로 어떤 형상을 만들면서 즐거워한다. 조작기능이 발달하여 작은 못 박기나 작은 구슬 꿰기가 가능하고, 다른 용기에 물을 흘리지 않고 따를 수 있다. 도움을 받지 않고 옷을 입고 벗는 것이 가능하고, 양치질과 머리 빗기 등이 가능하다.

만 5세에는 대근육과 소근육의 발달이 더욱 정교화되고, 두 발 자전거를 탈 수 있으며 줄넘기를 할 수도 있다. 또한 조작능력이 발달하여 10~15개 조각의 퍼즐을 맞출 수 있고, 신발끈 매기, 지퍼 올리기, 단추 잠그기 등이 가능하다. 유아기의 연령별 신체발달은 표 1-6 과 같다.

표 1-6 유아기의 연령별 신체발달

연령	발달내용
3~4세	• 성장률이 완만해지면서 식욕도 감소한다. • 신체의 움직임이 더욱 안정되고 유연해져서 능숙하게 속도를 조절하여 걷거나 뛸 수 있다. • 두 발 모아 점프하기, 균형 잡기, 세발 자전거 타기 등을 능숙하게 한다. • 숟가락 사용이 능숙해지고 젓가락을 서툴게 잡기 시작한다. • 소근육 조절능력이 발달하여 그림 그리기, 쌓기 놀이가 비교적 능숙해진다. • 기본 생활을 위한 신체적 기술이 증진되지만 신발의 왼쪽 오른쪽을 구별하지 못하고 옷을 벗기는 하지만 바르게 입는 것은 어려워한다. • 양손을 사용한 신체적 기술이 증진되어 단추 끼우기, 가위질 등이 능숙해진다.
4~6세	• 두뇌발달은 영아기보다 급속하지는 않으나 3세경이면 성인의 75%, 5세경이면 성인의 90%까지 이루어진다. • 신체부위 간의 크기 비율이 성인에 가까워진다. • 신체적 균형 유지가 가능해지며 대근육이 발달해 빠르게 뛰기, 균형 유지하기, 한 발로 뛰기, 한 발로 균형 잡고 서기 등이 가능해지고 두 발 자전거 타기, 줄넘기도 서툴지만 할 수 있다. • 신체관리 기술이 능숙하게 발달하여 신발끈 묶기를 제외하고 거의 혼자서 옷을 입고 벗는다. • 소근육 조절능력이 정교해져 작은 물체도 잘 다루고 가위질도 정교해진다. • 거의 낮잠을 자지 않고 지내는 경우가 많다. • 놀이에 몰두하거나 피곤할 때는 간혹 소변을 실수하기도 한다. • 자기 자신이나 다른 사람의 신체와 성기에 관심을 갖게 된다.

② 인지발달

유아기는 실제와 환상을 구별하지 못하고, 사고의 핵심은 자아중심적이며 외양에 의해 지배되는 특징을 가진다. 이들은 어떤 상황의 한 측면에 초점을 두거나 집중하며 다른 측면들을 무시하여 비논리적인 결론에 도달하는 경향이 있다. 만 3세에는 거의 추상적인 사고를 다룰 수 없으므로 단순하고 구체적인 놀이의 기회를 만들어 주어야 한다.

4세부터는 여러 사물을 속성이나 기능의 유사점과 차이점으로 분류 또는 범주화하려는 시도를 한다. 그러나 사고보다 지각이 우선되므로 잘못하는 경우가 더 많다. 유아기 아동은 어떤 상태의 조작이 양방향으로 일어날 수 있다는 것을 이해하지 못하고, 물체의 변환을 볼 때 정적인 상태를 담은 일련의 슬라이드를 바라보고 있는 것처럼 생각한다. 즉 이 시기에는 변화되고 있는 과정을 생각하지 못하고 변환의 시작과 끝, 즉 정지된 상태에만 주의를 기울이므로 논리적인 오류에 도달하게 된다. 그러므로 교사는 어떤 활동이든지 논리적인 답을 정해 놓기보다는 활동 그 자체를 즐기도록 하는 것이 더 좋다.

유아들은 자기중심적으로만 사고가 가능하기 때문에 다른 사람의 입장에서 사고

하는 데 어려움이 있고, 다른 사람들이 어떻게 생각하는지에 대해 추론하는 것이 어렵다. 다른 사람의 입장에서 생각할 수 있는 사고의 상호적 특성에 대한 이해는 5~7세경이 되어야 가능해지는데, 이는 상호적인 우정관계의 형성에 필요한 요소이므로 매우 중요한 발달이다.

또한 유아기 아동들은 정보처리능력에도 몇 가지 한계가 있다. 이들은 시끄럽고 눈에 띄는 자극에 대해 쉽게 주의를 집중하지만, 동시에 쉽게 분산된다. 그러므로 유아들은 어떤 일을 하는 도중에 일련의 생각을 놓치면 과업수행에서 자연적으로 어려움을 겪게 된다. 또한 주의력이 분산되지 않을 때라도 유아는 어떤 물체를 탐색할 때 아주 대충 살펴보는 등의 비체계적인 방법으로 탐색하는 경향이 있다. 그러므로 환경으로부터 강력한 암시를 받지 않는다면 유아들은 어떤 과제의 가장 적절한 부분에 초점을 맞추지 못한다. 그리고 유아는 받아들이는 정보의 양과 이를 저장하고 조작하는 능력 또한 제한적이다. 한 화면에서 동시에 보이는 물체를 어른은 한번에 6~7개 정도 지각할 수 있는 데 비하여 만 5세의 아동은 보통 3개 정도 지각한다. 만 5세 아동의 주의집중 시간은 약 20~25분 정도로 증가한다.

③ 언어발달

유아의 언어는 3세가 지나면서 어른의 언어에 보다 근접해 간다. 3세 아동은 복수와 과거시제를 사용하며, 약 900개 정도의 어휘를 사용하고, 3세 말경이면 문장의 기본구조를 획득한다. 물어보는 것을 즐기는 시기인데, 3~4세의 대화는 주로 정보를 교환하는 것이 특징이고, 말할 때 몸짓에 크게 의존한다.

4세 아동은 과장하는 말이나 유머를 많이 사용하며, 보통 4~5개의 단어로 구성된 문장을 사용한다. '위에', '아래' 등과 같은 전치사의 사용이 가능하고 어휘 수도 1,600개 정도로 증가한다. 5세경에는 말하는 것을 더욱 즐겨서 토론하기를 좋아하고, 보다 복잡한 문장을 사용하며, 간단한 단어를 정의할 수 있고, 몇몇 단어의 반대말도 알게 된다. 또한 평균적으로 5~7세경이면 혼잣말이 매우 많이 나타나 절정에 이르렀다가 9세경에 사실상 거의 사라진다.

유아기에 나타나는 혼잣말은 언어 이상의 기능을 지닌다. Vygotsky는 혼잣말을 특별한 형태의 의사소통, 즉 자기 자신과의 의사소통이라고 생각하였다. 즉 유아는 혼잣말을 통해 언어와 사고를 통합하는 과정을 갖는 것이며, 혼잣말을 사용하여 자신의 행동을 지휘하고 숙달한다. 그리고 조용한 사고를 통한 내적 통제가 가능해지면서, 사고를 정리하고 행동을 통제하는 데 혼잣말을 이용하는 경우가 점차 줄어든다. 그러므로 혼잣말은 유아의 행동을 인도하고 그들이 생각할 수 있도록 도와주는 기능을 한다.

④ 사회정서발달

유아기 아동의 또래관계는 장난감을 가지고 함께 노는 것을 의미한다. 한두 명의 친구를 사귀기 시작하지만 이들의 관계는 상호신뢰를 바탕으로 한 지속적인 관계는 아니다. 유아는 친구라고 생각하는 또래에게 그렇지 않은 또래에 비해 긍정적인 행동을 두 배나 많이 한다. 보다 더 정서적인 표현을 많이 하고, 이야기하고 웃으며 바라본다. 그러나 장난감을 나누어 갖지 못하기 때문에 금방 싸우고 대립하는 경우가 많다.

4세경이 되면 동성의 친구를 더 선호하는 현상이 나타나기 시작한다. 그러나 놀이집단이 일정하지 않고 자주 변한다. 그리고 이 시기 정도에 옷이나 머리 모양 등의 외모가 변해도 여전히 같은 성임을 아는 성 항상성의 개념도 발달한다.

5세경에는 친한 친구가 분명해지며 공격성의 표현방식에 변화가 나타난다. 우선, 물건을 소유하기 위한 신체적인 싸움은 감소하는 반면, 위협이나 약 올리기, 모욕과 같은 언어적 공격성이 점차 증가한다. 또한 소유권이 문제가 되지 않으면서 다른 사람에게 상처를 입히고자 하는 적대적 공격성이 나타나기 시작한다. 보통 남아가 여아보다 더 공격적이다. 특히 만 2세경부터 남아는 공격성이 더 증가하고 여아는 감소하는 것으로 보고되는데, 이는 유아들이 남녀의 성 역할을 이해하기 시작하는 것과 관련이 있는 듯하다.

한편, 만 3세경이 되면 생후 1년6개월경부터 분화하기 시작한 2차 정서가 거의 분화되어 성인에게서 볼 수 있는 대부분의 정서가 나타난다. 그러므로 만 3세의 아동은 정서의 표현은 미숙할지라도 성인이 느낄 수 있는 모든 정서와 감정을 느낄 수 있다. 따라서 교사는 각각의 유아를 인격체로 존중해야 하고, 유아가 정서적으로 상처받지 않도록 주의해야 한다.

유아기에는 상상력이 발달하면서 상상으로 인한 공포가 크게 증가하고, 원하는 물건을 얻기 위해 수반되는 도구적 공격성과 신체적 · 언어적으로 타인에게 해를 입히는 적대적 공격성으로 분노의 정서를 표현한다. 그리고 차츰 도구적 공격성에서 적대적 공격성으로 변화되는 양상이 나타난다. 또한 호기심의 정서는 유아기에 매우 강하게 나타나 눈에 띄는 모든 것에 대해 질문을 하게 된다. 유아기에 아동은 정서표현에 대한 이해능력이 발달한다. 유아는 다른 사람의 부정적 정서를 이해하는 능력은 아직 서툴지만, 긍정적 정서에 대해서는 성인 수준의 이해 정도를 보인다. 이는 다른 사람의 행동과 그 의도를 구별할 수 있는 능력과도 연관된다.

3세 이후가 되면 부정적인 정서표현을 자제할 수 있는 정서규제능력이 발달한다. 정서규제능력은 정서를 통제할 수 있는 능력, 부정적 정서를 감추어야 할 때에 대한 지식, 정서를 통제하고자 하는 동기 등의 세 가지 영역의 발달을 요구한다. 특히 정서규제의 한 측면은 좌절에 대한 참을성인데, 이는 2세경에 나타나서 유아기에 극적으로 증가한다. 따라서 유아기는 정서규제능력의 발달이 활발해지는 시기이다.

⑤ 자아개념의 발달

만 2세경부터 자기 자신에 대한 인식이 분명해진 후 아동은 유아기 동안 독특한 자아개념을 형성한다.

첫째, 유아의 자아개념은 매우 구체적이어서 자기 이름, 나이, 소유물, 외모, 일상행동 등과 같이 실제 관찰 가능한 특성들로 표현된다. 따라서 유아가 표현하는 자아개념이 자신의 신념, 정서, 태도 등과 같은 안정적인 심리적 특성으로 나타나는 경우는 거의 없으며, 이러한 표현은 아동기에나 가능하다.

둘째, 유아의 자아개념은 특정한 물건이나 행동과 밀접하게 관련되어 있어, 어떤 물건에 대한 소유권을 주장하는 형태로 자신을 표현한다. 자아정의가 강한 유아는 사물에 대한 소유욕이 보다 강해서 물건을 서로 가지려는 싸움이 많이 일어난다. 그러므로 유아기에 물건을 서로 가지려고 하는 다툼은 자신과 타인의 경계를 분명히 하려는 의도에서 나온 표현으로 보인다. 따라서 교사는 이러한 경우에 장난감을 같이 가지고 놀 것을 강조하기보다는 소유권을 주장하는 유아의 자기표현 특성임을 알고 이를 먼저 인정한 후에 양보를 유도하는 것이 좋다.

셋째, 유아기에 출현하는 또 다른 자아개념은 자기 자신에 대한 가치 판단, 즉 자아존중감이다. 그런데 독특한 것은 유아기에 나타나는 자아존중감은 어느 시기보다도 높다. 유아들은 보통 자신의 능력은 매우 높은 것으로 평가하고 과제의 난이도는 매우 낮게 평가한다. 따라서 어떠한 과제에 대한 수행정도가 나쁘더라도 자신은 아주 잘했다고 믿기 때문에 높은 자아존중감을 갖게 된다. 그러나 이러한 높은 자아존중감은 아동기가 되면 보통 낮아진다. 유아기 아동의 높은 자아존중감은 여러 가지 새로운 기술을 숙련시켜야 하는 유아기의 매우 중요한 측면으로서 이들의 주도성 발달에 크게 기여한다.

넷째, 유아기의 아동은 환경에 반응하여 융통성 있게 자아통제를 할 수 있는 능력이 발달한다. 이러한 자아통제력의 발달은 체계적으로 계획하고 추론할 수 있는 인지적 능력이 발달하고 있음을 나타내는 것이다. 이에 유아들은 정서표현을 조절할 수 있는 능력이 발달하여, 5~6세경에는 격렬한 감정을 조절할 수 있는 능력이 크게 향상된다.

유아기에는 자기 혼자 일을 도모하고 스스로 일을 해내고자 하는 주도적인 성향이 발달한다. 이러한 주도성의 획득이 이 시기의 주요 발달과업이다. 유아들은 무엇이든지 혼자 힘으로 해내려는 의지가 발달하므로 주도성을 발달시킬 수 있는 기회를 많이 갖도록 돕는 것이 좋다. 주도성 발달의 기회가 적거나 억압되면 죄책감이 많은 인성으로 성장하게 되는 발달적 위기를 겪게 된다.

(2) 영양 및 섭생

유아기 아동의 영양요구량은 걸음마기와 비슷하다. 하루 평균 1,800kcal의 열량과 25~30g의 단백질이 필요하기 때문에 적당한 양의 다양한 음식이 필요하다. 공급원은 과일, 채소, 곡류, 우유, 유제품, 육류, 생선, 가금류 등으로 과일과 채소는 비타민 A와 C의 최상의 공급원이고 비타민 B, 미량의 무기질 그리고 식이섬유 등의 다른 영양소도 함유하고 있다. 밥, 빵과 시리얼은 비타민 B의 공급원이다. 잡곡밥, 통밀 빵과 시리얼 또한 섬유소와 비타민 E, 마그네슘과 같은 미량 원소의 좋은 공급원이다. 유제품, 특히 우유는 단백질을 공급하고, 칼슘과 비타민 D의 가장 좋은 공급원이다. 돌을 전후로 한 이유기에는 육류, 생선, 가금류의 단백질 식품이 우유 대신 규칙적으로 일정량 공급되어야 한다. 육류는 단백질 외에도 철분, 아연 등 미량 영양소의 좋은 공급원이다.

식단을 짤 때는 다양한 음식이 매끼 제공되어야 한다. 식사로 단백질(육류, 생선류, 가금류, 계란, 콩), 밥, 빵 등의 탄수화물, 과일이나 야채, 우유 등이 제공되어야 한다. 아동은 한꺼번에 많이 먹지 못하므로 끼니 사이에 배가 고플 수 있어 간식을 먹어야 한다. 되도록이면 미리 계획하여 간식을 준다. 아동이 허기와 포만감을 적절히 조절할 수 있도록 식사와 간식 사이에 적당한 시간 간격을 유지하여 식사 때가 되면 배고픔을 느끼도록 한다.

매끼 식사는 적당한 양의 단백질, 탄수화물, 지방을 공급해야 하며 전체 열량의 30% 정도를 지방으로 섭취한다. 아동이 지방이 많은 음식이나 패스트푸드를 자주 먹으면, 지방을 과잉섭취하게 된다. 반면 탄수화물(밥이나 빵)로 섭취하는 비율이 높으면 지방이나 단백질 섭취가 적을 수 있으니 균형 잡힌 식사를 제공하는 것이 중요하다.

이 시기는 식욕과 섭취량이 안정되어 광범위한 식품을 먹을 수 있으나 교육, 매스미디어 등의 식문화 광고의 영향을 많이 받는다. 교육을 통한 변화가 중요한 시기이므로 올바른 식습관과 영양에 대한 교육이 잘 이루어져야 한다.

만 3세가 되면 컵으로 마시는 것과 숟가락질이 익숙해진다. 식사량도 증가하며 식욕도 비교적 안정되고 식사예법도 알게 되는 시기이다. 식사할 때 깨끗하게 먹고 식사 후 식기 등을 일정 장소로 가져다 두도록 하는 습관을 들이도록 한다. 만 4세에는 좋은 식습관을 가져야 하는 필요에 대해 교육하고 만 5세 정도에는 영양섭취와 건강과의 관계를 설명하고 영양과 위생에 관한 내용을 교육한다.

(3) 활동과 휴식

① 활동

유아기 아동의 운동 활동 수준은 그들 주변의 환경을 탐색할수록 점차 높아져, 신체적인 경기나 운동을 배우기 시작하고 다른 아동들과 함께 어울릴 수 있는 계기가 되므로 운동 활동은 장려되어야 한다. TV시청과 같은 정적인 활동수준도 점차 높아지나 활동적인 놀이를 대체할 수 없으므로 자제해야 한다.

아동은 운동능력 및 협응능력이 발달하기 때문에 초보 수준이기는 하나 운동에 참여할 수 있다. 어린 아동은 정규 훈련은 개인에 따라 다르나 그 결정은 부모가 아닌 아동 자신의 동기와 즐거워함에 따라야 한다. 미국 소아과학회에서는 유아기 아동들은 자유로운 놀이, 다양한 신체적 활동, 비경쟁적인 분위기에서의 놀이를 권장하고, 특히 재미있고 안전한 놀이를 할 것을 강조한다.

② 수면

수면 유형은 매우 다양하나 평균적으로 12시간 정도 자고, 불규칙적으로 낮잠을 잔다. 수면문제가 있는 아동은 그렇지 않은 아동보다 잠을 덜 자게 된다. 이 시기는 수면장애가 가장 많이 발생하는 시기로 낮 동안 너무 많은 활동과 자극을 받은 아동은 잠이 드는 데 힘들어하며, 밤에 깨는 일도 자주 일어난다.

밤에 깨는 유형에는 야경증(혹은 가위눌림)과 악몽 두 가지가 있다. 야경증은 아동이 침대에서 일어나 앉아 있고 종종 소리를 지르며 상상적인 물건을 응시하는 현상이다. 종종 충분히 깨지 않고 10분 이상 불안한 듯이 보이는 아동은 그 후 이완되어 깊은 수면으로 빠지고 아침에는 야경증을 기억하지 못한다.

악몽과 불안함은 잠에서 깨게 하는 훨씬 더 흔한 이유이다. 3세부터 아동들은 꽤 빈번히 야경증을 일으킨다. 꿈이 공상적인 생각과 능동적 상상을 가진 아동을 놀라게 하는 것은 그리 놀라운 일이 아니다. 아동은 두려움과 무력감을 느끼며, 대개 당시의 꿈을 희미하게 기억한다. 부모 혹은 양육자는 아동과 함께 자고 꿈에 관한 그들의 묘사와 두려움을 들어주며 그것들은 단지 꿈이며 다시 잠을 잘 필요가 있음을 아동에게 얘기하면서 안심시켜야 한다.

수면 문제에 대한 해결방법은 문화적 전통에 따라 매우 다르다. 그러나 보편적으로 잠자리에 들기를 미루는 아동의 경우, 규칙적인 수면습관의 중요성과 어린 아동에게 이러한 유형의 행동이 정상적인 것임을 강조하는 부모와의 상담이 필요하다. 관심을 끌려는 행동을 하면 무시하고, 부모 방에 들어오도록 허락하거나 잠잘 시간을 넘겨서까지 깨어 있도록 두어서는 안 된다. 침실에 불을 켜두거나 아이가 좋아하는 장난감을 곁에 두거나 마실 물을 갖다놓는 방법도 있다. 잠잘 시간 전에 아동이 심한 활동을 하지 않도록 활동을 줄이는 것도 도움이 된다. 잠자리에 들 시간이 되었다는 신호로 목욕을 하거나 이야기를 해 주는 등의 의식적인 행동을 하는 것도 한 방법이다. 부모는 "이 이야기가 끝나면 잘 시간이야"라고 말하는 것을 매일 지속적으로 시행함으로써 이러한 행동 유형을 강화할 수 있다.

③ 위생관리

■ 옷 입기

많은 3세 아동과 대부분의 4세 아동은 비록 어떤 것을 입느냐에 따라 다를 수 있으나, 단추 끼우기와 같은 어려운 것을 제외하면 스스로 옷을 입을 수 있다. 유아기 아동은 밝은 색상과 그림을 좋아하며, 서로 어울리지 않는 옷을 선택할 수도 있다. 그러나 다른 활동처럼 아동은 자신의 옷을 선택하는 경험이 필요하다. 어울리지 않는 옷을 입는 문제를 해결하기 위해서 어울리는 셔츠와 바지를 함께 개어 놓으면 아동은 옷을 각각이라기보다는 하나의 세트로 볼 것이다. 만약 아동이 어울리지 않는 옷을 입을 것을 고집한다면 아동의 외모에 어떠한 변명을 하지 않는 "철수는 오늘 자기가 옷을 골랐어요"와 같은 간단한 진술로 상황을 설명한다. 유아기 아동에게는 자신의 옷을 스스로 선택할 수 있는 것이 더 멋진 외형을 갖추는 것보다 가치 있는 경험이다.

■ **목욕**

유아기 아동이 욕조에 잘 앉아 있더라도 아동을 목욕탕에 홀로 남겨두어서는 안 된다. 아동은 더 뜨거운 물을 틀어서 데기도 하고, 수영이나 미끄럼을 연습하려고도 한다. 또한 물 밖으로 머리 유지도 할 수 없다. 대부분의 유아기 아동은 욕조에서 몸을 적시는 것을 즐기고 비누와 거품을 가지고 노는 것을 좋아한다. 몇몇의 여아는 이러한 물질에 의해 방광감염 같은 외음부 자극이 증가한다. 유아기 아동은 손톱이나 귀가 깨끗하지 않으므로 이 부분은 부모가 신경을 써야 한다.

머리 감는 것은 문제가 될 수 있다. 유아기 아동의 머리는 부모가 받쳐 헹구기에는 너무 무겁다. 아동은 충분히 눈을 감을 수 없거나 부모가 끝냈는지 아닌지를 보기 위해 눈을 뜨려고 하므로 똑바로 선 자세에서 머리를 헹구는 것은 긴 시간이 필요하다.

아동은 어른을 모방하기 때문에 목욕을 하기보다는 샤워하는 것에 흥미를 갖지만 아동이 샤워를 하는 것은 깨끗하지 않을 수 있다. 대부분의 유아기 아동은 오직 약간의 시간만 샤워를 하고 목욕 장난감을 가지고 노는 것에 집중하기 때문이다.

샤워 꼭지를 조절할 수 있다면 유아기 아동은 손을 씻고 말릴 수도 있다. 이 연령의 아동은 청결의 본보기는 아니지만, 욕실 타월로 손을 깨끗이 할 수 있다. 가능하다면 부모는 물의 온도를 49°C 이하가 되게끔 한다.

(4) 정서관리

유아기는 다른 사람의 정서를 이해할 수 있는 정서이해능력과 정서표현능력이 크게 발달하는 시기이다. 다른 사람의 정서를 이해하고 사건과 정서의 인과관계를 이해할 수 있는 능력을 발달시킴으로써, 감정이입의 발달과 친사회적 행동의 발달을 강화시킬 수 있다. 때문에 부모나 교사는 3세경부터 시작되는 정서규제능력의 발달을 잘 도와야 한다. 정서규제능력은 정서를 통제할 수 있는 능력, 부정적 정서를 감추어야 할 때에 대한 지식, 정서를 통제하고자 하는 동기 등의 세 가지 영역의 발달을 요구한다. 따라서 양육자는 자신의 정서를 잘 통제할 수 있도록 만족지연능력의 배양에 힘써야 한다. 그래야만 나아가 정서지능의 개발로 연결지을 수 있을 것이다.

유아기에는 상상으로 인한 공포와 도구적 · 적대적 공격성으로 표현되는 분노정서, 그리고 호기심의 정서가 크게 증가한다. 그리고 이러한 정서는 영아기와 달리 부모 및 형제자매와의 관계, 또래관계 등의 요인과 관련하여 유발된다. 그러므로 이러한 정서를 사회에서 용납되는 방법으로 표현할 수 있도록 유도하는 것이 중요하다.

유아기의 자아개념은 흔히 물건 등에 대한 소유권을 주장하는 형태로 표현된다. 그러므로 소유권을 중심으로 한 또래 간의 분쟁은 자아개념의 표현과 연관되어 있음을 파악해야 하고, 이를 훈육의 대상으로만 접근하는 것은 바람직하지 않다. 유아기는 자신의 능력은 높이 평가하고 과제의 난이도는 낮게 평가하는 자아존중감이 더 높은 독특한 시기이다. 이러한 특성은 주도성 발달과 후기 발달에 매우 중요한 의미를 지닌다. 따라서 과도한 학습량의 부과와 과도한 훈련은 유아의 정서발달과 자아존중감에 부정적인 영향을 줄 뿐만 아니라 이후의 발달에도 부정적이다. 따라서 많은 성취감을 직접 경험하도록 하여 건전한 정서발달과 긍정적인 인성발달을 도와야 한다.

5) 아동기

(1) 발달특성

① 신체운동발달

아동기 동안 신장과 체중은 크게 증가하며, 체중은 신장에 비해 훨씬 더 현저하게 증가한다. 긴 팔과 다리, 야윈 몸, 커다란 손과 발로 인해 아동기 아동은 다소 어색한 모습을 지니게 된다.

젖니가 빠지고 영구치가 나기 시작하면서 아동기가 시작된다고 할 수 있다. 만 7세경이면 시각도 완전하게 발달한다.

아동의 운동능력은 연령이 증가함에 따라 향상되는데, 13세가 지나면서 신체운동능력에서의 성차가 더욱 커져 여아는 이전과 비슷하거나 오히려 감소하는 데 비해 남아는 더욱 향상된다. 여아는 대략 만 10~12세경이면 사춘기에 접어들고, 남아는 대략 만 14~16세경에 사춘기에 들어서면서 아동기는 종료된다.

② 인지발달

아동기는 Piaget의 인지발달 단계 중 구체적 조작기에 해당된다. 아동은 조작적 사고가 가능하게 되어 분류하기, 자 가지고 작업하기, 시간과 공간의 개념 다루기, 그리고 실체와 환상 구별하기 등에서 전조작기의 아동보다 훨씬 유능하다. 아동은 추론하는 것을 학습하게 되고, 자신이 보고 듣는 새로운 것에 대해 규칙을 적용할 수 있는 능력을 발달시키게 된다.

아동은 물체를 가장 큰 것에서부터 가장 작은 것으로 혹은 그 반대로 정돈할 수 있고, 분류하기가 가능해진다. 아동은 이전 시기에 비해 훨씬 덜 자아중심적이기 때문에 탈중심화된다. 따라서 어떤 상황에 두 가지 차원을 동시에 고려할 수 있고, 대부분의 물리적 조작이 가역적이라는 것을 인식한다. 다른 사람의 입장을 이해할 수 있는 능력이 증가하면서 보다 융통성 있는 도덕적 사고를 갖게 된다. 그러나 이 시기의 아동은 이전보다 훨씬 논리적이지만, 사고는 여전히 현재 시점에 고정되어 있다.

아동기에 보존개념이 획득되는데, 연령에 따라 서로 다른 유형의 보존개념이 발달한다. 즉 6~7세에는 양, 9~10세에는 무게, 그리고 11~12세에는 부피에 대한 보존개념을 형성한다. 그런데 세 가지 종류의 보존개념의 기본원리는 동일하지만 아동은 한 가지 유형의 보존개념에 대해 학습하였던 원리를 다른 유형의 경우로 전가시킬 수는 없다. 이로써 아동기의 추론기술이 얼마나 구체적인지를 알 수 있다. 물체에 대한 보존개념은 가역성, 동일성, 보상의 개념이 획득되었기 때문에 형성된다.

기억능력은 아동기에 크게 향상된다. 이는 대뇌 발달에 따른 기억 용량의 증가 때문이기도 하지만 다양한 기억전략을 배우기 때문이기도 하다. 또한 아동기에 즉각적인 기억의 능력이 급속도로 증가하여, 방금 들은 숫자를 6개 정도 기억해 낼 수 있게 된다. 아울러 이 시기에 중요한 발달로서 상위 기억이 발달한다. 상위 기억이란 자신의 기억과정이 어떻게 진행되는지에 대하여 스스로 이해하는 것을 말한다. 상위 기억의 발달은 기억의 전반적 과정의 이해를 높여 또다시 기억전략과 기억용량을 증가시킨다.

③ 사회정서발달

아동기에는 또래집단이 매우 중요해지는데, 이 시기 또래의 영향력은 종종 가족보다 크다. 아동기가 되면 우정관계에 대한 개념이 상당히 복잡해지고, 비교적 안정적이 된다. 여아의 경우는 보통 한두 명의 친구들로 작은 규모의 또래집단을 형성하여 친교, 신뢰의 공유, 상호지지 등을 중시하는 데 비해, 남아의 또래집단은 보다 크고 충성과 공동생활을 중시한다. 유아기에 비해 아동기의 또래집단은 문화권에 관계없이 엄격하게 동성끼리 노는 경우가 많다는 것이 특징이다. 즉 아동기 또래집단은 대개 동성집단으로 같은 연령층, 같은 취미, 그리고 비슷한 지능을 지닌다. 아동들은 또래집단 안에서 공평성에 근거한 규준을 준수할 것을 학습한다. 또래집단의 규준은 일반적으로 가족 및 지역사회의 규준과 일치하기 때문에 또래집단은 아동기 사회화의 중요한 대항자로 간주된다.

한편 아동기에는 부모자녀 관계의 특성도 변화해야 하고, 교사의 역할도 이에 따라야 한다. 아동의 행동에 대한 통제권이 유아기까지는 부모나 교사에게 있었지만 아동기에는 아동 쪽으로 반 정도의 비중이 옮겨져야 한다. 아동과 부모 · 교사는 서로 아동에 대한 정보를 공유해야 하고 상호규제 관계를 가져야 한다. 상호규제 관계는 주로 부모 · 교사에게 있던 통제권의 절반 정도를 아동에게 넘겨주어 아동이 스스로 자아규제를 발휘하도록 돕는 방법이다. 그러나 부모 · 교사와 아동은 협조적인 과정에 있어야 하고, 지속적인 의사소통이 이루어져야 할 뿐만 아니라 적절한 감독과 지도는 계속 병행되어야 한다.

아동기 정서는 아동의 내면화된 도덕 판단에 기초하여 표출된다. 예를 들어 부모의 칭찬이나 꾸지람이 없어도 스스로의 가치판단에 근거하여 자부심이나 죄책감을 표출할 수 있다. 또한 다른 사람의 정서를 이해하는 능력도 더욱 발달하여 겉으로 드러난 정서와 진짜 정서의 구별이 가능하다. 아울러 동일한 상황에 대하여도 두 가지 이상의 정서를 동시에 느낄 수 있음을 이해하게 된다.

④ 자아개념의 발달

아동기는 갈등이 많던 이전의 시기들이 지난 후에 나타나는 조용하고 안정된 시기이다. 아동기는 학교생활과 인지적 기술을 습득하고 소속집단과 사회의 문화적 가치를 동화하는 시기가 된다. 따라서 아동기는 지식과 관습을 배우고 익히는 근면성의 시기가 된다. 유아기 아동의 자아개념은 관찰 가능한 구체적인 특성으로 표현되었던 반면, 아동기 자아개념은 타인과의 비교에 근거하여 형성되는 것이 특징이다. 6~7세의 아동은 타인과의 비교평가(나는 영희보다 수학을 잘해요)에 의해 자신을 묘사하고, 8~11세의 아동 중기가 되면 아동의 자아개념은 보다 복잡해져서 비교평가와 더불어 대인관계(나는 영희보다 수학을 잘해요. 그래서 다른 아이들이 부러워해요)를 포함하게 된다.

이와 같이 아동기가 되면 자아개념에 매우 중요한 기준으로 타인과의 비교개념이 중요해진다. 보통 아동기의 자아존중감은 유아기보다 낮아지는 것이 일반적인 특성이다. 성공은 자신의 노력과 같은 자기 내부의 자원에 의해 결정된다고 하는 것을 아는 개념인 자기효능감의 발달이 이 시기 동안에 이루어진다. 자기효능감을 가진 아동은 자신의 성공이나 실패는 자신에게 달렸다고 믿기 때문에 자아통제능력이 발달한다. 따라서 자기를 훈련하고 관리할 수 있는 능력은 아동기부터 크게 발달하기 시작한다.

(2) 영양 및 섭생

아동기는 비교적 느리고 꾸준한 성장기로 청소년기의 급성장기가 시작될 때까지 아동의 영양요구는 비교적 안정적이다. 아동기 아동은 음식을 섭취하는 횟수는 적으나, 방과 후 일상적으로 간식을 먹는다. 초등학교 고학년의 경우 아침을 거르는 일이 흔한데 시간이 부족하거나, 학교 시작 시간이 이르거나 아침에 등교 준비를 해야 하는 경우들이 그 이유가 된다. 아침을 거르는 학생은 아침을 먹는 학생보다 칼로리와 영양소 섭취가 적다. 이 시기에는 식사습관이 유행에 영향을 받고 친구들의 습관을 모방하는 데서 오는 부정적인 영양섭취 문제가 건강문제로 부각된다.

일부 사춘기 이전 여학생은 비만을 피하기 위하여 식이조절을 한다. TV가 가장 영향력 있는 매스미디어이며, 아동기의 경우 평균적으로 주당 23~24시간 TV를 본다. 광고의 약 절반이 음식에 대한 것이며, 아동을 대상으로 한 프로그램의 경우에는 더욱 많다. 대부분 가당 곡물류, 패스트푸드, 인스턴트나 사탕 같은 고지방, 고당분, 고염의 가공된 음식들이다. 생활수준의 향상과 함께 급격히 늘어난 청량음료의 소비는 과도한 칼로리 섭취, 더 많은 당분 섭취와 우유 섭취의 감소를 초래하였다.

대부분의 우리나라 학령기 아동은 학교에서 급식이나 도시락을 먹게 된다. 도시락은 급식보다 영양소와 지방섭취면에서 다소 떨어진다. 도시락은 다양성이 떨어지고 냉장보관이나 가열이 필요하지 않은 음식들로 제한되기 때문이다. 학교급식은 학생의 건강과 성장발달을 도모하고 나아가 국민 식생활 개선에 기여할 수 있어야 하며, 영양교육을 통한 식습관의 개선이 이루어질 수 있어야 한다. 또한 학교급식은 교육의 일환으로 운영되어야 하므로 계획적인 영양지도와 학습이 수반되어야 한다.

설탕, 조미료 또는 인스턴트식품을 섭취하는 것은 아동의 주의력 결핍이나 행동과다, 잘못된 행동의 원인으로 자주 지적되었다. 영양 결핍과 철 결핍은 아동의 학업 성취에 나쁜 영향을 끼칠 수 있으며, 아침을 거르는 아동이 그렇지 않은 아동보다 더 많은 실수를 하는 것으로 나타났고, 영양 결핍상태의 아동은 영양상태가 좋은 아동에 비해 작업 수행이 감소하는 것으로 나타났다.

골다공증의 예방을 위해 사춘기 이전의 아동들은 칼슘을 보충함으로써 골밀도를 상당히 늘릴 수 있다. 성장기 아동이 음식을 올바로 선택할 수 있도록 연령과 발달수준에 맞는 영양교육을 시행하는 것이 중요하다. 가족이 가장 중요한 안내자이나, 학교나 사회단체 및 다른 프로그램도 아동들에게 영양교육을 시행하는 데 중요하다.

간식은 탄수화물, 단백질, 지방 등의 주영양소를 포함한 것이어야 한다. 탄수화물은 어느 정도의 포만감과 열량을 제공하고, 단백질과 지방은 체조직 구성과 에너지원을 제공한다. 간식은 아동의 매끼 식사를 부드럽게 연결시킬 수 있도록 열량을 공급하고 기분을 안정시킨다. 빵, 시리얼, 과일 또는 채소 등을 단백질과 함께 간식으로 주어 영양소를 골고루 섭취하게 한다.

(3) 활동과 휴식

① 활동

아동기 아동은 활동능력과 적응성이 향상되어 지치지 않고, 격렬한 놀이를 통해 운동기술이나 근육활동이 증진된다. 비록 성인의 체력, 끈기, 통제력에는 못 미치지만 성인형 활동에 필요한 근육운동 조정력, 시간조절력, 집중력을 갖게 되므로 더 많은 신체활동이 권장되어야 한다. 그러나 아동이 크고 강해 보이더라도 아직 격렬한 옥외 운동경기를 할 준비는 되어 있지 않으므로 안전교육 지침을 잘 지키도록 한다. 성장 중인 모든 아동은 규칙적인 운동을 하고 충분한 경험을 하도록 한다. 근육운동의 조정과 발육을 도모하는 활동에는 달리기, 줄넘기, 수영, 스케이트, 자전거 타기가 있다.

아동은 활동에 충분한 공간과 실내 · 외에서 사용할 편의시설과 기구가 필요하다. 대부분 아동은 육체적 활동에 참여하도록 격려할 필요가 있다. 장애아동이나 활동적인 놀이에 참여하기를 망설이는 아동은 그들의 발달요구와 한계를 사정하여 아동이 좋아할 만한 활동을 결정하도록 도와준다.

아동기에는 경쟁을 즐기는데, 아동에게 신체적 한계와 적당한 운동기법과 골격, 근육의 손상을 피할 안전한 방법을 가르친다면 안전하고 적당한 운동을 할 수 있다. 기구는 심각한 손상을 입히지 않도록 위험을 방지하는 장치가 부착되어 있어야 한다. 이 시기의 여아는 기본 신체구조가 남아와 같으므로 전신적인 운동훈련에 비슷한 반응을 나타내다가 사춘기에 남아가 더 많이 자라 근육이 더 발달되면 여아는 여아끼리만 경쟁을 한다.

② 휴식과 수면

아동기에 필요한 수면과 휴식의 정도는 개인에 따라 다르다. 어떤 나이에서 특별히 몇 시간이 필요한 것이 아니라 아동의 나이, 활동정도, 건강상태와 같은 요인에 따라 달라진다. 성장속도가 느리기 때문에 다른 시기보다 에너지가 적게 소모된다.

6세에 대략 11~12시간 잠을 자고, 11~12세에는 9~10시간 정도 잔다. 나이가 들면서 잠자는 시간에 거의 문제가 없다 하더라도 수면과 관련된 문제가 종종 발생한다.

보통 6, 7세의 아동은 수면 문제가 거의 없으며 잠자리에 들기 전 그림이나 색칠하기 또는 읽기 같은 작업을 하면 쉽게 잠들 수 있다. 8세에서 11세 사이의 아동은 자기가 피곤하다는 것을 흔히 깨닫지 못하기 때문에 잠자리에 들도록 자주 일깨워 주어야 한다. 수면시간을 잘 지키지 않을 때는 수면시간을 약간 늦추어 주면 해결될 수 있다. 어떤 아동은 책을 읽거나 라디오를 들으면서 잠자리 준비를 천천히 여유 있게 즐기기도 한다.

(4) 위생관리

① 복장

아동기에는 스스로 옷을 잘 챙겨 입도록 요구되지만, 아동기 후기까지도 복장을 스스로 잘 챙겨 입을 능력을 갖추지 못한다. 그들은 옷을 빨래통이나 서랍에 잘 넣어두기보다는 대개 바닥에 벗은 그대로 놔두곤 한다. 이 시기는 자신의 소유물들을 관리하는 것에 대해 가르칠 좋은 시기이다. 아동은 옷에 대해 자신의 의사를 표현하는데, 부모가 권유하는 옷보다 친구들이 좋아하는 옷을 선택하는 경우가 많다. 이들은 학급친구들과 옷을 다르게 입는 것을 못마땅하게 여기며, 친구들과 다른 옷을 입는 아동은 학교나 집단에서 따돌림의 대상이 되기도 한다.

② 개인위생

6~7세 아동은 목욕물 온도를 맞추거나 귀 또는 손톱의 청결에 도움이 필요하다. 8세 아동은 스스로 목욕할 능력은 생기지만, 성인처럼 목욕의 중요성을 알지 못하고 있거나 익숙하게 잘하지는 못한다. 여아가 월경을 시작하면서 목욕이 안전하지 않다는 얘기를 들었을 경우, 월경기간 동안 머리만 감거나 혹은 목욕하기를 두려워할 것이다. 그러므로 월경기간 동안 개인위생의 중요성과 안전함에 대한 정보가 필

요하다. 포경수술을 하지 않은 남아는 규칙적으로 씻지 않으면 분비물의 증가로 인해 음경귀두에 염증이 생길 수도 있다.

(5) 정서관리

아동의 자아개념은 자신의 행동을 타인과 비교함으로써 형성되고, 이런 비교평가를 거치면서 아동기의 자기존중감은 유아기보다 상대적으로 더 낮아진다. 상대적으로 낮아지는 자아존중감은 아동의 정서를 보다 부정적인 방향으로 이끌 수 있다. 따라서 양육자는 아동의 자신감을 발달시키기 위한 활동을 계획하는 데 주력할 필요가 있다. 예를 들어 간단한 만들기나 바느질하기 등의 여러 가지 작은 활동을 통해 각각의 아동이 자기신뢰를 높일 수 있도록 돕는 활동을 계획하는 것은 아동의 정서를 관리하는 데 도움이 된다. 계획적인 생활관리를 할 수 있도록 돕는다면, 근면성의 발달과업을 획득할 수 있다. 이는 아동으로 하여금 열등감의 발달적 위기를 겪지 않도록 도울 뿐만 아니라 자신감을 갖도록 하므로 긍정적인 정서발달을 확립하게 한다.

아동기의 자아존중감은 학업적 자아존중감, 사회적 자아존중감, 신체적 자아존중감 등의 영역으로 세분된다. 그러므로 특정 영역에서 높은 자아존중감을 발달시키도록 돕는 것도 아동의 긍정적인 정서관리에 바람직하다. 특히 자기효능감은 아동기에 크게 발달한다. 여러 과제에서의 성공 경험을 많이 겪을 때, 아동의 자기효능감은 증대되고, 긍정적인 자기존중감으로 이어진다.

아동기의 또래관계는 부모보다도 그 영향력이 크다. 아동기의 또래집단은 아동의 사회화의 기능을 대행하고 태도나 가치관을 형성하게 해 주고, 인지발달과 정보를 제공한다. 그리고 나아가 또래집단으로부터 수용되고 인정받음으로써 부모가 제공할 수 없는 정서적 안정감을 갖게 된다. 아동은 또래집단에 소속되면서 우정관계를 형성할 수 있는 능력을 발달시키게 된다. 아동기의 또래관계는 아동의 정서적 안정감에 가장 큰 영향을 미치는 요인이 된다.

아동의 정서발달에 가장 큰 영향을 미치는 또 다른 요인은 부모의 양육태도이다. 애정 지향적이고 수용적인 양육태도, 논리적인 추론을 사용하는 훈육법, 일관성 있는 양육방법은 지나치게 엄격하고 통제적인 양육태도, 애정 철회나 권력행사, 혹은 일관성 없는 훈육법보다 아동의 정서를 안정시키고 모든 면의 발달을 긍정적으로 이끈다.

Chapter 2

아동 건강관리

아 동 건 강 교 육

아동의 건강에 영향을 미치는 요인은 다양하나 크게 유전적 요인과 환경적 요인으로 분류할 수 있다. 이 두 요인은 서로 역동적이며 복합적으로 작용하므로 어느 한 요인이 어떻게 또는 얼마만큼 영향을 미친다고는 정확히 설명할 수는 없다. 따라서 아동의 건강을 관리하는 부모나 교사는 '건강한 상태는 시기나 조건에 따라 달라질 수 있는 역동적인 상황' 이라는 것을 인식하고 이에 영향을 미치는 요인들을 알아두어 아동의 건강을 유지하고 향상시키는 환경 마련을 위한 자료로 활용해야 한다.

1. 유전적 요인

수정 시 부모에게서 받게 되는 여러 가지의 유전인자는 아동의 신체적 · 정신적 특성의 기초를 형성하는 결정적인 역할을 한다. 건강도 그중의 하나로 이때에 부모로부터 어떤 유전인자들을 물려받았는지에 따라 안경을 써야 하는지, 특정 식품에 대해 알레르기가 있는지, 특정한 질병에 대한 감수성이 어떠한지 등의 특성이 결정된다. 따라서 가계조사 등의 방법을 통해 유전적 조건을 찾아냄으로써 건강에 영향을 미칠 수 있는 요인들을 예견하여 사전에 예방하거나 조기치료를 하는 것이 중요하다.

2. 환경적 요인

유전인자에 의해 건강의 기초가 형성되는 것이라면 환경적 요인에 의해서는 주어진 기초 위에서 얼마나 지속적으로 심신을 발달시킬 수 있는지의 여부가 결정된다. 경우에 따라서는 환경적 요인에 의해 유전적 요인이 변화할 수도 있다.

아동들의 건강상태에 영향을 주는 환경적 요인은 여러 가지로 분류할 수 있으나 대개 배변훈련, 손 씻기, 치아관리, 휴식과 낮잠, 환경오염, 영양 등으로 나누어 볼 수 있다.

1) 배변훈련

만 2~3세 영아들을 지도하는 교사들은 영아들이 충분히 준비될 때까지 기다렸다가 배변훈련을 하도록 한다.

(1) 배변훈련의 시작

영아들이 충분히 준비되었다는 것은 영아 스스로 용변의 욕구를 느끼고 판단하며, 이를 언어로 표현하고, 화장실에서는 스스로 옷을 내리고 용변을 보며, 다른 사람의 도움 없이도 다시 옷을 입고 나올 수 있을 만큼의 신경학적, 인지적, 언어적, 신체적 기술이 발달되었다는 것을 의미한다. 다시 말하면 배변훈련이란 단순히 신체의 특정기관을 자의로 조절할 수 있다는 것을 넘어 대뇌 및 신경계의 발달, 대·소근육의 발달, 언어발달 등이 함께 준비되었을 때 시작해야 한다는 것이다.

대부분의 영아는 대변을 먼저 가린 후 소변을 가릴 수 있게 되며, 만 2~3세경에는 배변훈련을 시작할 수 있을 만큼의 신경학적, 신체적, 언어적 발달이 이루어진다. 그리고 일단 충분히 준비가 된 경우라면 시작한 지 2~4주 내에 배변훈련이 완성된다. 그러나 개인에 따라 3~4세가 되어야 준비가 되는 경우도 있고 훈련이 완성되기까지 4~8주가 걸리는 경우도 있다. 배변훈련과 관계된 영아들의 발달 특징은 다음과 같다.

- 15개월 : 젖은 기저귀나 옷을 가리키거나 만지며 불편함을 표현한다.
- 18~24개월 : 대소변에 관계된 간단한 용어들을 이해하고 사용한다.
- 30~36개월 : 용변의 의사를 표현하고 화장실에 가야겠다는 것을 말한다.
- 36개월 이상 : 잠깐 동안 소변을 참을 수 있다.

영아들이 배변훈련을 위한 준비가 되었을 때는 다음과 같은 행동 특징을 나타낸다. 교사는 평소에 영아들이 이러한 행동을 보이는지 관찰하여 적절한 시기에 배변훈련을 시작할 수 있어야 한다.

- 젖은 기저귀나 옷을 가리키거나 만지며 기저귀를 바꾸어 달라는 의사를 표현한다.
- 소변을 보는 간격이 길어지며 밤사이 소변을 보지 않기도 한다.
- 용변기의 용도를 알고 옷을 입은 채 자주 가서 앉는다.
- 젖지 않은 바지나 기저귀, 용변기 간의 관계를 이해한다(바지가 젖지 않으려면 변기에 용변을 해야 한다는 것을 이해한다).
- 대소변 관련 용어를 사용하고 화장실에 가고 싶다는 말을 한다.
- 대소변을 볼 때 스스로 적절한 자세로 서거나 변기에 앉아 있을 수 있다.
- 용변의 의사가 있을 때 표정이 바뀌거나, 아랫도리를 움켜쥐거나, 다리를 꼬거나, 팔짝팔짝 뛰거나, 어디서건 바지를 급하게 내리거나, 끙끙거리거나, 쪼그리는 등의 행동을 보인다.
- 옷을 스스로 입고 벗는다.

(2) 배변훈련의 방법

적절한 시기에 배변훈련을 시작하는 것과 함께 적절한 방법으로 배변훈련을 하는 것도 매우 중요하다. 성공적인 배변훈련을 위해 교사는 다음과 같이 노력해야 한다.

- 평소에 기저귀를 자주 갈아준다.
- 기저귀를 갈고 싶을 때는 항상 선생님께 오라고 이야기한다.
- 이미 배변훈련이 된 다른 영아와 함께 용변 보는 기회를 갖도록 해준다.
- 배변훈련에 관련된 책을 읽어준다.
- 영아용 간이 용변기를 교실에 준비해 주어 가까이서 쉽게 용변기를 사용할 수 있도록 한다.
- 영아용 화장실이 교실 내에 있을 때는 화장실의 사용법에 대해 이야기해 준다.
- 영아에게 용변의 의사가 있다고 거의 확실하게 판단되는 경우에만 "용변기에 앉아볼까?", "화장실에 갈래?" 등의 이야기를 한다.
- 명령을 하지 말고 제안을 한다.
- 언제나 영아의 의사를 존중한다.

Freud는 너무 일찍 배변훈련을 하거나 강압적인 배변훈련을 하는 것은 이후 비정상적인 성격을 형성하게 하는 충분한 근거가 된다고 하였다. 이를 막기 위해 교사는 다음과 같은 점들을 유의하여 실천한다.

- 영아가 용변기에 절대 앉지 않으려고 하거나 배변훈련에 대해 강한 반발을 하면 배변훈련을 시작하지 않는다.
- 혹시 실수를 한 경우 화를 내거나 벌을 주지 않는다.
- 용변의 의사가 없을 때, 또는 영아가 원하지 않을 때, 영아로 하여금 변기에 앉을 것을 강요하지 않는다.
- 영아가 변기에 앉아 있는 동안 변기의 물을 내리지 않는다.
- 용변의 의사를 너무 자주 묻지 않는다.
- 용변과 관련하여 영아와 어떤 종류라도 마찰이나 갈등이 일어나는 상황을 만들어선 안 된다.
- 배변훈련을 하는 동안은 언제나 느긋이 기다려 준다.
- 실수는 언제나 할 수 있으며 또한 용납된다는 것을 영아들이 알게 해 준다.
- 부모들도 가정에서 교사와 같은 방법으로 배변훈련을 하고 필요한 경우 적절한 방법으로 의견을 교환하고 협력한다.
- 영아용 간이 용변기나 화장실의 변기는 항상 깨끗하고 위생적으로 관리한다.
- 화장실의 조명을 밝게 하고 따뜻한 색의 타일과 변기를 준비해 영아들이 무서워하지 않고 언제나 편하게 화장실을 사용할 수 있도록 한다.

배변훈련을 성공적으로 받게 하려면 언급한 바와 같이 충분히 기다린 후 영아들이 준비가 되었을 때 배변훈련을 시작하는 것과 배변과 관련된 영아들의 의사를 바르게 파악하여 적절하게 도와주는 것이 중요하다. 이와 함께 다음의 사항들을 고려하면 보다 원활한 배변훈련을 기대할 수 있다.

- 급한 경우 입고 벗기 편한 옷을 입힌다.
- 배변훈련에 필요한 간이 용변기나 화장실의 변기는 유아들이 좋아하고 편안하게 사용할 수 있는 것으로 선택한다.
- 변기에 대해 재미있게 설명한다.
- 영아들이 물 내리는 소리를 싫어하면 영아들이 화장실을 나간 후 물을 내린다.

- 식사 후, 낮잠 자기 전과 후, 견학 가기 전 등의 시간에 자연스럽게 "화장실에 갈래?"라고 제안해 본다.
- 영아들을 용변기에 5분 이상 앉혀두지 않는다. 볼일을 볼 때까지 앉아 있어야 한다는 말을 하거나 그렇다는 인상을 주어서도 안 된다.
- 영아들이 배변을 시도할 때마다 칭찬하고 격려한다.
- 용변 후에는 반드시 손을 씻도록 교육한다.

2) 손 씻기

(1) 손을 씻어야 하는 경우

몸과 주변 환경을 깨끗이 하는 것 중 가장 중요한 일은 손을 깨끗이 씻는 것이다. 아동의 손 씻는 습관 형성을 위해 우선 교사가 항상 손을 청결히 유지하고 필요할 때마다 손 씻는 모습을 보여줘야 한다. 역할모델로서 바르게 손 씻는 방법을 알려주고, 일과생활 중에도 손 씻는 시간을 마련해 주어야 한다. 교사가 유의하여 아동들로 하여금 손을 씻게 해야 하는 경우는 다음과 같다.

- 유아교육기관에 도착한 후
- 간식이나 점심을 먹기 전
- 약을 먹기 전
- 요리활동을 하기 전
- 여러 아동이 함께 물놀이를 한 후
- 화장실에 다녀온 후
- 코를 풀거나 재채기를 한 후
- 동물을 만진 후
- 바깥놀이를 한 후
- 미술활동을 한 후
- 쓰레기를 만진 후

아동과 함께 교사, 보조교사, 부모 자원봉사자, 실습생 등 교실에서 아동이 접하는 모든 어른도 자주 손을 씻어야 한다. 교사나 성인이 반드시 손을 씻어야 하는 경우는 다음과 같다.

- 유아교육기관에 도착한 후
- 영아의 기저귀를 갈아주기 전과 후
- 영아나 유아의 배변을 도와준 후
- 음식 준비나 식사 전 또는 음식을 먹이기 전과 후
- 약을 먹이기 전과 후
- 요리활동을 시작하기 전과 후
- 요리되지 않은 식품을 만지기 전과 후
- 화장실 다녀온 후
- 아동의 코 풀기를 도와준 후
- 아동의 코를 닦아주거나 더러워진 옷을 만진 후
- 교사 자신이 코를 풀거나 재채기를 한 후
- 아동들과 바깥놀이나 물놀이를 한 후
- 아동의 신체에서 나온 분비물, 즉 피, 고름, 토사물을 만지거나 치운 후
- 우유를 먹이거나 안아주거나, 놀아주는 등 영아와 신체적 접촉을 한 후
- 동물을 만진 후
- 쓰레기를 만진 후

(2) 손 씻는 방법

아동들이 손쉽게 위생적으로 손을 씻으려면 적절한 높이의 세면대가 준비되어 있어야 하며, 너무 차갑거나 뜨겁지 않은 물이 공급되어야 하고, 손을 씻는 정확한 방법을 알고 있어야 한다.

위생적으로 손을 씻는 방법은 다음과 같다.

① 우선 손을 물에 적신다.
② 비누를 사용하여 10초 이상 손가락 사이, 손톱 주위, 손등, 손목까지 충분히 거품을 내어 문지른다. 교사의 경우 반지 아래, 손톱 밑 등도 씻어낸다.

③ 흐르는 물에 10초 이상 헹군다. 헹굴 때에는 손목 부분에서 손가락 쪽으로 물이 흐르도록 손을 대고 손가락 사이의 비누거품까지 깨끗이 헹궈낸다.

④ 수건으로 손을 깨끗이 닦는다(손에 물을 적시면서부터 "반짝 반짝 작은별" 노래를 부르기 시작하여 수건으로 닦을 때 노래가 끝나면 충분히 손을 씻게 된다).

⑤ 종이 수건을 사용할 경우, 닦은 종이 수건으로 수도꼭지를 잡고 물을 잠근 다음 종이 수건을 버린다.

3) 치아관리

영유아기에 잘 형성된 치아관리의 습관은 아동이 일생 동안 건강한 치아를 유지하는 데 상당히 중요한 영향을 미친다. 따라서 아동이 어려서부터 충치를 예방하고 건강한 치아를 유지하는 데 필요한 적절한 식품을 섭취하고, 올바른 방법으로 잇몸과 이를 닦으며, 정기적으로 치아검진 등의 전문적인 치아관리를 받을 수 있도록 해야 한다.

(1) 잇몸 닦기

0~2세의 영아를 보육하는 기관에서는 영아들에게 모유나 인공유의 수유를 한 후 부드러운 거즈로 이와 잇몸을 닦아주어 그 표면에 남아 있는 당분을 제거해 주어야 한다. 거즈는 일회용으로 매회 쓰고 버리는 것이 좋으나 부득이한 경우 영아 전용의 거즈 수건을 마련해 두고 매일 살균 세탁하여 사용할 수도 있다. 2~3개의 이가 난 후에는 시중에 나와 있는 영아용 칫솔을 사용할 수도 있다.

(2) 이 닦기

아동용 칫솔을 사용하는 양치질은 아동의 첫 번째 어금니가 난 후(1~2세경)부터 시작하는 것이 좋다. 아동이 자기가 스스로 해보겠다고 하더라도 처음에는 교사나 부모가 적절한 방법의 칫솔질을 시범 보여 바른 방법을 가르쳐주고 점차 아동이 스스로 해보도록 유도한다. 이 경우 교사나 부모는 아동이 양치질하는 것을 지켜보고 있다가 빠뜨린 부분을 보충하여 칫솔질해 주어야 한다.

아동들은 대개 스스로 신발끈을 묶을 무렵(만 5세경)이 되면 혼자 이를 닦을 수 있게 된다. 혼자 이를 닦게 되면 이를 닦은 후 교사나 부모가 간단히 검사해 보고 칭찬해 줌으로써 언제 어디서나 규칙적으로 혼자서 이를 닦을 수 있는 습관을 기르도록 해준다.

아동이 좀 더 손쉽게 이 닦는 습관을 형성하도록 부모나 교사는 아동이 좋아하는 색의 작고 부드러운 칫솔과 치약을 준비해 주어야 한다. 3세 이전의 아동은 치약을 삼킬 수 있기 때문에 불소가 함유된 치약을 사용하지 않는 것이 좋으며, 3세 이후부터는 소량씩 사용하여 뱉어내도록 가르친다. 그리고 부모나 교사가 이 닦는 모습을 보여주는 것도 중요한 일임을 잊어서는 안 된다.

이 닦는 방법

1. 이와 잇몸이 접하는 곳에서 칫솔을 45° 각도로 향하게 한다.
2. 이와 잇몸이 접하는 곳에 칫솔을 놓고 짧게, 회전식으로 이의 안과 밖을 닦는다. 즉 윗니는 위에서 아래로, 아랫니는 아래에서 위로 손목을 돌려 칫솔의 탄력을 이용하여 털어내듯이 닦는다. 잇몸도 닦는다.
3. 음식을 씹는 면을 닦는다.
4. 혓바닥을 닦는다.
5. 이를 닦는 일정한 순서를 각자 정하여 따르도록 돕는다. 예를 들어 오른쪽 윗니의 안쪽 면 → 오른쪽 윗니의 바깥쪽 면 → 왼쪽 → 양쪽의 씹는 표면 → 혓바닥과 같은 순서를 따를 수도 있다. 유아의 이는 크기가 작으므로 아래 · 윗니를 맞물려 바깥쪽 면을 닦은 뒤 이의 안쪽 면을 닦는다. 이때 바깥쪽 면의 이는 칫솔을 둥글게 돌려가며 닦도록 한다.

출처 조경자 · 이현숙(1998)

(3) 치아관리

아동이 6세경이 되면 유치가 빠지고 영구치가 나게 되며, 대개 사춘기에 이르러 완전히 영구치로 대체된다. 사랑니는 청년기 이후에 나는 경우가 대부분이다.

건강한 치아를 유지하기 위해서는 치아건강에 도움이 되는 식품을 섭취하고 매일 이 닦는 습관을 기르는 것과 함께 정기적인 치과검진으로 치아를 관리해 주는 것이 중요하다. 유아교육기관에서는 다음과 같은 사항에 유의하여 간식 후나 점심 후 아동들이 이를 닦을 수 있도록 한다.

- 개별 아동을 위한 유아용 칫솔을 깨끗하고 습기가 없는 곳에 비치해 둔다. 칫솔에는 이름이나 그림 등을 그려주어 유아들이 쉽게 자신의 칫솔을 구별할 수 있게 한다.
- 간식 후나 점심 후에 양치질을 할 수 있는 시간을 마련해 준다.
- 아동들이 서로 올바르게 이 닦는 모델을 보여줄 수 있음을 격려하고, 교사도 아동들과 함께 양치질을 하여 올바른 모델을 보여준다.
- 교사는 아동들의 양치질을 잘 관찰하여 필요한 경우 적절한 도움을 제공한다.
- 아동들이 앞과 양 볼 안쪽에서 위아래로 둥글게 칫솔질을 할 수 있도록 도와주고 마지막에는 반드시 혀도 닦도록 지도한다.
- 아동들이 올바른 양치질의 방법을 알고 습관을 기르는 것은 부모나 교사가 아동들과 함께 이를 닦을 때 가장 효과적임을 기억해야 한다.

특별한 충치나 잇몸질환이 없다면 유치가 모두 난 직후(2~3세경)부터 일 년에 2번 정도 치과 정기검진을 받는 것이 좋다. 정기적인 치과검진의 목표는 예방적 차원에서의 치아관리이다. 다른 모든 종류의 질병과 마찬가지로 구강 및 치아와 관련된 질병도 일단 발병이 되면 더 고통스럽고 힘든 치료의 과정을 거쳐야 원래의 상태로 복귀할 수 있다. 따라서 특별한 문제가 없어도 정기적인 치과검진을 받는다면 건강한 치아를 유지할 수 있으며, 만약에 충치가 있다면 조기에 발견하고 치료해 더 큰 손실 없이 치아를 관리할 수 있게 한다.

이러한 정기검진은 유치를 가진 아동에게도 반드시 필요한 것이다. 흔히 어른들은 유치에 충치가 생기는 것을 중요하게 생각지 않는데 이는 위험한 생각이다. 왜냐하면 영구치의 싹은 이미 영아기부터 유치의 바로 아래에서 자라고 있으며, 유치의 손상이 이들 영구치의 싹에도 영향을 미칠 수 있기 때문이다.

치과의 정기검진을 받기 위해 다음과 같은 정보를 부모들에게 제공해 줌으로써 아동들의 치과방문이 고통스러운 것이 되지 않도록 도와줄 수 있다.

- 건강하지 않을 때, 즉 감기가 들거나 배가 아플 때 등 신체의 다른 부분이 건강하지 않을 때는 단순한 검진을 위해서라도 치과를 찾지 않는 것이 좋다.
- 아동의 기분이 나쁘거나, 정서가 불안할 때, 긴 여행을 앞두고 있을 때도 치과 검진을 미루는 것이 좋다.
- 치과의사를 주인공으로 하여 겁을 주는 말(예: 치과 선생님이 너 이를 아프게 하

실 거야)이나 유인하는 말(예: 치과 갔다 오면 엄마가 네가 원하는 것 다 사줄게)은 하지 않는다.

- 치과 치료가 하나도 아프지 않다는 거짓말도 해서는 안 된다. 조금 아프겠지만 더 아프지 않으려면 지금 참고 치료하는 것이 좋을 것이라 말할 수는 있다.
- 아플 때는 아픈 것을 표시해도 좋다고 이야기하고 필요한 경우에는 치과의사와 의논하여 치료를 중단하고 다음에 다시 치료를 받게 하는 것도 좋다.
- 특별한 치료를 필요로 하지 않는 상황에서 일반적인 검진을 받기 위해 치과에 첫 방문을 한다면 아동들이 치과에 가는 것을 무서워하지 않는 계기를 만들어 줄 수 있다.

(4) 건강한 치아를 위한 식품

건강한 치아관리를 위해 또 하나 유의해야 하는 것이 치아의 건강에 도움이 되는 적절한 음식을 섭취하는 것이다. 충치를 유발하는 가장 대표적인 음식물은 설탕 함량이 많은 사탕, 비스킷, 빵, 초콜릿, 캐러멜, 아이스크림 등과 탄산음료인 콜라, 사이다 등이다. 교사는 아동들이 가능한 한 이러한 식품의 섭취를 피하거나 줄이도록 교육하고 도와주어야 한다. 입 안을 산성으로 만들어 충치를 유발하는 쇠고기, 돼지고기, 닭고기 등도 먹은 후에는 반드시 양치질을 해야 하는 식품에 속한다. 반면 야채나 과일, 우유, 생선, 달걀 등은 칼슘의 섭취를 도와주고 입 안을 알칼리성으로 만들어주는 식품이므로 건강한 치아를 위해서는 충분히 섭취해 주어야 한다.

식품을 섭취하는 시간도 치아의 건강에 영향을 미친다. 즉 주식이든 간식이든 음식을 먹는 시간을 정해 두고 가능한 한 그 시간 이외에는 음식의 섭취를 제한하여 음식이 입 안에 머무르는 시간을 최소화하는 것이 좋다.

치아건강을 위해 피해야 하는 식품

- 꿀이나 엿기름, 과일 등에 함유된 당 성분은 치아에는 설탕만큼 나쁜 영향을 미친다.
- 캐러멜이나 엿, 젤리 등 치아에 둘러붙기 쉬운 음식은 치아 표면에 오랫동안 남아 있게 되므로 특히 좋지 않다.
- 단 음식이라도 짧은 시간에 먹으면(예: 사탕을 깨물어 먹으면) 오래 먹거나(예: 사탕을 빨아먹거나) 자주 먹는 것(예: 크기가 작은 사탕을 여러 번 나누어 하루에 몇 번 먹는 것)보다 충치유발의 가능성이 낮다.

- 음식을 먹은 후 물로라도 입 안을 씻어내면 충치의 유발을 막을 수 있다.
- 어떤 종류의 음식이건 시간을 정해 두고 먹는 것이 조금씩 자주 먹는 것보다 충치 유발의 가능성을 줄일 수 있다.
- 어떤 경우에나 상으로 단 음식을 주는 것은 단 음식을 먹어도 됨을 가르치는 것과 같으므로 피해야 한다.

4) 휴식과 낮잠

(1) 휴식 및 낮잠 시간의 계획과 운영

예부터 잘 먹고 잘 자는 아이가 곧 건강한 아이라는 말이 있다. 이는 건강을 유지하기 위해서는 위생적인 환경의 준비, 청결하고 규칙적인 생활습관의 형성, 충분한 영양섭취 등과 함께 활동 후 적절한 휴식과 충분한 수면을 취하는 것이 중요하다는 것을 의미한다. 휴식과 수면은 일상생활이나 활동을 통한 심신의 피로를 회복시켜 주며 몸과 마음을 이완시켜 새로운 활동을 할 수 있게 하기 때문이다.

아동에게 필요한 수면시간은 개인차가 있으나 일반적으로 0~6개월의 경우 하루의 대부분인 16~20시간을, 6개월~1세의 경우 14~16시간, 2~3세 아동의 경우 12~14시간, 4~5세 아동의 경우 10~12시간 정도의 수면이 필요한 것으로 알려져 있다. 이 시간에는 낮잠시간이 포함되어 있는데 아동들에게 있어 낮잠은 오전 생활의 쌓인 피로를 풀고 활기찬 오후 활동을 위해 꼭 필요한 것이다. 2세 미만의 영아들은 하루에 3시간 정도, 그리고 2~5세경의 유아들은 하루에 1~2시간 정도 낮잠을 자게 하는 것이 좋다. 그러나 자라면서 개인차에 의해 아예 낮잠을 자지 않는 아동도 있으므로 지나치게 낮잠을 강요해서는 안 된다. 중요한 것은 아동들이 적절한 휴식을 취할 수 있도록 도와주는 것인데, 대개 아동들은 한번 놀이에 열중하게 되면 피곤한 것을 개의치 않으며, 잠을 자고자 하는 신체의 요구를 무시하는 경우가 많기 때문이다. 아동은 피곤하거나 졸리면 놀라면서도 짜증을 내거나 식욕을 잃게 되므로 교사나 부모는 아동이 적절한 휴식이나 수면을 취할 수 있도록 미리 알아서 관리해 주어야 한다.

(2) 낮잠 운영 시 교사의 역할

종일제 프로그램을 운영하는 대부분의 유아교육기관에서는 1~2시간 정도 낮잠 시간을 운영하고 있는데, 낮잠시간을 효과적으로 운영하기 위한 교사의 역할은 다음과 같다.

① 부모와의 긴밀한 연락을 통하여 개개 아동의 생활리듬이나 수면습관, 또 수면과 관계된 아동의 생활경험을 파악한다.

아동의 수면습관은 각 가정의 생활양식에 따라 조금씩 차이가 있을 수 있다. 즉 부모나 다른 가족의 생활리듬이나 아동들의 체질에 따라 어떤 아동은 일찍 자고 일찍 일어나는 습관이 있는 반면, 어떤 아동은 조금 늦게 자고 늦게 일어나는 습관이 있다. 교사는 개개 아동이 가진 수면습관이나 수면과 관계된 생활습관을 파악함으로써 낮잠이 필요하지 않은 아동에게는 낮잠을 강요하지 않으며, 낮잠이 더 필요한 아동에게는 다른 아동보다 조금 더 자게 하는 등 낮잠시간을 보다 융통성 있게 운영하는 것이 좋다.

② 낮잠 자는 방을 준비하고 아동들이 쉽게 잠들 수 있는 환경을 마련한다.

아동들이 낮잠 자는 방을 따로 마련하는 것이 이상적이나 부득이한 경우 아동들의 활동실을 이용할 수 있다. 그러나 이 경우 교사는 낮잠시간 동안 아동들이 교구에 접근할 수 없도록 교구장을 가리거나, 교구장과는 먼 쪽에서 낮잠을 자게 한다. 아동들도 성인과 마찬가지로 너무 밝거나 시끄러운 방, 또는 너무 덥거나 추운 방에서는 잠을 잘 이룰 수 없다. 따라서 교사는 아동들이 편안하게 낮잠을 이룰 수 있도록 여건이 허락하는 범위 내에서 방의 실내조명, 온도, 환기, 소음 등을 조절해 줘야 한다. 커튼이나 블라인드를 이용하여 실내를 밝지 않게 하면서 동시에 부분조명을 이용하여 아늑한 분위기를 만들어주는 것도 좋은 방법이다. 외부 온도에 따라 냉방이나 난방장치를 이용하여 적당한 온도를 유지해 주고 이중창 등으로 바깥의 소음을 차단해 주는 것도 중요하다.

③ 낮잠을 쉽게 잘 수 있도록 일과를 계획한다.

아동들도 조금 피곤하거나 배가 부를 때 낮잠을 잘 이룰 수 있다. 따라서 교사는 오전시간 동안 아동들이 정신적으로나 신체적으로 다양한 활동에 적극적으로 참여할 수 있도록 일과를 계획함으로써 아동들의 낮잠을 도와줄 수 있다. 또 낮잠시간 전에 배가 고프지 않도록 점심시간을 계획하는 것도 아동들의 낮잠을 도와주는 방법이 될 수 있다. 낮잠시간 직전 교사는 아동들이 화장실을 다녀올 수 있도록 시간을 주어야 하며 낮잠시간이 시작될 때는 조용한 목소리로 책을 읽어주거나 조용한 음악을 틀어주어 잠이 드는 것을 도와줄 수 있다.

④ 낮잠을 자려는 아동이 쉽게 잠들 수 있도록 도와주고 낮잠을 자지 않으려는 아동에게 잠잘 것을 강요하지 않는다.

낮잠을 자지 않으려는 아동들에게 낮잠을 강요해서는 안 된다. 여건이 허락한다면 이런 아동들은 따로 준비된 방에서 조용한 활동을 하게 하는 것이 좋다. 원한다면 잠자는 아동들과 함께 누워서 휴식을 취하게 할 수도 있으나, 이 경우 다른 아동들을 방해하지 않도록 한다.

⑤ 아동들이 낮잠을 자는 동안 한 명의 교사는 반드시 아동들이 낮잠 자는 방을 지킨다.

아동들이 낮잠을 자는 동안 적어도 한 명의 교사는 그 방을 떠나지 말고 잠자는 아동들을 지켜주어야 한다. 왜냐하면 잠자는 동안에도 예기치 않은 여러 가지 상황이 발생할 수 있으며 무서운 꿈을 꾸거나 잠에서 깨어난 아동에게 활동실의 환경이 갑자기 낯설게 느껴지거나 무섭게 느껴질 수도 있기 때문이다.

⑥ 잠잔 자리를 정리하고 다음 활동을 할 수 있도록 도와준다.

낮잠시간이 끝날 무렵 교사는 아동들이 깨어나는 순서대로 조용히 잠잔 자리를 스스로 정리할 수 있도록 도와준다. 먼저 깨어난 아동은 자리를 정리하고 다른 방이나 또는 활동실의 다른 영역으로 가서 조용한 활동을 하게 한다. 늦게까지 깨어나지 못하는 아동들을 위해 서서히 방의 조명을 밝게 해 주고 경쾌한 음악을 낮게 틀어 잠에서 깨는 것을 도와준다. 잠자리를 정돈한 아동들은 화장실을 다녀오게 하고 조용한 활동부터 시작하게 해서 다음 활동으로 서서히 옮아갈 수 있게 해 준다.

⑦ 0~1세 미만 영아들의 낮잠은 특히 주의해서 관리한다.

이 시기 영아들이 기관에서 낮잠을 잘 때에는 특히 유의해야 할 점들이 있다. 엎어서 재우는 것과 너무 푹신한 침구류 등을 사용하는 것이 그것이다. 요나 바닥에

까는 침구는 영아의 코가 묻힐 정도로 푹신해서는 안 된다. 자칫 침구류에 묻혀 질식할 수도 있기 때문이다. 전체적으로 딱딱하지 않고 푹신하나 표면은 매끄러운 것이 좋다. 특히 8개월 미만 영아들의 경우 자는 동안 닿을 수 있는 범위의 잠자리에 동물인형이나 푹신한 베개, 두꺼운 이불 등이 있어서도 안 된다.

5) 식생활 행동지도

아동기는 각종 기능이 발달됨에 따라 기본적 생활습관이 형성되는 시기이다. 식사도 점차 스스로 할 수 있게 되는 동시에 소화기능도 발달되어 성인식과 유사한 식품을 섭취할 수 있고, 음식 수용의 폭이 확대된다. 이때에 편식, 식욕 부진 등의 문제가 생기기 쉬우므로 깊은 이해를 가지고 좋은 식사습관을 발달시키도록 지도한다. 아동들의 독특하고, 비정상적인 섭식행동인 편식 · 폭식 · 거식 등은 많은 부모가 문제로 삼고 있으나 대부분은 일시적으로 나타났다가 사라진다. 그러나 부모가 아동이 거부하는 음식을 먹도록 강요하거나, 특정 음식을 먹지 못하도록 할 때, 혹은 그러한 행위를 큰 문제로 삼게 되면 그때부터 아동의 특정한 섭식행동 자체는 심각한 문제로 나타날 수 있다. 부모나 교사는 이와 같은 아동의 독특한 섭식행동을 잘 이해하여 식생활을 올바로 지도하고 식생활과 관련된 문제의 발생을 예방하도록 한다.

(1) 식품 기호와 식욕의 변화

아동들의 음식에 대한 기호성은 식생활에서 매우 중요한 역할을 한다. 아동들은 약간만 싫어도 그 음식은 거의 먹지 않으려고 하고 좋아하는 식품이라도 조리법 여하에 따라 거부할 때도 있다. 그러나 이러한 일은 아동뿐만 아니라 성인에게도 있을 수 있는 일이므로 지나치게 걱정을 하거나 먹는 것을 강요해서는 안 된다. 특정 식품을 싫어하여 거의 먹지 않더라도 영양성분이 유사한 다른 식품을 잘 먹으면 적어도 발육과 건강면에 큰 문제가 발생하지는 않는다. 하지만 아동의 특정 식품에 대한 기호성향이 중요한 것은 이러한 기호성향을 방치해 둘 경우, 후에 편식습관이 형성될 우려가 있기 때문이다. 또한 아동의 특정 음식에 대한 집착은 성인과는 달리 변화가 심하므로, 교사나 부모의 입장에서는 매우 당황스러울 때가 많다. 즉 특정 음식을 좋아할 경우 매 끼니 그 음식을 고집하며, 심한 경우 해당 음식이 없을 때에는 식사를 거부하기도 한다. 그러므로 편식으로 진행되지 않도록 주의하면서 충분한 영양섭취를 하고 있는지 관찰이 필요하다. 하지만 지나친 간섭과 강요는 바람직하지 못하다.

① 아동의 식품 기호도

특정 식품에 대한 기호는 자아의식이 발달되는 3세 전후부터 7세까지에 나타나게 된다. 남아보다 여아에게 식품에 대한 기호가 뚜렷이 나타나며, 아동의 성격이 신경질적인 경우나 부모가 과잉보호적인 양육태도를 보이는 경우에 많이 나타난다. 이 시기에는 좋아하던 음식이 싫어질 수 있고 싫어하던 음식을 좋아하게 되는 등 식품 기호가 매우 유동적인 점이 특징이다. 아동의 음식에 대한 기호도는 식품이 지닌 원래의 맛 이외에도 색채, 온도, 혀와 입 안에서의 감각, 음식의 크기나 모양 등 음식 먹기의 편이성에 따라 많이 달라지게 된다.

아동들이 좋아하는 식품

일반적으로 아동이 좋아하는 식품은 달걀, 초콜릿이나 딸기 맛 등이 첨가된 우유, 요구르트 여러 종류의 육류, 사과, 귤 등이다. 많은 유아가 돼지고기 자체는 싫어하나 햄, 소시지, 핫도그 등은 좋아한다. 또한 돼지고기가 첨가된 자장면, 탕수육에 대한 기호도도 비교적 높다. 치즈를 좋아하지 않아도 피자를 좋아하는 유아는 많다. 즉 특정 식품은 싫어하여도 그 식품을 재료로 조리법을 달리하였을 때 기호도는 달라진다. 따라서 특정 음식에 대한 일반적인 기호도는 단정할 수 없다.

아동이 좋아하는 음식은 단맛을 내는 것이며, 성인과 달리 촉감이 부드럽고 입 안에서 씹어 먹기 좋은 것이나 입 안에 넣기 쉬운 크기의 음식을 좋아한다.

아동들이 싫어하는 식품

싫어하는 식품은 대부분 야채류가 많다. 그중에서도 냄새가 강한 채소를 싫어하며 조리방법면에서는 매운 음식과 짠 음식을 싫어한다. 향이 강한 미나리, 파, 양파, 쑥갓, 당근 등은 일반적으로 싫어한다. 고추, 겨자 등이 많이 든 자극적인 음식을 싫어하며 가시가 많거나 비린내가 심한 생선과 같이 먹기에 거북한 음식도 싫어한다.

아동들이 혐오하는 식품

혐오식품이란 단순히 편식하거나 그 음식을 싫어하는 정도가 아니라 어느 특정 식품을 기피하여 그 식품이 밥상 위에 있는 것을 보기만 해도 식욕이 저하되고 식사를 할 수 없을 정도의 식품을 뜻한다. 혐오하는 식품의 종류는 여러 가지가 있으며 나이에 따라 혐오하는 이유에도 차이가 있다. 보통 아동들이 혐오하는 식품은 파, 미나리, 쑥갓, 당근, 돼지고기, 생선 등이며 그 이유는 '맛이 이상하다, 쓰다, 냄새가 난다, 기름기가 많다, 비린내가 난다' 등 미각, 후각, 촉각 등의 부조화에 기인한 경우가 많다. 이와 같이 미각과 촉각의 이유로 인한 식품에 대한 혐오는 연령이 증가하면서 감소되며, 조리방법에 따라 달라질 수 있다. 그러므로 지나치게 무리하여 먹이려 하거나 혹은 단념하여 식탁에서 내려놓는 등의 행위는 특정 식품에 대한 혐오감을 더욱 강화시키게 된다.

② 문제시되는 기호와 식욕의 변화

■ 음식 기호의 변화

생후 9개월 된 영아도 어떠한 특정 식품에 대해서 싫다는 표시를 할 수 있다. 이러한 행위는 미각검사에서 신생아들도 맛에 대한 반응을 달리한다는 점에서도 알 수 있다. 아동의 동일한 식품에 대한 기호성은 매일 또는 매주 달라지기도 한다. 예를 들어 어느 한 주일은 쇠고기 장조림이나 생선전을 매우 좋아하여 식사 때마다 그 음식을 먹으려 하다가 어느 순간부터는 이러한 식품을 전혀 먹으려고 하지 않는 경우를 자주 경험할 수 있다. 이는 아동 자신이 특정 음식에 대하여 갖는 식욕의 변화 때문일 뿐만 아니라 음식을 준비하는 측에서도 계속 같은 음식만을 제공함으로써 나타나는 현상일 수 있다.

■ 잦은 식욕의 변화

음식에 대한 기호의 변화와 함께 아동은 음식섭취량의 차이도 매우 크다. 아동의 식욕은 변덕스럽고 예측하기가 어렵다. 어떤 때의 식사에서는 배고픈 모습으로 맛있게 먹다가도 어떤 경우에는 음식을 전혀 먹으려 들지 않는다. 특히 이러한 현상은 저녁식사 때 잘 나타나며, 대부분의 부모가 걱정하는 문제이다. 그러나 질병으로 인한 경우가 아니면 이러한 현상은 아침과 점심 식사 및 여러 차례의 간식을 통해 충분한 음식을 섭취한 경우에 나타나는 현상이다. 일반적으로 아동의 식욕은 파도의 유형으로 좋았다 저하되었다를 일정주기로 반복하기 때문에 지나친 거식 현상이나 탐식 현상이 없으면 시간을 두고 관찰할 필요가 있다.

③ 식욕과 기호의 변화를 완화시킬 수 있는 식생활 관리

■ **식사나 음식 준비과정에 참여**

평상시 가정에서 식품선택이나 섭취량 결정 시 아동의 의사 반영 정도가 조사 보고된 바 있다. 아동의 식사내용을 결정하는 사람은 응답자의 54%가 '어머니' 라고 하였으며, 자녀 스스로가 결정하는 경우는 5%뿐이었다. 반면 식사의 양을 결정하는 사람은 '아동 자신' 이라고 응답한 경우가 58%였으며 '어머니' 가 결정하는 경우는 24%로 나타나 식품내용의 선택보다는 식사량의 결정에 아동의 의사가 많이 반영되고 있었다. 한편 정규 세끼 식사보다 간식시간, 간식용 식품선택 또는 간식 섭취량의 결정에 자녀의 의사가 많이 반영되었다. 아동이 가정에서 식사 준비에 참여하는 활동 내용으로는 식품재료 씻기, 식기에 음식 담기, 조리 시 도와주기, 식탁 또는 상 차리기, 잔심부름 및 간단한 설거지 등이었다. 이와 같이 평소 가정에서 아동이 식생활 준비의 경험을 하게 된다면 보다 일찍부터 섭식 전반에 대한 올바른 태도가 형성될 수 있으며, 아동의 영양 인식을 높이는 데도 유익하다.

■ **부모나 교사의 영양지식 전달 노력의 정도**

식사시간 등을 통해 아동들에게 필요영양소 섭취와 활동, 식품의 종류, 식품의 출처, 식품의 조리가공, 식품의 소화와 체내 이용 등에 대해 이야기해 주는 것이 좋다. 또한 설탕과 소금, 식품첨가물, 자연식품에 관한 내용도 아동이 알아야 하는 식생활 정보이며 균형식, 식사예절, 식품위생 등에 대해 설명해 주는 것도 향후 올바른 식습관을 형성하는데 도움이 된다. 아동의 섭식패턴 연구조사에서 우리나라 어머니가 자녀에게 채소류의 섭취를 가장 강조하고 있으며, 다음이 밥을 포함한 곡류와 육류 및 생선류이고, 콩 제품과 우유 및 유제품도 대부분의 어머니들이 자녀가 더 먹기를 희망하는 것으로 나타났다.

(2) 특정 음식에 대한 편식습관

① 편식의 정의

편식이라는 말은 어떤 종류의 식품만 좋아하고 다른 식품을 거부할 때 흔히 사용된다. 그러나 식품을 좋아하고 싫어하는 일이 다소 있어도 이로 인해 영양소 섭취의 균형이 깨지거나 발육과 건강의 장애를 초래하는 등의 걱정이 없는 한 편식이라고 생각하지 않는다. 어떤 종류의 식품을 싫어해도 영양소의 성분 구성이 유사한 식품을 먹고 있다면, 최소한 영양적으로는 문제가 없다. 일상생활에서 식생활에 활용되는 식품의 종류는 약 600종이나 된다. 식품은 개인에 따라 맛을 느끼는 정도가 다르다. 또한 조리법과 먹는 장소, 연령에 따른 생리기능의 변화 등에 의해서도 식품 기호는 달라진다. 그러므로 남녀노소를 불문하고 다소의 식품에 대한 선호 또는 기피 현상이 있는 것은 당연하다. 그러나 유아의 경우 특정 식품에 대한 기호에 의해 음식선택의 폭이 감소되면, 전체적으로 식품섭취 기회가 적어짐으로써 편식을 더욱 강화시키는 결과를 초래할 수도 있다. 편식과 식품 선호 현상의 구분은 명확하지 않으나 영양지도 분야에서 편식이란 것은 음식을 좋아하고 싫어하는 감정이 강하고 식사 내용이 항상 영양적으로 불균형하며 발육과 성장 및 영양상태가 상당히 뒤떨어지는 경우에 한해서 말한다. 편식에는 어떤 특정 식품을 먹을 수 없는 경우와 하나의 식품군의 거의 전체를 먹을 수 없는 경우가 있다. 하나의 식품을 먹을 수 없다는 것은 본래의 편식은 아니다. 어떤 식품군 전체를 먹지 않거나 싫어하는 경우를 편식이라고 할 수 있다.

② 편식의 원인

아동들은 어떤 음식에 대한 기호가 뚜렷한 경향이 있다. 이러한 식습관이 편식과 연결되므로 문제시된다. 이는 일반적인 음식에 대한 기호(혐오, 선호)가 너무 뚜렷하여 일부 음식만을 섭취하거나 자신이 전혀 섭취한 적이 없는 음식은 나중에 음식이 제공되는 기회가 있더라도 먹지 않게 되는 경향을 보인다. 편식의 원인을 살펴보면, 특정 식품에 대한 혐오감인 경우가 많다. 특히 음식 섭취 중 좋지 않았던 경험, 즉 가시가 걸렸다든지, 체한 적이 있다든지, 억지로 먹은 경험이 있는 경우 편식을 보인다. 또한 실제로 입맛에 안 맞는 경우 주변 어른의 식행동을 따라서 편식하게 되는 경우도 있다. 또한 반항기여서 무조건 싫다 하기도 하며, 육류 음식인 경우 동물의 도살 장면을 보거나 혹은 연상을 통하여 동물이 불쌍하다는 생각하에 먹지 않는 경우가 있다. 이러한 편식의 주된 원인을 정리해 보면 다음과 같다.

■ 이유기의 미각상 및 촉각상 이유

편식이 형성되는 원인으로는 입 안의 촉감, 미각의 발달과 관련이 있는 경우가 많다. 이유기에 단맛이 나는 이유식만을 먹으면 다른 맛을 배우는 기회가 없어져 편식의 원인이 된다. 이유기에 새로운 맛의 이유식을 주면 뱉어버리는 행동을 보이나, 이것은 혀의 근육 발달의 미숙으로 인한 경우도 있다. 물론 본인이 익숙하지 않은 맛일 경우 뱉는 경향을 보이나 되풀이하여 조금씩 주면서 맛에 대한 적응훈련을 시키면 먹게 된다. 따라서 이유기의 미각의 훈련은 어머니의 책임이라 해도 과언이 아니다.

이유기에 영아가 싫어하는 감촉은 채소이므로 처음에 영아는 채소 이유식을 뱉어버리기 쉽다. 상당한 시간적 여유와 인내심을 가지고 채소 먹이는 훈련을 계속하면 영아는 이 촉감에 익숙해진다. 그러나 이 시기에 훈련을 잘못하면 아동이 성장한 후에도 채소를 싫어하게 된다. 편식은 어머니나 양육인의 양육태도에 기인된 경우가 많으며 아동을 다른 양육인 아래서 얼마 동안 양육시키면 편식이 교정되는 사례가 많다.

■ **생리적 · 심리적 원인**

아동이 발달하는 과정에서 식품의 맛과 냄새, 혀의 촉각 등에 익숙하지 않기 때문에 익숙하지 않은 감각에 대한 심리적 위축감을 갖게 된다. 이는 혀의 점막 및 여러 감각기관의 감수성에 기인한 것이며 성장하면서 변화한다. 예를 들어 아동기에는 냄새와 향에 예민한 반응을 나타내므로 주로 향이 강한 파, 미나리, 당근, 쑥갓 등을 싫어하는 일이 많으나 성장하면서 점차 해결된다. 한편 먹는 일을 강요당하거나 구토, 복통 등 불쾌한 경험이 있거나, 동물에 대한 동정 등 심리적인 요인으로 편식하게 되는 경우도 있다.

■ **사회적 · 경제적 요인**

아동의 성장지역이 만약 식품의 유통에 제약을 받는 환경일 경우 성장기에 접하는 식품 종류가 제한됨으로써 편식이 생길 수 있다. 한편 경제적으로 어려운 환경에서 식품의 사용범위가 좁은 식생활로 성장하게 될 경우도 편식이 생기게 된다. 그러나 이러한 편식은 일시적이며 환경이 달라지면 새로운 식생활에 익숙해진다.

■ **가정의 식사환경**

편식의 원인 가운데 가장 큰 원인은 가정의 식사환경이다. 아동의 식생활은 가족의 식생활에 동화되면서 또 모방을 통해서 그 기호가 형성된다. 특히 어머니의 식품 기호도와 식생활 태도가 큰 영향을 주게 된다.

일반적으로 가정에서는 아동만을 위한 특별한 음식을 준비하기보다 가족이 먹는 식사의 일부를 주게 되므로 만약 가족의 식단에 결함이 있으면 결과적으로 아동이 편식을 하게 된다. 이와 같이 다음과 같은 어머니의 양육태도에 의해 아동이 편식하게 되는 경우도 있다.

- 이유 방법이 잘못되었을 때
- 식단의 구성에 문제가 있을 때
- 음식을 강제로 먹이려고 했을 때
- 가족 중 편식하는 사람이 있을 때
- 식사 중 간섭이 너무 심할 때
- 과잉보호
- 이유기에 당분이 많은 음식을 지나치게 주어 다른 맛을 경험할 기회가 없을 때

③ 편식습관의 예방을 위한 아동의 식생활 관리

아동의 편식 경향은 특히 자아의식이 발달하는 3세를 전후하여 많이 나타나며, 이러한 편식습관은 아동기와 학령기에 교정되지 않으면 사춘기를 지나면서는 하나의 식습관으로 고정될 수 있다. 아동기의 편식은 아직 습관으로 고정된 것이라고는 할 수 없을 정도로 유동적이므로 교정이 가능하다. 그러나 한번 바람직하지 못한 습관이 형성되면 교정하기 힘들기 때문에 아동기에 편식습관이 생기지 않도록 지도해야 한다. 부모나 교사는 아동의 발달단계에 따라 편식을 예방하기 위한 방법은 다음과 같다.

■ 이유기

- 이유는 무리 없이 진행해야 하며, 한 가지 음식에만 치중되지 않고 점차 다양한 식품을 접할 수 있도록 한다.
- 이유는 단계적으로 진행한다.
- 생리적 발달수준에 적합한 음식허용량에 맞추어 진행한다.
- 이유식의 조미는 자극성 없이 부드럽게 한다. 당분을 많이 주지 않는다.
- 음식의 맛을 성인의 기준에 맞추지 않는다.

■ 유아기

- 부모나 가족이 편식을 하지 않는다.
- 유아에게 적합한 조리법을 택한다.

- 유아가 싫어하는 음식의 조리법을 개선하고 변화시켜 다시 새롭게 시도해 본다.
- 음식을 강제로 주지 않고 식사환경을 즐겁게 만든다.
- 식사량에 대하여 지나치게 관심을 나타내거나 강요하지 않는다. 단, 영양공급은 충분한가를 확인한다.

(3) 바람직하지 못한 섭식행동과 관리

우리나라 취학 전 아동을 대상으로 조사한 식사시간의 바람직하지 못한 행동을 요약하면, 식사 전반에 대한 게으름(꾸물거림), 특정 식품에 대한 짜증이나 불평, 식사시간에 이유 없이 화를 내는 일과 자주 식사를 거르는 행동으로 나타났다. 아동의 바람직하지 못한 섭식 행동은 주로 아침에 많았고 야채류에 대하여 비교적 자주 나타났다. 자녀가 식사에 비협조적인 경우 부모의 태도는 매우 다양하게 나타났다. 즉 소극적인 태도를 보이는 경우도 있으나 보통은 자녀에게 식사나 식품의 가치를 설명하고 동시에 몸에 좋다는 인식을 심어주면서 먹기를 설득한다. 또는 모범적인 인물의 예를 들어 먹기를 권장하기도 한다. 간혹 부모가 권위주의적인 태도를 나타내기도 하고 화를 내는 경우도 있었다. 이러한 부모의 태도와 자녀와의 상호관계는 앞으로 전개될 아동의 식생활에 지대한 영향을 미칠 것이므로 될 수 있으면 긍정적인 면에서 인내심을 갖고 자녀와 대화를 나누는 것이 유익하다.

(4) 식욕부진

대부분의 아동이 발육과정에서 일시적으로 식욕과 음식의 기호가 불안정해지는 시기를 거치나 이러한 현상의 정도나 지도, 지속기간, 식품의 범위 등에 관해서는 개인차가 심하다. 식욕부진 현상이 나타나기 쉬운 시기는 일반적으로 이유기와 4세 전후의 시기이다.

① 식욕부진의 발생 이유

이유기에 생기는 식욕부진은 이유식의 조리법이나 제공방법에 문제가 있거나 새로운 음식에 순응할 수 없을 때에도 나타날 수 있다. 또 3~4세경에는 자아가 발달하면서 일에 대한 자신의 기호나 감정이 뚜렷해지므로 음식에 대해서도 싫은 것에는 거부반응을 나타내게 된다. 이러한 일은 누구에게나 어느 정도 생기는 일시적인 현상으로 보아야 한다. 따라서 아동이 건강하고 순조롭게 잘 자라면 걱정을 할 필요가 없다. 그러나 대개 부모는 아동의 이러한 반응에 대하여 지나치게 민감하게 반응하는 경향이 많다. 이러한 경우 아동은 정서 이상이나 심할 경우 자율신경실조를 일으켜 그 음식에 대한 고정관념으로 식욕부진이 형성되고 심할 경우 편식으로 고정화되기 쉽다.

식욕은 본능적인 기능이므로 먹는 일을 강요하거나, 식사 중 지나치게 야단을 치거나 간섭하지 않도록 한다. 그 외에도 아동이 운동량이 부족하거나 심리적으로 욕구불만이 있는 경우, 과잉보호로 간식을 빈번히 주는 경우에도 식욕부진이 일어난다. 한편 식단의 내용이나 조리방법이 아동의 관심을 끌 수 없고 단조로운 경우 식욕부진이 될 수도 있다. 아동에게 신장장애, 신열, 빈혈 등의 급성 및 만성질환이 있거나 충치가 있을 경우 신체통증으로 식욕부진이 발생하기 쉽다.

② 식욕부진에 대한 식생활 관리 방법

이상과 같이 여러 가지 원인에 의해 아동은 식욕부진을 일으키기 쉬운데 가장 흔한 이유는 자아의 발달과 관련된 경우가 많다. 그러므로 가족, 특히 어머니와 교사는 아동의 정서발달을 잘 이해하여 아동의 식욕이 다소 저하되어도 신경을 지나치게 쓰지 말고 다음과 같은 방법으로 도와준다.

- 식사를 즐겁고 편안한 분위기 속에서 할 수 있도록 배려를 한다. 너무 심하게 야단을 치거나 강제로 식사를 하게 하면 역효과가 난다.
- 1회의 식사는 먹거나 안 먹거나 20~30분 정도로 정해진 시간 내에 끝내도록 지도하고, 간식을 많이 주지 않는다.
- 식욕부진을 해소하기 위해 신체활동을 충분히 하게 한다.
- 아동의 식단을 다양하게 구성하며 식품재료와 조리구성 방법, 색깔, 그릇 담기 등에 변화를 주는 것이 필요하다. 때로는 집 밖에서 식사를 하거나 같은 또래의 친구를 불러 함께 식사하는 기회를 갖는 것도 좋다.
- 식품의 조리방법과 음식의 온도, 상차림이 아동의 관심을 끌 수 있도록 변화시킬 필요도 있다. 그러나 지나친 관심의 표현은 역효과를 낼 수 있다는 사실도 유의한다.

아동의 식욕부진은 질병인 경우와 질병이 아닌 부모의 양육법의 잘못에 의한 경우가 있으므로 원인을 분석한 다음에 적절한 대응책을 세워야 한다.

- 식행동의 발달은 경시되어서는 안 된다. 아동음식의 조리, 식단에 대한 이해도 과학적인 근거에 의해 넓힐 필요가 있다.
- 식욕부진 혹은 잦은 식욕의 변화는 지극히 자연스러운 일이다. 그러나 지속적인 식욕저하와 성장발달이 지연되는 경우는 전문의와 상의하는 것이 좋다.
- 식욕은 변덕스러운 정서현상에서도 나타나고 강제적으로 먹이려고만 하는 양육태도에서도 유래될 수 있으며, 식사 이전에 섭취한 간식의 증가로 발생되기도 한다. 따라서 간식을 많이 주는 것은 옳지 않다.
- 아동을 식사준비에 참여시킴으로써 먹는 것에 관심을 유도하는 것도 하나의 방법이다. 정성껏 준비한 음식을 새로운 형태로 제공해 주면 유아는 식사를 맛있게 한다.
- 무분별한 간식은 식욕을 둔화시키고 올바른 식습관 형성을 어렵게 한다. 이 시기는 각종 기능이 발달됨에 따라 기본적 생활습관이 형성되는 시기이다.

3. 질병과 전염병 관리

과거에는 아동의 건강관리가 전적으로 부모에 의해서만 이루어졌다. 그러나 여성의 사회진출 등 사회의 구조적인 변화로 인하여 많은 아동이 다양한 보육시설이나 종일제 유아교육기관에 맡겨짐으로써 교사나 유아교육기관 종사자들도 그 책임을 담당하고 있다. 따라서 부모와 유아교육기관의 교사 및 종사자들은 아동의 건강문제에 대해 올바른 이해와 인식을 가지고 아동이 최상의 건강상태를 유지할 수 있도록 협력하여야 한다.

아동에게 질병은 신체적 · 정신적 발육을 저해하는 중요한 요인이다. 따라서 부모나 교사는 아동에게 자주 발생되는 질병의 원인과 유형에 대한 기초 지식을 갖춰 조기에 발견하고 적절하게 대응하는 자세가 필요하다(허혜경 외, 2007).

■ **복통**

복통은 아동에게 가장 흔한 질병이다. 복통의 원인은 식품에 의한 것, 변비로 인한 것, 정신적인 긴장에 의한 것, 수술을 요하는 장(腸)내 질환에 의한 것 등 여러 요인에 의해 발생되므로 복통이 심할 때는 아동을 조용히 눕히고 복통의 원인을 찾아내는 것이 중요하다.

■ **구토**

구토의 주된 원인은 과식이며, 그 외의 응급상황으로서 독극물에 중독되었을 때에도 구토증을 유발할 수 있고, 식중독이 그 원인이 되기도 한다.

구토 시에는 옷을 느슨하게 풀어 편안한 자세를 취하게 하며, 가슴 부위를 차갑게 하거나 등을 문질러준다. 누워 있다가 갑자기 토하는 경우에는 이물질이 기도로 들어가지 않도록 머리를 옆으로 돌리고, 토한 후에는 입 주위를 깨끗이 하며 반드시 입을 헹구도록 한다.

■ **설사**

설사란 대변 내 수분의 함량이 많아져 대장을 너무 빨리 통과하는 현상을 말한다. 설사의 원인은 대개 위장관 계통의 질환에 의한 것이며, 내분비계의 이상이나 신경성으로 인한 식중독이 설사와 구토의 주요 원인이 된다. 설사로 말미암아 계속 통증을 호소하면 전문의의 치료를 받아야 한다.

■ **발열**

일반적으로 열이 나는 아동은 숨과 맥박이 빨라지고 입술이 바싹 마르고, 심한 경우 몸을 떠는 증상을 나타낸다.

열이 높은 아동은 안정을 취하게 하고 체열을 떨어뜨리기 위하여 찬 물수건이나 알코올로 몸을 닦아준다. 주의할 점은 의사의 처방 없이 함부로 해열제를 투여하면 안 된다는 것이다. 아동을 안정시키고 물이나 보리차 등의 음료수를 조금씩 자주 먹인다.

■ **감기**

감기 바이러스에 의해 생기는 질환이다. 찬바람이나 습한 공기에 노출되었을 때, 저항력이 약한 상태나 알레르기 및 영양불량 상태일 때 바이러스에 감염되기 쉽다. 증상은 가벼운 것으로부터 심하면 독감 등 여러 증상이 나타난다. 주로 두통, 오한,

재채기, 콧물 등으로 시작하여 39~40℃의 발열이 있으며 팔과 다리가 쑤시고 식욕이 떨어진다.

■ 충치

음식물과 작용하여 구강 내 세균들이 산(酸)을 생성, 치아의 무기질과 유기질을 붕괴시킴으로써 치아의 부식을 가져오게 된다. 이 닦는 습관과 치아건강에 나쁜 음식을 줄임으로써 충치를 예방할 수 있다.

■ 기관지염

기관지염bronchitis이란 폐에 이르는 큰 기관지 내부의 얇은 막에 염증이 생긴 것을 말한다. 원인으로는 감기 등으로 면역이 떨어진 상태나 영양상태가 좋지 않은 경우, 바이러스나 박테리아에 의해 흔히 기관지로 염증이 파급되어 일어난다.

■ 중이염

고막 안쪽의 중이(中耳) 부분이 감염되는 증상으로 중이염otits media에 걸리면 고막 안쪽에 분비물이 고여 심한 통증을 유발하고 때로는 귀가 들리지 않기도 한다.

아동은 목구멍과 귀를 연결하는 유스타키오 관eustsxhian tube(이관)이 짧기 때문에 코나 목구멍으로 침입한 박테리아나 바이러스가 쉽게 중이까지 도달할 수 있다. 또한 감기의 방치 등으로 인해 중이염에 걸리기도 한다.

■ 편도선염

편도선염tonsillitis은 대개 연쇄상구균성 세균에 의해 편도선에 일어나는 급성질환이다. 간혹 바이러스에 의해 감염되기도 한다. 5세 이후의 아동에게 흔히 나타나며 10세 이후가 되면 감염에 대한 저항력이 커져 발생빈도가 줄어든다. 음식이나 침을 못 삼킬 정도로 목이 아프고 38℃ 이상의 열이 난다. 편도선이 커지고 빨개지며 목 주위의 림프샘이 붓는다. 코로 숨을 잘 못 쉬며 코가 막힌 소리를 내게 된다. 열이 날 때와 같은 방법으로 간호를 한다.

■ 뇌막염

뇌막염meningitis은 척추를 싸는 막에 염증이 생기는 병으로 바이러스성 뇌막염과 세균성 뇌막염으로 나뉜다. 바이러스성 뇌막염은 볼거리 후 잘 오며 그다지 심각하지 않지만 세균성 뇌막염은 위중하다. 초기 발견 시 항생제로 완전히 치유할 수 있다. 주요 증상으로는 열이 39℃까지 오르며 목이 뻣뻣해지고 두통, 나른함, 혼수상태 등이 나타난다.

■ 식중독

상한 음식이나 오염된 음식을 섭취했을 때 발생한다. 구역질, 구토, 설사, 복통 등을 일으키며 38~39℃까지 체온이 오르고 점액성, 혈액성 변을 보기도 한다. 비위생적인 음식을 먹지 않고 손을 항시 청결히 하며 조리과정과 조리환경을 위생적으로 관리하면 예방할 수 있다.

■ 일본뇌염

병원 바이러스를 가진 모기에 물림으로써 감염되는데, 대부분의 사람은 불현성(不顯性) 감염으로 병감(病感)이 일어나지 않으며, 유행에 따라 큰 차이는 있으나 극히 일부의 사람만이 발병한다. 이상적으로는 다른 바이러스 뇌염과 구별하기 어려우나 유행성 뇌염 중에서는 치사율이 높고 감염도 많은 편이다. 7~10월에 유행하며 다른 계절에 볼 수 없는 이유는 일본뇌염의 감염이 모기를 매개로 하기 때문이다. 증상으로는, 38~39℃의 고열이 나고 심한 두통이 일어나며 구역질, 구토가 수반된다.

■ 홍역

전염성이 강한 소아 전염병의 하나로 잠복기는 10~11일 정도이며 감기 증상으로 시작하여 3~4일간 발열, 기침, 온몸에 붉은 반점이 생긴다. 발열 후 4~5일이 지나면 전신에 발진이 생기는데 발진 시작 후 3일째 최고조에 달하다가 점차 열이 내리고 발진도 쇠퇴한다.

■ 볼거리(유행성 이하선염)

기침이나 타액으로 인해 전염된다. 증상으로는 두통, 인후염, 발열, 구토, 식욕부진이 나타난다. 보통 처음에는 얼굴의 한쪽에만 종창이 나타나지만 곧 다른 쪽도 종창이 생겨 동통과 압통을 호소한다.

4. 전염병과 예방접종

전염병communicable disease이란 병원성 미생물이나 그 독성산물로 인하여 감염된 사람과의 직간접적인 접촉, 혹은 주위 환경에서 기생동물의 중간숙주나 보균자, 무생물과의 접촉에 의하여 전염되는 질환이다. 아동기는 유아교육기관이나 놀이 집단에서 다른 아동과 함께 여러 활동에 참여하고 접촉함으로써 전염성 질환을 일으키는 병원체에 노출되기 쉽다. 따라서 가정과 유아교육기관에서는 전염병 관리를 철저히 하여야 하며 여기에는 예방접종과 조기 발견 및 치료가 가장 중요하다(박성옥 외, 2003).

예방접종이란 특정 질병에 대하여 면역을 가지도록 미생물의 병원성을 제거하거나 약하게 하여 인체에 주사 또는 접종하는 것이다. 만일 예방접종을 하지 않은 상태에서 아동이 그 병에 걸릴 경우 중증이 될 수 있는데, 예방접종으로 인하여 병에 대한 감염을 막을 수 있다.

아동기에 발병하는 전염성 질환들은 1차 예방접종 및 추가접종으로 어느 정도 예방이 가능하므로 철저한 예방접종이 필요하다.

전염병 관리는 예방을 우선으로 하는데, 특히 전염병이 유행하는 시기에는 반드시 예방접종을 하여야 한다. 아동의 상태를 잘 관찰하여 전염병의 발병 여지가 있는 아동은 격리하도록 한다. 전염병에 걸린 아동은 전문의사의 도움을 받아 적절한 치료를 받도록 유도한다.

표 2-1 은 아동기 예방접종의 시기와 종류, 표 2-2 는 주요 전염병의 잠복기간과 격리기간이다.

표 2-1 아동기 예방접종의 시기와 종류

구분	시기	종류
기본접종	4주 이내	BCG
	2개월	경구용 소아마비, DPT, 간염
	3개월	간염
	4개월	경구용 소아마비, DPT, 간염
	6개월	경구용 소아마비, DPT, 간염
	9개월	홍역

추가접종	15개월	MMR(홍역, 볼거리, 풍진)
	12~24개월	일본뇌염
	18~24개월	장티푸스(매년)
	18개월	경구용 소아마비, DPT
	4~6세	경구용 소아마비, DPT, 일본뇌염
	5~7세	간염(5년마다)
	12세	일본뇌염
	14~16세	성인용 TD
	10년마다	성인용 TD

표 2-2 주요 전염병의 잠복기간과 격리기간

구 분	병 명	잠복기간(일)	격리기간
법 정 전염병	홍 역	10~11	발진 후 5일간
	풍 진	14~18	발진 후 5일간
	성홍열	2~4	충분히 치료를 받은 지 2일 후까지, 대략 7일간
	유행성 이하선염(볼거리)	16~18	3주 또는 그 이상
	백일해	7~10	3~4주간
	디프테리아	2~5	배양검사가 2회 계속 음성으로 나올 때까지
	장티푸스 및 살모넬라 감염	7~14	대소변 배양이 음성으로 나올 때까지
	세균성 이질	2~3	대변 배양이 음성으로 나올 때까지
일 반 전염병	수 두	13~16	발진 후 7일간
	천연두	11~12	발진의 모든 딱지가 떨어져 없어질 때까지(2~3주)
	뇌막염	3~7	적절한 치료를 시작한 지 2일부터는 안전하다.

예방접종이 꼭 필요한 법정 전염병 이외에도 아동에게 자주 발생하는 전염병이 있다. 수두, 수족구병, 유행성 눈병이나 독감, 돌발성 발진, 전염성 농가진 등이 그것이다. 다른 아동에게 전염될 수 있으므로 초기 발병 아동을 격리시켜야 한다. 가정이나 유아교육기관에서 쉽게 접할 수 있는 전염병은 다음과 같다(허혜경 외, 2007).

표 2-3 아동에게 쉽게 발생하는 일반 전염병

병 명	발생상황	증 상	예방대책
수 두	2~8세 아동이 걸림	• 미열과 동시에 발진이 가슴, 배부터 시작해서 얼굴, 팔, 다리에 나타남 • 발진은 반점이던 것이 수포로 되고, 수포가 딱지가 됨 • 폐렴의 합병증이 있음	• 유행 시 6일간 격리(모든 딱지가 떨어질 때까지 격리) • 예방접종

수 족 구 병	4세 이하의 영아, 여자보다는 남자가 더 잘 걸림 여름철에 잘 발생함	• 입 안이나 목에 작은 물집이 생기고 손바닥이나 발바닥에도 작은 돌기(구진)가 나고 그 끝에 물집이 맺힘 • 열은 날 수도, 안 날 수도 있음	• 원인이 바이러스이므로 전염력이 강함 • 환자는 일단 집단으로부터 격리시킴
유행성 눈 병	바이러스가 원인임	• 눈이 쓰리거나 아픔 • 잠을 자고 일어나면 눈곱이 생겨 눈썹끼리 달라붙어 있음 • 눈물이 자주 나고 벌겋게 충혈됨 • 밝은 광선에서 견디기 어려워함 • 손으로 눈을 자꾸 비빔	• 집단으로부터 환자 격리 • 가정의 치료를 받도록 권유
유행성 독 감	인플루엔자 바이러스가 원인임	• 두통, 오한, 열, 구토, 기침 • 증상 후 5일까지 전염성이 높으므로 주의함	• 예방접종(예방접종의 효과는 1년 정도 지속됨) • 유행 시 환자 격리
돌발성 발진	3세 이하의 영아가 잘 걸리며 정확한 원인은 잘 모름	• 갑작스런 고열과 경련 • 눈 주위가 부음 • 발진은 반점상이며 주로 몸통, 목, 귀 뒤에 나타나고, 얼굴이나 다리에는 적음	• 환자는 격리 • 여름철 특히 주의해야 하는데 모기나 벌레 물린 상처를 긁지 않아야 함
전염성 농가진	포도상구균이나 연쇄상구균이 원인 여름철에 많이 발생	발진 부위에 수포나 농포를 형성하고, 이것이 터져서 누런 딱지를 형성함(불에 덴 것과 같은 모습)	• 여름철 특히 주의해야 하는데 모기나 벌레 물린 상처를 긁지 않아야 함 • 항생제로 치료가 되고 영아는 부스럼 딱지가 모두 떨어질 때까지 격리

5. 아동의 간호와 격리

1) 약 먹이기

유아교육기관에서는 아동이 아플 경우, 다른 유아에게 먹여서 괜찮았던 약이라고 해서 함부로 약을 투여해서는 안 된다. 또한 발열, 구토, 설사 등은 하나의 증상일 뿐이지 질병이 아니므로 함부로 해열제나 지사제, 구토 완화제 등을 투약해서도 안 된다. 부모가 아동에게 약을 먹이도록 요구할 때는 다음과 같은 점에 유의하여 투약하는 책임을 받아들이도록 한다(최태희 외, 2007).

• 부모의 서면 동의 없이는 어떤 약물도 아동에게 제공하지 않는다(응급 시 부모

와 유 · 무선 통화로 동의 가능).

- 아동 이름을 정확하게 기입하여 보관한다.
- 투약 전에 손을 씻도록 하며 친절하고 침착한 태도를 유지한다.
- 정확한 투여량과 투여시간을 지켜서 약을 먹여야 한다.
- 약 먹일 때를 놓친 경우 다음 복용 시 2배를 먹이지 않도록 한다.
- 캡슐에 든 약은 의사의 지시 없이 캡슐을 열어 먹이지 않도록 한다.
- 약의 부작용이 나타날 경우 즉시 부모에게 알린다.

표 2-4 투약의뢰서

투 약 의 뢰 서

금일 아래 아동의 투약을 의뢰합니다.

아 동 명	(남/여)
반 명	반
증상 및 병명	
약의 종류 및 투약 용량	□물 약 ( )
	□가루약 ( )
	□연 고 ( )
	□기 타 ( )
투약 시각	□오 전 ( )
	□점 심 ( )
	□오 후 ( )
	□저 녁 ( )
약품 보관	□실온 □냉장

의 뢰 자	(인)
아동과의 관계	□아버지 □어머니
	□기타 ( )
의 뢰 일	년 월 일
비 고	
※ 투약으로 인한 책임은 본 기관에 있지 않습니다.	

투 약 자	(인)
직 책	□담임교사
	□기타 ( )
※ 의뢰하신 내용에 따라 투약하였습니다.	

○○○ 어린이집 · 유치원

출처 : 창원 YWCA 어린이집

2) 질병에 걸린 유아의 격리

약 먹이기 등 간단한 간호로 예방적 대응이 곤란한 전염성 질환에 노출된 아동은 조기에 발견하고 격리시킴으로써 전염성 질환이 확산되는 것을 방지할 수 있다. 기본적인 생활지도 일환인 위생교육으로 아동들의 식사 후 양치질하기, 식사 전후 및 놀이 후, 화장실 사용 후 손 씻기 등을 습관화시킴으로써 전염성 질환을 어느 정도 예방할 수 있다.

유아교육기관에서 아픈 아동을 계속해서 보살필 것인지의 여부를 결정하는 데에는 아동, 교사, 그리고 필요한 보살핌을 제공할 수 있는 교사진의 능력과 여건 등의 여러 측면을 고려하여 결정한다. 아픈 아동의 격리는 어머니가 직장생활을 하고 있는 경우 특히 곤란한 문제로 대두된다. 가장 바람직한 방법은 의사의 진단서가 있는 경우 회사는 부모에게 유급휴가를 줌으로써 부모가 아동을 충분한 기간 동안 격리, 보살피는 것이다. 사회의 인식이 발달하여 이러한 방법이 하루빨리 일반화되어야 하나 아직은 이를 기대하기가 이른 것이 사실이다.

또 하나의 대안은 유아교육기관이 아픈 유아를 위한 특별한 공간을 마련하여 이를 운영하는 것인데 유아교육기관의 다양한 운영여건 때문에 모든 기관이 실시하기는 어려운 형편이다.

전염성 질병에 감염된 아동을 위한 대체교사를 파견하는 대안을 마련하고 있는 지자체가 출현하고 있어 다행이라 할 수 있고, 모든 지자체로 전파될 수 있도록 사회적 관심이 필요할 때이다.

질병에 걸린 아동을 격리할 때의 유의점은 다음과 같다(박성옥 외, 2003).

■ **아동**

심하게 아프지만 않으면 대부분의 아동은 정상적인 활동이 진행되는 가운데 책을 보며 누워 있거나 조용히 쉬고 있는 것에서 행복을 느낀다. 경우에 따라 조용한 곳에서 쉬게 할 필요가 있으며, 아픈 정도가 심하거나 다른 아동들에게 질병을 퍼뜨릴 염려가 있는 아동은 그룹에서 격리하고 의사 및 약사 등 지역사회의 전문가로부터 도움을 받아야 한다.

■ **교사**

아픈 아동은 건강한 아동보다 더 많은 관심을 요하지만 교사가 학급에 1명인 경우 아픈 아동에게 특별한 배려를 하기가 어렵다. 교사가 2명일지라도 유아의 연령, 교사의 경력에 따라 정상적 학급활동을 진행하면서 아픈 아동을 돌보기에는 한계가 있을 수 있다.

대안적인 방법으로 부모의 직장생활 등 가정 간호가 힘들 경우, 기관의 장이나 기관의 유휴인력이 임시로 보살피거나, 유급 아동 돌보미를 채용하여 돌보는 방안을 도입하여야 한다.

■ 부모

아동이 많이 아프다면 병원에 입원시키거나 가정에서 돌봐야 하겠지만, 증세가 가벼운 경우라면 기관에서 돌보는 것이 바람직할 수 있다. 부모가 다른 대안을 갖고 있지 못한 상태에서 아동을 유아교육기관으로부터 격리하게 되면 오히려 아동의 상황을 더 악화시킬 수 있다. 아동 자녀가 전염성 질환에 노출되었을 경우 부모는, 부모가 아동을 돌볼 수 있는지, 가정에 아동을 돌볼 사람이 있는지, 부모가 직장의 일정을 조정하거나 집에 일을 가져오는 것이 가능한지를 고려해 보아야 한다.

하지만 아동이 활동에 편안하게 참여하지 못할 때, 교사진이 아픈 아동과 다른 아동들을 모두 잘 돌봐줄 수 없을 때, 그리고 경구 체온이 38.3℃ 이상일 때는 아동을 일시적으로 유아교육기관에 등원하지 않도록 조처한다.

또한 다음과 같이 아동이 심각한 질병의 신호나 증상을 나타낼 때도 아동의 등원을 고려해야 한다.

- 무기력, 과민, 계속적인 울음, 호흡곤란, 계속되는 기침 등
- 설사가 멈추지 않을 때
- 지난 24시간 이내에 구토가 2회 이상일 때
- 입이 아프고 침, 분비물을 흘릴 때
- 열이나 행동의 변화와 함께 발진이 있을 때

전염병의 경우 가장 심하게 앓고 있을 때보다 회복하는 시기에 전염률이 높으므로 전염병에 걸린 아동의 경우 회복기에도 충분한 기간 동안 다른 아동들과 격리시켜야 한다.

3
Chapter

아동의 정신건강

1. 아동 정신건강의 개념 및 중요성
2. 아동의 발달이론
3. 아동기의 흔한 정신건강 문제
4. 아동 정신건강을 위한 방안

아 동 건 강 교 육

아동의 정신적인 발달은 신체, 인지 영역과 연계되어 유전과 성숙, 환경과의 다각적 차원에서 발달된다. 그러나 과거에는 아동의 정신건강을 개인적인 유전성이나 심리상태라고 생각하는 경향이었으나, 최근에는 아동의 정신건강을 바라보는 시각이 달라져 다학제적 접근으로 범위가 넓어지고 있다. 아동의 부적절한 정신건강은 본인의 인지적 · 신체적인 면은 물론 가족 구성원과 지역사회의 모든 영역에 부정적 영향을 주게 되며, 훗날 아동이 전인적 인간형으로 올바른 사회의 일원으로 성장하는 데 어려움이 있다는 사실이 인식되면서 관심이 증대되고 있는 것이다. 따라서 개인과 가족, 지역사회, 개인과 사회, 국가와의 상호작용 및 영향 등을 체계적인 접근으로 이해하는 생태체계이론, 정신분석이론, 영유아 발달이론 등 심리학적인 접근과 일반의학, 사회학, 교육학, 환경학 등 다학제적인 관점으로 영유아와 아동들을 이해하려는 의식이 높아지고 있다.

1. 아동 정신건강의 개념 및 중요성

1) 정신건강의 개념

인류는 오래전부터 정신질환을 하나의 질병으로 인식하였다. 고대 이집트인들은 정신질환을 신체로부터 오는 질병이라고 여겨 성스러운 장소인 사원에서 휴식을 취하며 약초를 복용해야 한다고 믿었다. 가장 오래된 의학 문서라고 할 수 있는 에베르 파피루스(기원전 1900년경)에는 우울증, 치매 및 정신분열에 대한 상세한 기록이 남아 있다.

현대에서 보는 정신건강Mental Health이란 정신질환의 유무를 지칭하기 위한 정신병리학적 개념에서 출발한 것으로 세계보건기구WHO의 건강에 대한 정의를 보면 '건강이란 단순히 질병에 걸리거나 허약하지 아니한 상태뿐 아니라 신체적, 정신적, 사회적으로 양호한 상태Well-being' 라고 정의하고 있다. 또한 Jahoda(1950)는 '개인이 자신의 환경을 적극적으로 극복하고 성격의 통일성과 일관성을 나타내며 환경을 현실적으로 지각할 수 있는 상태' 라고 정의하기도 한다(정춘자, 2005).

정신(精神)의 사전적 의미를 살펴보면 '사물을 느끼고 생각하며 판단하는 능력이나 그런 작용' 또는 '마음의 자세나 태도'이다. 다시 정리하면 정신이 건강한 사람이란 환경에 잘 적응하는 사람으로 타인과의 관계 속에서 편안하고 어려운 문제에 직면했을 때 잘 해결하며 심적 갈등이 생겼을 때 실의에 빠지거나 포기하지 않고 회복할 수 있는 탄력성resilience이 높아 곧바로 편안한 심리상태를 유지하는 사람이다. 따라서 정신이 건강한 사람은 가족과 사회, 인간관계 및 공동체 안에서 잘 융화되어 조화롭고 균형 있는 삶을 살게 된다.

2) 정신건강의 중요성

아동의 인생 초기 경험인 대상관계와의 경험과 부모의 양육형태가 일생의 발달에 영향을 미친다는 사실은 많은 심리학자에 의해 활발하게 논의되어 왔다. Freud는 유아 초기에 양육자와의 경험에서 얻어진 정서적인 결속감이 이후 성인으로 성장하여 인간관계의 기초가 된다고 하였다. 성격이 형성되는 과정에서도 유아 초기 단계인 입에서 쾌락을 얻는 구강기 전반기(생후 6개월)에 좌절, 혹은 방임을 경험하게 되면 구강 수동적 성격이 형성된다고 한다. 이들은 낙천적이고 타인에게 의존적이며, 모든 것을 희생해서라도 인정을 받고 싶어 하고 심리적인 적응양식은 수동성, 과도한 의타심으로 타인에게 잘 속는다. 구강기 후반기(6~12개월)에 고착되는 구강 공격적 혹은 구강 가학적 성격의 특징은 타인과 논쟁을 자주 벌이고, 자기주장이 관철될 때까지 끝까지 주장하며 타인을 비꼬아 기분을 망치게 하거나 타인을 이용, 지배하려는 성격이 강하게 나타난다(이인정 외, 1998).

Erikson이 주장하는 건강한 성격이 되는 가장 중요한 요소 중 하나가 아동 초기의 유아기(출생에서 1세)에 형성되는 신뢰감이다. 출생 후 1년 동안의 유아는 자신이 타인을 신뢰할지 혹은 불신할지를 자신의 초기 대상자와의 경험을 통하여 결정짓는다. 그럼에도 불구하고 아기의 탄생을 기다리는 많은 어머니들은 물리적인 환경은 중요하게 생각하지만, 부모와 아기가 최초로 대면하는 중요한 순간인 심리적 환경은 배제하고 있다. 아기용품인 무공해 젖병, 젖꼭지, 부드럽고 깨끗한 이불, 속옷 등 아기에게 적합한 여러 물리적 환경은 완벽하게 준비하려 하지만 아직 세상에 적응되지 못한 미성숙한 아기와 어떻게 심리적 교류를 해야 할지 등 심리적 환경은 소홀한 것이다.

동물행동학자인 Bowlby도 양육자에 대한 애착의 질이 유아의 정신적 안정감과 타인에 대한 신뢰감을 형성하는 데 중요한 시사점을 제공한다는 정신분석학적 견해를 지지하고 있다. 이렇듯 인생 초기에 정서적으로 안정되고 따뜻한 지지와 적절한 서비스를 잘 받고 성장한 사람은 그렇지 못한 사람에 비하여 성격뿐만 아니라 대인관계 능력, 환경에 대한 적응력, 상황에 대한 대처능력, 조절능력 등이 다르게 나타난다. 성인이 되어 나타나는 신경증, 히스테리, 강박증 등 증상들이 영유아기의 초기 대상자와의 부적절한 경험이나 환경에 의한 트라우마에서 비롯되었다고 볼 때, 영유아기의 정신발달을 이해하고 정신건강을 증진시키기 위한 노력은 매우 중요한 일이다.

3) 아동 정신건강의 특성

(1) 태아의 정신건강

우리 조상들은 아기가 태어나면 한 살로 간주하였다. 외국과는 달리 태내기의 유아도 하나의 인격체로 여겨 존중해 준 것이다. 이로써 우리 조상들의 태아존중 사상을 엿볼 수 있다. 조선시대에는 태교를 중시 여겨 임신부는 올바른 생각과 태도, 끊임없는 자기 수양과 심신 안정으로 정서관리를 하면서 태아가 올바른 인간으로 자라 가문을 번창시켜 가기를 염원하였다.

최근 과학의 발달로 인한 여러 가지 임상실험 결과를 보더라도 태중의 환경에 따라 태아의 신체 · 정서발달이 달라진다는 사실이 증명됨으로 인해 태교는 새로운 심신의학의 태아학Embriology이라는 한 분야로 연구되고, 현대사회에서 그 중요성이 재인식되고 있다(정수운, 2008).

신생아는 태어나 한 달 정도는 주변 사람과 상호작용을 하는 것이 아니라 혼자서 웃고, 울고, 자고 한다. 조상들은 이런 행동을 '배냇짓'이라고 하였다. 유아가 태내에 있을 때 하던 짓을 계속한다는 뜻이다. 유아는 어른과 커뮤니케이션은 하지 않지만 울기도 하고 웃기도 하고 실룩거리거나 삐죽거리기도 한다. 유아의 정서를 엿볼 수 있는 행동이다. 그러므로 임신부는 늘 마음을 안정시키고 신체를 깨끗하게 하며 태아의 영양상태와 직결되는 음식을 주의해야 한다.

임신부의 정신적인 안정을 위하여 가족의 도움이 절대적이며 특히 예비 아버지의 역할이 중요하다. 남편이 최대한 애정과 배려로서 협조하는 질에 따라서 태아에 미치는 영향이 달라짐을 숙고해야 할 것이다.

태아는 3~4개월이 되면 임부의 강한 스트레스에 신경발달이 손상을 입을 수도 있고, 6개월 후에는 어머니의 정서적인 메시지에 따라 성격이 형성되며, 7~8개월에는 의식이 싹트기 시작한다. 만약 이 시기에 태아가 강한 충격으로 의식에 심한 영향을 받으면 태어날 때 체중이 표준 이하로 떨어지거나 자주 복통을 일으키고, 지나치게 칭얼거리며 우는 경우가 많다고 한다(채경선 외, 2009).

태교에는 명상으로 하는 태교, 차(茶)로 하는 태교, 음악, 미술, 독서로 하는 태교, 대화로 하는 태교 등이 있다. 명상으로 하는 태교는 고요한 중에 자신의 삶과 자신이 전하는 메시지를 통하여 자기중심적이던 삶을 반성하고 마음을 정화시켜 태아에게 도움을 줄 수 있다. 음악으로 하는 태교는 태아가 4개월이 되면 소리에 귀를 기울이며 점차 소리에 밝아져 6개월이 되면 소리를 감지할 수 있기 때문에 태아에게 도움을 준다. 태아는 듣기 전에 마음으로 이해한다고 하는데, 이런 시기에 태아에게 아름다운 음악을 들려주게 되면 풍부한 감수성을 길러주며 음악을 들으면서 보내는 시간 동안 태아는 평화와 행복을 느낄 것이다(정수운, 2008). 태아는 빠른 텔레파시 능력으로 새로운 것을 알기 위해 끊임없이 어머니와 교류를 시도한다고 한다(김현수, 2006). 부모가 이에 계속 호응해 주며 심리적 교감을 형성한다면 태아는 더욱 편안한 심리상태로 부모와 유대감을 갖게 될 것이다.

미술을 이용하는 태교는 예술적 작업을 통하여 색채, 작업을 통한 승화, 카타르시스, 집중력, 여러 미술적 작업이 뇌에 주는 영향 등으로 태교에 도움이 된다. 차로 하는 태교를 살펴보면, 차는 정신과 신체에 영향을 주어 예부터 차를 가리켜 선단(仙丹)이라고 하였다. 이 뜻은 차를 마시게 되면 신선이 된다는 뜻으로 몸에 좋은 약재로 우린 차를 마시면서 몸과 마음을 정화시키기에 일컬은 말일 것이다.

(2) 영아기의 정신건강

영아란 말은 라틴어의 'Infant'의 뜻으로 '말을 하지 못한다'는 뜻에서 유래된 말이다. 이 영아기에 성취해야 할 과업 중 가장 중요한 과업이 양육자와의 애착형성이다. 진화론적 · 동물행동학적 관점에서의 애착이란 인간이 본래 생존을 위하여 기본적으로 타고난 성향이며 발달과정에서 보이는 종 특유의 본능적 행동이다. 영아는 태어나는 순간부터 울음이라는 신호체계로 행동하고 반응한다. 자신의 욕구를 신호 보냄으로써 사회적 반응을 하는 것이다. 좀 더 구체적으로 영아는 자신을 돌보는 양육자에게 상호작용을 촉진하게 하는 응시, 울음, 미소, 옹알이를 한다. 이렇게 영아와 어머니는 친밀화familiarization 과정에 동화되어 모자관계가 돈독한 친밀감으로 애착형성을 하게 되는 것이다.

수유 시 어머니의 태도는 유아의 정서에 큰 영향을 미친다. Mahler는 수유 시 '어머니의 안아주기 형태'를 연구를 통해 모유가 유아에게 중요하긴 하지만 모유를 먹이는 모든 어머니가 바람직한 것만은 아니라고 말한다. 예를 들어 한 어머니는 아무 때나 필요로 할 때 아기에게 줄 수 있다는 점과 우유병을 소독하지 않아도 되는 점을 장점으로 여겨 모유 수유를 하였다. 이 어머니는 아기를 자신의 무릎으로 떠받쳐 아기의 입에 젖이 닿도록 했으며, 자신이 하고 싶은 일을 자유롭게 하기 위해 아기를 안아주거나 달래주지 않았다. 이 아기는 오랫동안 미소 짓지 않았으며 불안이나 차분한 호기심을 나타낼 때도 일반 아기들과 달랐다. 반면 다른 어머니는 자신의 아기 돌보기를 즐기면서 모유를 먹일 때 최선을 다하였다. 수유를 하는 동안 꼭 안아주고 아기에게 미소를 지으며 이야기를 계속 건네었다. 기저귀를 갈아줄 때도 다정하고 따뜻하게 얼러주며 갈아주었다. 이 어머니의 아기는 매우 만족해했을 뿐만 아니라, 일찍부터 불특정한 미소 반응을 보였고 점차 구체적인 미소 반응을 띠었다. 또 한 어머니는 자신의 아이가 모든 기능 면에서 우수하고 뛰어나기를 기대하였다. 그녀는 아기가 튼튼해지기를 바라는 마음으로 틈틈이 자극을 주었다. 이후 유아는 다른 유아들보다 일찍부터 어머니 무릎에서 꼿꼿하게 설 수 있었다. 그러나 이 유아는 어머니 무릎에서 작은 몸을 세워야 했으므로 손이 자유롭지 못해 어머니를 만져보거나 탐색할 수 없었다. 어머니는 유아의 행동을 지나치게 자랑스러워했고 유아도 이쪽에 리비도를 쏟아 열심히 어머니를 기쁘게 하였으나 이런 행동들은 이후 행동발달을 저해시켰다(Margaret S. Mahler 외, 이재훈 역, 1997).

영아기의 수유에 관하여 Freud는 수유에 대한 충분한 서비스가 행해지지 않으면 구강기적 성격이 형성되어 성장해 가면서 평생 동안 고착된다고 하였다. 구강 후반기에 이유식으로 인한 욕구불만 때문에 어머니에게 애정과 우호적 태도를 갖는 동시에 적대적이며 파괴적인 태도를 갖게 될 때 유아는 최초의 양가감정을 경험하게 된다.

(3) 걸음마 영아기(1.5~3세)의 정신건강

걸음마기 유아들은 자신의 어머니가 자신에게 늘 행복감을 줄 수 없다는 부분을 고통스러워한다. 그토록 다정했던 어머니가 자신을 통제하고 자신이 하고 싶은 일을 저지하는 것이 이해되지 않는 것이다. 또한 이 시기에 동생의 출생이 있어 자신이 독점적으로 차지했던 어머니와의 관계를 침범당했다면 아동은 더 심한 심리적 갈등을 겪게 된다. 대체로 어머니의 부재에 민감해지며 어머니가 다른 어느 곳에 있지만 자신을 사랑하고 있다는 믿음과 되찾을 수 있다는 대상항상성을 안정되게 발달시켜야 한다.

이 시기의 유아들은 종종 어머니의 존재와 관련된 중간현상transitional phenomena을 나타낸다. 예를 들어 어머니가 없을 때 많은 양의 과자를 먹는다거나 우유병을 물고 돌아다니거나 하는 현상이다.

유아가 21개월 정도가 되면 통제를 강하게 요구하는 것, 극단적인 분리불안을 경험하는 것, 친밀감과 자율성을 번갈아 요구하는 것 등이 특징적으로 나타난다. 이 시기의 유아는 사물을 명명하는 능력, 구체적인 단어를 사용하여 욕구를 표현하는 언어발달, 자신이 환경을 통제할 수 있다는 자신감이 높아 간다. 인칭대명사인 '나'를 사용하기도 한다.

남자 유아들은 적당한 기회가 생기면 어머니로부터 분리되어 더 넓은 세계 안에서 기능하기를 좋아하며, 여자 유아들은 어머니가 있으면 어머니와 더 친밀해지기를 원하고 관계의 양가적인 측면에 더욱더 지속적으로 얽혀 있다.

이 시기에는 대소변의 통제를 통하여 선과 악, 옳은 것과 그른 것을 가리게 되고 더러운 것과 깨끗한 것, 해도 되는 일과 하지 말아야 것 등 통제와 조절, 자율성과 서서히 사회에 적응하는 방법을 배우게 된다. Freud는 이와 같은 배변의 갈등 상황에서 긴장이 발생하게 되면 꼼꼼하고 깔끔한 강박적 정돈벽과 완전벽, 인색함과 완고함을 특징으로 하는 항문적 고착 성격이 형성된다고 하였다.

(4) 유아기의 정신건강(3~6세)

이 시기의 아동들은 충동을 조절하고 통제하는 능력이 향상된다. 또한 자신이 하고 싶거나 먹고 싶은 것 등의 본능적인 행동을 참고 견딜 수 있는 만족지연능력이 형성된다.

즉 지금 당장은 어렵지만 조금만 참고 견디면 얻을 수 있다는 신념으로 자신이 원하는 것을 지연시킬 수 있는 이 만족지연능력은, 초기 유아기에서의 신뢰감 형성의 질에 따라 다르다. 유아 초기에 충분한 만족감과 신뢰감으로 욕구를 만족한 유아는 초조나 분노와 같은 감정에 의연하여 욕구가 조금 지연되거나 조절해야 하는 상황에서 스스로 조절할 수 있는 능력이 형성되는 것이다.

이 시기의 여아는 자신에게 남근이 없다는 사실을 깨닫게 되면서 열등감과 강한 남근선망을 느껴 남성들과의 과도한 경쟁심을 보이거나 적개심을 보이기도 한다. 이때 이성에 대한 적대감은 성인기 들어 불감증으로 나타나기도 한다.

(5) 학동기의 정신건강(7~12세)

이 시기의 아동은 자신의 성에 맞는 옷을 입을 수 있고 그에 맞는 행동과 사회적 관계를 맺을 수 있게 된다. 자신의 동성친구들과 어울리며 친구와의 관계에서 벗어난 행동을 자제하고 협동적 놀이를 통하여 또래가 좋아하는 행동을 하는 등 사회적 기대수준에 맞추려고 노력한다. 성인들의 역할을 자신에게 적용하며 규범을 준수한다.

Piaget는 이 시기의 도덕적 판단의 발달은 타율적인 도덕성(전조작기)에서 자율적인 도덕성(구체적조작기)의 전환으로(이인정 외, 1998) 옳고 그름의 도덕성을 스스로 조절하는 능력이 생긴다고 하였다.

2. 아동의 발달이론

아동의 유전과 성숙, 환경과 발달이론을 체계적으로 살펴보기 위하여 Berns(1994)가 범주화시킨 이론을 중심으로 살펴보고자 한다.

1) 발달요인을 아동 내부의 생물학적 영향력으로 보는 이론

(1) 성숙이론

① Jean Jacques Rousseau

18세기 프랑스 철학자 Rousseau(1712~1778)는 아동을 새로운 시각으로 바라보았다. 즉 아동은 타불라 라사(tabula rasa: 백지상태라는 의미의 라틴어)의 의미로 어른의 가르침으로 변화되는 대상이 아니라 옳고 그름에 대한 능동적인 판단과 자연적인 질서 안에서 건강한 성장을 지속할 수 있는 계획된 존재라고 주장하였다. Rousseau는 오히려 어른의 적극적인 개입이 유아의 발달을 저해시키며 잘못 개입된 반복훈련이 아동의 독특한 사고와 창의적 사고를 형성하는 데 손상을 입힌다고 하였다.

성숙주의 이론가들은 인간의 발달은 선천적으로 타고난 이미 예정된 시간표에 따라 변화되는 유전적인 프로그램으로 진행된다고 말한다. 자신의 내재된 힘에 영향을 주는 환경이 발달을 돕는 것을 인정하기는 하지만 이들은 인간의 보편적인 발달은 유전적으로 전수되는 여러 요인이 발달에 영향을 주는 것이라고 보았다. Rousseau는 '성선설' 을 지지하며 그의 대표적인 소설 「에밀」을 통해 인간은 타고난 존재 그대로가 선이며 인간이 악해지는 것은 어른의 잘못된 교육 때문이라고 주장한다. 이들은 생물학적으로 결정된 유전적 요소들이 잘 발달될 수 있도록 아동에게 인위적인 조작이나 환경적인 자극을 하지 않는 것을 권장한다. 아동 스스로 잘 발달할 수 있는 환경을 마련해 주면 아동의 동기에 따라 예정된 발달이 자연스럽게 아동의 성장 가능성을 충분히 높일 수 있다고 주장한다.

② Charles Darwin

영국의 자연학자 Darwin(1809~1882)은 진화론을 통하여 자연도태와 적자생존이라는 두 개의 원칙을 강조한다. 즉 주어진 환경 속에서 강한 자와 약한 자는 살아남기 위한 생존경쟁을 벌이는데 적당한 종류는 살아남고 그렇지 못한 종류는 도태된다는 설이다. 환경에 적응하여 생존한 종은 환경의 생존요구에 더 잘 적응할 수 있도록 변이되기도 하며, 계속적인 유전을 통해 보존인자를 다음 세대에 대물림한다. 이때 보다 더 강한 생존 경쟁력과 대응력이 우수한 종을 후손에 남기기 위하여 종의 변화를 일으킨다.

③ Anold Gesell

Gesell(1880~1961)은 Darwin의 진화론에 영향을 받아 많은 아동의 발달 특성과 행동을 측정하고 통계로서 일반화된 수치를 얻게 되었다. Gesell은 규준적 접근normal approach으로 아동의 나이에 맞는 평균적인 발달 규준표를 제시하였는데 아동의 운동능력, 행동발달능력, 사회적 행동 등에서 규준정보를 확보하였다. Gesell은 장기간 영유아의 신체적인 발달 관찰과 부모 면담을 통하여 인간의 발달이 개인에 따라 약간 다른 차이가 있긴 하지만 보편적으로 발달한다는 결론을 얻었다. 영유아가 시기가 되니 옹알이를 하게 되고, 뒤집고 걷고 뛰게 된다는 일반적인 신체 행동 발달과 최초 태어난 신생아의 평균적인 머리둘레, 키, 체중 등 보편적인 발달이다. 그러나 체중미달이나 규준에 미치지 못하는 키와 몸무게 등은 부모의 생물학적인 유전적 영향으로 성숙도가 달라지는 것이라고 한다.

(2) 동물행동학이론

① Konrad Lorenz

동물행동학ethology은 Darwin의 인간행동의 진화론적 기초와 함께 그 진화된 반응들이 종의 생존과 발달에 어떻게 기여하는지를 연구하는 이론이다. Lorenz는 거위 새끼의 어미 '따라다니기 행동'을 관찰하며 각인imprinting의 개념을 설명하였다. 각인은 초기의 특정한 발달기간 동안에 일어나는데 만약 이 시기에 어미오리 대신에 어미와 유사한 특징의 대체물이 제시된다면 새끼오리는 그 대체물에 각인될 것이라는 결정적 시기와 민감기를 주장한다.

② John Bowlby

동물행동학자들은 유아가 초기 양육자와 애착을 갖기 위해 나타내는 여러 행동

표 3-1 Bowlby의 애착 측정 – 낯선 상황에서의 에피소드

	에피소드	측정된 애착행동
1	관찰자는 어머니와 아기에게 실험실을 안내하고 그 방을 나온다.	
2	아기는 3분 동안 장난감을 가지고 놀 수 있다. 어머니는 아기의 반응을 지켜보지만 아기와 함께 놀아주지는 않는다.	안전기반으로서의 어머니
3	관찰자는 실험실에 들어와 약 1분간 조용히 앉아 있다가 1분간 아기에게 말을 걸며 다가간다. 어머니는 조용히 인사 없이 방을 나간다.	놀란 아기의 낯선 사람에 대한 반응
4	관찰자가 아기와 함께 놀아주고 아기가 격하게 울면 진정시킨다.	분리불안
5	3분 후에 어머니가 돌아와서 아기를 안아주며 위로한다.	재회에 대한 반응
6	아기가 놀이에 열중하면 어머니는 다시 실험실을 나가는데 이번에는 아기에게 "안녕"이라고 인사를 하며 나간다.	다시 겪는 분리불안
7	관찰자가 아기를 진정시키며 놀아준다.	낯선 사람에게 진정되는 능력
8	3분 후에 어머니가 방으로 돌아와서 반겨주고 관찰자는 방을 나간다.	재회에 대한 반응

(사회적 미소, 옹알이, 따라다니기, 매달리기 등)이 생존을 영위하기 위한 촉진적 행동이라고 주장하는데, 이 행동 특성을 유아와 초기 양육자 간의 정서적인 유대관계에 적용시킨 사람이 Bowlby이다. Bowlby는 유아와 양육자 간의 따뜻하고 편안하게 지지된 유대관계인 애착의 질이 훗날 자라는 아동의 타인에 대한 신뢰감과 관계가 있다고 말한다. Bowlby는 영아가 부모에게 자신을 돌보도록 하는 타고난 능력을 가지고 행동하며 성인의 지속적이고 따뜻한 보살핌에서 4단계를 거쳐 인지적 정서적으로 발달한다고 하였다.

첫째, 애착 전 단계(출생에서 6주)이며 유아들은 성인에게 본능적인 여러 귀여운 행동과 돌봄을 유도하는 신호(잡기, 사회적 미소, 울기, 응시하기)를 보낸다. 초기 유아들은 미각과 후각이 발달되어 어머니의 젖과 냄새, 음성을 기억한다. 시각은 완전히 발달되지 않은 상태이며 아직은 낯선 사람과 어머니를 완전히 구분하지 못하고 주 양육자와 애착을 형성하지 못한다.

둘째, 애착 형성단계(6주~6, 7, 8개월)로 유아들은 낯선 이와 양육자를 확실하게 구분하여 낯선 사람을 보면 경계의 모습을 보이고 어머니를 보면 반긴다. 특히 아동의 개인차에 따라 다르기는 하지만 빠르면 3개월부터 자신을 돌보는 양육자를 알아보고 사회적 미소를 보인다. 이 시기는 부모는 알아보지만 분리를 할 때 저항은 하지 않는다.

셋째, 확실한 애착단계(6, 8~18개월)로 자신을 돌보는 양육자와 확실한 애착을

형성한다. 자신을 양육해 주는 사람과 분리를 하게 될 때 분리불안을 느끼며 유아의 기질에 따라 심한 낯가림을 한다. 초기 애착단계에서 안정된 애착을 가지고 있는 유아나 양육자와 '대상항상성' 개념을 형성하고 있는 유아는 어머니와 분리하였을 때 항상 불안해하지는 않는다. 이 시기의 유아는 어머니에게 매달리며 어머니를 안전기반으로 정서적인 지지를 받으려 한다.

넷째, 상호관계의 형성(18~24개월 이상)으로 유아는 2세 말경이 되면 급속한 언어능력과 인지적인 발달이 이루어져 표현능력이 증가한다. 어머니와의 대상항상성 개념을 이해하여 잠시 어머니와 떨어지더라도 다시 만나게 될 것을 알게 되어 참는 지연능력과 떨어지는 것에 대한 저항을 조절할 수 있게 된다.

③ 애착유형

■ 안정애착 secure attachment

격리되었을 때, 울기도 하고 울지 않기도 한다. 어머니와 놀 때 밀접한 관계를 유지하며 재결합 시 반갑게 어머니를 맞으며 쉽게 달래진다. 이 유형의 유아는 엄마를 안전기반secure base으로 여겨 편안한 애착이 형성된 경우이다.

■ 회피애착 avoidant attachment

어머니와 있을 때도 별 반응이 없으며 어머니가 방을 떠나도 울지 않는다. 오히려 어머니가 돌아와도 무시하거나 회피한다. 어머니와의 관계에서 친밀감을 추구하지 않고 낯선 사람에게도 비슷한 반응을 보인다.

어머니의 양육태도가 거부적이거나 참을성이 없을 경우, 혹은 유아의 신호에 둔감하게 대처했거나 부정적인 감정으로 대했을 경우, 어머니를 안전기반으로 즐거움을 얻지 못했거나 지나친 수준의 과도한 자극을 제공한 경우 회피애착 유형이 나타난다.

■ 저항애착 resistant attachment

어머니와 격리 전부터 불안해하며 주변 환경을 탐색하지 않는다. 격리 시 심한 분리불안 행동을 보이고 재결합 시 어머니에게 접촉을 시도하지만 안정감을 얻지 못하며 저항하거나 밀쳐내는 행동을 한다. 자신을 두고 떠났다는 데 대한 분노로 계속 떼를 쓰며 울다가 어머니가 안아주려고 하면 밀쳐냈다가 다시 어머니에게 달라붙는 등 양가감정을 나타낸다. 어머니의 양육태도가 비일관적이거나 어머니의 기분에 따라 양육을 한 경우에 저항애착 행동이 나타난다.

■ **혼란애착** disorganized attachment

이 유형은 불안정애착이 가장 심한 유형으로 회피와 저항애착이 결합되어 혼란스럽고 모순된 행동을 보인다. 어머니에게 안기면서 무덤덤하거나 외면하거나 고통스러운 감정으로 어머니에게 다가간다. 어머니가 거부나 무시, 학대를 했기 때문에 어머니에게는 끌리지만 공포를 동시에 느끼는 경우이다.

(3) 성숙주의자들이 교육을 바라보는 관점

성숙주의자들은 가르침이란 성인의 인위적인 개입과 자극을 최대한 줄이고 영유아가 가지고 있는 본질적인 욕구와 흥미를 발휘할 수 있게 편안하고 허용적인 환경을 제공해 주는 것이라고 말한다. 아동의 교육에 관한 성숙주의자들의 사고를 구체적으로 살펴보면 다음과 같다.

첫째, 유아가 관심 있는 영역을 스스로 선택할 수 있는 기회를 제공하고 불필요한 개입을 줄인다. 20세기 중반부터 전 세계적으로 아동의 인지교육에 대한 전반적인 관심이 증대되면서 우리나라만 하더라도 어머니들은 어떻게 하면 자신의 아이를 똑똑한 아이로 만들 수 있을까에 많은 에너지를 쏟았다. 인지적 호기심을 갖도록 동기부여를 받지 못한 아동들은 스스로 관심 있는 것에 내적 동기의 기회를 얻지 못했으므로 학습행동에서 자신이 궁금한 것을 찾아보고 공부하는 능동적인 태도보다는 숙제이기 때문에 해야 하는 수동적인 학습태도를 보이게 되었다. 스스로 학습을 주도하고 계획하지 못하며 교사나 부모의 예정표를 따르는 수동형 학습행동을 갖게 되는 것이다.

둘째, 유아에게 발달에 맞추어 학습을 제공해야 하고 발달과 흥미에 적합한 다양하고 풍부한 자료를 제공해 주어야 한다. 아이들의 지적, 신체적 발달에서 아동의 관심이나 아이의 발달상황을 무시한 어머니나 교사에게 학습을 너무 강요받았거나 싫었던 것을 억지로 경험했던 아이들은 이후 학습에 흥미를 잃게 될 수 있다. 그냥 시켜서 하거나 해야 하기 때문에 공부를 하는 것이다. 아동들은 자신의 발달에 맞는 교육을 받게 되면 학습을 즐기게 되는데, 예를 음식에 비유하면 유아가 죽을 먹는 경우 야채죽, 고기죽, 해물죽 등 발달에 맞는 음식을 제공해야 하듯이 학습도 아이의 취향과 발달에 맞게 학습수준을 맞추어 자발적인 동기부여가 되도록 해야 한다. 유아는 발달에 맞는 교육프로그램을 제공받다 보면 재미를 느껴 자발적 동기로서 자신이 맛보지 못한 여러 죽을 기대하고 더 달라고 요청하듯이 학습에도 잘 적응하며 적극적인 태도를 갖게 된다. 그러나 교사나 어머니들은 각 유아의 발달특성은 고려하지 않고 선행학습을 하기 때문에 학습에 대한 여러 문제점이 파생되고 있다. 현장에서 보면 이렇게 학습을 거부하는 행동을 보이는 아동은 가장 접근하기 어려운 아동으로 그 어떤 자극도 거부하며 관심을 갖지 않는다. 이런 거부적 아동들은 여러 요인이 있지만 자신의 내적 동기로 학습을 탐색할 기회 없이 주로 어머니나 교사 주도적으로 학습을 강요당하여 학습에 재미를 느끼지 못한 아동일 수 있다.

셋째, 규칙적인 생활패턴을 갖게 하는 것이다. 유아기부터 일정시간에 일어나 같은 시간에 수유와 배변을 하고 같은 시간에 취침에 들게 하는 규칙적인 생활패턴을 습관 들이고 예측을 가능하게 하는 반복된 생활패턴 안에서 학습을 계획하고 주도할 수 있는 태도를 길러준다.

넷째, 수행과제는 발달에 적합하게 한다. 우수한 아이들의 특징 중 하나가 주어진 과제물에 대한 집착력이다. 이는 어릴 때부터 수행과제가 자신의 발달에 적합하게 제공되어 흥미와 성취를 느꼈기 때문에 자신의 수행과제가 끝까지 이루어질 때까지 집중하게 되는 것이다. 따라서 초기 유아기부터 과제를 제공함에 있어서도 발달에 맞는 양을 적합하게 제공해 주어야 한다.

다섯째, 학습을 하는 집단 구성원은 수준을 동일하게 해야 한다는 것이다. 성숙주의자들은 집단 구성원의 수준을 동일하게 구성해 줄 것을 제안한다. 집단 구성원의 발달이 자신에 비하여 높게 배정되어 연령이나 발달에 편차가 있게 되면 아동은 동기를 잃게 되거나 위축되어 충분한 자기발달이 어렵게 된다.

여섯째, 영유아의 발달은 스스로 내적인 동기에 의하여 이루어져야 하므로 부모나 교사는 유아 자신이 교육적 관심에 스스로 젖어들 수 있도록 이를 수용하고 이해하는 환경의 장을 마련해 주어야 한다. D. Weikart(와이카트)는 보육과정의 유형에서 학습의 주도성을 교사나 영유아 중에서 누가 갖느냐를 분류하였다. 성숙주의 보육과정에서는 아동이 주도하고 교사가 반응하는 아동중심 보육과정으로 설명하고 있다. 이때의 보육과정은 아동이 프로그램에서 모든 주도권을 가지고 교사는 관찰을 하거나 수용해 주는 수동적 반응 형태를 띠게 된다. 내용은 아동의 욕구나 흥미에 따라 결정되며 교사는 다양한 놀이와 자유스런 활동을 할 수 있는 매체와 장소를 제공하게 된다. 보다 교육에 경험이 많은 교사의 노련함이 필요하며 진행이 잘

못 흐르면 방임 형태가 되기도 한다. 바람직하지 못할 경우, 아동이 좋아하는 쪽으로 진행될 수 있다는 면을 고려해야 할 것이다.

2) 발달요인을 외부적 환경으로 보는 이론

(1) Skinner의 행동주의적 학습이론

미국의 신행동주의자 Skinner(1904~1990)는 인간의 행동은 내적 충동보다는 외적 자극에 의하여 동기화된다고 보는 조작적 조건이론operant conditioning theory을 제기하였다. Pavlov의 고전적 조건반사 연구는 무조건 자극인 고깃덩이에 중립자극인 종소리를 통하여 무조건 반응인 침이 나오는 반사반응을 유출시키는 자극 실험이다. 이 고전적 조건화는 인간의 일생에서 겪는 많은 정서적 에피소드를 포함한 인간행동을 고전적 조건화 원리인 연상적 학습associational learning으로 설명할 수 있다. 예를 들어 어릴 때 싫어하는 음식을 억지로 강요받았을 때 그 음식을 피한다든가 뜨거운 난로에 데었던 경험이 있는 유아는 절대 다리미나 난로 근처에 얼씬도 하지 않는 경우이다. Skinner는 동물실험의 결과인 Pavlov의 고전적 조건화의 실험에 인간은 단순한 반사나 조건반응으로만 구성된 행동을 하지 않으며 유기체 스스로 조작할 수 있다는 조작적 조건반응으로 인간의 행동을 설명한 것이다. 즉 조작적 조건화에서는 단순히 설정된 중립자극에 무조건 반응하는 고전적 조건화와는 달리 유기체가 원하는 결과를 얻기 위하여 자발적으로 반응한다는 데 그 의미를 둔다. 설치된 지렛대를 우연히 누르면(반응), 먹이가 접시로 떨어지는(강화) 우연히 일어나는 여러 반복 동작을 통하여 쥐는 상자에 들어가자마자 바로 지렛대를 눌러(학습) 자신이 원하는 먹이를 취하게 된다는 것이다.

이렇게 Skinner는 Pavlov의 고전적 조건형성이론에 조작적 조건화로써 보상과 처벌에 대한 행동주의를 완성시켰다. 즉 환경이 인간의 행동을 통제하는 데 결정적 역할을 하며 유기체는 보상과 강화라는 환경적 영향으로 스스로 주체가 될 수 있다는 것이다.

이 행동과 관련된 강화reinforcement에는 정적강화positive reinforcement와 부적강화negative reinforcement가 있으며 소거extinction와 처벌punishment 등을 토큰강화법이나 유관계약 등과 연계하여 행동수정을 할 수 있다. 정적강화는 어떤 반응 후에 칭찬이나 미소, 안아주기, 지지해 주기, 원하는 상품이나 음식으로 긍정적인 강화를 주어 바람직한 방향으로 변화되도록 유도하는 것이다. 이 정적강화는 심부름을 잘하는 아동에게 칭찬을 하여 계속 심부름을 잘할 수 있도록 바람직한 방향으로 강화할 수 있다. 부적강화는 부정적인 영향을 주었던 것을 제거해 주는 것이다. 이는 체벌과는 다른 의미이다.

행동주의를 따르는 교육자들은 계속된 보상과 강화, 자극을 통하여 얻어지는 교육적 효과에 관심을 갖는다. 행동주의적 학습은 구체적이고 세부적이며 위계적인 교수요목적인 학습자료와 구조적인 학습 형태 및 내용으로 이루어진다. 수준에 따라 반복적이고 일방적인 교수방법을 사용한다.

D. Weikart가 분류하는 계획된 보육과정에서는 학습 주도권자는 교사이며 교사의 요목적인 지침에 따라 아동이 반응하게 된다. 행동주의자들은 효과적인 학습을 위하여 교사는 일정량의 학습을 익히면 상을 주는 등 토큰강화법을 사용하기도 하고 칭찬이나 지지 등 강화와 체벌이나 숙제, 나머지 학습 등을 과제로 하여 더 나은 학습결과를 위하여 교사가 주도해 간다. 행동주의 프로그램의 특징을 요약해 보면, 매우 구체적이고 세부적인 교수요목의 특징과 학습의 주제는 단순, 구조적이며 위계화, 순서화되어 있다.

교사의 역할은 교수요목의 프로그램에 따라 아동이 효과적으로 학습할 수 있도록 프로그램을 강화하고 수준에 맞지 않을 경우, 흥미를 가질 수 있도록 수준을 수정해 가는 것이다. 행동주의 프로그램 중 대표적인 프로그램이 직접적인 교수모형인 DISTAR프로그램이다. 미국의 낙후된 지역 내 부모로부터 방임된 아동들에게 제공되는 이 프로그램은 오로지 셈하기와 말하기, 듣기, 쓰기와 같은 단순 반복된 학습으로 아동들의 언어 깨치기와 셈하기 학습을 돕는 프로그램이다.

(2) Bandura의 사회학습이론

Albert Bandura의 사회학습 개념은 학습이 타인의 행동을 관찰하고 모방한 결과에서 일어난다는 개념으로 외부 자극이 인간행동을 통제한다는 Skinner의 이론에 반론을 제기한다. 즉 Skinner의 이론은 인간 스스로가 강화를 시킬 수 있는 인지능력을 고려하지 않았다고 지적하며, 인간은 스스로 상징적 회상능력이 가능하기 때문에 자신의 경험에 의해 계획하고 예상할 수 있다고 말한다. 또한 미래에 대한 결과도 예측할 수 있어 강화가 인간의 많은 행동을 통제하기는 하지만 절대적이지는 못하며, 인간이 강화되어 행동조절이 되는 것은 인간의 의식에 의해서라는 것이다. 사회학습이론에 근거한 모델링을 통한 아동의 관찰과 모방은 문제행동을 제거하는 데 크게 유용하다.

모방modeling은 타인의 행동을 보고 들으면서 그 행동을 따라하는 것(Bandura, 1969, p 118~120)으로 폭력이나 공격적인 행동이 관찰을 통해 학습된다. Bandura의 연구에 따르면 아동은, 첫째 위대하다고 생각하는 사람의 행동을 위대하지 않다고 생각하는 사람의 행동보다 더 잘 모방하고, 둘째 자기와 동성인 모델의 행동을 이성 모델보다 더 잘 모방하고, 셋째 돈, 명성, 높은 사회경제력 지위 등을 지닌 모델을 더 모방하고, 넷째 벌을 받은 모델을 거의 모방하지 않으며, 다섯째 연령이나 지위에서 자기와 비슷한 모델을 다른 모델보다 더 잘 모방한다(Bandura & Walters, 앞의 책, p 10~11).

Bandura는 일생 동안 갖게 되는 습관의 대부분이 타인을 관찰하고 모방함으로써 배우며 이 사회학습의 경험이 성격을 형성한다고 주장한다. 그러나 아동들은 모델링이 될 수 있는 사람들과 접촉되지 않으면 일련의 복잡한 행동들이 학습되지 않는다고 본다. Bandura는 성격형성에서 타자의 행동을 모방한다는 관점을 가졌으나 유전된 생물학적인 능력, 보상과 벌, 강화 등도 성격에 영향을 미친다고 인정하였다. 특히 텔레비전에서 폭력행동을 보았거나 매를 맞고 자란 아동이 또래 아동들에게 폭력을 휘두르고, 어머니가 매를 맞는 가정에서 자란 아동이 자신의 아내를 때리는 등 사회적 행동에 관한 모방에 대하여 말한다.

한편, Bandura는 자기효율성이론을 제기하였다. 이 자기효율성은 아동의 내적 성격발달에 결정적 영향을 미친다. 자기효율성은 개인적으로 자신의 행동을 책임질 수 있고 통제할 수 있으며, 긍정적인 결과를 도출해 낼 수 있다는 믿음이다(Bandura, 1982). 이 자기효율성 개념은 자신이 어떤 일을 할 때 잘할 수 있을 것이라는 기대와 믿음으로 성공에 대해 확신하는 것이다. 이 자기효율성이론은 심리적인 행동수정이나 변화를 설명하고 예언하는 이론적인 근거를 통합시키는 것에 도움을 주었다. 그래서 "어떤 결과를 만들어 내기 위하여 요구되는 행동을 성공적으로 해낼 수 있다는 신념 또는 확신"으로 인식되어 행동변화를 시키는 데 적용되었다. 이에 대한 기제는 모든 심리적인 절차는 자기효율성을 향상시키기 때문에 행동변화는 자기효율성에 의해 변화된다는 것이다. 즉 개인은 자기 능력에 대한 기대를 갖고 있으며 그것에 따라 행동한다는 것으로 이 이론은 심리치료 기법들을 사용하는 연구에 기여하였다(조현섭, 1988).

3) 아동 내부와 아동 외부 힘 간의 상호작용적 관점

성숙주의 이론가들이 '인간의 본성을 중시하고 인간의 발달이 예정된 생물학으로 내재된 프로그램으로 진행된다'고 보고 있다면 행동주의자들은 '외적 환경 내에서 어떤 강화와 보상을 통하여 보다 적합한 개입으로 교육적 효과를 높일 수 있을까' 하는 것에 관심을 두었다. 이들의 서로 상반된 극단적인 입장에서의 대립과 논쟁은 지금까지도 이어지고 있다. 상호작용주의 이론가들은 아동의 발달을 아동 내부의 힘과 외부 환경 간의 상호작용이라고 보며 성숙주의와 행동주의 이론을 절충한다.

(1) Freud의 심리성적이론

Freud의 정신분석에서 정신 에너지는 생의 본능인 에로스eros이다. 에로스는 생명을 유지시키고 발전시키고자 하는 본능인데, 이 본능 때문에 인간은 자기애적 생명을 지속한다. 배고픔, 성욕 등의 일차적 본능이 이에 해당한다. 반면에 죽음의 본능인 타나토스thanatos도 함께하는데 타나토스는 무생물체로 환원하려는 본능으로 이 본능은 자신은 물론 타인과 환경을 파괴하려는 본능이다. 즉 인간은 죽음의 본능인 공격적, 파괴적 성향을 가지고 있으며, 생의 본능과 죽음의 본능이 혼합되기도 하며, 서로 영향을 미치기도 한다.

Freud의 정신분석이론은 인간의 모든 동기는 쾌락추구의 원리로부터 온다는 가정에서 시작된다. 성적 본능이며 정신적 힘의 에너지인 리비도libido는 출생과 더불어 구강기, 항문기, 남근기, 잠복기, 성기기 등으로 심리성적 발달단계를 거친다. Freud는 마음의 구조적 모형을 원초아id, 자아ego, 초자아super ego로 제시한다. 원초아는 긴장감소를 하고자 하는 쾌락원리pleasure principle를 위주로 움직인다. 원초아는 충동적으로 비합리적이며 자기애적인 성향을 말한다.

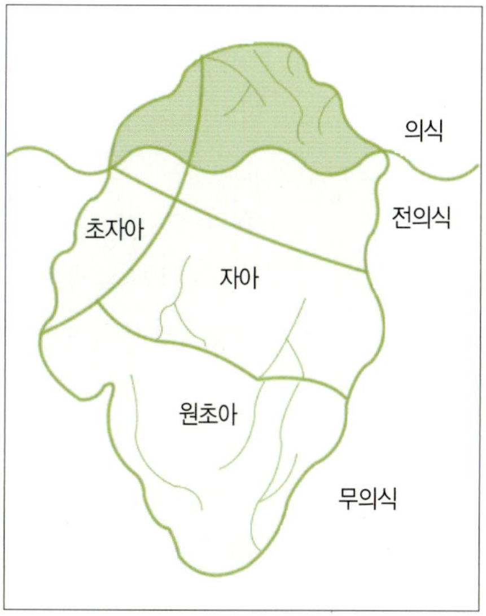

그림 3-1 Freud의 성격구조

Freud는 유아의 행동이 단지 긴장을 방출시키려는 쾌락 욕구에 의해 모든 것이 동기화될 뿐이며 이런 일차적 동기를 쾌락 원칙이라고 불렀다. 유아는 자기 자신에게 '자기애적' 방식으로 집중한다. 이는 '일차적 자기애' 또는 '자기 사랑' 이다. 태어난 유아는 배고픔의 본능적 충동에 부딪힌다. 배고픔이 해소가 되었던 경험을 통해 우유병과 양육자 등 배고픔을 해소시켜 주는 물체를 표상하여 만족지연능력을 갖게 된다. 이때 비일관적으로 수유를 받았던 유아는 더 이상 자신의 본능을 해소시켜 주지 못하는 양육자를 신뢰하지 못하여 보채고 울게 된다.

유아는 자신을 돌봐주는 외부 세계가 있다는 사실을 인식하며 자아개념이 생긴다. 만족추구를 잘 거친 유아일수록 효과적인 자아의 작용을 할 수 있으며 원초아의 기능이 약해진다. 즉 현실과 적절하게 반응하면서 사고하며 추리하는 기능, 기억하는 기능 등 인지기능이 발달하는 것이다.

초자아는 성격의 도덕적 측면으로 현실보다 이상을 따른다. 초자아는 자신의 사회, 문화적 영향과 자신의 부모나 학교 교육의 영향을 받는다. 다시 설명하면 인간의 성격 중 원초아의 성향이 더 많으면 충동적이며 자제력이 낮고, 초자아의 성향이 많으면 이상적, 도덕적인 성격이 된다. 자아는 현실에서 성격을 집행하는 역할을 하며 원초아의 욕구와 초자아의 요구를 조절하는 역할을 한다. 따라서 자아의 붕괴는 정신장애를 가져온다. 너무 억압된 원초아의 생각을 자아가 버티지 못하고 충동하면 정신은 혼란에 빠지게 된다. 과거에 지나치게 물질에 억압되어 원초아의 억압이 많았던 여성이 현실에서 초자아가 버티지 못하여 쇼핑 중독에 빠지게 되는 게 그 예이다.

Freud의 정신 성 발달단계는 구강기, 항문기, 남근기, 잠복기, 성기기 단계로 발달되며 여기에서는 아동기에 해당되는 잠복기까지만 살펴본다.

① 구강기(생후 18개월까지)

구강기는 출생에서 18개월까지로 유아의 리비도는 입으로 집중된다. 유아는 빨기의 충동으로 모든 물체를 입으로 가져가며 충분한 빨기로 입술, 혀, 입, 잇몸 등을 자극하는 쾌락을 요구한다. 구강기 전반은 빨고 삼키고 깨물면서 쾌감을 얻고 이후 이가 나면 깨무는 것으로 해소한다. 구강기 후반 걸음마기가 시작될 때쯤이면 어머니에게 애정적인 태도와 동시에 적대적인 감정이 함께하는 '양가감정' 을 갖게 된다. 또한 사회화에 필수적인 좌절의 경험도 함께하는데 이 좌절의 경험은 사랑하는 어머니가 자신을 좌절시킨다는 것에 대한 분노이다. 어느 정도의 양가감정은 모든 아동에게서 정상적으로 일어날 수 있다. 그러나 지속적으로 버림을 받았다거나 거부, 구타 등을 당해 부모에 대한 부적절한 감정이 더욱 심한 아동은 자신에게 긍정적인 감정을 갖지 못하며 내적인 양가감정으로 힘들어한다.

부모의 칭찬과 지지가 동반된 경우 아동은 사회적 능력을 발달시켜 새로운 것에 대한 동기와 자부심을 갖게 되고 성공에 대한 기대가 높은 아동으로 자란다. 이 시기에 대상항상성object constancy 개념이 형성된다. 대상항상성 개념은 Piaget가 언급한 대상의 영속성 개념과는 다소 다른 개념이다. Piaget가 말하는 대상영속성 개념은 어떤 사물이나 인물이 만져지거나 보이지 않더라도 그것의 존재를 인식하게 되는 개념이다. 정신분석의 대상항상성 개념은 엄마에 대한 대상영속성뿐만 아니라 정서적 상태로 자신을 사랑하는 어머니는 항상 자신의 곁에 존재하고 있음을 인식하는 개념을 말한다. 즉 어머니가 보이지 않더라도 아동이 어머니에 대한 안정된 정신적 표상을 획득하게 되는 것을 뜻한다.

② 항문기(18개월~3세)

구강기의 성적 쾌락인 리비도가 어머니의 젖꼭지에 집중되다가 항문기에는 괄약근을 조절하는 배변훈련 과정을 통하여 항문 주변으로 집중된다. 유아는 대변을 계속 보유할 것인지 배설할 것인지의 문제로 부모와 갈등을 겪게 된다. 이런 과정을 통하여 양가감정이 두드러지게 나타나며 공격성도 증가하여 부모의 간섭에 대한 저항을 하게 된다.

부모가 거칠게 혹은 억압적으로 배변훈련을 했을 경우, 항문기적 고착 성격인 강박적 성격이 형성되어 고집이 세고 인색하며, 복종적이고 지나친 시간엄수와 청결한 특징을 갖게 된다. 반대로 지나치게 관대한 경우에도 고착 성격이 나타나는데 폭발적 성격은 잔인하고 파괴적이며 난폭하고 적개심이 강하며 불결한 특징을 가진다(이인정 외, 1998).

③ 남근기(3~5세)

아동은 다시 항문에서 성기 쪽으로 관심을 쏟게 된다. 이 시기의 남녀 아동 모두 자신의 성기에 호기심을 두고 새로운 쾌감을 갖는다. 이 시기에 모든 성인기 신경증의 근원이 되는 오이디푸스 콤플렉스가 생겨나게 되는데 부모에게 특별한 애정과 집착을 보이게 된다. 대부분 건강한 아동들은 타협을 통하여 동성의 부모에 대한 동일시로 여아는 어머니를, 남아는 아버지를 동일시하여 갈등문제를 해결해 나간다. 남근기에 고착된 성격의 남자는 경솔하고 과장이 심하며, 야심이 강하고 여자는 난잡하고 유혹적이며 경박하다.

④ 잠복기(6세~사춘기)

리비도의 신체적 부위는 특정한 곳에 있지 않고 성적인 에너지로 잠재된다. 리비도의 지향 대상은 주로 동성의 또래에게 향하고 에너지는 운동, 취미활동, 친구와의 우정 등으로 집중된다. 학업과 대인관계를 중요시 여기는 이 시기는 열등감과 자존감이 중요한 문제가 되며 잠복기에 고착되면 성인이 되어서도 이성에게 정상적인 친밀감을 갖지 못하고 이성과의 성적 관계를 피하거나 정서적인 감정 없이 공격적인 방식으로 성적 행동을 하게 된다.

(2) Erikson의 심리사회적이론

Erikson은 유아의 감각운동과 정서의 선상에서 형성되는 신뢰감은 유아의 욕구가 예측 가능하고 지속적인 형태로 충족되는 모성상과의 다양한 상호작용을 통해 형성된다고 하였다. 따뜻하게 안겨 서로 감정을 소통하고 자극과 놀이, 충분한 수유, 고통이 해소될 때 불안에 대한 안정성을 형성하게 되는 것이다. Freud는 자아가 원초아와 초자아 사이의 중재적 역할을 한다고 보는 반면 Erikson은 자아는 자율적인 기능을 한다고 말한다.

Erikson의 정신사회 발달단계는 유아기, 초기 아동기, 후기 아동기, 학령기, 청소년기, 청년기, 중년기, 노년기의 발달단계가 있으며 여기에서는 청소년기까지만 살펴본다.

① 유아기(신뢰감 대 불신감)

생후 1세까지로 이 시기에는 주로 양육하는 사람의 따뜻하고 일관적인 보살핌 안에서 기본적인 신뢰감을 확립한다. 만일 유아에게 기본적인 신뢰감을 주지 못하면 훗날 성인으로 성장해서도 타인을 신뢰하지 못하고 대인관계에서 어려움을 겪게 된다.

② 초기 아동기(자율성 대 수치감 및 회의-의지력)

1~3세에 해당되며 일상 수행능력이 발달되는 시기로 스스로 외부 환경을 탐색

할 수 있는 능력이 있으며 자율성을 획득한다. 부모와 유아는 하지 말아야 할 것에 대한 통제로 갈등이 생기는데 유아가 아직 미성숙한 이 시기에 너무 외부 통제를 빨리 엄격하게 가하게 되면 유아는 무력감으로 수치심과 회의를 느끼게 된다. 사회의 기대와 압력을 과도하게 의식하기도 한다. 수치감은 타인에게 자신이 바람직한 모습으로 보인다고 생각하지 않는 것이며, 회의는 타인이 자기를 지배하고 이용할 것이라는 불신감이다.

③ 유희기(주도성 대 죄의식-목적)

4~5세의 유아가 이 단계에 해당된다. 이 시기의 행동 특징은 침투intrusive이며 또래와의 신체적 공격으로의 침투, 타인과의 관계로의 침투, 운동이나 공간에의 침투, 호기심이나 문화적인 곳으로의 침투를 보인다. 또한 스스로 목표를 정하고 계획을 세우며 이를 달성하려는 자기 주도성을 갖는다. 성적인 과잉 관심도 나타나며 양심은 타협이 없는 흑백 논리적이다. 질투와 경쟁심이 강하다. 높은 강도의 체벌을 당하거나 무시를 당하면 죄의식이 강해져 자기 주도적인 면을 발달시키지 못하고 의존적이거나 눈치를 보는 아동이 된다. 아동의 지속적인 죄의식이 이어지면 성인이 되어서도 소극적이고 성적 무기력을 낳게 된다.

④ 학령기(근면성 대 열등감-능력)

6세부터 11세까지로 근면성이 발달하는 시기이다. 양육태도나 환경이 지지적이면 아동은 근면성이 발달한다. 이 단계에서 부적절함으로 열등감이나 또래 내에서 자기 위치나 학습으로 절망을 겪게 되면 후에 성장하면서 직업에 대한 동일시나 동료에 대한 동일시를 얻는 데 방해가 된다. 또한 전 단계의 오이디푸스 갈등을 해결하지 못하여 또래나 지식에 관심을 갖지 못하고 어머니에게 머물거나 학교생활에 잘 적응하지 못하고 무력감을 갖게 된다.

⑤ 청소년기(자아정체감 대 자아정체감 혼란-성실성)

이 시기는 12세에서 20세까지의 시기이다. 신체성장과 생식기의 성숙이 이루어진다. 어린 시절의 올바르지 못한 발달이나 경험, 현재의 부적절한 사회 환경은 청소년의 자아정체감 발달에 부정적 영향을 미친다. 이 시기의 정체감 위기는 직업의 선택을 어렵게 하거나 더 이상 학교생활에 적응하지 못하게 한다. 이 시기를 잘 넘기면 성실성이 발달되어 사회의 일원으로 자신의 능력을 발휘할 수 있는 정체감을 갖게 된다.

(3) Piaget의 인지발달이론

상호작용주의의 인지이론가들은 유기체들은 유기체 스스로가 환경과의 상호작용을 통하여 자신의 지식을 구성해 가는 능력이 있다고 말한다. 즉 성숙주의자들이 예정된 시간표에 따라 진행되는 예정된 연령과 발달을 중요한 요인으로 보았던 것에 상호작용주의자들은 연령보다는 아동이 겪은 경험인 지식을 계속 자신의 수준에 맞게 재구성해 가는 유아의 경험에 더 중점을 두고 있다.

Piaget는 그의 인지이론에서 인지구조의 기본단위인 '도식scheme'이 아동의 발달단계에 따라 환경과 상호작용 속에서 지식의 기틀을 마련해 나가는 과정을 '적응'의 과정이라 하였다. 따라서 인간의 인지발달은 '동화'와 '조절'을 통해 '평형' 상태에 이르는 과정을 되풀이하며 '감각운동기–전조작기–구체적 조작기–형식적 조작기'의 4단계로 발달되어 각 단계에서 얻어야 하는 발달과업이 있음을 주장한다. 예를 들면 전조작기 아동은 물활론의 특징이 있어 모든 움직이는 것은 살아 있다고 생각한다. 하여 "자동차가 살았니? 죽었니?"라고 물으면 "살아 있어요"라고 대답하는 것이다. 이 아동이 구체적 조작기가 되어 다시 물으면 "자동차는 기름으로 움직인다"고 대답한다. 전조작기 시기에서 구체적 조작기로 발달이 되었음을 알 수 있다. 다시 말하면, 전조작기 아동은 자동차가 살아 있다고 여기는 평형화된 자신의 지식체계에서 구체적 조작기로 발달되면서 자동차는 기름으로 움직인다고 지식상태를 조절하여 다시 평형화시킨 것이다. 이후 형식적 조작기로 발달되는 아동은 구체적인 자동차의 원리를 터득하여 다시 자신의 지식체계에 맞게 지식구조를 평형화할 것이다.

① 감각운동기(출생~2세)

감각운동기는 출생에서 2세 정도까지이며 빨기, 잡기 등의 반사적 행동을 나타내는 특징이 있다. 어떤 우연한 동작으로 새로운 경험을 하게 되면 계속적으로 반복된 행동을 한다. 또한 새로운 동작을 시도해 보려는 성향이 강하고 '까꿍놀이' 등을 즐기며 '대상영속성' 개념을 획득해 나간다. 이 '대상영속성' 개념은 유아가 눈에 보이지 않아도 물체가 계속 존재하게 됨을 터득한 개념으로 10여 개월 된 아동은 없어진 물체를 물끄러미 쳐다보고 있지만 12개월 되어 '대상영속성' 개념이 획득된 걸음마기 아동은 그 대상을 찾아 나선다.

② 전조작기(2~7세)

2세에서 6~7세 정도의 취학 전 아동에게 해당되는 시기로 이 시기의 유아는 자기만의 독특한 사고의 특징인 '자기중심적 사고'를 가지고 있다. 언어의 상징체계로써 사물을 표상하는 능력과 자신의 입장에서 모든 사물을 바라보고 해석하는 특징이 있다.

물활론, 의인화, 직관적 사고, 보존개념과 서열화, 가역성의 개념, 분류화 등 개념들이 아직 형성되지 못한 시기라고 할 수 있다. 즉 같은 양의 물을 큰 그릇에 담아주면 더 많다고 생각하며, 통화 중 보이지 않는 사람이 자신을 보고 있다고 생각하여 전화기에 인사를 하거나 인형이 자신에게 말하고 있다고 생각하여 인형에 인사를 하기도 한다. 이 시기의 유아들은 하나의 나무토막이라도 바닥에 긋는 시늉을 하며 자동차 소리를 내면 자동차이고, 귀에 대고 중얼거리면 전화기로, 장난감을 조정하여 놀 수 있는 능력이 있다. 특히 텔레비전에서 나오는 여러 장면을 모방하고 드라마에서 진행되는 폭력 장면은 이 시기의 유아들에게는 치명적이라고 할 수 있다. 가상과 현실을 구분할 수 없는 직관적 사고를 하게 되므로 드라마에 나오는 부부싸움 장면이 실제 자신이 겪는 부모와의 갈등으로 여길 수 있음을 유의해야 한다.

또한 체벌을 하게 되면 자신이 잘못하여 벌을 받는다는 사고보다는 자기중심적으로 생각하여 "엄마는 나만 미워해"라 생각할 수 있으므로 트라우마로 남을 수 있는 강한 체벌은 피해야 한다.

③ 구체적 조작기(7~12세)

주로 초등학교 시기의 아동들로 전 단계인 전조작기에서 획득하지 못한 사고와 인지능력이 발달되어 보존개념이나 서열화, 가역적인 사고로 탈자기중심화가 된다. 논리적인 사고가 시작되어 타인의 관점을 이해하고 수용할 수 있게 된다. 똑같이 따라서 그리는 보고 그리기, 수학적 논리, 친구들과의 협동놀이 등 다양한 활동을 할 수 있게 되어 전조작기 아동들보다 구체적인 학습을 할 수 있는 능력을 획득한다.

④ 형식적 조작기

구체적 조작기의 아동은 구체적 현실에 집착하고 현재 상황에 관심을 가지며 자기 자신의 사고에 대한 통찰능력이 없지만, 형식적 조작기 청소년은 추상적 사고와 현재뿐만 아니라 과거, 미래도 이해하고 자기 자신의 생각을 객관적으로 숙고할 수 있는 능력이 있다. 따라서 형식적 조작기에는 미래 지향성이 있는 사고의 추상적 능력과 자신의 미래에 대한 가능성, 이상, 사물에 대한 추측 등에 관한 사고들이 현실과 연계된다. 또한 형식적 조작기에는 2차적 사고가 가능하여 자신의 사고와 가설들을 정신적으로 조작하는 능력이 형성된다.

표 3-2 아동의 정신발달과 주요 정신병리

시기 특성	영아기 (0~18개월)	걸음마기 (18~36개월)	유아기 (3~6세)	학동기 (7~12세)
발달적 특성	–사회적 미소 –특정인에 대한 구별 –낯가리기 –격리불안 –걷기, 말하기	–급속한 언어발달 –대소변 가리기 –자기주장 펴기 –신체적 독립	–사회적 · 성적 역할 학습 –형제간의 경쟁관계 –사회적 가치 형성 –초자아 형성	–또래집단 형성 –동료나 집단 정체감 –지적추구 활발 –다양한 기술습득
놀이 특징	–혼자 놀이 –감각 운동적 놀이	–평행 놀이 –반복, 흉내 내기	–협동적 놀이 –거친 신체운동	–경쟁적 · 지적 게임
발달 과제	–애착 형성 –기본적 신뢰감과 안정감	–분리 개별화 –자율성 –대상영속성 개념 –충동적 공격성의 통제 가능	–사회화 –역할 학습 –문화적 습득	–자신감, 자존감 –창조성, 생산성 –집단 정체
환경 구성	–감각 운동적 자극 –애정적 관계 –민감한 배려 –사랑을 주는 관계 –적절한 영양, 위생관리	–지속적, 일관적 지도 –충동조절 교육 –자율성 존중, 강조 –자기주장 허용	–다양한 역할 제시 –다양한 가치 제시 –적절한 성 역할 –친구관계 형성지원	–성공적, 생산적 경험 –지적 자극 –학교 학습 –동료 관계 –집단에 참여경험
정신 병리	–감각 박탈 –발육 장애 –발달 지연 –급성격리 반응 –지능장애 –수유장애 –유아복통 –자폐증 –정신박약	–수면장애 –모성 과보호 –부정적 태도 –반항적 태도 –모아 공생정신병	–불안장애 또는 불안 –공포장애 또는 공포 –야뇨증, 분실금 –야경증 –악몽 –행동장애 –정신, 사회적 결핍, 박탈 –주의력 결핍 장애	–열등감 –신경증적 장애 –학습장애 –학교 거부증 –소아 정신분열증 –소아 우울증 –행동장애 –주의력 결핍 장애

출처 : 김일옥 · 최경순(2009)

3. 아동기의 흔한 정신건강 문제

1952년 DSM-Ⅰ의 발표에서는 아동 정신병리를 다루지 않았다. 적응반응 adjustment reactions과 아동기 정신분열증childhood schizophrenia 이외에 아동은 성인 분류체계를 그대로 사용하였다. 하여 1992년 DSM-Ⅳ에서 유아기, 소아기, 청소년기에 처음 진단되는 장애로서 그 증상의 특정한 양상에 따라 정신지체, 학습장애, 운동기술장애, 의사소통장애, 광범위성 발달장애, 주의력-결핍 및 파괴적 행동장애, 소아기 또는 초기 소아기의 급식 및 섭식장애, 틱장애, 배설장애, 분리불안장애, 선택적 함묵증, 상동증적 운동장애 등을 제시하였다(American Psychiatric Association, 1994; 김혜연, 1999).

1) 자폐장애

자폐증autism이란, 그리스어의 'self' 라는 의미인 autos에서 유래된 것으로 1943년 소아정신과 의사인 Leo Kanner에 의해 명명화된 장애이다. 자폐아동에게는 크게 드러나는 세 가지 특징이 있는데 첫째, 자폐아동은 사회 적응이 힘들어 일상생활에서 기본적인 대인관계 형성이 어렵고 고립된 자신만의 세계 속에 갇혀 있으며, 둘째 반복적 상동행동과, 셋째 심한 언어소통장애를 수반한다. Kanner는 자폐아의 문제 행동 중 사회적 결손적인 면을 자폐증의 핵심 증상으로 지적하고 있다(이소현 외, 2008). 즉 자폐성 장애 아동들은 타인과의 적절한 공감과 교류를 하지 못할 뿐만 아니라 사회적 기술의 부족으로 심각한 대인관계의 결함을 나타내는 것이다. 또한 또래 친구들이 관심을 갖고 다가가면 눈을 마주치지 못하고 오히려 피한다. 자폐아동들은 다른 장애 아동들에 비하여 모방행동의 어려움과 사회적 관계를 맺는 기술상의 문제와 이 기술의 미숙함과 결함으로 인하여 교육 현장에서 교사 또는 또래와의 상호작용에 어려움을 보인다. 그리고 물리적인 면에서의 통합은 가능하더라도 사회적인 면에서의 통합은 의문시된다고 한다(유수옥, 1995; 홍준표, 1997; 심미경 외, 2001 재인용). 자폐아동들은 어머니와도 정상적인 애착을 형성하지 못한다. 사회적 상호작용이나 의사소통도 비정상적이며 타인의 정서를 이해하고 지각하는 데도 결함이 있다. 또한 타인의 존재나 감정을 인식하는 능력이 현저하게 결핍되어 사람을 감정을 가진 존재로 보지 않고 사물로 대한다(정옥분, 2009).

자폐아동은 태어나면서부터 사람의 얼굴이나 사회적 자극에 관심이 없고 공유된 관심을 발달시키지 못하며 타인과의 시선을 맞추지 못하는 등 사회적 상호작용에 제대로 참여하지 못한다. 일반적으로 아동의 전반적인 발달수준과 언어수준이 높을수록 공유된 관심의 발달수준도 높다고 간주되고 있다. 공유된 관심에 관련된 의사소통의 기능은 명령적 기능, 서술적 기능으로 나뉘는데 자폐아동은 자기가 원하는 물건을 얻기 위해 다른 사람의 도움을 구하는 명령적 기능을 지닌 표정, 비언어적 발성, 자세, 동작 및 몸짓은 사용할 수 있지만 단순히 특정 사물이나 경험에 대해 다른 사람의 관심을 끌고자 하는 서술적 기능을 지닌 의사소통적 표현은 거의 보이지 않는다고 한다. 자폐아동의 언어는 반향어의 특징을 갖고 있다. 보통 아이들에게 "밥 먹었니?"라고 물으면 "네, 아니오"로 대답을 하지만 자폐아동들은 "밥 먹었니?"라고 메아리처럼 되묻는 대답을 한다.

반복적 상동행동 또한 자폐아동의 특징적 행동이다. 아이들은 자기중심적 사고로 상상놀이에 집중한다. 하여 네모 블록을 방바닥에 대고 그으면서 붕붕 하고 있으면 자동차 놀이를 하는 것이고, 인형을 보면 실제로 만나고 있다고 착각하여 인형에게 인사를 한다. 그러나 자폐아동은 장난감 자동차를 가지고도 놀이를 하지 못하고 계속 장난감 자동차의 바퀴만 돌린다. 자동차 바퀴를 돌리기만 하는 상동행동을 하고 있는 것이다. 그리고 그림붓을 주면 그림을 그리는 흉내를 내는 것이 아니라 부드러운 털을 계속 반복하여 만진다.

자폐의 원인에 대하여 전에는 아동과 주 양육자 간의 초기 애착관계인 대상관계에 문제점을 두었었다. 즉 자폐아의 양육 과정에서 애착을 형성시키지 못하고 애정이 없는 냉담한 표정으로 대했다거나 충분한 서비스의 부족, 아동의 반응을 바로 수용해 주지 못하여 아이들이 스스로 자신을 위로하다 보니 자폐에 빠져들게 되었다거나 등 양육자에 대한 분노, 적개심 등이 자폐행동으로 연결된다는 가설이다. 그러나 최근에는 부모나 주 양육자와의 정서적인 관계로 보기보다 한 가지 원인으로 설명할 수 없는 여러 가지 면의 중복설과 신체적이거나 뇌기질의 특정 부분 이상, 유전성으로 인한 원인설로 표명되고 있다. 자폐아동 뇌파의 이상 소견과 간질 발작의 동반, 그리고 자폐아동을 형제로 둔 가족에게서 더 많은 자폐증이 발견된다는 것이다. 일란성 쌍생아의 경우 이란성 쌍생아보다 자폐증이 훨씬 많다.

최근 자폐 장애가 유전, 염색체 이상, 뇌의 구조적 또는 신경생화학적 이상, 뇌손상이나 감염 등과 관련된다는 보고가 증가하고 있다. 출생 전후의 뇌손상이나 감염, 선천성 풍진, 페닐케톤뇨증, 결절성 경화증 등 뇌의 뚜렷한 병변이 자폐장애와 같이 동반되며 간질의 공존 유병률이 4~32%에 이른다. 또한 뇌 단층촬영 결과 20~30%에서 뇌실의 확장, 10~80%에서 뇌파검사 이상이 나타났으며 자폐환자의 부검 결과 소뇌의 purkinje세포가 감소되었음이 보고되기도 하였다. 최근 양전자 방출 단층촬영을 사용한 연구결과 대뇌피질의 당대사가 증가되어 있다는 보고도 있다. 자폐아에서 혈중 세로토닌 양이 정상아보다 높다는 연구결과도 있었으나 이것은 오히려 지능의 저하와 관련된 것이라는 보고도 있다. 자폐아의 뇌척수액에서 사회적 위축 및 상동증과 관련된 homo vanillic acid가 상승되었다는 보고도 있다(신경정신의학, 하나의학사, p 552).

자폐의 발병은 보통 30개월 이전에 나타난다. 그러나 초기 유아기 1~2년은 일반 아이들과 별 차이 없이 발달하다가 이제껏 잘 유지되던 인지기능이 중지되면서 퇴행과 더불어 자폐 증상을 나타내는 경우도 있다. 자폐아동은 특정한 감각에 대하여 과민 또는 과소 반응을 나타내기도 한다. 소리에 아주 민감한 아동도 있는데 아동에 따라 청각기능의 이상으로 보통 소리도 아주 크게 들려 음악을 틀지 못하게 하는 아동도 있다. 일반 사람들에게는 작게 들리지만 청각 이상인 자폐아동에게는 공포를 주는 굉음으로 들릴 수 있기 때문이다. 반면, 신체적 통증에 둔감하여 부딪히거나 넘어져도 아파하지 않는 경우도 있다. 또한 정서 반응에 민감하여 갑작스런 정서 반응을 보이기도 한다. 이유 없이 어떤 작업을 하다가 까르르 웃거나 징징 울거나 하여 주변 사람을 당황하게 한다. 전반적으로 자폐아동들은 신체적인 면 외에 정서, 인지, 감각, 지능 등이 일반아에 비하여 떨어진다고 볼 수 있으나 특정한 영역인 단순암기, 계산력, 음악, 그림 등에서 아무리 복잡한 주제라도 자신이 본 것은 기억하여 표현한다거나 몇 년 후의 달력이라도 질문을 하면 맞춘다거나 등, 놀라운 능력을 보이는 아동들도 있다.

자폐증은 일반적으로 완치가 어려운 것으로 알려져 왔으나 Bettelheim(1967)과 Lovaas(1973)의 치료법에서 성공적인 면을 엿볼 수 있다. Bettelheim은 자폐아동들의 학교를 세워 교사들이 사랑과 보살핌, 그리고 자율성을 강조하는 교육적 철학으로 Lovaas는 자폐아동의 언어와 자립심 등을 향상시키는 사회적 능력을 목표로 하는 행동수정behavior modification 프로그램으로 교육적인 효과를 얻을 수 있었다.

표 3-3 우리나라 자폐장애 등급 판정 항목

1	불러도 대답이 없다.	11	머리의 크기가 작다.
2	혼자서는 식사를 하지 못한다.	12	같은 길로만 가려고 한다.
3	대소변을 못 가린다.	13	TV는 광고만 보려 한다.
4	또래와 놀지 못한다.	14	밖에 나가면 마음대로 아무 곳에나 가 버린다.
5	남의 말을 이해하지 못한다.	15	한 가지 장난감에 집착한다.
6	의사 표현을 잘하지 못한다.	16	가구를 옮기면 불안해한다.
7	자기 방어를 하지 못한다.	17	손을 비틀거나 씻는 행동을 반복한다.
8	충동적인 행동을 보인다.	18	모든 물건을 입에 집어넣는다.
9	자해적인 행동을 보인다.	19	생후 1~2년은 정상발달을 한다.
10	눈을 맞추지 못한다.	20	혼잣말은 하는데 대화는 하지 못한다.

* 이 중 12개 이상 해당하면 장애 1급, 8개 항목 이상이면 장애 2급, 4개 항목 이상이면 3급으로 판정한다.
출처 : 정옥분(2006)

(1) 치료와 교육의 원칙

첫째, 조기 발견이 중요하다. 일반적으로 만 3개월이 되어서도 유아가 특정한 사회적 미소를 보이지 않는다거나 어른들과 정서적 교류가 어렵다거나 하면 진단을 해보아야 한다. 둘째, 교육과 치료를 시작하기 전에 정확한 진단과 교육적인 평가가 필요하다. 지적능력, 사회성, 언어, 자조능력, 대근육 운동기능, 소근육 운동기능 등에 대한 진단이다. 이들은 발달 전반에 장애를 나타내므로 다방면으로 접근해야 한다. 여러 전문가의 팀 접근이 필요하며, 특히 Bettelheim의 교육철학과 같은 자율성을 강조하는 교육철학으로 접근해야 한다. 교사나 부모는 사랑과 따뜻함으로 스스로의 자폐적인 세계에서 벗어날 수 있도록 안전기지로서의 역할과 스킨십을 제공해야 한다. 셋째, 혼자서 울거나 웃는 행동, 박수를 친다거나 같은 자리에서 뛰는 반복적 상동행동을 없애는 데 주력하지 말고 강점인 정상행동을 강화시킨다. 넷째, 부모는 가장 중요한 치료자이며 교육자임을 명심해야 한다. 자폐아동의 부모는 충격에서 벗어나 자신의 아이가 다르다는 사실을 인정해야 한다. 흔히 자폐아동의 부모는 우울증을 동반한 정서장애가 나타날 수도 있는데 부모 스스로 심리치료를 하거나 자아성찰을 통하여 자신의 아이의 특별한 면을 인정해 주고 수용해 주어야 한다. 다섯째, 자폐아동은 학습양식 형태에서 대체로 시각학습자형, 근육운동지각 학습자형, 청각학습자형으로 나뉜다. 즉 그림책이나 텔레비전 시청을 좋아한다거나 사물을 유심히 바라보는 아동은 시각학습자형일 가능성이 높고, 종이상자를 접었다 폈다 물건을 분해하려는 습성이 나타나면 근육운동지각 학습자형일 수 있으며, 계속하여 말을 하는 것을 좋아하고 음악이나 어떤 소리에 반응하여 즐긴다면 청각학습자형일 수 있다. 아동이 좋아하는 학습양식이 무엇인지 파악하여 교육을 한다면 그 효과는 배가될 수 있다. 만일 특정 부분에 한정돼 나타나지 않으면 여러 가지 학습 형태를 병행하여 사용하면 된다.

(2) 치료 방법

① 미술치료 및 표현예술치료

자폐아동의 교육에서는 주로 인지적인 학습을 반복적으로 인지시켜 주는 행동주의적 학습 형태가 많다. 교사가 주도하고 아동이 반응하는 교수요목적인 행동주의 인지치료보다 자폐아동이 주도하고 교사가 반응하는 성숙주의이론에 바탕을 둔 아동의 동기와 자발성을 이끌어낼 수 있는 심리치료가 필수적이다. 자폐아동은 정서에 민감하여 상당한 수의 아동이 우울증을 동반하고 있음을 잊지 말아야 한다.

■ **자폐아동 미술치료의 실제적인 예**

MR(mental retardation)을 동반한 Autism의 미술치료

성명: 문종수(가명)
나이: 10세

Intake

또래관계 확립 및 언어, 학습 등 전반적인 발달이 지연되어 있고 반복적 상동 행동 등이 관찰돼 정신지체를 동반한 자폐가 아닐까 우려, 종수의 어머니가 치료를 의뢰함.

종수의 생육사

종수의 가정환경은 비교적 좋은 편으로 세 살 아래 동생은 정상아동이다. 어머니는 적극적이고 명랑한 성격이지만 종수가 신발을 갈아 신을 때라든가 옷을 벗을 때라든가 자신이 기본생활을 수행할 수 있음에도 기회를 주지 않는 양육태도를 보였다. 어머니가 주로 양육하였고 초기 유아기에는 순하여 육아에 서툰 어머니는 종수의 발달 상태를 파악하지 못하였다.

1회기 관찰

치료자가 인사하기를 청하자 눈을 피함. 찰흙을 주고 원형에 찍어내기를 하였더니 "똥 냄새" "방귀

냄새" "뒤로 가" "안 할래" 등 부정적인 반응을 보임. 단순한 찍어내기 작업이었는데도 찰흙이 손에 묻는 것을 싫어하고 아예 재료 자체에서 고개를 돌려 "싫어" "못해" "안 할래" 등 부정적인 반응을 나타냄. 치료자가 찰흙 틀에 찍어내기를 반복하자 관심을 나타내며 15분 정도 찍어내기 작업에 참여함.

스케치북과 연필을 주자 외운 듯한 비례에 맞지 않는 사람을 반복적으로 그림. 인체의 비례와 완성도 등은 아동 발달단계 3~4세 수준인 두족인 형태를 벗어난 것으로 보아 인체의 표현은 5세아 수준이나 그 밖의 표현력 등은 전혀 없이 아는 글자를 써 놓은 정도임. 작업을 하다 반복적으로 손바닥을 치고 불안해하며 찰흙 표현에 기능적으로 대처하는 것, "싫어" "안 할래" "뒤로 가"하며 나타내는 부정적인 반응, 대충 작업에 참여하는 척 때우려는 것으로 보아 종수는 일찍부터 어머니와 원하지 않는 작업이나 인지 수업을 한 경험이 있음을 추정해 볼 수 있음. 치료자와 만든 작품의 결과물에 관심이 없고 상동행동으로 손바닥 치기, 대기실에 있는 소파에서 반복적인 뛰기와 치료자와 상호작용이 어려운 것으로 보아 MR(mental retardation)과 Autism으로 추정됨.

Art Therapy

:: 계획

종수는 MR(mental retardation)과 Autism이 의심됨으로 미술작업을 통하여 승화를 체험함으로써 자신의 존중감과 자존감을 높이고 억지로 때우는 식의 학습이 아닌 자기 주도적으로 수업을 이끌어 수행을 완수할 수 있도록 행동을 조절한다.

접근 이론으로는 정신역동적 미술치료로 프로이드의 정신분석이론과 발달단계적 접근으로 피아제의 인지학습이론과 행동주의이론을 토대로 하여 인지발달을 돕고 게슈탈트 접근방법으로 심리치료, 인지발달, 어머니의 육아태도에 관하여 부모교육을 병행한다.

:: 치료목표

1. 감각놀이와 동작놀이로 내면을 이완시키고 심리적 안정을 찾는다.
2. 작품의 승화를 통한 성취감으로 자존감을 높인다.
3. 소근육 발달을 돕고 미술 매체를 다루는 기술을 익힌다.
4. 타인과의 협조적인 상호작용을 이해한다.
5. 환경이나 매체의 변화에 인내하는 습관을 들인다.

자폐아동 종수의 초기 그림

초기 그림

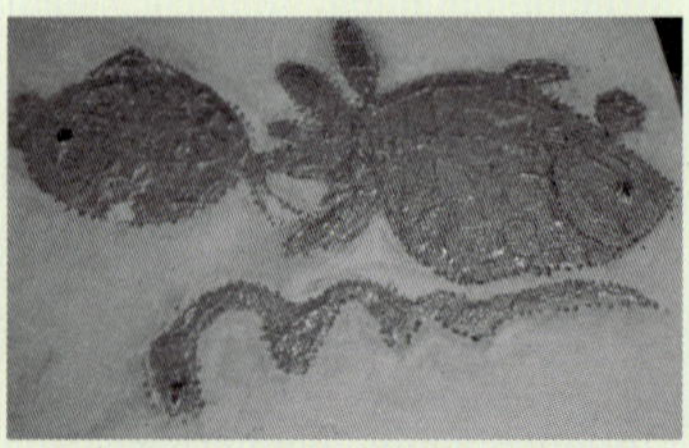

미술치료에 사용된 중반기의 우드락 석고 붕대 그림

② 행동수정요법

바람직한 행동은 상을 주고 칭찬을 함으로써 그것을 강화시켜 주고 바람직하지 못한 행동은 무시를 하거나 벌을 줌으로써 그 빈도를 소거시키는 방법이다.

③ 특수교육

특수 아동의 교육적 목표는 최대한 사회생활에 잘 적응할 수 있도록 특정한 과제를 반복적으로 훈련시켜 기본적인 사회성이나 의사소통능력을 갖출 수 있도록 도와주는 것이다. 처음에는 1:1 지도로 시작하여 점차 집단 형태로서 또래집단 안에서 정상적인 사회활동과 접촉하는 통합교육의 기회가 되도록 노력해야 한다.

④ 언어치료

언어치료는 자폐아동이 언어장애를 가졌기 때문에 도움이 될 수 있으나 언어 자체만을 치료하면 된다는 사고방식은 바람직하지 않다. 언어의 문제는 대인관계 또는 다른 발달 상황과 밀접하게 관련되어 있기 때문에 여러 가지 치료의 일부로서 언어치료가 병행되어야 한다.

⑤ 약물치료

자폐증을 치료하는 어떤 특정한 약물이 발견되지는 않았고 다만 일부 약물이 다른 치료에 보조적으로 쓰여 효과를 보이고 있다. 예를 들어 할로페리돌haloperidol은 과잉행동과 저항을 줄여주며 숙면을 유도하기 때문에 도움이 되고 있다. 그러나 약물에 의존하는 것은 바람직하지 않으며, 특수한 경우에 의사의 지시에 따라 사용한다.

⑥ 부모에 의한 치료와 부모상담

부모들은 어떻게 자폐아를 다루어야 할지 알지 못하므로 기초지식과 양육태도 등을 상담과 교육을 통해 습득하여야 한다. 특히 부모의 심리적 불안과 정서적 문제가 뒤따르므로 심리상담과 자기성찰은 필수적이다.

⑦ 놀이요법

정신요법과 피부접촉, 운동, 동작 등 여러 가지 신체적 자극을 통하여 자폐아동들이 감각적인 경험을 할 수 있도록 도움을 주는 방법이다.

2) 주의력결핍 과잉활동 장애(ADHD)

주의력 결핍 및 과잉행동 장애Attention Deficit Hyperactivity Disorder는 주의력 결핍inattention, 과잉행동hyperactivity, 충동성impulsivity 이 세 측면에서 만성적인 어려움을 수반하는 것으로 설명된다(Barkley, 1990 ; APA, 1994 ; 정명신, 2001 재인용). 아동기의 가장 흔한 발달장애 중의 하나로서 주의력결핍의 증상은 과업 수행 또는 각성 상태를 위한 주의를 유지시키는 데 어려움을 겪는 것을 말한다. 주의력이 부족하므로 어떤 일을 수행할 때 일을 끝마치지 못하며, 말을 잘 듣지 않거나 산만하고 주어진 과제에 집중을 하지 못한다(같은 논문). 원인으로는 기질적 요인과 환경적 심리적 요인으로 보고 있으며, 뇌의 신경 화학적 요인으로서 신경전달 물질체의 기능장애가 원인이라는 가설도 있다. 즉 세포들 사이에 정보를 전달하는 신경전달물질인 노르에피네프린Norepinephrine이나 도파민Dopamine의 이상이 주의력결핍과 과잉행동의 원인이라는 가설이다.

심리사회 환경과 양육방식을 ADHD를 유발하는 위험요인으로 보는 가설에는 아동의 가족 특성으로 부모와 가족, 태내 환경인 임신, 유년기의 특성, 아동의 기질과 부모 성격과의 상호작용 등이 중요 요인이 된다.

ADHD는 유아기 혹은 아동기에 처음 나타나 만성적으로 지속되며 아동의 삶 전반에 큰 영향을 미치는 발달학적 성격을 띤다. 1970년대에는 ADHD 아동이 성장하면서 호전된다고 생각하였으나 Barkley(1990) 등 최근 연구에 의하면, ADHD로 진단받은 아동의 70~80%가 청소년기까지 지속되며, 10~60%가 성인기까지 지속된다고 한다. 이에 과잉행동, 주의력결핍, 충동성의 일차적 증상들이 청소년기로 접어들면서 품행장애, 학습장애, 기분장애, 적대적 반항장애, 약물남용 등으로 발전되기 때문에(정명신, 2001) ADHD 아동에 대한 초기 관심은 필수적이다.

(1) 특징

① 과잉행동Hyperactivity

ADHD 아동은 자리에 앉아서도 의자로 장난을 치거나 허락 없이 자리에서 이탈하여 다른 친구들을 방해한다. 장시간 가만히 있지 못하고 이상한 소리를 내거나 조용히 있어야 할 공공장소나 학교수업 중에도 적응하지 못하고 움직인다. ADHD 아동들은 민감하여 자신을 지지하지 않는 심리적 환경이나 장소에서는 분노나 좌절, 슬픔 등의 감정을 더 쉽고 크게 표출하며 일반 아동들보다 더 빈번하고 강하게 받아들인다.

② 주의력 결핍 inattention

ADHD 아동은 수업 중에도 친구들의 행동, 말소리, 창밖의 풍경, 복도를 지나는 사람 등 호기심을 일으키는 여러 상황에 반응하여 자신의 수업에 깊게 집중하지 못한다. 일반 아동들은 먼저 주의를 기울여야 할 것과 나중의 것을 구별하고 조절하지만 ADHD 아동은 충동적으로 자신의 호기심을 자극하는 것을 우선으로 하기 때문에 수업 시간에 전혀 다른 내용으로 수업을 방해하거나 산만한 행동을 한다.

책을 읽을 때나 과제를 지시받을 때도 중요한 부분을 인식하지 못하거나 다르게 받아들여 결과를 왜곡 해석하기 때문에 내용이 달라진다.

③ 충동성

반응을 억제하지 못하고 상대방의 말이 끝나기 전에 반응하여 자신의 생각대로 말해 버리기 때문에 또래관계에서도 왕따를 당하거나 관계가 어려워진다. 예를 들면 "저 애는 생긴 게 꼭 좀비 같아"라는 표현으로 아이들 있는 데서 망신을 주기도 한다. ADHD 아동은 미술매체를 사용하는 충동도 억제하지 못한다. 물감을 마구 사용하다 주변 친구들에게 영향을 주어 선생님한테 자주 지적을 받는다. 하지 말아야 할 규칙을 이해하고 있지만 욕구가 억제능력을 억압하여 충동적으로 행동하게 되는 것이다.

④ 공격성

ADHD 아동의 충동성은 여러 규칙적인 상황에서나 충동을 억제해야 하는 상태에서 조절이 어렵게 되면 공격성을 나타낸다. 자신의 그림 그리기가 마음대로 안 되면 마구 칠하다 찢기도 하고 차례를 기다리다가 못 참게 되면, 앞에 서 있는 친구를 밀쳐내다 싸움이 벌어지기도 한다.

(2) 치료

① 약물치료

ADHD 아동에게 쓰이는 약물은 세포들 사이에서 정보를 전달하는 신경전달물질인 노르에피네프린Norepinephrine이나 도파민Dopamine의 이상이 주의력결핍과 과잉

행동의 원인이라는 가설에 노르에피네프린과 도파민에 영향을 주는 자극제 약물이 효과적이다(정유진, 2007). 이 외 집중력 강화제인 중추신경자극제, 삼환계 항우울제, 항정신용 약물 등이 사용되고 있다(채경선 외, 2009).

② 행동적 접근치료

다양한 치료 접근으로 음악치료, 미술치료, 동작치료, 사이코드라마, 사회기술 훈련 프로그램, 놀이치료, 부모교육, 집중력 향상 프로그램, 뇌기능 강화 프로그램, 인지행동 치료 등이 있으며, 비약물치료의 여러 행동적 접근으로 치료 성공률이 높다.

표 3-4 ADHD 선별검사(Dupaul) 척도

번호	문 항	전혀 그렇지 않다	약간 가끔 그렇다	상당히 자주 그렇다	매우 자주 그렇다
1	주의 집중을 하지 않고 부주의하여 실수를 많이 한다.	0	1	2	3
2	가만히 앉아 있지를 못하고 손발을 계속 움직이거나 몸을 꿈틀거린다.	0	1	2	3
3	과제나 놀이를 할 때 지속적으로 주의 집중하는 데 어려움이 있다.	0	1	2	3
4	수업시간이나 자리에 가만히 앉아 있어야 하는 상황에서 일어나 돌아다닌다.	0	1	2	3
5	다른 사람이 직접 이야기하는 데에도 귀를 기울여 듣지 않는 것처럼 보인다.	0	1	2	3
6	상황에 맞지 않게 과도하게 뛰어다니거나 돌아다닌다.	0	1	2	3
7	지시에 따라서 학업이나 집안일이나 자신이 해야 할 일을 끝마치지 않는다.	0	1	2	3
8	조용히 하는 놀이나 오락 활동에 참여하는 데 어려움이 있다.	0	1	2	3
9	과제나 활동을 체계적으로 하는 데 어려움이 있다.	0	1	2	3
10	항상 '끊임없이 움직이거나' 마치 '모터가 달려서 움직이는 것처럼' 행동한다.	0	1	2	3
11	공부나 숙제 등 지속적으로 정신적 노력이 필요한 일이나 활동을 싫어하거나 또는 하기를 꺼린다.	0	1	2	3
12	말을 너무 많이 한다.	0	1	2	3

13	과제나 활동을 하는 데 필요한 것들(장난감, 숙제, 연필 등)을 잃어버린다.	0	1	2	3
14	질문을 끝까지 듣지 않고 대답한다.	0	1	2	3
15	외부 자극에 의해 쉽게 산만해진다.	0	1	2	3
16	자기 순서를 기다리지 못한다.	0	1	2	3
17	일상적인 활동을 잊어버린다(예: 숙제를 잊어 빠뜨리거나 도시락을 두고 학교에 간다).	0	1	2	3
18	다른 사람을 방해하고 간섭한다.	0	1	2	3

표 3-5 ADHD 선별검사(Dupaul) 척도

행동	행동 특성	대응 방안
과잉 행동	- 손발을 꼼지락거림 - 자리에 가만히 앉아 있지 못하고 허락 없이 다님 - 마구 뛰어다니는 등 과도한 행동 - 쓰기, 미술 등 세밀한 작업 활동의 어려움	- 책상을 마주보기보다 직선으로 배치 - 교사와 가까운 앞자리에 배치 - 창가나 주의 집중력이 분산됨을 차단 - 모범생 친구 옆에 앉히기 - 또래와 긍정적인 교류를 위한 학습 테이블 - 소근육을 활용할 수 있는 작업 활용
충동성	- 반응을 억제하지 못함 - 놀이 및 학습 상황에서 자기 차례를 기다리지 못함 - 다른 사람들의 대화 및 놀이에 끼어듦 - 감정적인 폭발, 사실이 아닌 감정에 민감한 반응 - 시험 등 계획이 필요한 활동 수행능력 저하	- 바람직한 행동에 대해 보상 체계를 활용하고 행동발달 상황을 도표화하여 관리 - 교실 내에서 바람직한 행동과 해서는 안 되는 행동을 종이에 적어서 걸어 놓고 각각의 행동에 대한 보상책도 명시
주의력 결핍	- 불필요한 자극을 스스로 걸러내지 못함 - 환경이 바뀌면 변화에 대해 과다하게 반응 - 무언가 자극을 경험할 때 행동수행이 억제됨(주의력 부족) - 충분한 자극을 느끼지 못할 때는 무언가 자극적인 것을 찾아나섬	- 교실 내에서 다양한 활동을 할 수 있도록 이동성이 높은 집기를 사용하여 공간 확보 - 그룹단위, 학급단위로 활용할 수 있는 별도의 교실 확보 - 음악이나 녹음된 강의를 들을 수 있는 교실 활용
생활 조직의 결핍	- 물건을 엉뚱한 곳에 두거나 잘 잃어버림 - 여러 부분으로 구성된 물건을 잘 다루지 못함 - 책상이 어지러움 - 주어진 시간 안에 과제를 끝내지 못함 - 과제 중간의 휴식시간을 과도하게 사용함 - 필적을 알아볼 수 없을 정도임	- 아동 개인의 우편함 마련 - 공책, 교재, 기타 개인 교구를 보관할 수 있는, 색깔로 구별된 수납함 활용 - 누구나 볼 수 있는 시계 비치 - 컴퓨터실 활용

출처 : 채경선 외(2009)

3) 정신지체

정신지체란 표준화된 지능검사에서 평균 이하(IQ 70~75, 표준편차 2 이하)인 지적 기능과 일상생활(개념적, 사회적, 실제적 적응기술), 적응행동상의 결함이 동시에 존재하며 이 두 가지 모두 발달기간인 18세 이전에 일어난 경우를 말한다.

(1) 정신지체의 분류(Grossman, AAMR)

표 3-6 지적 기능의 정도와 지원 정도에 따른 정신지체의 분류

기술하는 용어	IQ 점수	요구되는 지원
경도 정신지체	50~55에서 70 정도	간헐적 지원
중등도 정신지체	35~40에서 50~55까지	제한적 지원
중도 정신지체	20~25에서 35~40까지	확장적 지원
최중도 정신지체	20~25 미만	전반적 지원

(2) 정신지체의 원인

① 다운증후군 Down's syndrome

다운증후군의 원인은 염색체의 이상으로 21번째, 염색체가 2개가 아닌 3개가 됨으로써 발생된다(정신지체의 약 5~6% 출현율).

다운증후군 아동은 전반적으로 발달수준이 지체되지만 성격이 명랑하고 사람을 잘 따른다.

표 3-7 다운증후군의 신체적 특징

눈	약간 위로 올라감(난시, 사시 많음)	코	전체적으로 밋밋함
입	작고 입천장이 낮아 혀가 입에 꽉 차 있는 것처럼 보임	목소리	쉰 목소리 많고 언어발달 느림
손	작고 네모짐	키	평균보다 작고 종종 비만해지는 경우가 있음
목	짧고 굵으며 주름이 있음	근육	긴장도가 낮아 축 늘어진 것처럼 보임
손가락	약지가 특히 작고 안으로 굽어 있음	발가락	첫째와 둘째 사이가 넓음
피 부	건조하고 갈라지기 쉬움	머리카락	성기고 가늠
신체 건강상 문제	심장기형 가지고 태어날 확률 높음. 시각장애, 호흡기질환, 백혈병 발생 확률 높음 → 평균수명 낮추는 요인		

② 페닐케톤뇨증phenylketonuria : PKU

단백질을 소화시키지 못하여 일어나는 대표적인 장애이다. 페닐케톤뇨증은 페닐알라닌을 티로신으로 바꾸는 신진대사를 할 수 없기 때문에 축적된 페닐알라닌이 비정상적인 두뇌 발달을 초래함으로써 장애를 일으킨다.

치료는 신생아 때 PKUphenylketonuria 여부를 알아내고 페닐알라닌 성분을 조절하는 식이요법을 아동기까지 시행한다. 불안하고 공포에 싸인 듯한 특징적 행동을 하며, 독소물질이 소변에 섞여 나오기 때문에 소변에서 독한 냄새가 난다. 부모가 모두 PKU 인자를 가진 경우 유전상담을 실시하여 예방한다.

③ 약체 X 증후군fragile X syndrome

23번 성염색체의 X염색체 이상으로 발생되는데 여아보다 남아에게 많이 나타난다. 신체적 특징으로 머리가 크다. 얼굴이 길고 좁으며 이마와 턱이 약간 튀어나오고 코가 넓다. 손은 크고 손가락 끝이 가늘지 않다.

④ 프라더-윌리 증후군

아버지로부터 전해지는 유전적 결함으로 15번 염색체의 일부가 소실됨으로써 발생한다. 신생아 때부터 근육에 힘이 없기 때문에 젖을 먹는 것도 힘들어한다. 생후 1년 정도가 지나면 지나치게 음식에 집착하기 때문에 고도비만의 위험이 높다. 또한 신체적 특징은 성장호르몬 이상으로 키가 작으며 심장이상이나 척추측만 문제, 경도 지체로 인한 행동 문제가 나타난다. 낮 시간에 지나치게 졸거나 수면 중에 호흡이 정지되는 수면장애도 나타난다.

⑤ 두뇌 손상

원인은 임신 중 풍진이나 매독, AIDS, 질병이나 유해환경에 노출되었을 때 나타난다. 임신 초기 3개월 이내에 임신부가 풍진에 걸리게 되면 태아에게 치명적 영향을 미친다. AIDS는 태내에서 산모로부터 감염될 수 있으며 치료가 불가능하고 다양한 신체적, 정신적 장애가 유발된다. 또한 뇌막염, 뇌염, 뇌종양, 소아 AIDS-대두증(뇌수종) 등 두뇌 손상과 연관이 있으며 약물남용(마약-코카인, 헤로인), 영양실조, 방사선 노출, 조산, 출생 시 뇌손상, 담배, 술, 카페인, 저소득 계층, 발달 초기 유해환경이 영향을 미친다.

(3) 정신지체의 특성

표 3-8 인지능력과 학업성취

인지능력	학업성취
주의력과 기억력 결함, 주의 집중력 짧고, 장기 및 단기 기억력 부족	반복학습, 기억증진 프로그램 사용
학습 속도 느림	구체적이고 의미 있는 교수자료 사용과 교사의 직접적이고 세부적인 교수 필요
과도한 일반화 및 일반화 부족 문제	인지능력의 특성 고려하여 아동 각자에 맞는 교수자료, 교수계획 이루어져야 함
학습된 무기력 상태	아동의 능력에 맞는 과제 부여로 성공을 경험하게 하고, 스스로 할 수 있는 기회 제공
낮은 초인지 능력(자기-조절 능력 결함)	다양한 자기관리 방법의 활용 개발 및 사용

표 3-9 언어 및 사회성 발달

언어 발달	사회성 발달
언어발달 지체 및 비정상적인 패턴, 조음현상, 구어가 아예 발달하지 않은 경우 - 대안적인 의사소통 방법으로 보완대체 의사소통 체계 사용	상호작용 방법을 몰라 친구를 사귀지 못하고 빈약한 자아개념 형성 - 통합교육으로 긍정적인 상호작용 기회 제공

출처 : 이소현 외(2008)

4) 틱장애

'틱Tic이란 갑작스럽고 빠르며 반복적이고 비율동적인 움직임이나 소리'를 말한다(김영신, 2005, 재인용). 틱에 대한 일반인들의 오해 중 하나는 "틱장애 아동이 소리나 행동을 참으면 될 텐데 왜 인내심 없이 참지 못하고 소리를 내는가"이다. 틱은 자신의 의지와는 달리 자신도 모르게 나오는 불수의적 행동이다.

(1) 특징

- 틱은 고의로 하는 것이 아니다.
- 증상이 심해졌다가도 어느 날 약화되기도 하며 변화가 있다. 시간이 경과함에 따라 증상의 정도가 변화된다.
- 틱은 해부학적으로 위치가 변한다. 눈을 깜박거리던 행동이 멈추어 완화되었

다고 생각했는데 다시 '음음' 소리를 내는 등 신체 부위를 옮겨 다닌다. 불쾌감이 하고 나면 시원함으로 전환된다.

- 의지를 가지고 스스로 노력하면 일시적으로 억제된다.
- 긴장이나 스트레스, 불안이 있게 되면 더 악화되기 때문에 상황을 모면하기 위하여 일부러 그러는 것이 아닌가 하는 오해를 받기도 한다.
- 잠을 잘 때나 어떤 것에 집중하면 감소된다. 틱장애는 잘 때는 나타나지 않는다.

(2) 틱의 종류

1. 단순 근육틱(운동틱)	눈 깜박거리기, 얼굴 찡그리기, 머리 흔들기, 입 삐죽거리기, 눈 찡그리기, 눈이나 입 씰룩거리기, 목 비틀기, 머리 들썩이기 등
2, 복합 근육틱	자신을 자해하는 행동, 제자리 뛰기, 킁킁거리며 냄새 맡기 등
3. 음성틱	남의 말 따라하기, 음음 소리내기, 킁킁거리는 소리, 간헐적인 기침소리, 계속 남을 비하하는 말로 기분 상하게 하는 행위, 욕설이나 명령조의 말(입 닥쳐, 그만 해)로서 나타나기도 한다.

(3) 원인

심인성 요인으로 부모의 불안 및 성격, 양육태도, 가족 간의 갈등, 가족력과 관련이 있다. 쌍둥이의 경우 일란성에서 53%, 이란성에서 8%의 일치를 보였다는 보고가 있고 유전자 연구 등을 통하여 유전적 요인이 관련될 가능성도 있다.

출산을 전후한 합병증과 관련 있다는 보고도 있다. 도파민, 세로토닌, 오피오이드 등의 신경전달물질 체계 이상이 고려되어 약물치료의 근거가 되기도 한다. 뇌파나 뇌 영상검사로 뇌의 기능적 기질적 이상이 있다는 보고가 있으나 아직 일관된 결과는 없다.

틱장애 아동에게 틱을 일부러 한다고 오해하여 창피를 준다거나 벌을 주어 증상을 억압해 보려고 하는 경우, 아동은 정서적으로 불안해지기 때문에 증상이 악화된다. 악화된 증상은 다른 복합, 심리적인 문제로 야기되어 우울증, 위축감, 학교 부적응, 성격 변화와 같은 바람직하지 못한 결과를 초래하기도 한다. 그러나 일반적으로 알려졌듯이 심리적인 문제만으로 틱이 발생된다고는 볼 수 없다.

(4) 진단

18세 이전 발병으로서 3개월 이상 혹은 1년 이상 지속된다. 강박장애가 약 50%

동반되며 주의력결핍과잉행동장애도 50~60% 동반된다.

만성으로 일생 지속될 가능성도 있다. 대개는 후기 청소년기나 성인기에 증상이 호전되거나 사라지는 양상을 보인다. 30대 초기에 일시적으로 악화되었다가 점차 호전되어 사회생활에 심각한 지장이 되지는 않지만 스트레스 정도 여하에 따라 다양한 경과를 밟게 된다.

(5) 치료

심리치료(미술치료, 음악치료, 동작치료 등), 가족치료, 인지-행동치료, 약물치료가 병행된다. 치료 약물로는 haloperidol, pimozide, risperidone 등이 처방된다.

■ **틱장애 아동의 미술치료의 예**

성명: 김명신(가명)
나이: 8세

Intake

간헐적으로 수업을 방해하는 킁킁거리는 소리를 내어 친구들의 질시를 받는 상태임. 학교 교사의 권유로 미술치료를 받기로 하였음.

명신이의 생육사

명신이는 8세로 초등학교 1학년이며 누나는 중학교 2학년이다. 명신이 어머니는 명신이를 임신하였을 때 부부관계가 원활하지 못하여 명신이를 원하지 않았을 뿐만 아니라 우울하였다. 현재도 부부관계가 좋지 않으며 한 달 전, 부부싸움 중에 유리컵을 던지다 파편이 명신이의 팔에 튀었다. 이 때 명신이는 억 하고 소리를 냈는데 그 후 음성틱이 계속되었다.

1회기 관찰

명신이는 치료자가 인사를 건네자 명랑하게 인사를 하였다. 여러 미술활동을 하자고 권유했더니 웃으며 좋다고 응하였다. 대화를 하는 중에도 계속 소리가 나오자 명신이는 입을 가리며 부끄러워했다. 치료자가 "일부러 그러는 거 아닌 걸 다 아니까 신경 쓰지 말라"고 따뜻하게 수용해 주자 명신이는 점차 소리가 나오지만 편안한 표정이 되었고 쉽게 대화할 수 있었다.

Art Therapy

:: 계획

명신이에게 좋아하는 미술매체를 선택하게 하여 틱의 빈도를 완화시키고 부모 교육을 통하여 명신이 어머니의 양육태도를 조절한다.

:: 치료목표

1. 감각놀이와 동작, 게임놀이로 내면을 이완시키고 심리적 안정을 찾는다.
2. 작품으로 주의 집중력을 높여 틱의 빈도를 완화시킨다.
3. 어머니에게 부모 교육과 틱 증상에 대한 교육을 실시하여 양육태도에 도움을 준다.
4. 숨 쉬기와 호흡법으로 틱을 조절할 수 있게 한다.

■ **미술치료를 통하여 틱이 완화되었던 작품 사례**

5) 소아기 불안장애 Childhood anxiety disorder

불안이란 뚜렷한 이유 없이 생기는 불쾌하고 모호한 두려움과 각종 자율신경계통의 과민 증상들인 두통, 발한, 심계항진, 가슴 답답함, 위장관장애 등이 동반되는 기분 상태를 말한다. 불안이란 대개 두려움의 대상이 확실하지 않은 감정인 반면, 공포심은 두려움의 대상이 확실하게 있다는 차이가 있다(신경정신의학 참조).

아동에게 나타나는 불안장애에는 분리불안장애, 과잉불안장애, 공포장애, 회피장애, 소아기 강박장애, 소아기 공황장애가 있다.

(1) 분리불안장애 separation anxiety disorder

분리불안장애란 애착대상인 부모나 주로 양육했던 친숙한 사람과 분리될 때 나타나는 현상이다. 분리불안이 심한 아동은 7~8세가 되어서도 어머니와 분리되지 못해 교육기관에 적응하지 못하는 고통을 받는다. 특히 유아교육기관에서는 어머니와 유아를 억지로 분리시킨다거나 유아의 분리불안을 무시하여 트라우마가 생긴다면 유아의 전반적인 발달을 저해하므로 유의해야 한다. 교사는 최대한 유아를 배려하여 행동주의 요법으로 서서히 기관에 적응할 수 있도록 해야 하며 심한 경우, 여러 치료적 접근방법을 안내하여 치료에 도움을 주어야 한다.

표 3-10 분리불안장애의 DSM-Ⅳ-TR 기준

A	집 또는 애착대상과의 분리에 대한 불안이 발달수준에 부적절하게 지나칠 정도로 발생한다. 다음 중 3가지 이상이 나타나야 한다. 1. 집 또는 애착대상과 분리되거나 분리가 예상될 때 심한 불안을 반복적으로 느낀다. 2. 주 애착대상을 잃거나 그에게 해로운 일이 일어날 거라고 지속적으로 심하게 걱정한다. 3. 운 나쁜 사고가 생겨 애착대상과 분리될 거라는 비현실적인 걱정을 지속적으로 한다. 4. 분리불안 때문에 등교나 외출을 싫어하거나 거부한다. 5. 애착대상 없이 혼자 지내는 데 대해 과도한 두려움을 느끼거나 이를 거부한다. 6. 애착대상이 없는 상황이나 집을 떠나 잠자기를 싫어하거나 거부한다. 7. 분리의 주제와 연관되는 반복적인 악몽을 꾼다. 8. 애착대상과의 분리가 예상될 때 반복적인 신체증상을 호소한다(예: 두통, 복통, 오심, 구토).
B	장애의 기간이 최소한 4주 이상이어야 한다.
C	18세 이전에 발생한다.
D	임상적으로 현저한 장애를 일으키거나 사회, 학업, 기타 주요 부분에서의 기능에 지장을 초래한다.
E	증상이 전반적 발달장애, 정신분열병, 또는 기타 정신장애의 경과 동안 나타나는 것이 아니고 청소년과 성인에서는 광장공포증이 있는 공황장애로 간주되지 않는다.

① 감별 진단

일시적 학교 부적응인 경우인지 관찰해야 한다. 무섭게 여기는 선생님이나 엄한 규칙, 과중한 숙제나 과중한 학습과정, 시험 공포, 또래 문제 등 학교나 유아기관 생활에서 일어나는 공포로 등교를 거부하는 것인지 어머니와 떨어지기 싫어서인지 아니면 행동장애로 전자오락실이나 공원 등 집 밖으로 자신의 재미있는 놀이를 찾아 회피하는 것인지 살펴보아야 한다.

초기 유아기에서 부모와의 애착형성 과정과 유아의 기질, 가족력(부모의 불안 및 성격), 양육태도, 전반적인 가족 구성원의 밀착 상태, 아이의 과보호, 의존적인 유아의 성향, 부모의 입원, 가까운 사람의 죽음, 동생의 출산, 심한 부부갈등, 이사, 전학, 부모의 장기적인 해외여행 등이 원인일 수 있다.

② 치료

분석된 상황에 따라 지지적 정신치료, 가족치료, 인지-행동치료, 약물치료(imipramine, 항불안제, SSRI, 취침 전 diphenhydramine), 긍정적 강화, 긴장이완, 체계적 탈감작Systemized Desensitization 등의 행동치료, 서서히 애착대상과의 분리시도를 계획한다.

(2) 공포장애, 회피장애

소아공포장애는 여아가 남아보다 흔한 반면, 소아사회공포증은 남아에게서 흔하다. 사회공포증은 아동기 이후에 나타나고 단순공포증은 어릴 때 나타난다. 취학 전 아동은 낯선 사람, 어둠, 동물, 귀신, 도깨비, 괴물에 대한 공포가 심하고 초등학생의 경우 벌레, 병균, 신체손상, 질병에 대한 두려움으로부터 점차 사회공포(처벌, 비난, 수치심)로 옮아간다. 소아기 사회공포증의 회피대상은 어른 혹은 또래 아동이다. 남이 자기 행동을 주시한다는 두려움으로 남 앞에서 말하기, 읽기, 쓰기, 음식 먹기를 하지 못하고 공중화장실이나 목욕탕에 가지 못함으로써 학교생활이나 일상생활에 제약을 받는다.

소아공포장애는 행동치료로 진행된다. 체계적 탈감작, 홍수법, 모델링, 긍정적 강화법으로 접근하며 사회공포증인 경우 행동치료 이외에 사회기술훈련, 인지구조의 재정립으로 접근하며 약물치료로는 성인과 동일하다.

소아기공포증은 단순공포 이외에 다른 정신과적 질환과 동반된다. 회피장애는 만성적이어서 사회공포 증상이 성인이 되어서도 지속돼 우울장애로 전환되기도 하므로 주시해야 한다.

(3) 기타 소아기 불안장애

소아기 강박장애는 인지기능 발달의 미숙으로 인해 자신의 강박사고나 강박행동이 비논리적이라는 확신이 결여될 수 있다. 유아는 자신의 증상을 외부에 노출시키지 않으므로 증상 파악이 어렵고 뚜렛씨 증후군에도 강박장애가 수반된다.

소아기 외상 후 스트레스장애는 성인과 같은 불안이나 우울감정과는 달리 과격하고 부산스러운 행동을 보인다. 주제로 하는 반복놀이, 내용을 알 수 없는 악몽이 많으며 외상 경험을 특이적으로 재현하는 행동을 보인다.

소아기 공황장애는 최근 다수의 아이에게 나타나는데 성인 공황장애 환자의 발병 시점을 어린 시절로 보는 경우가 흔하며, 소아분리불안장애와 공황장애 간의 연계성에 대한 논란이 있다(신경정신의학 참조).

(4) 과잉불안장애 overanxious disorder

과잉불안장애는 주로 초등학교 고학년, 상류층의 성취욕이 강한 가족의 첫아이에게서 흔히 나타난다. 아동은 미래에 대하여 지나치게 걱정하고 남들의 평가에서 인정을 받으려는 지나친 욕구가 있다. 때로는 준비성이 강하고 나이에 비하여 성숙하거나 대인관계를 잘 유지하고 사회적 접촉을 즐기나 남의 평가에 민감하여 쉽게 마음의 상처를 받고 자신감이 결여된다. 항상 긴장되어 있고 불면증이나 두통을 호소한다.

6) 의사소통장애Communication disorder

초기 발달에서부터 정상적인 언어를 습득하기 어려운 언어발달의 장애를 말하며 표현성 언어장애, 수용성 · 표현성 혼합 언어장애, 음성장애, 말더듬증 및 기타의사소통장애로 분류된다.

(1) 표현성 언어장애

표현성 언어장애는 표현성 구어사용능력이 자신의 정상 또래 정신연령 수준보다 현저히 떨어져 있으나 타인의 언어를 이해하는 수용성 언어능력은 비교적 정상에 속하는 장애이다. 예를 들면 18개월이 되어도 "엄마" 소리를 하지 못하고 몸짓이나 손짓으로 의사소통을 시도한다. 이후에도 읽기의 어려움으로 학습장애를 동반한다. 이로 인하여 자아존중감의 결여, 좌절감, 주의력결핍과잉행동장애 등의 이차적인 정서장애를 동반할 가능성이 있다.

특징	1. 전체적으로 언어의 발달지표를 따라가지 못하지만 행동상으로 타인들과 관계를 형성하려 노력하는 시도는 정상이다. 2. 언어발달이 이루어지더라도 정상아동들에 비하여 느리다. 3. 발음장애가 흔히 동반된다. 4. 문법 터득 속도가 정상아에 비해 느리고 적절한 단어 선택이 어렵다. 5. 학동기에는 자존심의 저하, 좌절감 또는 우울 증상이 나타날 수 있다. 6. 손가락 빨기, 분노발작, 반항적인 행동, 행동장애, 학습장애, 발달성 운동조정장애, 유뇨증이 흔히 동반된다.
원인	1. 유전적 요인 2. 후천형인 경우는 두부외상, 뇌염, X-선 노출 3. 발달형인 경우는 정확한 원인이 알려지지 않음.
치료	1. 언어치료 2. 정신심리치료 3. 부모상담

출처 : 김일옥 외(2009)

(2) 수용성 · 표현성 혼합 언어장애

수용성 · 표현성 혼합 언어장애는 수용성과 표현성 언어능력에 모두 장애가 있는 상태를 말한다. 원인은 확실하지 않으며 유전적인 요인이나 대뇌의 발달지연, 손상 등이 원인으로 추정된다. 이 장애는 타인의 말을 이해하는 능력과 자신의 생각을 언어로 표현하는 능력에 장애를 보이므로 보통 언어의 발달이 왕성한 시기인 3~4세경이면 뚜렷하게 증세를 구별할 수 있다. 심한 경우에는 2세경 정도에 진단되기도 한다. 부분적으로 청각장애를 동반하고 있으므로 청각장애 검사를 반드시 해야 하며, 표현성 언어장애보다 더 심각한 학습장애, 주의력결핍과잉행동장애, 불안장애, 우울장애가 동반되는 경우가 많다.

특징	1. 수용성 언어와 표현성 언어 모두에서 뚜렷한 발달의 지연이 있다. 2. 시각적 상징을 이해하는 능력이 결여되어 있다. 3. 청각적 상징과 시각적 상징을 통괄하는 능력이 결여되어 있다. 4. 언어발달의 속도가 아주 느리며 발음장애가 동반된다. 5. 일부 아동들에게 뇌파의 이상 소견이 나타나거나 경련성 질환이 동반되기도 한다.
치료	1. 언어치료 2. 정신심리치료 3. 부모교육

출처 : 김일옥 외(2009)

7) 배설장애

배설장애란 대변과 소변을 가릴 수 있는 충분한 성숙기에 있음에도 대변과 소변을 가리지 못하는 증상을 말한다. 배설장애의 원인으로는 아동 자체의 인지적인 능력, 사회성숙도, 양육자의 양육태도, 신경발달의 지연, 양육자의 강박적인 배변훈련, 입학이나 동생의 출산, 입원, 부모의 불화 등과 같은 심리적인 문제와 심한 스트레스 등을 들 수 있다. 또한 식이섬유가 너무 적은 식단이나 너무 많은 식단, 물을 충분히 마시지 않은 경우, 운동이나 활동을 거의 하지 않는 경우, 친숙하지 않은 화장실을 이용하는 것에 대한 공포나 두려움, 화장실 가기에 집중 못하는 경우(게임이나 어떤 일에 열중할 때, 위축되어 교사에게 화장실 이용의 허락을 얻기 어려울 때, 항문열창인 경우 항문 통증에 대한 두려움, 갑상샘 기능저하로 장운동이 정상보다 둔화되어 있을 때)에도 유분증이 동반된다. 유분증이란 지정된 장소에서 대변을 처리하지 못하고 불수의적으로 옷이나 기타 장소에 대변을 보는 경우를 말한다.

■ **유분증의 증상**

- 주된 증상은 속옷에 대변을 지려 몸에서 악취가 난다.
- 변비 기간과 많은 양의 대변을 보는 기간이 교대로 반복된다.
- 대변의 겉 표면에 피가 묻어 있거나 배변 이후 닦은 휴지에 피가 묻어 있다.
- 아랫배나 직장의 통증
- 변이 묻은 옷을 옷장이나 침대, 그 밖의 장소에 숨겨놓는 행위
- 야뇨증으로 직장의 대변덩어리에 의한 압력으로 인해 발생되어 유분증이 있는 아이들의 40%가 야뇨증이 있다.

■ **유분증을 일으키는 만성변비의 예방**

- 바나나, 사과, 흰쌀밥, 치즈, 젤라틴 등 변비를 유발하는 음식을 일시적으로 중단하고 많은 양의 우유도 조절해 준다.
- 물과 식이섬유의 복용량을 차츰 늘리고 아동이 하루 물을 몇 잔 이상 마셔야 하는지 의사와 상의한다.
- 아동에게 하루 2번, 매일 일정한 시간에 화장실에 10~15분 정도 앉아 있는 습관을 들이고 매 식사 후에도 같은 시간을 화장실에 앉아 있게 유도한다.
- 아동이 활발하게 활동하도록 한다. 운동은 장운동을 촉진하여 대변이 장에서 보다 빠르고 쉽게 이동할 수 있도록 돕는다.
- 아동이 대변을 지리지 않고 하루를 성공적으로 보냈다면 충분히 칭찬해 준다. 유분증이 있는 아동에게 부끄러움이나 모욕감을 주면 안 된다.
- 관장을 하기 전에 반드시 의사와 상의한다. 약물에 의존하는 것은 바람직하지 않다.
- 아동들이 간헐적으로 유분 증상을 보일 때, 변을 지린 옷을 치우면서 평정을 유지하고 평소와 다름없이 행동하며 혐오감이나 실망감, 분노를 나타내지 않는다.

■ **유분증의 치료**

- 직장에 있는 거대한 덩어리를 비워준다(대개 변비약이나 관장약을 이용한다).
- 변비가 생기는 것을 예방한다. 튤루스나 미네랄오일 같은 대변 완화제를 6개월 이상 복용하여 늘어난 직장이 정상 크기로 돌아오고 근육의 힘을 회복하기

위하여 수주 혹은 수개월 이상 정기적으로 직장을 비워주는 과정이 필요할 때도 있다.

- 배변훈련을 시작한다. 아이가 올바른 배변을 하면 칭찬과 함께 동기부여를 해주고 차트를 만들어 하루를 대변을 지리지 않고 성공적으로 보내면 칭찬스티커로 보상해 주는 방법을 사용한다.
- 아동의 유분증이 신경학적 문제나 소화기관의 발달장애인 경우에는 신경과전문의나 소화기소아과전문의, 심한 정신적인 문제로 유분증이 발생되었을 경우, 소아정신과치료도 병행해야 한다(http://www.vitaminmd.org 사이트 참조).

4. 아동 정신건강을 위한 방안

태아가 좁고 어두운 산도를 통해 세상 밖으로 탄생될 때 어머니의 산고 못지않은 고통이 수반된다고 한다. 세상 빛을 본 신생아는 힘찬 울음으로써 자신이 건강하게 이 세상의 일원이 되었음을 신고하며 본능적으로 어머니의 젖꼭지를 빨아댄다. 빠는 방법을 가르쳐주지 않았는데도 갓 나온 아기는 있는 힘을 다하여 젖을 빠는 것이다.

아기는 처음에는 아직도 자신이 어머니와 한 몸인 줄 알고 자신이 분리된 개별화 존재인 줄 깨닫지 못한다. 혼자서 울고 웃고 '배냇짓'을 계속하던 어느 순간, 자신을 보살펴주는 그 누군가가 있다는 것을 인지하게 되며 자신이 분리된 존재라는 것을 알게 된다. 서서히 '타자'와 나를 구별하게 되며 '자아'가 생기는 것이다.

초기 신생아는 신기하리만큼 알아서 잘 적응한다. 배고프면 젖을 달라고 신호를 보내고 배변을 했을 때도 아주 민감하게 알아차려 갈아달라 칭얼거린다. 그동안 인간을 연구해 왔던 많은 심리학자는 이 초기 유아기에 이루어지는 어머니와 아기의 상호작용의 중요성에 대하여 강조한다. 자신의 상황에 대하여 신호하는 각기 다른 아기의 울음이라는 언어에 어머니가 얼마나 민첩하고 민감하게 반응하고 대처하는지에 따라 아기의 정서와 성격에 영향을 준다는 것이다. 즉 초기 양육자와 유아의 대상관계의 중요성에 대하여 강조하는 것이다.

이렇듯 초기 유아와 어머니와의 대상관계의 중요성을 인식하여 초기 대상관계의 질이 훗날 성인으로 성장했을 때 정신건강에 어떤 영향을 미치는지 알고 있으면서도 보육 현장에서는 유아 정신건강에 대한 교육적 관심과 비중을 크게 갖지 못했다. 보육 시설이나 건강을 위한 주방 시설 등 물리적인 환경은 중요시하였으나 유아의 심리적인 환경은 배제되었던 것이다.

유아의 정신건강을 위해서는 유아교육기관 내 교사들의 유아기의 심리에 관련된 교육을 더 심화시켜 해야 하며, 부모들에게는 부모 양육태도와 특히 부부관계의 질과 가정환경이 유아들에게 어떤 영향을 미치는 것 등과 관련된 부모교육이 이루어져야 한다. 즉 아동들이 가족 내 일상생활에서 경험하는 스트레스는 부적응적인 행동을 유발할 뿐만 아니라 심리적인 문제로 인해 미래의 잠재력 개발에도 부정적인 영향을 미치게 되므로(박영희, 2003) 조기에 적절히 중재할 필요가 있다는 것을 부모에게 인식시켜야 한다.

이렇게 개인의 정신건강에 영향을 미치는 어린 시절의 경험은 매우 중요하다. 소아청소년기의 정신건강문제 또는 정신장애는 건강한 성인으로서의 발달을 저해하고 성인기의 다양한 문제로 발전될 수 있다는 이유에서 아동 정신건강 문제는 정신장애가 나타난 이후 관리도 중요하지만 나타나기 전에 사전 예방하는 것이 더욱 효과가 있다(Rutter, 1984, 조수철 외, 2005 재인용)는 결론과 맞물려 아동정신건강에 관련된 조기 개입은 중요하다.

유아는 초기 환경인 가정에서 어떤 육아를 경험하며 성장하는지에 따라 학습에 대한 접근성, 또래와의 사회성, 타인과의 관계, 개인의 내적인 문제, 도덕성, 창의성, 성격 등에 중요한 영향을 미치므로 유아와 초기 환경인 가정과 최초 교육기관인 보육기관에서의 정신건강 교육은 더욱 중요한 것이다.

4

Chapter

아동 건강교육 활동의 계획 및 실제

1. 건강교육의 목표
2. 건강교육 내용
3. 건강교육의 방법
4. 건강교육의 실제

아 동 건 강 교 육

영유아의 신체적 건강과 발달은 인간 성장발달의 기초를 형성하고 이후 발달의 방향을 제시해 준다는 점에서 영유아 건강교육의 의의는 크다. 이 장에서는 우리나라 제7차 유치원 교육과정 중 건강생활 영역과 표준보육과정의 기본생활 및 신체운동영역에서 명시하고 있는 건강교육의 구체적인 목표와 내용 그리고 교육방법을 살펴보고 그에 따른 활동의 실제를 제시하였다.

1. 건강교육의 목표

1) 제7차 유치원 교육과정의 건강생활 영역의 목표

건강교육의 기본 성격을 건강하고 안전한 생활습관을 형성함으로써 유아의 심신을 조화롭게 발달시키기 위한 것으로 규정하면서, 특히 청결, 영양, 질병, 예방, 휴식 등을 통해 신체건강을 유지하고, 정신건강을 도모하기 위한 건강한 생활습관을 가지게 하며, 주변에서 발생할 수 있는 위험을 예방하고 대처하는 데 필요한 지식과 기술 및 태도를 기르는 데 중점을 두고 있다. 이를 위한 구체적인 목표는 '자신의 신체를 긍정적으로 인식하고 생활에 필요한 기초체력을 기르며, 건강하고 안전한 생활습관을 가진다' 이며, 구체적인 하위목표는 다음과 같다(교육과학기술부, 2007).

- 자신의 몸과 주변 세계를 긍정적으로 인식한다.
- 기본 운동능력과 기초체력을 기른다.
- 건강한 몸과 마음을 기른다.
- 안전한 생활습관을 가진다.

2) 보육시설 표준보육과정의 기본생활 및 신체운동 영역의 목표

(1) 기본생활

기본생활 영역은 '건강한 생활', '안전한 생활', '바른 생활' 의 세 가지 범주로 구성된다. '건강한 생활' 에서는 건강 · 영양 · 위생적인 생활을 강조하며, 영유아가 신체의 청결과 위생, 수면과 휴식, 바른 식생활 등 의식주에 대한 올바른 습관을 기르도록 하여 발달을 촉진하고 심신을 건강하게 한다. '안전한 생활' 에서는 안전사고 예방 · 대처 능력의 향상을 강조하며, 영유아가 안전하게 놀이하는 방법과 위험한 상황을 알고, 위험한 상황에 처하게 되었을 때 침착하고 적절하게 대처하며, 자신의 안전뿐만 아니라 타인의 안전을 배려하며 안전생활을 습관화하도록 한다. '바른 생활' 에서는 예절 · 질서 · 절약을 강조하며, 영유아가 공동생활과 인간관계의 기본이 되는 예절과 질서를 알고 지키며 습관화하고, 일상생활 속에서 절약을 실천하여 즐겁고 원만한 사회생활을 영위할 수 있도록 한다. 이를 위한 구체적인 목표는 '건강, 안전, 바른 생활에 관한 지식 · 기술 · 태도를 배우고 익히며 올바른 습관을 길러, 자신의 건강과 안전을 자기 스스로 보호하고 타인을 존중하며 즐겁게 생활한다' 이며, 구체적인 하위목표는 다음과 같다(보건복지가족부, 2007).

- 청결과 위생, 수면과 휴식, 바른 식생활, 의생활 및 심신의 건강을 바탕으로 발달을 촉진한다.
- 위험 요인과 상황에 대해 알고 안전하게 대처하는 능력을 길러 자신과 타인을 보호한다.
- 일상 속에서 예의 바르고 질서를 잘 지키며 절약하는 행동을 습관화하여 즐겁게 생활한다.

(2) 신체운동 영역

신체운동 영역은 '감각과 신체인식', '신체조절과 기본운동', '신체활동 참여' 의 세 가지 범주로 구성된다. '감각과 신체인식' 에서는 영유아가 감각능력을 기르고 감각기관을 활용하며 자신의 신체를 긍정적으로 인식하도록 한다. '신체조절과 기본운동' 에서는 영유아가 협응력과 신체조절능력을 기르고 신체균형감을 익히며 이동, 비 이동, 조작운동 등의 기본운동능력을 습득하여, 자신의 신체를 유연하고 활발하게 움직이는 의지와 능력을 키우도록 한다. '신체활동 참여' 에서는 영유아가 신체활동을 할 때 적극적으로 참여하고, 다양한 기구를 활용하여 안전하고 즐겁게 신체활동을 하는 경험을 통해서 기초체력을 형성하고 생활하면서 규칙적으로 운동할 수 있도록 한다. 이를 위한 구체적인 목표는 '자신의 신체를 긍정적으로 인식하고 즐겁게 신체활동에 참여함으로써 영유아기에 필요한 기본운동능력을 기른다' 이며, 구체적인 하위목표는 다음과 같다(보건복지가족부, 2007).

- 기본적 감각능력을 키우고, 자신의 신체를 긍정적으로 인식한다.
- 신체를 조절하고 기본운동능력을 기른다.
- 신체활동에 즐겁게 참여한다.

2. 건강교육 내용

1) 유치원 교육과정 건강생활 영역 내용

'건강생활' 은 다양한 신체활동을 통하여 일상생활에 필요한 기초체력을 기르며, 건강하고 안전한 생활습관을 형성하게 함으로써 유아의 심신을 조화롭게 발달시키기 위한 영역이다. 이 영역은 '감각 및 신체인식', '기본운동능력', '건강', '안전' 으로 구성되어 있으며 '감각 및 신체인식' 에서는 기본적인 감각기능을 기르고 자신의 신체에 대하여 긍정적으로 인식하게 한다. '기본운동능력' 에서는 유아에게 필요한 기본적인 운동능력과 기초체력을 기르며, 즐겁고 적극적으로 신체활동에 참여하게 한다. '건강' 에서는 청결, 영양, 질병예방, 휴식과 같은 신체건강뿐 아니라 정신건강을 유지함으로써 건강한 생활습관을 가지게 한다. '안전' 에서는 유아가 주변에서 발생할 수 있는 위험을 예방하고 대처하는 데 필요한 지식과 기술 및 태도를 기르는 데 중점을 둔다.

이 영역의 교육활동은 일과 속에서 이루어지는 다양한 활동을 통하여 생활교육으로 이루어지게 하며, 다른 영역의 내용과 통합해 다루도록 한다. 특히, 감각기관을 이용한 탐색의 기회와 몸을 활발하게 움직일 수 있는 활동을 규칙적으로 제공한다. 또 여러 가지 신체활동을 통한 즐거움을 느끼게 하여 신체와 더불어 정신적으로 건강한 생활을 할 수 있게 한다.

현행 제7차 유치원 교육과정 중 건강생활 영역의 내용체계 및 내용을 살펴보면

표 4-1, 표 4-2 와 같다(교육과학기술부, 2007).

(1) 제7차 유치원 교육과정 건강생활 영역

표 4-1 유치원 교육과정 건강생활 영역 내용체계

내용	하위 내용
나의 몸 인식하기	감각기관을 활용하기
	나의 몸을 인식하고 움직이기
나의 몸 움직이기	이동하며 움직이기
	제자리에서 움직이기
	도구 및 놀이 시설을 활용하기
	바깥에서 신체활동하기
건강하게 생활하기	몸과 주변을 깨끗이 하기
	바른 식생활하기
	질병 예방하기
	즐겁게 생활하기
안전하게 생활하기	나와 다른 사람의 몸을 소중히 하기
	안전하게 놀이하기
	교통안전 규칙 지키기
	위험한 상황을 알고 대처하기
	환경오염이나 재난에 대비하기

표 4-2 건강생활 영역의 수준별 내용

<table>
<tr><th rowspan="2">내용</th><th rowspan="2">하위 내용</th><th colspan="2">수준별 내용</th></tr>
<tr><th>I</th><th>II</th></tr>
<tr><td rowspan="3">나의 몸 인식하기</td><td>감각기관을 활용하기</td><td>감각기관을 활용해 본다.</td><td>감각기관을 협응하여 활동한다.</td></tr>
<tr><td rowspan="2">나의 몸을 인식하고 움직이기</td><td>몸의 각 부분에 관심을 가지고 움직인다.</td><td>몸의 각 부분의 특성을 활용하여 움직인다.</td></tr>
<tr><td colspan="2">자신의 신체능력을 긍정적으로 인식하고 움직인다.</td></tr>
<tr><td rowspan="4">나의 몸 움직이기</td><td>이동하며 움직이기</td><td>걷기, 달리기, 뛰기 등을 하면서 몸을 움직인다.</td><td>걷기, 달리기, 뛰기 등을 하면서 제시된 조건에 따라 몸을 움직인다.</td></tr>
<tr><td>제자리에서 움직이기</td><td>제자리에서 몸을 다양하게 움직인다.</td><td>제자리에서 제시된 조건에 따라 몸을 균형감 있게 움직인다.</td></tr>
<tr><td>도구 및 놀이 시설을 활용하기</td><td colspan="2">공, 리본, 후프, 평균대, 매트 등 도구와 놀이시설을 활용하여 신체활동을 한다.</td></tr>
<tr><td>바깥에서 신체활동하기</td><td colspan="2">규칙적으로 바깥에서 신체활동을 한다.</td></tr>
</table>

<table>
<tr><th rowspan="2">내용</th><th rowspan="2">하위 내용</th><th colspan="2">수준별 내용</th></tr>
<tr><th>I</th><th>II</th></tr>
<tr><td rowspan="10">건강하게 생활하기</td><td rowspan="3">몸과 주변을 깨끗이 하기</td><td>이를 깨끗이 한다.</td><td>스스로 이를 깨끗이 하는 습관을 기른다.</td></tr>
<tr><td>손과 몸을 깨끗이 한다.</td><td>스스로 손과 몸을 깨끗이 하는 습관을 기른다.</td></tr>
<tr><td>자기 주변을 깨끗이 한다.</td><td>스스로 자기 주변을 깨끗이 하는 습관을 기른다.</td></tr>
<tr><td rowspan="3">바른 식생활하기</td><td>음식물의 필요성을 알고 골고루 먹는다.</td><td>몸에 필요한 음식을 적당한 양으로 골고루 먹는다.</td></tr>
<tr><td colspan="2">음식을 소중히 여긴다.</td></tr>
<tr><td colspan="2">음식을 바른 자세로 즐겁게 먹는다.</td></tr>
<tr><td rowspan="3">질병 예방하기</td><td>질병의 위험성을 알고 주의한</td><td>질병을 예방하는 방법을 알고 실천한다.</td></tr>
<tr><td colspan="2">날씨와 상황에 알맞게 옷을 입는다.</td></tr>
<tr><td colspan="2">놀이 후에는 적절한 휴식을 취한다.</td></tr>
<tr><td>즐겁게 생활하기</td><td colspan="2">다양한 신체활동을 통해 긴장감을 해소하고 즐거운 마음으로 생활한다.</td></tr>
<tr><td rowspan="12">안전하게 생활하기</td><td rowspan="2">나와 다른 사람의 몸을 소중히 하기</td><td colspan="2">나와 다른 사람의 몸의 소중함을 안다.</td></tr>
<tr><td colspan="2">다른 사람이 나의 몸을 함부로 만지지 못하게 한다.</td></tr>
<tr><td rowspan="3">안전하게 놀이하기</td><td colspan="2">놀잇감, 도구, 시설물의 사용법을 알고 안전하게 사용한다.</td></tr>
<tr><td colspan="2">안전한 장소에서 안전한 방법으로 놀이한다.</td></tr>
<tr><td></td><td>미디어에는 유익한 것과 유해한 것이 있음을 알고 바르게 사용한다.</td></tr>
<tr><td rowspan="2">교통안전 규칙 지키기</td><td colspan="2">보행 안전 규칙을 지킨다.</td></tr>
<tr><td colspan="2">교통수단을 안전하게 이용한다.</td></tr>
<tr><td rowspan="2">위험한 상황을 알고 대처하기</td><td colspan="2">위험한 물건과 상황에 대해 알고, 대처한다.</td></tr>
<tr><td colspan="2">위험한 상황에서 도움을 요청하여 자신을 보호한다.</td></tr>
<tr><td rowspan="3">환경오염이나 재난에 대비하기</td><td colspan="2">환경오염의 위험성을 알고 안전하게 생활하는 방법을 실천한다.</td></tr>
<tr><td colspan="2">환경오염을 예방하는 방법을 알고 실천한다.</td></tr>
<tr><td colspan="2">인적 재난이나 자연 재난에 대해 알아보고 정기적으로 대피훈련에 참여한다.</td></tr>
</table>

(2) 건강생활 영역의 지도상의 유의점

교사는 다음 사항에 유의하여 지도해야 한다.

첫째, 감각을 통해 자신의 몸과 주변 세계를 바르게 인식하도록 유아의 발달수준을 고려한다. 이를 위해 다양한 수준의 도구와 활동을 마련하여 제공한다.

둘째, 넓은 공간이나 바깥에서 규칙적으로 활동함으로써 유아기에 필요한 기본 운동 기능과 기초체력을 기르도록 한다. 교사는 유아의 흥미와 관심이 자연을 향하도록 바깥놀이 활동범위를 점차 확대하여 계획하고, 안전한 장소에서 유아가 충분히 뛰어놀 수 있도록 한다.

셋째, 대근육 활동 시 교사는 체계적 활동을 통해 유아가 몸을 움직임으로써 신체를 조절하고 성취감을 맛볼 수 있도록 지도한다. 이를 위해 교사는 발달에 적합한 활동을 구성하여 유아의 흥미와 관심을 높여 적극적으로 활동에 참여할 수 있도록 한다.

넷째, 유아의 건강생활은 일과 중 활동을 통해 생활교육으로 이루어지게 해야 한다. 무엇보다 유아의 건강상태와 신체리듬을 고려하여 규칙적인 생활을 할 수 있도록 지도하며, 스스로 이 닦기와 손 씻기, 주변을 깨끗이 하기, 바른 식생활과 옷 입기 등을 실천함으로써 건강하고 안전한 생활 습관과 태도를 갖도록 한다.

다섯째, 교사는 유아가 안전하게 놀이할 수 있도록 유의해야 한다. 활동공간에 따른 적절한 인원 수, 기구의 견고성, 공간 바닥 등에 대해 정기적으로 안전점검을 실시하고, 기구나 도구의 안전한 사용법을 지도하여 유아 스스로 자신의 안전을 지킬 수 있는 능력과 태도를 갖도록 한다.

여섯째, 유아기는 신체를 조절하거나 환경을 지각하는 능력이 부족한 시기이므로 안전사고를 예방해야 한다. 이를 위해 위험한 장소, 위험한 놀이, 여러 가지 재난에 대해 유아가 자신을 보호할 수 있는 지식, 기능, 태도를 기르도록 지속적으로 지도한다.

2) 보육시설 표준보육과정의 기본생활 및 신체운동 영역의 내용

우리나라 보육시설을 위한 표준보육과정의 주요 특징은 만 2세 미만, 만 2세, 만 3~5세로 구분하여 보육과정의 보육내용을 수준별로 구분하고 있으며, 기본생활 영역에 제시되어 있는 연령별 내용과 수준별 내용을 살펴보면 표 4-3, 표 4-4, 표 4-5, 표 4-6과 같다(보건복지가족부, 2007).

표 4-3 표준보육과정 중 기본생활 영역의 연령별 내용체계

범주	만 2세 미만	만 2세	만 3~5세
건강한 생활	• 몸을 깨끗이 하기 • 즐겁게 먹기 • 알맞게 잠자기와 휴식하기 • 즐겁게 생활하기 • 규칙적인 배설습관 갖기	• 몸을 깨끗이 하기 • 올바른 태도로 먹기 • 알맞게 잠자기와 휴식하기 • 즐겁게 활동하기 • 규칙적인 배설습관 갖기 • 스스로 옷 입고 벗기 • 건강에 관심 갖기	• 몸과 주변 환경을 깨끗이 하기 • 식생활을 바르게 하기 • 적당한 잠자기와 휴식하기 • 적극적으로 활동하기 • 규칙적인 배설습관 갖기 • 옷을 상황에 맞게 입기 • 건강에 관심을 갖고 건강생활 실천하기
안전한 생활	• 놀잇감을 안전하게 사용하기 • 위험한 상황을 알기	• 놀이규칙에 따라 안전하게 놀이하기 • 위험한 상황을 알고 조심하기 • 탈것의 위험을 알고 안전하게 다니기	• 안전하게 놀이하고 다른 사람의 안전을 배려하기 • 위험한 상황에 처했을 때 안전하게 행동하기 • 교통안전 실천하기 • 안전교육의 중요성을 알고 참여하기
바른 생활	• 예절 바르게 생활하기 • 질서 지키며 생활하기	• 예절 바르게 생활하기 • 질서 지키며 생활하기	• 예절 바르게 생활하기 • 질서 지키며 생활하기 • 아끼며 생활하기

표 4-4 기본생활 영역의 만 2세 미만 수준별 내용

<table>
<tr><th>범주</th><th>내 용</th><th>1 수준</th><th>2 수준</th><th>3 수준</th></tr>
<tr><td rowspan="11">건강한 생활</td><td rowspan="3">몸을 깨끗이 하기</td><td colspan="3">몸을 깨끗이 했을 때 기분이 좋음을 안다.</td></tr>
<tr><td colspan="2">도움을 받아 손을 씻는다.</td><td>스스로 손 씻기를 시도한다.</td></tr>
<tr><td></td><td colspan="2">도움을 받아 이를 닦는다.</td></tr>
<tr><td rowspan="2">즐겁게 먹기</td><td>편안하게 안겨서 우유(모유)를 먹는다.</td><td>단단한 음식에 적응한다.</td><td>제공된 음식을 골고루 먹는다.</td></tr>
<tr><td colspan="2"></td><td>먹을 수 있는 음식과 먹을 수 없는 음식을 구별한다.</td></tr>
<tr><td></td><td colspan="2"></td><td>도구를 사용하여 정해진 자리에서 먹는다.</td></tr>
<tr><td rowspan="2">알맞게 잠자기와 휴식하기</td><td colspan="3">수면을 충분히 취한다.</td></tr>
<tr><td colspan="3">편안하게 쉰다.</td></tr>
<tr><td rowspan="2">즐겁게 생활하기</td><td colspan="3">익숙한 공간에서 안정된 마음을 갖는다.</td></tr>
<tr><td colspan="3">하루 일과에 즐겁게 참여한다.</td></tr>
<tr><td>규칙적인 배설습관 갖기</td><td></td><td>배설의 의사를 표현한다.</td><td>정해진 곳에서 배설한다.</td></tr>
</table>

<table>
<tr><th>범주</th><th>내 용</th><th>1 수준</th><th>2 수준</th><th>3 수준</th></tr>
<tr><td rowspan="2">안전한 생활</td><td>놀잇감을 안전하게 사용하기</td><td colspan="2">놀잇감을 안전하게 살핀다.</td><td>놀잇감을 용도에 맞게 사용한다.</td></tr>
<tr><td>위험한 상황을 알기</td><td></td><td colspan="2">위험하다고 알려주면 주의한다.</td></tr>
<tr><td rowspan="3">바른 생활</td><td>예절 바르게 생활하기</td><td></td><td colspan="2">만나고 헤어질 때 인사한다.</td></tr>
<tr><td rowspan="2">질서 지키며 생활하기</td><td colspan="2"></td><td>자기 순서를 안다.</td></tr>
<tr><td></td><td>놀잇감이 있는 자리를 안다.</td><td>도와주면 놀잇감을 정리한다.</td></tr>
</table>

표 4-5 기본생활 영역의 만 2세 수준별 내용

<table>
<tr><th>범주</th><th>내 용</th><th>1 수준</th><th>2 수준</th></tr>
<tr><td rowspan="14">건강한 생활</td><td rowspan="2">몸을 깨끗이 하기</td><td colspan="2">이를 닦는다.</td></tr>
<tr><td colspan="2">손과 얼굴을 씻는다.</td></tr>
<tr><td rowspan="3">올바른 태도로 먹기</td><td colspan="2">음식을 골고루 먹는다.</td></tr>
<tr><td colspan="2">먹을 수 있는 것과 먹어서는 안 될 것을 구분한다.</td></tr>
<tr><td colspan="2">식사에 즐겁게 참여하고 올바른 식사태도를 가진다.</td></tr>
<tr><td rowspan="2">알맞게 잠자기와 휴식하기</td><td colspan="2">일과에 따라 규칙적으로 잠을 잔다.</td></tr>
<tr><td colspan="2">정해진 시간에 알맞게 휴식한다.</td></tr>
<tr><td rowspan="2">건강한 배설습관 갖기</td><td colspan="2">정해진 곳에서 배설한다.</td></tr>
<tr><td colspan="2">배설 후에 손을 씻는다.</td></tr>
<tr><td>스스로 옷 입고 벗기</td><td colspan="2">스스로 옷 입기와 벗기를 시도한다.</td></tr>
<tr><td rowspan="2">즐겁게 활동하기</td><td colspan="2">또래와의 놀이에 즐겁게 참여한다.</td></tr>
<tr><td colspan="2">하루 일과에 즐겁게 참여한다.</td></tr>
<tr><td>건강에 관심 갖기</td><td colspan="2">건강검진과 예방접종 등에 참여함으로써 건강에 관심을 가진다.</td></tr>
<tr><td rowspan="7">안전한 생활</td><td rowspan="2">놀이 규칙에 따라 안전하게 놀이하기</td><td>놀이에 규칙이 있음을 안다.</td><td>규칙을 지켜 놀이한다.</td></tr>
<tr><td colspan="2">놀이기구와 놀잇감을 안전하고 올바르게 사용한다.</td></tr>
<tr><td rowspan="3">위험한 상황을 알고 조심하기</td><td colspan="2">시설물의 위험성을 안다.</td></tr>
<tr><td colspan="2">화재의 위험성을 알고 조심한다.</td></tr>
<tr><td colspan="2">위험물질(약품류, 세제류 등)을 알고 만지거나 먹지 않는다.</td></tr>
<tr><td rowspan="2">탈것의 위험을 알고 안전하게 다니기</td><td>탈것의 위험을 안다.</td><td>탈것의 위험성을 알고 조심한다.</td></tr>
<tr><td>신호등의 의미를 안다.</td><td>신호등의 신호에 맞춰 성인과 함께 횡단보도를 건넌다.</td></tr>
</table>

<table>
<tr><th>범주</th><th>내 용</th><th>1 수준</th><th>2 수준</th></tr>
<tr><td rowspan="6">바른 생활</td><td rowspan="3">예절 바르게 생활하기</td><td colspan="2">상황에 맞게 인사를 한다.</td></tr>
<tr><td colspan="2">바른 말을 사용한다.</td></tr>
<tr><td colspan="2">다른 사람을 방해하지 않는다.</td></tr>
<tr><td rowspan="3">질서 지키며 생활하기</td><td>자기 순서를 안다.</td><td>순서를 기다린다.</td></tr>
<tr><td colspan="2">물건을 제자리에 정리한다.</td></tr>
<tr><td colspan="2">간단한 약속을 지킨다.</td></tr>
</table>

표 4-6 기본생활 영역의 만 3~5세 수준별 내용

<table>
<tr><th>범주</th><th>내 용</th><th>1 수준</th><th>2 수준</th><th>3 수준</th></tr>
<tr><td rowspan="21">건강한 생활</td><td rowspan="5">몸과 주변 환경을 깨끗이 하기</td><td colspan="2">이 깨끗이 닦기를 시도한다.</td><td>스스로 이를 깨끗이 닦는다.</td></tr>
<tr><td>스스로 손을 씻는다.</td><td colspan="2">손 씻는 습관을 기른다.</td></tr>
<tr><td>몸을 씻는다.</td><td>스스로 몸을 씻는다.</td><td>몸을 씻는 습관을 기른다.</td></tr>
<tr><td colspan="2">더러워진 옷을 갈아입는다.</td><td>옷을 깨끗하게 입는다.</td></tr>
<tr><td colspan="2">주변을 깨끗이 한다.</td><td>주변을 깨끗이 하는 습관을 가진다.</td></tr>
<tr><td rowspan="5">식생활을 바르게 하기</td><td>음식을 골고루 먹는다.</td><td colspan="2">적당량의 음식을 골고루 먹는다.</td></tr>
<tr><td colspan="3">영양이 건강에 중요함을 안다.</td></tr>
<tr><td colspan="3">감사하는 마음으로 음식을 소중히 여긴다.</td></tr>
<tr><td>안전한 음식을 안다.</td><td colspan="2">안전한 음식을 먹는다.</td></tr>
<tr><td colspan="2">올바른 태도로 식사한다.</td><td>식사예절을 지킨다.</td></tr>
<tr><td rowspan="2">알맞게 잠자기와 휴식하기</td><td colspan="3">규칙적으로 잠을 잔다.</td></tr>
<tr><td colspan="2">알맞은 휴식이 필요함을 안다.</td><td>스스로 알맞게 휴식을 취한다.</td></tr>
<tr><td rowspan="3">건강한 배설 습관 갖기</td><td>스스로 화장실에서 배변한다.</td><td colspan="2">배변 후 적절한 뒤처리를 한다.</td></tr>
<tr><td colspan="3">화장실을 깨끗하게 사용한다.</td></tr>
<tr><td colspan="3">배설 후에 손을 씻는다.</td></tr>
<tr><td rowspan="2">상황에 맞게 옷 입기</td><td colspan="3">놀이에 적합한 옷을 입는다.</td></tr>
<tr><td colspan="2">날씨에 맞는 옷을 입는다.</td><td>때와 장소에 맞는 옷을 선택하여 입는다.</td></tr>
<tr><td rowspan="2">적극적으로 활동하기</td><td colspan="3">여러 가지 놀이에 적극적으로 참여한다.</td></tr>
<tr><td colspan="2">하루 일과에 즐겁게 참여한다.</td><td></td></tr>
<tr><td rowspan="2">건강에 관심을 갖고 건강생활 실천하기</td><td>건강에 관심을 가진다.</td><td colspan="2">건강의 중요성을 안다.</td></tr>
<tr><td>건강검진과 예방접종의 중요성을 안다.</td><td colspan="2">건강검진과 예방접종의 중요성을 알고 적극적으로 참여한다.</td></tr>
</table>

<table>
<tr><th>범주</th><th>내 용</th><th>1 수준</th><th>2 수준</th><th>3 수준</th></tr>
<tr><td rowspan="10">안전한 생활</td><td rowspan="2">안전하게 놀이하고 다른 사람의 안전을 배려하기</td><td>놀이기구나 놀잇감을 가지고 안전하게 놀이한다.</td><td colspan="2">다른 사람을 배려하면서 안전하게 논다.</td></tr>
<tr><td colspan="3">안전한 장소에서 놀이한다.</td></tr>
<tr><td rowspan="3">위험한 상황에서 안전하게 행동하기</td><td colspan="2">화재, 재난, 사고 상황을 인식한다.</td><td>화재, 재난, 사고가 일어났을 때 안전하게 행동한다.</td></tr>
<tr><td colspan="3">시설물을 안전하게 이용한다.</td></tr>
<tr><td>학대, 성폭력, 유괴상황을 인식한다.</td><td colspan="2">학대, 성폭력, 유괴상황을 알고 주위에 도움을 요청하는 방법을 안다.</td></tr>
<tr><td rowspan="3">교통안전 실천하기</td><td colspan="3">교통규칙을 지키며 안전하게 보행한다.</td></tr>
<tr><td colspan="3">탈것을 안전하게 이용한다.</td></tr>
<tr><td colspan="3">차량 보호 장구를 올바르게 사용한다.</td></tr>
<tr><td>안전교육의 중요성 알고 참여하기</td><td colspan="3">안전교육에 적극적으로 참여하고 안전하게 행동한다.</td></tr>
<tr><td rowspan="9">바른 생활</td><td rowspan="5">예절 바르게 생활하기</td><td colspan="3">정직하게 행동한다.</td></tr>
<tr><td colspan="3">예절 바른 언어를 사용한다.</td></tr>
<tr><td colspan="3">약속을 지킨다.</td></tr>
<tr><td colspan="2">실수에 대해 미안하게 생각한다.</td><td>실수에 대하여 사과한다.</td></tr>
<tr><td colspan="3">다른 사람의 도움과 친절에 고마움을 표현한다.</td></tr>
<tr><td rowspan="2">질서 지키며 생활하기</td><td>공공규칙을 인식한다.</td><td colspan="2">공공규칙을 지킨다.</td></tr>
<tr><td>자신의 물건과 남의 물건을 구별한다.</td><td colspan="2">자신의 물건을 정리ㆍ정돈한다.</td></tr>
<tr><td rowspan="2">아끼며 생활하기</td><td>자원을 아낀다.</td><td colspan="2">자원을 아끼고 재활용한다.</td></tr>
<tr><td colspan="2"></td><td>시간의 소중함을 안다.</td></tr>
</table>

우리나라 보육시설을 위한 표준보육과정의 신체운동 영역에 제시되어 있는 연령별 내용과 수준별 내용을 살펴보면 표 4-7, 표 4-8, 표 4-9, 표 4-10과 같다(보건복지가족부, 2007).

표 4-7 표준보육과정 중 신체운동 영역의 연령별 내용체계

범주	만 2세 미만	만 2세	만 3~5세
감각과 신체 인식	• 감각적 자극에 반응하기 • 감각기관으로 탐색하기 • 신체 탐색하기	• 감각능력 기르기 • 감각기관 활용하기 • 신체를 인식하고 움직이기	• 감각능력 기르기 • 감각기관 활용하기 • 신체를 인식하고 움직이기
신체조절과 기본운동	• 대근육 조절하기 • 소근육 조절하기 • 협응력 기르기 • 균형감 기르기 • 이동 운동 시도하기 • 비이동 운동 시도하기	• 신체 조절력 기르기 • 신체 균형감 기르기 • 이동 운동하기 • 비이동 운동하기 • 조작 운동하기	• 신체 조절력과 균형감 기르기 • 이동 운동하기 • 비이동 운동하기 • 조작 운동하기 • 움직임의 요소를 인식하고 움직이기
신체활동 참여	• 몸 움직임 즐기기 • 기구를 이용하여 신체활동 시도하기	• 신체활동에 참여하기 • 기구를 이용하여 신체활동하기 • 안전하게 신체활동하기	• 자발적으로 신체활동에 참여하기 • 여러 기구를 이용하여 신체활동하기 • 안전하게 신체활동하기

표 4-8 신체운동 영역의 만 2세 미만 수준별 내용

<table>
<tr><th>범주</th><th>내 용</th><th>1 수준</th><th>2 수준</th><th>3 수준</th></tr>
<tr><td rowspan="4">감각과 신체 인식</td><td rowspan="2">감각적 자극에 반응하기</td><td colspan="3">시각, 청각, 촉각, 후각, 미각 등 감각적 자극을 느낀다.</td></tr>
<tr><td colspan="3">시각, 청각, 촉각, 후각, 미각 등 감각적 자극에 반응한다.</td></tr>
<tr><td>감각기관으로 탐색하기</td><td colspan="3">감각기관으로 주변 환경을 탐색한다.</td></tr>
<tr><td>신체 탐색하기</td><td>손과 발 등을 바라보며 탐색한다.</td><td>얼굴, 몸 등 신체 부분을 탐색한다.</td><td>팔과 다리 등 신체 부분의 움직임을 탐색한다.</td></tr>
<tr><td rowspan="6">신체조절과 기본운동</td><td rowspan="2">대근육 조절하기</td><td>목을 가눈다.</td><td rowspan="2">누웠다 앉기 등 몸을 조절하여 위치를 바꾼다.</td><td rowspan="2">허리를 굽혔다 펴기 등 몸을 조절하여 위치를 바꾼다.</td></tr>
<tr><td>뒤집기 등 몸을 조절하여 위치를 바꾼다.</td></tr>
<tr><td rowspan="2">소근육 조절하기</td><td rowspan="2">물체를 잡는다.</td><td>양손으로 물체를 잡거나 놓는다.</td><td rowspan="2">간단한 쓰기 도구를 잡고 끼적인다.</td></tr>
<tr><td>엄지와 검지로 물체를 잡는다.</td></tr>
<tr><td>협응력 기르기</td><td>보이는 물체에 손을 뻗는 등 눈과 손의 협응을 시도한다.</td><td>물체 쌓기 등 눈과 손의 협응을 시도한다.</td><td>물체 끼우기 등 눈과 손의 협응을 시도한다.</td></tr>
<tr><td>균형감 기르기
이동 운동 시도하기</td><td>앉히면 앉는다.
배밀이 등 이동 운동을 시도한다.</td><td>붙잡고 서 있기, 혼자 서 있기 등 자세를 시도한다.
기기, 붙잡고 걷기, 걷기 등 이동 운동을 시도한다.</td><td>안정되게 서 있기 등 자세를 취한다.
걷기 등 이동 운동을 한다.</td></tr>
</table>

<table>
<tr><th>범주</th><th>내 용</th><th>1 수준</th><th>2 수준</th><th>3 수준</th></tr>
<tr><td></td><td>비이동 운동 시도하기</td><td>팔다리 뻗기 등 간단한 비이동 운동을 시도한다.</td><td>팔다리 흔들기 등 비이동 운동을 시도한다.</td><td>서 있기, 앉기 등 비이동 운동을 시도한다.</td></tr>
<tr><td rowspan="2">신체활동 참여</td><td>몸 움직임 즐기기</td><td colspan="2">몸을 활발히 움직인다.</td><td>다양한 몸의 움직임을 시도한다.</td></tr>
<tr><td>기구를 이용하여 신체활동 시도하기</td><td></td><td>밀고 끌기 등 기구를 이용하여 신체활동을 시도한다.</td><td>간단한 기구를 이용하여 신체활동을 시도한다.</td></tr>
</table>

표 4-9 신체운동 영역의 만 2세 수준별 내용

<table>
<tr><th>범주</th><th>내 용</th><th>1 수준</th><th>2 수준</th></tr>
<tr><td rowspan="4">감각과 신체인식</td><td>감각능력 기르기</td><td>감각적 차이에 반응한다.</td><td>다양한 감각적 차이에 반응한다.</td></tr>
<tr><td>감각기관 활용하기</td><td colspan="2">감각기관으로 주변 환경을 탐색한다.</td></tr>
<tr><td rowspan="2">신체를 인식하고 움직이기</td><td>손, 발, 얼굴 등 기본적인 신체 명칭을 안다.</td><td>신체 각 부분의 명칭을 안다.</td></tr>
<tr><td colspan="2">신체 각 부분의 움직임을 탐색한다.</td></tr>
<tr><td rowspan="6">신체조절과 기본운동</td><td>신체 조절력 기르기</td><td>팔, 다리의 움직임을 조절한다.</td><td>팔, 다리, 목, 허리 등의 움직임을 조절한다.</td></tr>
<tr><td>신체 균형감 기르기</td><td colspan="2">안정된 자세를 시도한다.</td></tr>
<tr><td>이동 운동하기</td><td colspan="2">안정된 걷기 등 이동 운동을 한다.</td></tr>
<tr><td>비이동 운동하기</td><td>몸을 펴고 굽히는 등 간단한 비이동 운동을 시도한다.</td><td>팔과 몸통을 움직여 보는 등 간단한 비이동 운동을 시도한다.</td></tr>
<tr><td rowspan="2">조작 운동하기</td><td colspan="2">간단한 사물을 조작한다.</td></tr>
<tr><td>공 던지기 등 간단한 조작운동을 한다.</td><td>공차기 등 간단한 조작운동을 한다.</td></tr>
<tr><td rowspan="4">신체활동 참여</td><td rowspan="2">신체활동에 참여하기</td><td colspan="2">간단한 신체활동에 참여한다.</td></tr>
<tr><td colspan="2">몸의 움직임을 다양하게 시도한다.</td></tr>
<tr><td>기구를 이용하여 신체활동하기</td><td>아기용 미끄럼틀 등 기구를 이용하여 신체활동을 시도한다.</td><td>아기용 세 발 자전거 등 기구를 이용하여 신체활동을 시도한다.</td></tr>
<tr><td>안전하게 신체활동하기</td><td colspan="2">안전하게 신체활동에 참여한다.</td></tr>
</table>

표 4-10 신체운동 영역의 만 3~5세 수준별 내용

<table>
<tr><th>범주</th><th>내 용</th><th>1 수준</th><th>2 수준</th><th>3 수준</th></tr>
<tr><td rowspan="6">감각과 신체인식</td><td>감각능력 기르기</td><td colspan="2">감각적 차이를 구분한다.</td><td>미세한 감각적 차이를 구분한다.</td></tr>
<tr><td rowspan="2">감각기관 활용하기</td><td colspan="3">여러 감각기관을 활용한다.</td></tr>
<tr><td colspan="2">두 가지 이상의 감각기관을 동시에 활용한다.</td><td>감각으로 대상이나 사물의 특성과 차이를 인식한다.</td></tr>
<tr><td rowspan="3">신체를 인식하고 움직이기</td><td colspan="2">신체 각 부분의 명칭을 안다.</td><td>신체 각 부분의 구조와 기능을 이해한다.</td></tr>
<tr><td>신체 각 부분의 움직임을 인식한다.</td><td>신체 각 부분의 특징을 알고 움직인다.</td><td>신체 각 부분의 특징을 활용하여 움직인다.</td></tr>
<tr><td colspan="3">자신의 신체능력을 긍정적으로 인식한다.</td></tr>
<tr><td rowspan="8">신체조절과 기본운동</td><td rowspan="3">신체 조절력과 균형감 기르기</td><td>안정된 자세를 취한다.</td><td colspan="2">신체균형을 유지하면서 다양한 자세를 취한다.</td></tr>
<tr><td colspan="3">신체 각 부분의 움직임을 조절한다.</td></tr>
<tr><td colspan="2">바른 자세로 앉고 선다.</td><td>바른 자세로 걷는다.</td></tr>
<tr><td>이동 운동하기</td><td>빨리 걷기, 달리기 등 다양한 이동 운동을 시도한다.</td><td>안정된 자세로 달리기 등 다양한 이동 운동을 한다.</td><td>두 발로 뛰기, 빠르게 달리기 등 이동 운동을 능숙하게 한다.</td></tr>
<tr><td>비이동 운동하기</td><td>팔과 몸통을 움직여 보는 등 비이동 운동을 한다.</td><td>몸을 흔들거나 꼬기 등 여러 가지 비이동 운동을 한다.</td><td>한 발로 균형 잡기 등 숙련된 자세의 비이동 운동을 한다.</td></tr>
<tr><td rowspan="2">조작 운동하기</td><td>가위나 크레파스 등 간단한 도구를 사용해 본다.</td><td>그리기나 만들기 도구 등을 활용한다.</td><td>그리기나 만들기 도구 등을 능숙하게 활용한다.</td></tr>
<tr><td colspan="2">공을 던지거나 잡기 등 조작운동을 한다.</td><td>도구를 활용하여 여러 가지 조작운동을 한다.</td></tr>
<tr><td>움직임의 요소를 인식하고 움직이기</td><td></td><td>동작의 크기나 빠르기 등 동작의 요소(공간, 시간, 흐름, 힘)를 인식한다.</td><td>동작의 크기나 빠르기 등 동작의 요소(공간, 시간, 흐름, 힘)를 활용하여 움직인다.</td></tr>
<tr><td rowspan="7">신체활동 참여</td><td rowspan="5">자발적으로 신체활동에 참여하기</td><td>신체활동에 참여한다.</td><td colspan="2">신체활동을 지속적으로 한다.</td></tr>
<tr><td>몸을 다양하게 움직인다.</td><td colspan="2">새로운 신체활동과 기술을 시도한다.</td></tr>
<tr><td>여러 가지 신체활동을 시도한다.</td><td>여러 가지 신체활동에 골고루 참여한다.</td><td>집단으로 하는 신체활동에 적극적으로 참여한다.</td></tr>
<tr><td></td><td></td><td>신체활동을 할 때 책임감 있게 행동한다.</td></tr>
<tr><td></td><td colspan="2">자신과 다른 사람의 신체운동능력의 차이를 존중한다.</td></tr>
<tr><td>여러 가지 기구를 이용하여 신체활동하기</td><td colspan="2">여러 가지 기구를 이용하여 신체활동을 한다.</td><td>여러 가지 기구를 이용하여 신체활동을 능숙하게 한다.</td></tr>
<tr><td>안전하게 신체활동하기</td><td colspan="3">안전하게 신체활동에 참여한다.</td></tr>
</table>

3. 건강교육의 방법

발달에 적합한 실제의 원리에 따른 유아건강교육의 평가에서는 연령적 적합성, 개인적 적합성, 사회 · 문화적 적합성이 고려되어야 한다(최민수 · 정영희, 2006). 따라서 영유아를 대상으로 건강교육방법을 결정할 때 고려할 사항으로 첫째, 교육대상 영유아의 연령과 학급규모를 고려하여야 한다. 둘째, 영유아는 직접적인 경험을 통해 가장 효과적으로 학습하므로 영유아의 실제 경험과 관련된 내용을 통해 교육한다. 셋째, 영유아가 활동에 적극적으로 참여할 수 있는 방법을 모색한다. 넷째, 개인 영유아의 발달수준에 적합하며 흥미를 만족시킬 수 있는 다양한 교수자료와 매체를 활용한다. 다섯째, 동화 듣기, 간식 및 점심시간, 극 놀이, 화장실 가기, 요리하기, 현장학습 등 일상생활의 다양한 활동을 통해 건강과 관련된 지식, 기술, 태도를 통합적으로 학습하는 것이 효과적이다. 여섯째, 일상생활 중에서 건강과 관계되는 특별한 상황이나 사건을 이용하여 교육한다. 마지막으로, 연중 지속적으로 실시하며 반복된 경험을 통해 건강한 생활습관을 형성하도록 한다.

또한 영유아건강교육을 위한 프로그램에서는 교사의 역할이 중요하다. 영유아건강교육의 효과적인 지도방법으로는 첫째, 교사는 영유아의 일상생활의 경험이나 활동을 통해 건강에 관한 지식이나 기술, 태도가 습관화될 수 있도록 계속적으로 실시하여야 한다. 예를 들어 일상생활 속에서 스스로 이 닦기, 손 씻기, 바르게 음식 먹기, 바르게 옷 입기 등을 통해 이루어질 수 있도록 해야 한다. 둘째, 건강교육을 실시할 때는 단순한 설명방식 위주가 아니라 다른 내용과 통합하여 하나의 놀이활동으로 제공하여야 한다. 놀이활동을 통한 교육은 영유아가 자연스럽게 자신의 몸을 인식하고, 신체활동에 즐겁게 참여할 수 있도록 돕는다. 셋째, 영유아가 활동하는 장소의 범위를 실내뿐만 아니라 실외활동까지 적극적으로 활용하여야 한다. 실외활동은 햇빛과 신선한 공기를 마시며 자연 속에서 신체활동을 할 수 있는 좋은 방법이다. 이는 가능한 한 규칙적인 실외활동을 계획하여 몸과 마음이 모두 건강할 수 있도록 해야 한다. 마지막으로, 건강한 생활습관에 대한 행동적 모델을 제시하는 것도 중요하다. 교사는 영유아를 교육하기 이전에 손 씻기와 이 닦기 같은 활동에 직접 참여하거나 시범을 보여야 한다.

1) 주제선정에 따른 통합적 접근방법에 의한 건강교육

'통합적 접근방법' 이란 영유아들에게 건강에 관련된 지식이나 기술, 태도를 가르칠 때 언어, 수, 과학, 미술활동 등 분리된 교과로 가르치는 것이 아니라 영유아들이 항상 경험하는 일상생활의 다양한 상황을 학습경험으로 활용하여 그 경험을 통해 영유아들이 전인적인 발달을 할 수 있도록 도와주는 것을 의미한다.

주제를 선정하여 통합적인 방법으로 건강교육을 실시한다는 것은 '여름 위생' 이나 '우리 몸' 등과 같이 건강교육에 관한 주제로 일정한 기간 동안 영유아교육기관에서 하루 일과를 보내는 동안 경험하게 되는 여러 가지 상황이나 활동을 통하여 학습하는 것이다. 이때 영유아는 정해진 주제에 관해 이야기 나누기, 흥미 영역에서의 실내 자유선택활동, 조형활동, 화장실 가기, 동화 듣기, 게임, 실험하기, 견학 등의 활동을 통해 건강교육의 내용을 통합적으로 학습하는 것이며, 주제는 영유아의 흥미, 요구, 영유아교육기관 및 지역사회의 실정에 따라 새로운 주제가 첨가될 수도 있고 이미 제시된 주제도 삭제 변형될 수 있다(류경화 · 정명순 · 지주영, 2008).

건강교육과 관련된 주제를 선정하고 통합적인 접근방법으로 학습할 때 영유아는 단순히 교사가 가르쳐주는 건강 관련 지식이나 정보를 수동적으로 받아들이는 것보다 실제상황에서 건강한 생활을 유지하는 데 필요한 지식이나 기술을 익히고 적용하며 태도를 기를 수 있게 된다.

2) 역할놀이를 통한 건강교육

역할놀이는 영유아가 관심이나 흥미 있는 주제를 중심으로 가상적인 상황에서 역할을 맡아 놀이하는 것이다. 영유아는 역할놀이에서 특정역할을 맡아 놀이하는 동안 여러 가지 다양한 상황에서 자신의 직간접 경험을 토대로 문제상황에 대한 대처방법을 찾아보거나 자발적인 문제해결력을 기를 수 있게 된다. 또한 영유아는 역할놀이를 통해 자연스러운 상황에서 건강에 관한 정보를 얻을 수 있으며, 건강 유지에 필요한 기술과 태도를 익힐 수 있다.

유아기는 역할놀이가 가장 활발하게 일어나는 시기임을 고려할 때 병원 놀이, 가게 놀이, 소방서 놀이, 119구급대, 교통 놀이 등을 통해 건강의 중요성과 건강을 유지하기 위해 필요한 일을 이해하고 실천하게 한다. 이때 교사는 유아에게 필요한 건강교육의 주제를 선정하여 이를 역할놀이로 확장할 수 있도록 적절한 동기를 부여하고 다양한 자료를 제공해 주어야 한다.

3) 상황에 근거한 건강교육

상황에 근거한 건강교육이란 일상생활 중에서 건강과 관계되는 특별한 상황이 발생했을 경우, 예를 들면 유아교육기관에서 신체검사를 실시하거나 주변 사회에서 식중독 사고가 발생했을 때, 유치원에서 사고가 났을 때 또는 간식이나 점심시간 등과 같은 실제상황을 이용하여 건강교육을 실시하는 것이다. 이러한 접근방법은 실제상황이 발생했을 때 영유아들이 직접 또는 간접적으로 경험에 기초하므로 동기유발이 용이하고, 실제와 직접 연결된다는 장점은 있으나 실제상황이 필요할 때 발생하는 것은 아니므로 영유아들에게 필요한 건강교육의 내용을 체계적으로 포함시킬 수 없다는 한계도 있다.

점심시간이나 간식시간을 이용하여 올바른 식기와 수저 사용에 대해 실제 연습을 하면서 교육할 수 있고, 교실에서 외부로 나갈 때 복도나 계단의 올바른 보행법과 안전한 도로보행법, 건널목 건너기, 교통표지판에 대해 교육할 수 있다. 이러한 방법은 단순히 그 상황을 경험하고 지나가는 것보다 훨씬 높은 교육의 효과를 볼 수 있다(김일옥 · 최경순, 2008).

4) 현장학습을 통한 건강교육

현장학습이란 유아교육기관 밖의 장소를 방문하여 영유아가 직접 자신의 감각을 활용하여 실제 경험을 하게 함으로써 학습효과를 높이는 방법이다. 예를 들어 질병에 대해 이야기하는 경우 가까운 병원이나 보건소 등을 견학하거나, 화재 및 재난에 대한 안전교육을 위해 인근 소방서를 견학하여 직접 이해하는 것이 좋다.

현장학습은 번거롭고 비용이 발생한다는 단점이 있으나 실제상황을 직접 관찰할 수 있기 때문에 높은 교육효과를 발휘할 수 있다. 영유아의 현장학습을 효과적으로 진행하기 위해서는 사전에 현장학습을 나갈 장소와 일정 및 그 과정에 대한 교사의 치밀한 계획이 선행되어야 하며 현장학습을 다녀온 후 현장에서의 경험을 확장시켜 보는 다양한 활동을 전개함으로써 현장에서 경험한 내용을 학습주제와 통합시킬 수 있어야 할 것이다. 따라서 유아교육기관에서는 연간계획을 수립할 때 미리 현장학습기관을 정해두면 효율적이고 유용한 계획을 세울 수 있다.

5) 부모를 통한 건강교육

영유아가 가정에서 배우게 되는 건강에 관한 습관은 대부분 우연한 기회를 통해 학습이 되며, 영유아는 주로 부모를 통해 건강 또는 안전에 대한 습관이나 신념을 형성한다. 따라서 부모는 건강이나 안전을 유지하기 위해 필요한 정보나 태도를 풍부히 알고 있을 뿐 아니라 생활 속에서 이를 실천할 수 있어야 한다.

유아교육기관에서는 가정통신문이나 학부모회, 관찰 등 부모교육을 통해 부모를 대상으로 건강교육을 실시한 다음 부모로 하여금 가정에서 영유아들을 대상으로 건강교육을 실시하게 하는 것도 포함할 수 있다. 건강교육에 부모가 참여하고 협동하는 것은 먼저 유아교육기관과 가정교육의 일관성과 연계성을 도모할 수 있다는 측면에서 매우 중요하다. 부모들이 영유아 발달과 요구에 대한 이해를 할 수 있게 되고 이를 통해 아동발달 및 학습에 대한 부모의 지식이 확정되고 영유아의 학습을 강화해 줄 수 있게 된다.

4. 건강교육의 실제

이야기 나누기

주 제	건강하고 안전한 생활	대상연령	만 4, 5세	수준	Ⅱ수준
활 동 명	난 토마토 절대 안 먹어	활동형태	대 · 소집단		
활동목표	• 바람직한 식습관을 형성한다. • 건강을 위해 영양소 섭취의 중요성을 안다. • 몸에 필요한 음식을 골고루 먹을 수 있다.				
자료 및 준비물	난 토마토 절대 안 먹어 그림동화책, 종이, 색연필				

◈ 활동방법

1. 주의집중으로 '멋쟁이 토마토' 노래를 부른다.
2. '난 토마토 절대 안 먹어'(로렌차일드 그림/글, 국민서관) 동화책을 읽어준다.
3. 동화내용을 회상하며 건강과 편식에 대해서 이야기를 나눈다.
   - 가장 좋아하는 음식은 무엇이니?
   - 가장 싫어하는 음식은 무엇이니?
   - 맛있는 음식만 먹어야 할까?
   - 왜 부모님은 음식을 골고루 먹으라고 하실까?
   - 룰라처럼 편식하면 어떤 일이 생길까?

◈ 확장활동

- 토마토 주스를 만들어 본다.
- 편식을 하는 룰라에게 해 주고 싶은 이야기를 편지로 써본다.

역할놀이(동극)

주 제	건강한 여름	대상연령	만 5세	수준	Ⅱ수준
활 동 명	꿀꿀이의 아이스크림 가게	활동형태	대 · 소집단		
활동목표	• 여름철 차가운 음식을 적당히 먹어야 함을 안다. • 언어를 확장하고 동극으로 재미있게 표현한다.				
자료 및 준비물	• 동화자료 : '꿀꿀이의 아이스크림 가게' 동화 • 동극자료 : 무대배경그림, 청진기, 아이스크림 대용품, 유아들이 동극을 하기 위해 만든 머리띠(꿀꿀이, 곰, 여우, 토끼, 코끼리 의사)				

◈ 활동방법

1. 아이스크림에 대해 이야기를 나눈다.
   - 아이스크림을 좋아하니?
   - 아이스크림을 많이 먹으면 어떻게 될까?
2. 동화를 듣는다.
3. 동극을 위하여 유아들이 동화의 내용을 회상해 본 뒤, 동극의 방법을 의논하고 준비한다(역할배정, 동화에 나온 등장인물의 순서와 대사, 소품)
4. 역할을 맡아 자기소개를 하고 동극을 한다.

5. 동극 활동 후, 느낌을 이야기한다.
   - 꿀꿀이에게 어떤 일이 일어났니?
   - 꿀꿀이는 왜 배탈이 났을까?
   - 아이스크림을 먹고 난 후에는 어떻게 해야 할까?
   - 동극을 해보고 난 후 기분은 어땠니?

◈ 확장활동

- 인형극 자료와 아이스크림 가게에 필요한 자료들을 추가로 구성하여 유아들이 인형극놀이를 할 수 있다.

꿀꿀이의 아이스크림 가게

무더운 날씨가 계속 되자 꼬마 돼지 꿀꿀이는 숲에 아이스크림 가게를 차렸어요.
"자, 어서 오세요. 어서 오세요. 차고 달고 맛 좋은 아이스크림, 소프트 크림도 있고, 초코 크림도 있어요. 딸기 크림도 있고, 호두 크림도 있어요. 어서 오세요."
맨 처음 손님은 곰 아저씨였어요.
"달고 맛 좋은 아이스크림을 주게."
"네네, 말씀만 하세요."
꿀꿀이는 소프트 크림을 잔뜩 담아 곰 아저씨에게 주었어요.
"아이 시원해! 아이 달아! 이건 정말 맛있는 걸."
곰 아저씨가 맛있게 먹는 것을 보자, 꿀꿀이는 그만 자기도 먹고 싶어졌어요.
"나도 소프트 크림 맛을 봐야지."
꿀꿀이는 곰 아저씨에게 준 것만큼 잔뜩 소프트 크림을 부었어요.
"아이 시원해! 아이 달아! 이건 정말 맛있는 걸."
꿀꿀이는 꿀꿀 소리를 내며, 소프트 크림을 핥아 먹었지요.
두 번째로 여우가 찾아왔어요.
"초코 크림을 줘요."
"네네, 곧 드리죠!"
여우는 초코 크림을 맛있게 먹기 시작했어요.
"아아, 시원하고 맛있다!"
여우는 무척 맛있게 먹었어요.
'꿀꺽!'
꿀꿀이도 그만 먹고 싶어졌어요.
"나도 초코 크림을 맛봐야지."
꿀꿀이는 초코 크림을 꺼내어 맛있게 먹기 시작했어요.
"야아, 시원하고 맛있구나!"
꿀꿀이가 다 먹고 나자, 이번에는 토끼가 찾아왔어요.
"딸기 크림을 주셔요"하고 토끼가 말했습니다.
"네네, 여기 있어요."
꿀꿀이는 분홍 색깔의 예쁜 딸기 크림을 주었어요.
토끼도 맛있게 먹기 시작했어요.
"정말 맛있다!"
토끼가 맛있게 먹는 걸 보니, 꿀꿀이는 또 먹고 싶어졌지요.
"나도 딸기 크림을 먹어 볼까?"

꿀꿀이는 딸기 크림을 꺼내어 맛있게 먹기 시작했어요.
"음, 향긋한 딸기 냄새가 나서, 정말 맛있다!"
다음엔 덩치가 큰 코끼리 의사 선생님이 오셨어요.
"나는 덩치가 크니까, 호두 크림을 제일 큰 걸로 줘."
"네네, 말씀만 하세요."
꿀꿀이는 커다란 호두 크림을 만들어, 코끼리 의사 선생님에게 드렸지요.
"야아, 이거 정말 시원하고도 맛있는 걸."
코끼리 의사 선생님은 커다란 크림을 먹기 시작했어요.
꿀꿀이는 또다시 그 커다란 호두 크림도 먹고 싶어졌어요.
꿀꿀이는 코끼리 의사 선생님이 먹은 것과 똑같은 호두 크림을 만들어, 자기도 먹었어요.
"야아, 이거 정말 맛있는데!"
꿀꿀이는 정신없이 커다란 크림을 먹었어요.
그런데 갑자기 꿀꿀이는 얼굴을 찡그렸어요. 그러더니 눈에서 커다란 눈물방울이 뚝뚝 떨어지기 시작했어요.
"꿀꿀, 아이구 배 아파."
꿀꿀이는 더 참을 수 없어 커다랗게 소리쳤어요.
"도와주세요!"
"어디, 내가 진찰해 줄게."
코끼리 의사 선생님은 길다란 코를 청진기 삼아 꿀꿀이의 배에 갖다 댔어요.
"꿀꿀아, 이건 아이스크림을 너무 많이 먹어서 생긴 배탈이야. 주사를 맞아야 하겠어."
"싫어, 주사 맞기 싫어요."
그러나 배가 너무 아픈데 어쩌겠어요? 꿀꿀이는 꾹 참고 주사를 맞기로 했지요.
"자, 주사를 다 놓았어요. 이 약을 먹도록 해요. 그리고 또 오늘, 내일, 모레 사흘 동안은 가게를 닫고 푹 쉴 것. 알았죠? 꿀꿀이."
"네."
"자, 그럼 몸조리 잘해요."
'그렇게 너무 많이 아이스크림을 먹지 말았어야 하는 건데….'
뒤늦게 후회했지만 어쩔 수 없는 노릇이었어요. 꿀꿀이는 모처럼 연 가게에 '모레까지 쉽니다'라는 간판을 내걸었지요.
숲에 생긴 새로운 아이스크림 가게는 며칠 동안 문을 열지 못했답니다.

※ 원작 출처 : 유치원 교육활동지도자료 4(1995), 교육부.

음률활동

주 제	건강하고 안전한 생활	대상연령	만 3세	수준	I 수준
활 동 명	배가 아파요	활동형태	대집단		
활동목표	• 동요의 노랫말을 이해한다. • 여름철 건강관리를 배운다.				
자료 및 준비물	배가 아파요 악보, 카세트테이프(CD), 녹음기				

◈ 활동방법

① 몸이 아프면 어떤 일이 일어나는지 이야기 나눈다.
② 몸을 건강히 하는 방법에 대해 이야기 나눈다.
③ 한 소절씩 부르며 노래를 익힌다.
④ 유아들끼리 노래를 부르게 한다.

배가 아파요

양한나 요
김성균 곡

◈ 확장활동

게임

주 제	건강한 몸과 마음	대상연령	만 3세	수준	I 수준
활 동 명	튼튼한 이 썩은 이	활동형태	대집단		
활동목표					
자료 및 준비물	썩은 이와 튼튼한 이 얼굴 상자, 그림카드(이에 좋은 음식, 이에 좋지 않은 음식), 신호 악기(트라이앵글), 점수판(나뭇잎 점수 표시)  				

◈ **활동방법**

1. 치아에 이로운 음식과 해로운 음식에 대해 이야기한다.
2. 상자 2개(썩은 이 얼굴, 튼튼한 이 얼굴)는 출발선 반대쪽에 놓고 음식카드를 담은 바구니는 출발선과 얼굴 상자 사이에 놓아 준비한다.
3. 두 편으로 나누어 앉고 양편의 수를 확인한다.
4. 게임 자료를 소개한다.
5. 게임 방법에 대해 의논한다.
   - 어떤 게임을 할 수 있을까?
   - 카드를 뒤집어서 이에 좋은 음식이 나오면 튼튼한 이 상자에 카드를 넣고 되돌아온다.
   - 이에 좋지 않은 음식이 나오면 썩은 이 상자에 카드를 넣고 되돌아온다.
6. 게임을 할 때 지켜야 할 규칙에 대해 이야기 나눈다.
   - 출발선에서 신호를 듣고 출발한다.
   - 카드는 하나씩만 뒤집는다.
   - 돌아올 때는 뛰어서 출발선까지 돌아온다.
7. 게임을 한다.
   - 게임을 마치고 돌아오면 규칙을 잘 지켰는지, 누가 먼저 돌아왔는지 이야기 나눈 후 깡통 점수통에 나뭇잎 점수표시를 넣는다.
8. 게임에 대해 전체적인 평가를 한다.

◈ **확장활동**

- 공간블록으로 치과병원 만들기
- 점토를 이용하여 튼튼한 이와 썩은 이 표현해 보기

견학

주 제	우리 동네	대상연령	만 4, 5세	수준	Ⅱ수준
활 동 명	치과 견학	활동형태	대집단		
활동목표	• 치과에서 하는 일을 이해한다. • 치과에서 일하는 사람들에 대해 관심을 갖는다. • 건강하게 치아를 관리하는 태도를 기른다.				
자료 및 준비물	견학계획서, 유아명단 및 명찰, 사진기, 필기도구				

◈ 활동방법(사전활동 – 본 활동 – 사후활동)

〈사전활동〉

1. 이의 역할에 대해 이야기 나눈다.
2. 치과가 무엇을 하는 곳인지 이야기 나눈다.
   - 치과에 가본 적 있니?
   - 치과는 어디가 아파서 가는 곳일까?
   - 치과에 가면 어떤 것들을 볼 수 있니?
3. 이에 대해 자세히 알아보기 위해 치과견학을 계획한다.
   - 견학할 장소, 알아보고자 하는 것들에 대한 목록 작성
4. 치과 견학 시 지켜야 할 약속을 정한다.

〈본 활동〉

1. 치과를 견학한다.
   - 이 닦는 방법에 대한 이야기 나누기
   - 치아검진 및 치아의 문제 알기
   - 바람직한 이 관리 방법 및 이를 튼튼하게 하기 위한 방법 알기

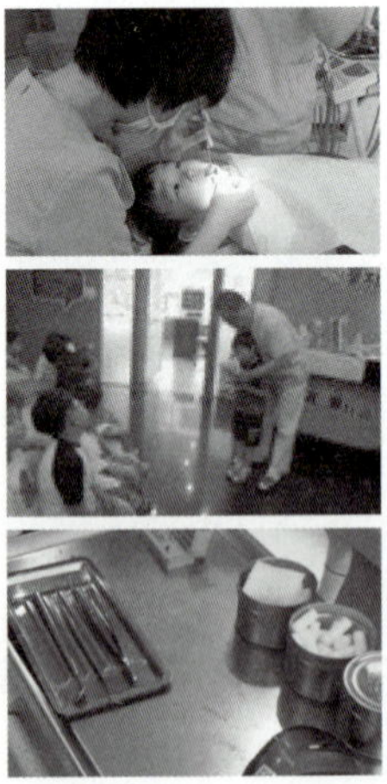

〈사후활동〉

1. 치과를 견학했던 경험들을 회상하면서 이야기를 나눈다.
   - 무엇(일하는 사람, 기구와 기계, 약품, 접수대 등)을 보았니?
   - 가장 기억에 남는 것은 무엇이었니?
   - 무엇을 느꼈니?
   - 이를 건강하게 관리하려면 어떻게 해야 할까?

◈ 확장활동

치과 역할놀이를 해본다.

요리활동

주 제	건강한 생활	대상연령	만 4, 5세	수준	Ⅱ수준
활 동 명	샐러드 만들기	활동형태	소집단		
활동목표	• 다양한 음식 경험을 통해 감각기능을 향상한다. • 건강에 좋은 음식을 선택하여 섭취할 수 있다. • 바람직한 식습관을 형성할 수 있다.				
자료 및 준비물	여러 가지 과일과 채소(양상추, 사과, 오이, 당근 등), 큰 용기, 칼, 도마, 앞치마, 마요네즈				

◈ 활동방법(사전활동 – 본 활동 – 사후활동)

1. 그림 자료를 보며 요리재료에 대해 이야기한다.
   - 어떤 재료들이 있을까?
   - 여기 있는 재료들을 이용해 무엇을 만들 수 있을까?
2. 샐러드를 먹어본 경험에 대해 이야기한다.
   - 샐러드는 어떤 맛일까?
   - 샐러드에 들어가 있는 재료들은 무엇일까?
   - 샐러드는 우리 몸에 왜 좋을까?
3. 다양한 채소와 과일을 관찰한다.
4. 샐러드를 만드는 데 필요한 도구를 알아본다.
5. 샐러드를 만드는 방법, 요리활동 시 주의점에 대해 이야기한다.
   - 샐러드를 어떻게 만들 수 있을까?
   - 칼을 만질 때 어떤 점을 주의해야 할까?
6. 만드는 순서에 따라 유아들이 직접 만들어 본다.

① 과일과 채소를 준비한다.

② 과일과 채소를 먹기에 적당한 크기로 썬다.

③ 양상추를 먹기에 적당한 크기로 손으로 찢는다.

④ 썰고 찢어서 준비한 과일과 채소에 마요네즈를 넣어 잘 버무린다.

⑤ 잘 섞인 샐러드를 접시에 담는다.

7. 만들어진 샐러드를 친구들과 먹으며 느낌에 대해 이야기 나눈다.
   - 샐러드의 맛이 어떠니?
   - 요리를 하고 난 후 느낌은 어떠니?

◈ 확장활동

- 우리가 먹는 음식 그림 보며 말하기
- 요리 순서를 글과 그림으로 표상하여 요리책을 만든다.
- 야채와 과일이 섞이는 과정을 신체활동으로 표현할 수 있다.

신체활동

주 제	교통기관	대상연령	만 5세	수준	I 수준
활 동 명	바르게 걷기	활동형태	대집단		
활동목표	• 걸을 때의 바른 자세를 알고 바르게 걷는다. • 걸을 때 발에 느껴지는 느낌을 알 수 있다.				
자료 및 준비물	색깔 테이프, 휴지, 촉감을 느낄 수 있는 재료(솜, 매트, 철판, 뽕뽕이)				

◈ 활동방법(사전활동 – 본 활동 – 사후활동)

1. 걸을 때 바른 자세는 어떤 자세인지 이야기를 나눈다.
2. 친구들은 어떻게 걷는지 친구가 걸어갈 때의 자세를 관찰한다.
   - 걸을 때 바른 자세: 발끝을 십일자로 하고 상체와 가슴을 활짝 펴며 허리를 세우고 고개를 반듯하게 세우고 턱을 약간 든 상태에서 팔을 저어 상하로 리듬을 타듯이 가볍게 걷는다.
3. 선을 따라 바르게 걷는 연습을 해본다.
4. 허리를 잘 펴기 위해 도움이 되는 걸음걸이에 대해 이야기 나눈다.
   - 일명 양반걸음: 먼저 뒷짐을 지는데 허리 중에서 가장 안으로 들어간 지점에 뒷짐을 대어 살짝 힘을 주어 누른다. 그러면 허리는 만곡을 그리면서 활처럼 쭉 펴진다. 이때 보폭을 크게 떼면서 걸어본다.
5. 바닥에 다양한 촉감의 물질(솜, 매트, 철판, 뽕뽕이)로 선을 만들고 걸어본 후 느낌을 이야기한다.

◈ 확장활동

실외로 나가 산책로를 걸어본다.

◈ 주의사항

선 따라 걷기를 할 때 선을 따라 도는 것에 집중을 하면 자연스럽게 고개가 앞으로 숙여진다. 고개가 앞으로 숙여지면 허리도 굽혀지기 때문에 선을 정확하게 따라 걷는 것을 강조하지 않아야 한다.

출처: 김철, 2006.

감각기관 활용하기

주 제	여름	대상연령	만 4, 5세	수준	I 수준
활 동 명	호흡 느껴보기	활동형태	대 · 소집단		
활동목표	자신과 친구의 호흡을 느껴봄으로써 호흡이 하는 일에 관심을 갖는다.				
자료 및 준비물					

◈ 활동방법(사전활동 – 본 활동 – 사후활동)

• 자신의 호흡 느껴보기

1. 활동적인 놀이를 한 뒤 아이들이 숨이 차서 헐떡일 때 모두 눕게 한다.
2. 조용히 누워서 자신의 호흡을 관찰하도록 한다.
3. 친구들에게 자신이 관찰한 호흡의 리듬을 재현해 보인다.
4. 조용히 손을 배 위에 얹고 손에 무엇이 느껴지는지 조용히 주위를 기울인다.
5. 느낌을 나누고 배가 올라오고 내려가는 것과 숨을 들이쉬고 내쉬는 것이 어떤 관계가 있는지 이야기 나눈다.

• 친구의 호흡 느껴보기

1. 아이들의 반은 바닥에 눕고, 나머지 친구들은 누워 있는 친구의 배 위에 손을 얹어 호흡을 감지한다.
2. 잠시 동안 친구의 호흡을 느껴본다.
3. 자신이 느낀 것을 이야기 나눈다.

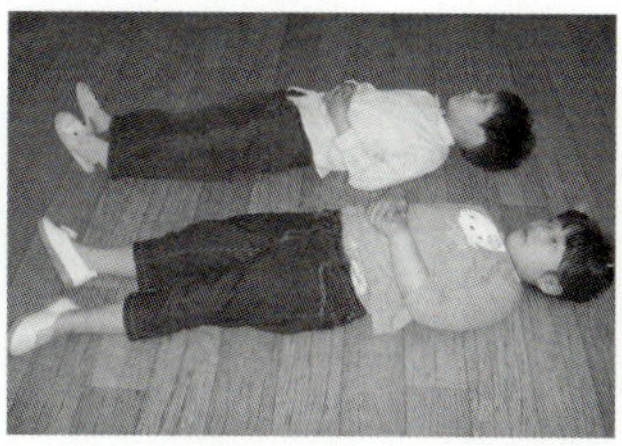

◈ 확장활동

음악감상 활동을 통해 호흡의 빠르기와 같은 음악을 구별해 보고 느낌을 표현해 본다.

◈ 주의사항

조용한 분위기를 만들어 아이들이 호흡에 집중할 수 있도록 한다.

출처: 정홍규, 2000.

Ⅱ. 아동 영양교육

5 Chapter

아동 영양관리

1. 영양의 이해
2. 수유
3. 이유
4. 유아식
5. 아동 영양문제

아동건강교육

1. 영양의 이해

1) 영양의 정의

인간이 살아가기 위해 식품을 섭취하고 그것을 이용하고 배설하는 일련의 과정, 즉 음식물을 먹게 되면, 우리 몸은 이물질을 분해(소화) 흡수하여 이물질 속에 있는 여러 가지 요소(영양소)를 적절하게 배분하여 생명현상을 유지하게 한다.

다시 말하면 영양nutrition이란 섭취한 음식물을 소화, 흡수시킨 후 각 영양소를 이용함으로써 건강을 유지하는 상태를 말한다.

2) 영양교육의 내용

아동에게 영양교육을 행하는 부모나 교사는 식생활에 대한 올바른 인식과 이해, 식생활의 기초 지식과 기능, 올바른 식생활의 실천 등을 내용으로 영양지도를 해야 한다.

영양교육의 내용은 주로 표 5-1 과 같이 이루어진다(허혜경 외, 2007).

표 5-1 영양교육의 내용

식생활에 대한 올바른 이해와 인식에 관한 내용	• 영양부족 또는 영양과잉의 문제(식생활의 건강과의 관계) • 영양섭취 실태 및 식품소비 유형의 변화 • 일상 식생활의 결함(편식, 잘못된 식습관의 건강피해) • 식품 낭비와 손실의 방지 • 식량의 생산과 배분 문제
식생활의 기초 지식과 기능에 관한 내용	• 5가지 기초 식품군과 균형식에 대한 이해 • 과학적인 식품 조리 및 가공 • 식품에 대한 판별법
올바른 식생활 실천에 관한 내용	• 계획적인 식생활 • 균형식 섭취(편식 교정)

3) 영양소

영양과 영양소의 어원을 살펴보면, 영양이라는 말은 영어로 'nutrition' 이라고 하며, 영양소는 'nutrients' 라고 하는데, 이 두 말의 의미를 구분해 보면 영양이라는 것은 상태(狀態)를 표현하는 말이고, 영양소는 영양의 근본이 되는 물질(物質)을 표현하는 말이다.

영양소nutrient는 식품을 구성하고 있는 물질 중 우리 몸에 에너지를 공급하거나 신체를 구성하며 성장 및 체조직을 유지, 보수하고 다양한 생리기능을 조절하는 등 건강한 생활을 유지하는 데 필요한 성분을 통칭하는 것으로 종류에 따라 인체 내에서 합성되기도 하지만 대부분 식품을 섭취함으로써 얻을 수 있다.

영양소는 탄수화물, 단백질, 지질, 비타민, 무기질을 5대 영양소로, 물을 포함하여 6대 영양소로 분류한다. 영양소는 다음과 같은 기능을 하며 요약하면 표 5-2 와 같다(송태희 외, 2008).

첫째 : 몸을 구성하는 물질을 공급한다.

우리 몸도 역시 영양소에 의해 만들어지며, 그 영양소는 우리가 매끼 먹고 있는 음식물에서 얻을 수 있다.

둘째 : 몸에 에너지를 공급해 주는 일이다.

영양소 중 유기물질은 우리 몸에서 연소되어 에너지로 전환된다. 당질, 단백질, 지질은 유기물질로서 우리 몸 안에서 아주 서서히 연소되어 열을 발생하기 때문에 열량소라고도 하며 당질, 단백질은 각기 1g이 4kcal, 그리고 지질은 9kcal의 에너지를 발생한다.

셋째 : 신체 내 생리적 기능을 조절하는 역할이다.

우리가 양호한 건강을 유지하려면 남녀노소를 막론하고 일생을 통하여 얻은 영

표 5-2 영양소의 기능과 종류

구분	기능	종류
열량소	에너지 공급원으로서 영양소	탄수화물(4kcal/g), 단백질(4kcal/g), 지질(9kcal/g)
구성소	신체 구성 물질로서 영양소	단백질, 무기질, 물
조절소	생체의 대사를 조절하는 영양소	비타민, 무기질, 단백질, 물

양소, 즉 여섯 가지 영양소를 전부 필요로 한다. 그러나 각자의 신체조건, 건강상태에 따라 하루에 필요로 하는 양은 다르다.

4) 기초식품군

기초식품군 중 1 · 2군은 구성식품으로서 근육, 혈액, 뼈, 모발, 피부, 장기 등 몸의 조직을 만드는 데 필요하다. 3군은 조절식품으로서 몸의 생리기능 조절과 질병 예방에 도움을 주며, 4 · 5군은 열량식품으로서 신체를 움직이는 힘과 체온생성에 관여한다.

표 5-3 은 5가지 기초식품군을 예시해 놓은 것이고, 표 5-4 는 각 영양소의 주된 작용이다(허혜경 외, 2007).

표 5-3 기초 식품군

군 별	식품군	주요 영양소	식 품
1	고기, 생선, 알류 및 콩류	단 백 질	쇠고기, 돼지고기, 닭고기, 토끼고기, 생선, 조개, 굴, 두부, 콩, 땅콩, 된장, 달걀, 햄, 베이컨, 소시지, 치즈, 두유, 생선묵
2	우유 및 유제품 뼈째 먹는 잔 생선류	칼 슘	멸치, 뱅어포, 잔새우, 잔생선, 사골, 우유, 분유, 아이스크림, 요구르트
3	채소 및 과일류	무기질 및 비타민	시금치, 당근, 쑥갓, 상치, 풋고추, 부추, 깻잎, 토마토, 배추, 무, 양파, 파, 오이, 양배추, 콩나물, 숙주, 사과, 귤, 감, 딸기, 포도, 배, 참외, 수박, 과일주스, 과일통조림, 미역, 다시마, 파래, 김, 톳
4	곡류(잡곡 포함), 감자류	당 질	쌀, 보리, 콩, 팥, 옥수수, 밀, 감자, 고구마, 토란, 밤, 밀가루, 미숫가루, 국수류, 떡류, 빵류, 과자류, 캔디, 초콜릿, 설탕, 꿀
5	유 지 류	지 방	참기름, 콩기름, 옥수수기름, 채종유, 쇠기름, 돼지기름, 면실유, 들기름, 쇼트닝버터, 마가린, 개, 실백, 호두

표 5-4 각 영양소의 주된 작용

구 분	열과 에너지의 공급	조직의 구성과 보수	대사과정의 조절
당 질	◎		
지 방	◎		
단 백 질	◎	◎	◎
무 기 질		◎	◎
비 타 민		◎	◎
수 분			◎
섬 유 질			◎

5) 식품구성탑

식품구성탑은 2005년 한국인 영양섭취 기준에서 식사구성안에 제시된 식품의 분류와 균형된 식생활에서 각 식품군이 차지하는 중요성을 일반인들이 쉽게 이해할 수 있도록 나타낸 그림이다.

우리나라 고유의 탑 모양으로 디자인된 식품구성탑의 다섯 층은 각기 표시된 식품군을 나타내며 각 층의 크기와 위치는 실제 식생활에서 차지하는 식품의 중요성과 양을 개념적으로 표현하고 있다.

식품구성탑은 아주 좋은 가시적인 도구로 건강한 식사를 위한 식품의 비율을 보여준다. 최근 곡류, 과일류, 채소류는 많이, 지방과 당류는 적게 먹어 이상체중을 유지할 것을 권장하여 왔는데 식품구성탑은 이러한 식사지침을 도식화하고 권장량을 표시하여 우리가 매일의 식사를 구성하는 데 사용할 수 있게 한다.

그림 5-1 은 한국영양학회에서 주관하여 발간하던 '한국인 영양권장량'을 2005년 11월 '한국인 영양섭취기준KDRIs: Dietary Reference Intakes for Koreans'으로 확대 개편하여 새로 발간한 식품구성탑이다.

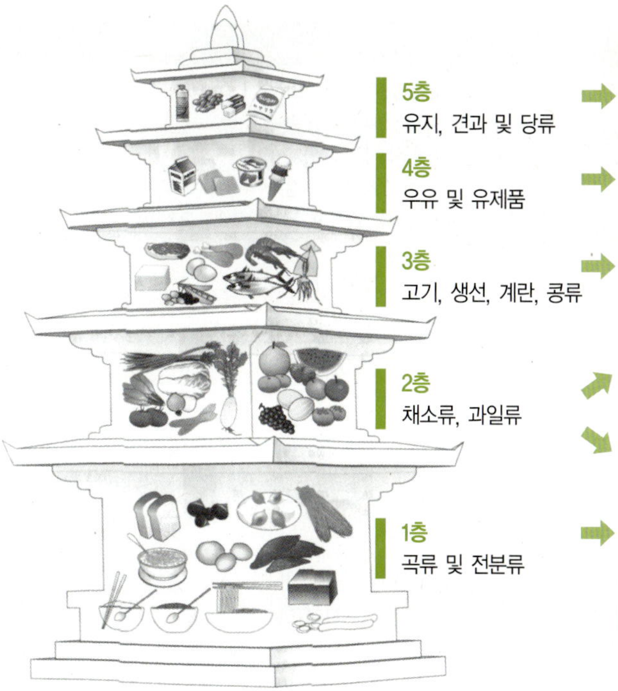

식품군별 대표식품의 1인 1회 분량

식품군	1일 1회 분량	
유지, 견과 및 당류	식용유 1작은술(5g), 버터 1작은술(5g), 마요네즈 1작은술(5g), 땅콩(10g), 설탕 1큰술(10g)	
우유 및 유제품류	우유 1컵(200g), 치즈 1장(20g)*, 호상요구르트 1/2컵(110g), 액상요구르트 3/4컵(150g), 아이스크림 1/2컵(100g)	
고기, 생선, 계란, 콩류	육류 1접시(생 60g), 닭고기 1조각(60g), 생선 1토막(생 50g), 달걀 1개(50g), 두부 2조각(80g), 콩(20g)	
과일류	사과(중) 1/2개(100g), 귤(중) 1개(100g), 참외(중) 1/2개(200g), 포도(중) 15알(100g), 오렌지주스 1/2컵(100g)	
채소류	콩나물 1접시(생 70g), 시금치나물 1접시(생 70g), 배추김치 1접시(40g), 오소박이 1접시(60g), 버섯 1접시(생 30g), 물미역 1접시(생 30g)	
곡류 및 전분류	곡류 Ⅰ (300kcal)	밥 1공기(210g), 국수 1대접(전면 100g), 식빵(대) 2쪽(100g)
	곡류 Ⅱ (100kcal)	떡 2편(절편 50g), 밤(대) 3개(60g), 시리얼 1접시(30g)

*치즈의 열량은 우유의 1/2

••• 그림 5-1 **식품구성탑**

출처 : 한국인영양섭취기준(2005)

6) 영양소와 식품

아동이 생명을 유지하고 정상적인 성장 · 발육과 건강의 유지를 위해 외부로부터 받아들이는 물질을 영양소라 말한다. 영양소에는 체내에 들어가서 에너지를 발생하여 활력이 되는 것도 있고 조직 및 뼈의 성분이 되거나 몸 안의 여러 가지 생리적 기능을 조절하는 것도 있다.

우리의 인체는 약 50여 종에 이르는 영양소를 필요로 한다. 체내에서 합성할 수 없어 식품으로 공급해야만 하는 영양소를 필수 영양소라고 하는데, 필수 영양소에는 탄수화물, 단백질, 비타민, 지방, 무기질, 물의 여섯 종류가 있다. 아동의 성장과 건강유지에 필요한 6가지 영양소의 기능과 급원식품은 표 5-5 와 같다(박성옥 외, 2003).

표 5-5 영양소의 기능 및 급원식품

분 류	기 능	급원식품	결핍과 과잉
탄수화물	• 신체에 에너지를 공급해 주는 가장 중요한 열량원 • 분해가 잘 되므로 에너지를 쉽게 발생시킴 • 가격도 저렴하기 때문에 경제성이 높은 영양소	• 단당류: 과일(포도, 과즙, 꿀) • 이당류: 설탕, 메이플 시럽, 유즙, 엿기름, 식혜 • 전분: 곡류(쌀, 보리, 옥수수, 밀), 감자류(감자, 고구마, 토란), 콩류(콩, 팥) • 식이섬유소: 밀, 현미, 보리, 곡류, 채소, 콩류, 귀리	• 결핍: 허약, 피로, 탈수현상 • 과잉: 고지혈증, 비만
단백질	• 인체를 구성하고 있는 근육, 혈액, 모든 기관, 호르몬이나 효소, 물을 제외한 나머지 성분의 약 반 정도는 단백질 • 단백질은 근육과 골격 등 신체의 구성 재료이므로 신체조직의 성장, 발달 보수에 꼭 필요한 영양소	• 완전단백질: 육류, 어류, 두류, 난류 • 부분적 불완전 단백질: 밀, 호밀 • 불완전 단백질: 두류와 견과류를 제외한 곡류	• 결핍: 정상적인 발육저하, 저항력 감소 • 과잉: 체지방으로 축적
비타민	• 생명현상을 유지하기 위한 대사작용에 관계 • 음식을 통해서나 다른 공급원으로부터 공급됨 • 종류는 20여 종 • 용해성에 따라 지용성과 수용성으로 대별	• A: 간, 콩팥, 전란, 난황, 버터, 크림, 적황색 · 녹황색 채소, 정어리, 연어 • D: 생선기름, 달걀, 버터, 정어리, 청어, 연어 • E: 식물성 기름, 밀의 배아, 푸른 채소, 배아유 • K: 시금치, 근대 등의 푸른 잎 채소, 양배추	• 결핍: 세균성 감염 질병유발, 성장저해 A 결핍 시: 눈의 시력 상실 • 과잉: 비타민 과잉증
지 방	• 가장 농축된 에너지를 공급하는 영양소 • 탄수화물이나 단백질에 비해 두 배 이상의 에너지를 만들어 냄 • 저장 에너지로서도 우수하여 피하지방 형태로 체내에 열량 비축 • 지용성 비타민의 소화 흡수를 돕고 식품의 향미를 증가시켜 미각 증가	• 포화지방산: 버터, 올리브유, 동식물유지(돼지 · 쇠기름, 팜유) • 불포화지방산: 식물유지(옥수수유, 대두유, 참기름, 면실유, 들기름, 잣기름), 난황, 간, 뇌, 생선기름(EPA, DHA)	• 결핍: 피부염, 성장 발육 지연 • 과잉: 비만, 심장순환기 계통 질병유발
무기질	• 칼슘(Ca) 골격과 치아의 형성 혈액의 응고 근육의 수축과 이완 심장운동 신경전달 등 중요한 생리조절 기능 담당	• 우유와 유제품, 녹색야채, 달걀노른자	• 결핍: 저칼슘혈증, 경련, 뼈 발육의 부진
	• 인(P) 뼈와 치아의 성분 인체 내 모든 영양소 대사에 필수	• 우유와 유제품, 육류, 곡류와 콩류	• 결핍: 저인산혈증, 근육 약화, 식욕부진 • 과잉: 칼슘 흡수 저해

분 류	기 능	급원 식품	결핍과 과잉
무기질	• 마그네슘(Mg) 당질과 단백질 대사의 활성체 세포내액의 필수 성분	• 견과류, 곡류와 콩류	• 결핍: 근육 수축, 신경의 불안정, 떨림증
	• 칼륨(K) 세포외액의 구성 산 · 염기의 균형 조절 혈압 유지	• 곡류와 콩류, 과일, 녹색야채	• 결핍: 구토, 근육의 약화, 급한 심장박동
	• 염소(Cl) 세포외액의 중요한 양이온 근육의 흥분성 유지 삼투압 조절 산 · 염기의 균형조절	• 식염, 식염 함유식품	• 결핍: 구토, 설사
	• 황(S)	• 곡류와 콩류, 과일, 녹색 야채	• 결핍: 사람에게서는 발견되지 않음
	• 철분(Fe) 혈액의 주요 구성분 산소의 운반과 이산화탄소의 이동에 중요	• 육류, 계란, 말린 과일	• 결핍: 저항력 감소, 빈혈, 무력감, 집중력 감소 • 과잉: 혈액성 설사, 구토, 간손상
	• 요오드(I) 갑상샘 호르몬의 합성 기초대사율 조절 성장, 생식, 세포대사에 관련	• 해조류	• 결핍: 유산, 사산, 기형아 출산, 갑상샘종
	• 아연(Z) 단백질 대사에 필요 면역 기능 수행	• 굴, 간, 육류, 달걀, 두류	• 결핍: 성장지연, 식욕감퇴, 성적 성숙의 지연, 우울증, 면역구조 결핍, 상처 치료 지연 • 과잉: 위염, 구토
	• 구리(Cu) 헤모글로빈 합성 뼈의 석회화 효소 기능	• 굴, 간, 채소류, 과일류, 종실류	• 결핍: 빈혈, 골격 형성의 이상, 성장지연 • 과잉: 복통, 오심, 구토, 설사
	• 셀레늄(Se) 산화효소의 구성 항산화제 세포막 유지	• 내장 성분	• 결핍: 성장지연, 근육의 통증
	• 망간(Mn) 열량 및 단백질 대사 관련 효소	• 통밀류, 견과류, 종자류	• 결핍: 성장지연, 생식부진, 골격이상
	• 크롬(Cr) 포도당 대사 인슐린 호르몬과 관련	• 녹색 채소, 곡류, 효모	• 결핍: 당질대사의 이상, 성장지연, 메스꺼움

분 류	기 능	급원 식품	결핍과 과잉
무기질	• 코발트(Co) 비타민 B_{12}의 구성체	• 모든 정제하지 않은 자연식품	• 결핍: 악성 빈혈
	• 몰리브덴(Mo) 요산대사에 관련되는 효소에 필요	• 내장 성분, 곡류, 두류	• 결핍: 거의 없음
	• 불소(F) 충치예방 조직의 강화	• 뼈째 먹는 생선, 육류의 뼈, 불소 첨가 음료, 차	• 결핍: 충치 • 과잉: 치아불소 침착증, 신장기능 이상, 근육과 신경 기능 손상
물	• 신체에 절대적으로 필요 • 영양소를 전혀 섭취하지 않아도 물만 섭취하면 30~40일 정도 생명을 유지 • 물이 없는 상태에서는 0~10일 내에 사망 • 흡수된 영양소와 효소 등을 필요한 조직으로 운반 • 생성된 노폐물을 배설하도록 수송하는 기능 • 체온조절 기능	• 음료, 액체 식품 • 과일, 채소	• 결핍: 수증(발열, 구토, 설사로 인한) • 과잉: 소변으로 배출되므로 큰 장애는 생기지 않으나 요의 배설기능 이상이 있을 경우 부종, 구토, 경련 증상

2. 수유

1) 모유영양

(1) 초유

초유는 분만 후 2~6일간에 분비되는 점성이 높은 황백색의 유즙이며 알칼리성 액체이다. 초유의 분비량은 수유부의 분만 횟수와 관련이 있으나 보통 1회 수유 시 2~10mL 정도 분비된다. 초유가 황색을 띠는 이유는 많은 양의 카로틴을 함유하고 있기 때문이며 성숙유보다 단백질 함량이 높고 당질 함량은 낮다. 신생아가 소량을 섭취해도 충분한 영양을 얻을 수 있는 초유의 성분은 아래 표 5-6과 같다(허혜경 외, 2007).

표 5-6 초유의 성분

초유 분비 시기	수 분	단백질	지 방	유 당	회 분
초기 초유(28~51시간)	85.55	5.80	4.08	4.09	0.48
중기 초유(56~60시간)	87.02	3.17	3.17	5.48	0.41
이행유(5~6일)	88.98	2.04	2.89	5.75	0.34

(2) 모유

영아는 태어나면서 본능적 기능인 빨기sucking로 산모의 모유를 섭취하면서 모체의 태내에서 태반을 통해 공급받던 각종 영양물질을 대신하게 된다. 그러므로 생후 약 6개월 동안 영아에게 절대적인 식품인 모유에 대하여 정확히 파악하면 영아 영양관리의 대부분을 알게 되었다고 할 수 있다.

(3) 모유수유에 의한 영아 양육법

모유는 생후 4~6개월 동안 영아가 필요로 하는 모든 영양소를 함유하고 있으며, 영아의 소화기능에 가장 적합한 식품이다. 또한 모유는 청결하여 모체 유방에 특별한 질환이 없는 이상 세균감염의 위험이 없기 때문에 영아의 소화기에 감염성 질환을 일으키지 않는다(정미라 외, 2007).

모유는 신생아와 영아의 성장과 발달에 가장 적합한 식품이라고 인정받고 있다. 모유의 조성은 영아의 영양소 요구량에 맞게 잘 짜여 있으며 모유의 단백질은 우유의 단백질에 비해 그 양은 적으나 생물가가 훨씬 높고 소화가 더 잘된다. 초유 속에는 단백질이 아닌 질소 화학물의 함량이 많아 모유 단백질의 이용가를 높인다. 게다가 모유는 수유 기간 동안 모체와 영아 간의 접촉을 유도해 애정을 한층 두텁게 해 준다는 장점이 있다.

모유영양을 함으로써 어머니와 영아에게는 다음과 같은 장점이 있다(박성옥 외, 2003).

- 다른 어떤 것보다 이상적인 영양공급원이다.
- 세균에 감염될 염려가 없고 항상 신선하다.
- 감염성 질병의 예방효과가 있다.
- 알레르기에 대한 안전성을 갖는다.
- 엄마와 아기의 접촉으로 관계를 증진시킨다.
- 정상적인 심리발달을 기대할 수 있다.
- 영아 비만을 방지한다.
- 수유부 자신에게 오는 이점(자궁의 빠른 회복, 배란 억제로 인한 자연스러운 피임 효과, 경제적인 도움 등)이 있다.

영아의 수유필요량에는 개별차가 있으나 Finkelsteindms는 다음의 공식에 의해 계산할 수 있다고 제안한다.

수유필요량 = (생후 일수 − 1) × (70~80g)

① 모유수유

보통 수유의 횟수와 간격은 0~1개월에는 2~3시간 간격으로 7~8회, 1~3개월에는 3시간 간격으로 6회이고 점차 4시간 간격으로 한다. 수유 횟수와 간격의 결정에 중요한 영향을 주는 것은 영아 흡인력의 강도와 모유 분비량의 충분 여부이다.

보통 1회 수유시간은 약 20분이며 최초의 5분간 영아는 필요한 모유량의 2/3를 흡인한다. 생후 5~6개월이 되면 모유만으로는 필요한 영양소를 충족할 수 없게 되고 돌이 가까워 오면 영아가 스스로 모유를 멀리하게 된다.

••• 그림 5-1 모유수유 장면

모유수유 방법

- 우선 손을 깨끗이 씻는다. 엄지손가락을 위로 하고 네 손가락을 아래로 하여 손 모양이 C자가 되도록 유방을 잡는다.
- 엄마의 젖꼭지 끝을 아기 입술에 가볍게 스쳐 아기가 입을 벌리도록 자극하고, 아기가 입을 벌리면 엄마 쪽으로 당겨 젖을 물린다.
- 아기를 안는 자세는 여러 가지가 있으나 어떤 자세이건 아기의 배가 엄마의 배를 향하게 하고 가장 편한 자세를 취한다.
- 하루에 적어도 8회 이상 젖을 먹인다. 처음에는 아기가 먹고 싶어 할 때마다 먹인다. 양쪽을 번갈아 물려야 지속적으로 젖이 분비되고 젖의 양도 고르게 유지된다. 많이 부푼 쪽을 먼저 먹이고 10분 정도 지나 다른 쪽 젖을 먹인다.
- 아기가 스스로 그만둘 때까지 계속 물리는 것이 좋다.
- 젖을 먹이기 시작하여 약 5~6분간 나오는 전유에는 수분과 유당이 풍부하고 후유에는 지방 함유량이 높고 농축되어 있다. 전유와 후유의 불균형을 막기 위해서는 후유를 충분히 먹여야 한다.

출처 서울대학병원(1998)

② 모유영양 시 유의점

모유영양에 있어 주의해야 할 점은 모유가 영아를 위해 이상적으로 조성이 되어 있으나 철분 함량은 대단히 낮다는 점이다. 신생아는 태아기 말기에 체내에 충분한 양의 철분을 비축한 채 출생하므로 5~6개월까지는 철분 함량이 낮은 모유만으로도 적혈구의 재생을 충당할 수 있으나 비축된 철분은 생후 5~6개월이 지나면 고갈되기 시작한다. 그러므로 너무 오래도록 다른 음식을 보충하지 않은 채 모유만으로 양육하면 철 결핍성 빈혈에 걸리게 된다(박성옥 외, 2003).

표 5-7 모유와 우유의 성분 비교

성분	모유	우유
열량	비슷	비슷
수분	충분	불충분
단백질	질적 우수한 아미노산으로 구성, 적당량 훼이타입(소화 우수), 시스테인, 타우린 충분(뇌성장 필요 성분)	모유에 비하여 구성아미노산이 다소 열등함 필요 이상 과량의 카세인 형태로 소화가 곤란하고 시스테인과 타우린 부족
지방	불포화지방산 형태로 충분히 함유	포화지방산(성인병 관련) 충분
유당	충분	부족
무기질, 비타민	흡수 용이, 칼슘, 인산, 철 적당량	흡수 곤란, 철, 비타민 부족
항감염 물질	항체, 백혈구, 락토페린, 라이소자임, 비피더스 함유	별로 없음
세균오염	없음	가능함

출처 : 정미라 외(2007)

③ 모유 영양아의 보육

모유 수유아를 보육시설에 맡기며 모유의 지속 공급을 희망할 때 직접 수유를 하거나, 어쩔 수 없는 경우에는 냉동모유를 이용해 모유영양을 지속하는 것이 가능하다. 직장인의 경우 짠 젖을 깨끗한 병이나 모유 전용 보관용기에 넣어 냉장실에 보관하고, 짠 지 24시간 내에 먹이지 않을 젖은 냉동하는 것이 좋다. 냉장보관은 72시간 이내, 냉동보관은 3개월 이내 먹이는 것이 좋다.

해동은 흐르는 물이나 또는 40℃의 뜨거운 물로 한다. 전자레인지나 열탕에서의 해동은 모유성분이 변화하는 경우가 있기 때문에 사용하지 않으며, 성분이 분리되어 있을 때는 천천히 흔들어 섞어 수유한다. 저장한 모유공급 시 수유는 우유병으로 이루어지는데 이때 젖꼭지를 바꾸면 일시적으로 먹지 않을 수도 있다. 이럴 경우 끈기 있게 젖꼭지나 분유에 익숙해지도록 한다(최지영, 2007).

2) 인공영양

영아를 모유 이외의 것으로 기르는 것을 인공영양이라고 한다. 특히 이 경향은 도시에 있어 현저한데, 그 이유는 여성들의 취업과 사회 환경으로 인한 모유분비의 감소, 인공영양법의 개선과 보급이 진전되고 있는 점 등이 그 원인으로 파악되고 있다. 인공영양에서는 탈지우유로 만든 조제분유가 가장 많이 선택된다. 인공영양에 사용되는 분유 종류는 다음과 같다(박성옥 외, 2003).

표 5-8 인공영양에 사용되는 분유 종류

종 류	내 용
우유 조제분유	우유를 원료로 하고 단백질, 무기질 함량을 모유와 비슷하게 맞추며, 균질화와 열처리를 하여 소화하기 쉽게 제조한 것, 유청 단백질과 카세인의 비율 40 : 60으로 모유와 가깝게 만듦. 식물성 기름, 유당과 콘시럽 등의 당질을 첨가하여 에너지 함량을 모유와 비슷하게 하였고 비타민도 첨가함
두유 조제분유	우유 알레르기가 있는 영아에게 적합하며, 대두분에서 대두 단백질을 분리하고 대두 단백질에 부족한 아미노산인 메티오닌을 첨가한 다음 당질, 식물성 기름, 비타민, 무기질을 첨가하여 제조함
카세인 가수분해물 조제분유	우유와 두유에 모두 알레르기가 있는 영아에게 적합하며, 단백질을 아미노산으로 가수분해시켜 만든 조제분유

(1) 인공영양의 필요성

일반적으로 모유수유가 바람직하긴 하지만, 모유수유만이 영아에게 영양분을 제공해 줄 수 있는 유일한 방법은 물론 아니다. 여성 중 소수는 신체적으로 영아에게 젖을 먹일 수 없는 경우가 있고, 어떤 여성들은 모유수유에 대해 강한 반감을 가지고 있거나 일 또는 여행 등과 같은 요인들 때문에 모유를 먹이지 못할 수도 있다. 인공유를 먹였어도 사랑으로 키운 아동은 건강하게 잘 자라고, 생활에 잘 적응해 나간다. 모유를 먹고 자란 아동과 인공유를 먹고 자란 아동을 비교한 종단적 연구들에 의하면 유의한 차이가 발견되지 않고 있다. 즉 수유방법보다 모자관계의 질이 더 중요한 것으로 보인다.

'사랑을 받으며 자란 아이는 어떻게 영양을 제공받았는지와는 관계없이 건강하고 심리적으로 안정된 개체로 성장할 수 있다. 성공적인 모유수유는 어머니와 아동 모두에게 아름답고 행복한 경험인 반면, 의무감 때문에 억지로 모유를 먹이는 여성은 원망과 불쾌한 감정을 아기에게 전달하므로, 편안한 마음을 가지고 인공유를 먹이는 어머니보다 더 나쁜 영향을 아기에게 줄 것이다.' (Olds & Eiger. 1973, p18)

(2) 인공영양의 방법

영아에게 우유를 먹일 때 수유자는 손을 먼저 씻고 우유의 온도와 젖병의 젖꼭지 구멍이 적당한가를 확인한다. 우유의 온도는 대체로 체온보다 약간 높은 37~40℃ 정도가 적당하며 우유병이 유리병이면 뺨에 대보고 약간 뜨겁다고 느낄 정도면 된다. 1회 먹이는 양은 영아의 월령에 따라 다르며, 수유시간은 약 15분이 적당하다.

위생적으로 안전한 분유는 살균할 필요가 없기 때문에 전에 미리 소독한 젖병 등의 기구를 이용한다. 이렇게 가능한 한 세균에 오염되지 않도록 조유하는 방법을 무균조작법이라고 한다. 이 방법은 손과 조리대의 소독, 기구류의 소독과 그것들을 위생적으로 보관하는 것이 중요하다. 보육시설에서 어린 영유아가 적을 경우는 이 방법을 이용하는 것이 좋다.

(3) 인공영양 시 유의점

••• 그림 7-2 **인공수유 장면**

수유는 아기와 어머니가 연결되는 중요한 시간이므로 가능한 한 아기를 안고 조용한 분위기 속에서 침착하게 수유에 전념한다. 특히 영아에게 우유병을 주고 혼자 두면 질식할 수 있으므로 주의해야 하며, 영아가 6개월 정도 되면 수유자가 영아를 안고 영아 스스로 우유병을 잡고 먹도록 해도 좋다.

수유가 끝나면 영아를 안고 트림을 시켜준다. 트림을 시켜주지 않으면 우유를 먹을 때 함께 들어온 공기로 인하여 우유를 토하게 된다.

① 트림시키는 방법

■ **상체를 세워 위 속 공기와 우유를 분리시키는 게 기본이다.**

수유할 때 함께 삼킨 공기를 식도를 통해 다시 밖으로 내보내는 것이 트림이다. 공기와 함께 우유까지 내보내면 토하게 되는 것이다. 따라서 음식물과 공기를 먼저 분리한 다음 공기만 올라오게 하는 것이 트림을 잘 시키는 비법이다. 먼저 위 속의 우유와 공기가 분리될 수 있도록 아이를 안아 몸을 수직으로 세우는 것이 트림의 기본자세다.

■ **몸을 세워 안은 후 등을 아래에서 위로 쓸어 올린다.**

아이의 머리를 엄마의 어깨에 걸친 후 부드럽게 등을 쓸어준다. 다른 한 손은 아이의 엉덩이를 안정적으로 감싸 안는다. 이때 등을 두드리기보다 손에 약간 힘을 실어 아래에서 위쪽으로 쓸어 올리는 동작을 수차례 반복하는 게 좀 더 효과적이다.

••• 그림 7-3 **트림시키는 방법**

■ **무릎에 앉히고 등을 부드럽게 쓰다듬는다.**

엄마의 무릎 위에 아이를 앉히는 자세도 트림을 잘 나오게 한다. 먼저 한 손으로 아이의 가슴과 허리를 안정감 있게 감싸 안은 후 허벅지 위에 아이를 앉힌다. 다른 한 손으로 아이의 등을 쓸어주거나 둥글게 원을 그리며 문지른다. 5분 정도 계속하면 대부분 아이들은 시원하게 트림을 한다.

3) 혼합영양

모유가 충분히 나오지 않거나, 어머니의 취업, 어머니의 사정으로 정해진 시간밖에 모유를 줄 수 없을 때, 인공영양으로 보충하는 혼합영양법을 선택한다.

혼합영양의 방법에는 다음과 같은 두 가지가 있다(박성옥 외, 2003).

첫째, 한 번의 수유에 모유와 인공유를 다 주는 방법이 있는데, 이 방법은 모유 분비량을 감퇴시키지 않는다는 장점이 있지만 손이 많이 가는 번거로움이 있다. 이때 처음에 모유를 주고 인공유는 나중에 주는 것이 요령이다.

둘째, 시간에 따라 모유와 인공유의 수유를 번갈아 행하는 방법이다. 어머니가 직업이 있거나 외출할 때 이 방법을 쓰는데, 손은 많이 안 가지만 모유의 수유가 1일 3회 이하가 될 때에는 모유의 분비량이 감퇴되므로 이 점을 주의해야 한다.

혼합영양에 있어서 가장 곤란한 문제는 영아가 우유를 싫어하거나, 혹은 모유를 싫어하게 되는 경우라 하겠다. 생후 2~5개월 사이에 이 문제가 많이 발생하는데 특히 출생 시부터 미각에 민감한 유형이 있어 2개월경부터 모유와 인공유의 맛을 구별하는 경우가 그러하다.

그러나 우유를 싫어하는 것은 미각뿐 아니라 모유는 어머니의 품에 안겨 젖꼭지로부터 만족을 느낄 수 있는 데 비해 우유는 어머니의 몸으로부터 떨어져 불안감을 갖기 때문인 것으로 여겨진다. 이러한 경우 영아가 싫어하면 무리하게 주지 말고 다음 시간까지 배고프게 하여 우유를 먼저 주고 나중에 모유를 주는 방법이 있다.

3. 이유

1) 이유의 정의

생후 4~6개월 후부터는 영아의 성장 및 발달에 필요한 에너지와 영양소를 모유만으로는 충족시키기 어렵다. 이에 영아의 식생활을 점차 성인의 식사형태로 대체하는 것을 이유(離乳, weanling)라 한다(송태희 외, 2008).

다시 말하면, 영아기 초기에는 모유(母乳)나 분유만으로 필요한 영양을 얻을 수 있으나 생후 6개월 정도가 되면 모유나 분유만으로는 충분한 영양공급이 어려워진다. 이때쯤이면 아기에게 연하고 소화가 잘되는 반고형(半固形) 상태의 음식을 주어 부족한 영양을 보충하고, 고형식(固形食)에 익숙해지도록 훈련하는 과정이 필요한데 이때 주어지는 음식을 말한다.

2) 이유 시기

이유는 생후 4~6개월 또는 체중이 출생 시 체중의 2배(6~7kg)가 되는 시기에 하는 것을 권장하며, 이유 시작이 너무 빠른 경우(생후 4개월 이전)에는 모유분비량 감소, 알레르기 질환, 설사, 비만 등이 야기될 수 있으며, 반면 이유 시작이 너무 늦은 경우에는 성장지연, 영양결핍, 면역기능 저하 등을 일으킬 수 있다.

규칙적으로 시간을 정해서 주고, 젖을 주기 전 공복상태에서 주는 것이 좋다. 아기의 소화기능이 비교적 활발한 오전 10시경에 주기 시작하여 이어 오후 2시, 오후 6시 순으로 준다.

3) 이유식의 준비

영아의 성장단계에 알맞은 조리법을 적용하되 영양의 균형을 생각하여 준비한다. 즐거운 식사 분위기를 만들어주며, 이유식에 적합하지 않은 식품은 사용하지 않도록 한다.

아이들에게 이유식을 제공할 때 염두에 두어야 할 사항은 다음과 같다(정미라 외, 2007).

■ **이유식의 시작시기나 완료시기는 물론, 1회 급식량도 유아에 따라 차이가 많다.**

이유식을 시도하기 전 영아의 건강상태와 소화상태에 대한 충분한 관찰이 필요하고, 건강의 문제가 있을 때에는 무리하게 시도하지 않는다. 또한 영아에게 먹여야 하는 이유식의 절대량은 정해져 있지 않으며, 영아가 먹고 싶어 하는 만큼 먹이는 것이 좋다.

■ **식품의 선택에서부터 조리과정, 남긴 음식의 보관에 이르기까지 이유식 준비의 모든 과정이 위생적이어야 한다.**

영아는 질병이나 세균에 대한 저항력이 성인보다 약하기 때문에 조리 시에는 칼, 도마, 그릇 등의 청결에 유의하여야 하며, 재료도 되도록 신선한 것을 준비하도록 한다. 대부분의 이유식은 수분이 다량 함유되어 있고, 미생물이 번식하기 좋으므로 영아가 먹고 남은 음식의 보관에 유의해야 한다. 냉장고에 보관한 이유식도 2일 이상 경과하지 않도록 주의한다. 그리고 1일 이상 냉장고에 보관된 음식을 다시 먹일 때는 반드시 가열한 후 먹이도록 한다.

■ **이유식은 단계적으로 한두 가지씩 시도한다.**

이유식을 급식할 때는 한꺼번에 너무 여러 가지 식품을 섞어서 주는 것보다 1~2가지 음식을 시도하여 영아의 반응을 관찰한 후에 점차 그 양을 늘려 간다.

■ **이유식을 어른의 입맛에 맞게 만들지 않는다.**

영아의 맛에 대한 감각은 어른처럼 발달되어 있지 않으므로 어른의 입맛에 맞추어 소금, 화학조미료, 기타 여러 가지 양념을 섞어서 조리하지 않도록 한다.

■ **이유식 먹이는 방법에 주의한다.**

이유식을 줄 때에는 이유 식품을 먼저 주고, 그다음에 모유나 우유를 수유하도록 한다. 이유식을 먹이는 과정 자체가 엄마의 애정을 영아에게 전달하는 가장 좋은 기회이므로, 영아가 음식을 거부할 때 강제로 급식하는 행동은 삼가도록 한다.

4) 이유식의 단계

이유기는 영양공급의 변화와 대사 및 섭식운동 발달 등을 근거로 초기, 중기, 후기, 완료기로 구분한다(송태희 외, 2008).

(1) 이유 초기(생후 4~6개월)

이유를 시작하는 시기로 영양보충보다는 모유나 조제유 외의 새로운 음식에 적응하는 시기이다. 이 시기는 영아가 맛을 알아가는 시기이므로 여러 가지 재료를 혼합하지 말고 한 가지씩 재료의 맛을 알 수 있도록 이유식을 준비한다.

(2) 이유 중기(생후 7~8개월)

턱과 혀 운동 발달 및 치아 생성으로 조금 덩어리가 있는 형태도 넘길 수 있으므로 점차 수유 횟수를 줄이고 이유식 후 모유나 조제유를 수유하도록 한다.

(3) 이유 후기(생후 9~11개월)

이유식이 차지하는 비중이 높아지는 시기이다. 이 시기의 이유식은 모유나 조제유의 수유를 줄이기 때문에 영양의 주공급원이 된다. 혼자 숟가락과 컵을 사용하도록 하는 것이 바람직하다.

(4) 이유 완료기(생후 12개월 이후, 1~2세)

소화효소의 활성증가와 유치의 대부분이 생성되어 어른과 같이 하루 세끼 고형식을 먹고 오전과 오후에 간식을 섭취하는 일반 성인식으로 전환하는 시기이다. 모유는 취침 시에 주고, 생우유는 하루 2컵을 권장한다.

표 5-9 이유식의 단계

구 분	시 기	특 징	이유식 형태와 횟수	권장식품	음 식
이유 초기	생후 4~6개월	• 이유 시작 • 이유식 먹인 후 꼭 모유나 조제유 수유	• 이유 시작 • 1회 이유식+4회 수유	바나나, 딸기, 사과, 귤, 토마토, 당근, 양파, 파프리카, 단호박, 브로콜리, 가지, 두부, 두유, 우유(조리용), 흰살생선(가자미), 난황, 감자, 고구마	• 암죽, 곱게 간 과일 • 삶아서 으깬 감자나 흰살생선 • 곱게 다진 고기류 • 달걀 노른자
이유 중기	생후 7~8개월	• 치아생성 시기 • 대부분의 식품 이용	• 반고형식(연식)의 형태 • 2회 이유식+3회 수유	오이, 피망, 콘플레이크, 연어, 전란(생후 8개월부터), 참치, 삼치, 닭가슴살, 간, 콩나물, 숙주나물	• 알찜 • 연두부 • 잣죽 • 플레인요구르트
이유 후기	생후 9~11개월	• 숟가락과 컵 스스로 사용하게 함 • 다양한 식품의 이용	• 고형식 • 3회 이유식+2회 수유	마카로니, 스파게티, 버섯류, 연근, 미역, 구운김, 굴, 대구, 등푸른생선(꽁치, 정어리), 쇠고기	• 된죽과 진밥 정도 • 생선전 • 두부오믈렛
이유 완료기	생후 12개월 이후 (1~2세)	• 성인식과 같은 식사 가능해짐	• 성인식(정상식) • 3회 식사+2회 간식	돼지고기, 고등어, 새우, 문어, 오징어, 낙지, 우유(음료용), 채소, 과일, 해조류	• 진밥, 국수 • 찐 감자와 고구마 • 쇠고기 감자조림 • 완자전

5) 분유 주는 방법

(1) 안는 법

세워 안기가 원칙이다. 영아의 엉덩이를 보호자의 대퇴부에 직각이 되도록 앉혀, 상체를 될 수 있는 한 일으켜 머리가 보호자의 상완부에 오도록 한다. 목을 가누지 못하는 영아는 엉덩이 밑에 수건 등을 대어 높이를 조정해 주는 것이 좋다. 영아의 양손은 언제나 몸 앞으로 해 자유롭게 움직일 수 있도록 한다.

(2) 먹이는 법

- 보호자는 손을 씻는다.
- 영아를 안고 물수건으로 얼굴, 입 주변, 손을 닦는다.

- 거즈 수건을 유아의 턱 밑에 끼운다.
- 분유의 온도를 확인한다.
- 구멍으로 나오는 분유의 양을 조절한다.
- 젖꼭지로 유아의 아랫입술을 가볍게 찔러 본다. 빨기 시작하면 여분의 공기를 마시지 않게끔 젖꼭지가 항상 분유로 가득 채워지도록 한다.
- 수유 후에는 물수건으로 입 주변, 손을 닦는다.
- 어깨에 유아의 턱을 올리는 형태로 안아, 등을 가볍게 아래에서 위로 문질러 트림을 시킨다.

4. 유아식

유아식은 단순히 유아가 먹는 것을 말하는 것이 아니라 유아의 발육 · 심리 · 식사행동 · 가정의 식습관 · 지역사회의 식습관 등에 유의해 조정하고, 요리하여 먹이는 것이다. 영양과 식품만을 생각하는 것이 아니라 식생활 전반을 취급한다(최지영, 2007).

■ 시판 유아식

어른의 식사 그대로 유아가 먹을 수 있는 것도 많으며, 유아식 만들기가 서툰 어머니에게는 시판 유아식이 편리하다. 종류는 밥에 부어 먹을 수 있는 끈적끈적한 타입이 많고, 주로 레토르트 타입으로 되어 있다.

■ 손으로 잡고 먹기

유아기는 스스로 먹는 학습기에 해당한다. 자신의 눈으로 음식을 확인하고, 자신의 손이나 식기구를 사용하여 입으로 운반하고, 입과 손의 움직임을 조절해 능숙하게 먹는 학습기이다.

■ 식사 도구

인간은 손이 발달한 결과, 식사행동에 손을 사용하게 되어, 손으로 음식을 집거

표 5-10 유아식

식사의 요점 \ 구분		이유식	유아식		
		후기	완료기	전기	후기
		9~11개월	1~1세반 (전반)1세	(후반)2세	3·4·5세
발달		기엄기엄	두 발로 걷기·손가락을 사용한다.		자아의 발달
이가 나옴			앞니, 제1유구치	유치가 정돈	제2유구치 안정한 시기
구강기능 발달단계			교단기·한입량 학습기	유구치 저작학습기	저작기능성숙기
식기구사용기능 발달단계			식기구사용학습개시기	식기구사용학습기	식기구사용성숙기
먹는 법	손으로 잡기	놀고, 먹고, 흘린다			
	스푼			뜨고 입 등으로 먹는다.	
	포크				
	젓가락				
식품	형태		손으로 잡기 쉬운 형태 스푼이나 포크로 집기 쉬운 것		
	크기	1cm 정도의 크기	앞니로 자를 수 있는 평평하고 큰 것	작은 것, 큰 것 등 여러 가지 크기	
	굳기	잇몸으로 부술 수 있다	앞니로 자르고, 어금니로 부술 수 있는 삶은 음식 정도	어금니로 갈아 으깰 수 있는 부드러운 볶음 음식 정도	어른보다 조금 부드러운 정도
	향신료·산미	가능한 한 피한다	가능한 한 피한다	미림, 조림술, 와인	마늘, 생강, 머스터드 등도 소량 사용해 익숙하게 한다.
	날 것	과일 외에는 피한다	찬 날두부를 양념장에 찍어 먹는 음식 등	신선한 회 등	로스트비프, 마, 야채 샐러드 등
	기 름	과자 등의 기름은 피한다	과자 등의 기름은 가능한 한 피한다	과자·동물성지방·기름은 가능한 한 피한다	
	차가운 것	아이스크림			아이스캔디
	맛	단맛, 짠맛보다는 연한맛으로	마요네즈, 케첩, 치즈가루, 꿀, 카레가루 등	우스타소스, 생강 등	탕수육풍, 폰스 파드득나물 등 향 나는 야채 조금씩
횟수	주식 간식 모유·밀크(mL)	3 0 300~400	3 0~2 프로업밀크, 우유 400	3 2 프로업밀크, 우유 400	3 1 프로업밀크, 우유 400
식생활		젖 이외의 식사	음식에 대한 의욕·흥미	음식을 즐긴다 맛본다 비교한다	남기다, 나누다, 쌓아두다, 양보하다, 식사의 매너, 사회음식
집단보육		보호자와의 1대1 도움·보호	한 사람 한 사람의 의욕 중심으로	친구들과 함께 즐겁게 먹는다	건강교육, 조리보건 등을 포함해 식생활을 풍요롭게

출처 : 유아식의 기본, 일본 소아의사출판사.

나 끼워 입으로 옮긴다. 손으로 잡고 먹는 것에서부터 스푼이나 포크를 충분히 경험시키고 3세 무렵부터 바르게 잡는 법을 가르치도록 한다. 이후 손가락의 동작이 상당히 발달되기 때문에 장차 바르게 잡는 법을 쉽게 익히므로 젓가락 문화는 계속 이어질 것이다.

■ **간식 주는 법**

유아의 간식은 1일 3회의 식사에서 다 취할 수 없었던 영양소와 수분을 보충하는 목적이 있다. 또한 간식은 "음식"에 관심을 가지게 하기 위한 영양교육의 장이기도 하고 기분전환의 장이기도 하다.

유아기에는 3회의 식사만으로는 섭취하기 어려운 영양을 보충하기 위해 식사 사이에 간식을 1~2회 먹는다.

'간식' 은 정해진 식사 사이에 먹는 것이고, '보식' 은 충분하지 않은 영양소를 보충하는 것, '야식' 은 석식량으로 만족할 수 없을 때의 식사이다. 또 간식을 먹일 때는 충치가 생기지 않도록 유의해야 하는데, 동량의 설탕을 포함한 식품이라도 점착성이 강한 것일수록 충치가 되는 비율이 높다. 이상의 것에 주의하여 식사나 간식 후 물이나 보리차로 입 안을 청결히 한다.

■ **식사교육운동의 움직임**

유아의 식사 환경을 생각하는 것은 유아 때에 식습관이 형성되기 때문이다. 그러므로 가정이나 유아교육기관을 통해 식사교육의 의의나 역할의 중요함을 함께 생각하고, 아이를 둘러싼 식사환경을 보다 좋은 것으로 바꿔 가는 노력이 필요하다.

5. 아동 영양문제

아동은 성인과 달리 에너지나 다른 영양소를 저장해 둘 여유가 없으므로, 이 시기에 영양 부족, 영양 과다섭취, 영양의 불균형 또는 부적절한 영양섭취 등에 대처하는 방법이 적절하지 않으면 그 영향이 심각하게 나타난다. 이로 인한 아동의 영양문제에 대해 살펴본다(박성옥 외, 2003).

1) 비만

(1) 영아 비만

영아기 비만은 인공영양 시 과식을 하거나, 이유식을 너무 빨리 제공했을 때 초래될 수 있다. 따라서 수유 시 영아가 나타내는 포만의 신호를 알아채는 것이 중요하다. 영아기 과식은 유아기와 성인기의 비만과 관련 있을 수 있으므로 비만의 예방은 영아기부터 시작해야 한다.

(2) 유아 비만

비만은 성장, 유지, 활동을 위하여 필요한 열량보다 더 많은 열량을 섭취하거나 활동량이 부족해서 또는 그 외 병적 요소가 원인이 되어 체내 지방량이 비정상적으로 증가하여 피하조직에 많이 쌓인 상태를 말한다. 비만도는 표준체중과 비교하여 20% 이상을 비만이라고 정의하며 20~30%일 때 경도비만, 30~50%는 중등비만, 50% 이상을 고도비만이라 한다.

비만의 원인으로는 식사나 간식의 과다한 섭취, 잘못된 식습관(음료수, 기름진 음식이나 스낵류 선호)과 운동 부족, 정신적 스트레스, 운동 장소나 놀이터가 없는 경우 등의 환경적 요인과 유전적 요인 등을 들 수 있다.

비만 치료의 기본은 식사요법과 운동이며, 중당질(탄수화물)의 섭취를 줄이는 데 하루 세끼의 식사로 균형 있게 섭취하는 습관을 가질 수 있도록 하는 것이 무엇보다 중요하다. 그러나 극심한 열량제한은 성장을 방해할 수 있으므로 피하는 것이 좋으며 식사요법 외에 운동, 심리적인 면에서도 세심한 주의가 있어야 하므로 가족의 이해와 협력이 필수적이다.

2) 편식

편식은 특정한 종류의 식품만을 특별히 좋아하고 다른 식품을 거부하는 상태를 말하며 자아의식이 발달되어 심리적 변동이 많은 3세 전후에서 7세까지의 유아기에 많이 보인다. 유아기는 식품에 대한 기호가 확실해지는 시기이므로 다양한 식품을 섭취하도록 하지 않으면 섭취한 적이 없는 식품에 대해서는 거부감을 갖는 편식이 형성되기 쉽다.

편식의 원인으로는 이유 방법이 잘못되었을 때, 식단의 구성이 잘못되었을 때, 음식을 강제로 먹이려 할 때, 가족 중 편식하는 사람이 있을 때, 특히 어머니가 편식을 할 때, 식사 분위기가 너무 딱딱하거나 잔소리가 너무 심할 때, 과잉보호할 때 등을 들 수 있다. 편식하는 것이 습관이 되면 이것을 고치는 일이 쉽지 않으며 오랜 시간과 인내가 필요하게 되므로 미리 주의해야 한다. 그러나 유아기의 편식은 아직 고정된 것이 아니라 교정이 가능하므로 가족의 협력이 필요하다.

3) 음식물 알레르기

아동에게 만성적으로 영향을 미치는 가장 흔한 영양상의 문제가 식품 알레르기인데 주된 원인은 대개 음식에서 기인한다. 식품 알레르기란 식품의 단백질과 같은 크기가 큰 물질 분자가 체내에 들어와 과잉 면역반응을 유도할 때 일어난다.

가장 흔히 알레르기를 유발하는 식품은 우유이고 밀, 달걀, 옥수수, 오렌지, 콩류, 쌀, 생선, 쇠고기, 돼지고기, 닭고기 등이 자주 알레르기를 유발한다.

알레르기 반응은 비염, 설사, 구토, 두드러기, 복통, 피부염, 과민증, 호흡곤란 등의 증상이 나타나며 심지어는 사망에 이르기도 한다. 알레르기의 증상은 즉시 나타날 수도 있고 늦게 나타날 수도 있다. 증상은 아동의 연령과 섭취한 음식의 종류와 양에 따라 미약할 수도 있고 심각할 수도 있다.

식품 알레르기 증상은 유아에게 가장 많으나 성장하면서 대략 5세 정도가 되면 자연 치유되는 경우가 많다. 유아가 특정 음식에 대한 과민반응을 지니고 있다면 유아교육기관에서는 섭식에 유의하여야 하는데 유아교육기관에서 쉽게 만들 수 있는 음식이 아닌 경우 집에서 음식을 가져오도록 하는 것이 좋으며 눈에 잘 뜨이는 곳에 유아의 이름과 음식 과민성에 대한 기록을 게시해 놓는다.

4) 영양불량

(1) 음식의 거부

유아가 피곤하고 지치고 병이 있다면 식욕이 떨어지게 되고 낯선 환경에서도 식욕을 잃게 된다. 어떤 음식도 한 가지 음식에 모든 영양소를 포함할 수 없기 때문에 다양한 음식을 제공해야 하는데 유아들은 대개 성인이 좋아하는 것과 같은 음식을 즐긴다. 유아가 며칠 이상 식욕의 변화를 보인다면 부모에게 알리고 이유를 알아본다.

(2) 영양부족

영양결핍은 대개 사회 · 경제적 수준이 낮은 상태에 있는 유아들에게 나타나며 그 원인은 경제적 궁핍에 의한 식품의 섭취부족, 감염과 기생충 등에 의한 흡수불량, 비위생적인 가정환경, 부모의 무지와 무관심, 부모의 과잉보호, 잘못된 육아법 등이 있다.

영양결핍 증상으로는 육체적 · 정신적 무력감, 성장지연 및 피부의 윤기와 탄력 감소 등이 있으며 심해지면 부종, 근육소모, 체중미달이 생기고 머리카락이 쉽게 빠지며 윤기가 없어진다. 유아들의 영양불량은 언어능력, 지각력, 기억력, 운동력 등에 많은 손실을 초래하며, 이 때문에 건강한 유아들에 비하여 지능지수가 현저히 떨어질 수 있다.

5) 빈혈

부적절한 철분섭취는 아동 빈혈을 초래한다. 빈혈을 예방하기 위해서는 철분이 풍부하게 든 음식을 포함하여 다양하고 균형 잡힌 식사를 공급해야 한다. 간, 콩류, 쇠고기, 돼지고기, 잡곡류, 건포도, 땅콩버터 등이 철분의 주요 공급원이다. 동물성 식품에 함유된 철분이 식물성 식품보다 흡수가 잘되며 비타민 C가 들어 있는 식품과 함께 먹으면 흡수율이 높아진다. 우유에는 철분과 비타민 C가 거의 들어 있지 않아 다른 음식을 섭취하지 않고 우유만 마시는 유아는 철분 결핍성 빈혈과 비타민 C 결핍증에 걸릴 위험이 있다.

6
Chapter

보육시설의 급식관리

1. 보육시설 급식의 중요성
2. 보육시설의 식단계획
3. 식사와 간식의 운영
4. 식품의 안전

아 동 건 강 교 육

현대사회의 산업화, 도시화, 정보화, 세계화 현상은 사회전반에 걸쳐 많은 변화를 가져왔다. 가족제도 또한 많은 변화를 겪게 되었다. 특히 전통적으로 가정에 속해 있던 아동 양육기능은 약화되고 보육에 대한 사회적 욕구와 국가의 책임을 강조하게 되었다. 대가족 중심의 위계와 권위는 무너지고 부부와 자녀를 중심으로 하는 핵가족이 보편화되었다. 지속적인 경제성장으로 인하여 인력이 부족해지고, 여성의 취업에 대한 인식이 바뀌게 되면서 여성은 사회 여러 분야에 참여할 기회가 확대되고 있다. 특히 자녀를 둔 취업모인 경우 육아문제까지 해결해야 하는 어려움이 있어 대부분의 여성이 취학 전 자녀를 어린이집이나 유치원 등 보육시설에 맡기고 있는 실정이다.

2009년 보육통계에 의하면, 전국적으로 보육시설은 35,550개소에 이르고 있으며, 전체 보육시설 이용 아동수도 1,170,000명에 달한다(보건복지부, 2010). 보건복지부는 앞으로도 "생산가능인구 부족으로 인해 여성경제활동의 필요성이 증가하여 보육에 대한 수요는 비례적으로 늘어날 전망"이라고 예측하고 있다. 이러한 맞벌이 부모들뿐만 아니라 가정에서 영아를 양육하는 부모들도 점차 시설에 맡기고자 하는 요구(채영란 · 김희정, 2007)가 늘어나고 있으며, 보육시설 이용 아동의 연령이 점차 낮아지고 있다. 이에 따라 영유아의 영양섭취와 식행동 발달에 대한 책임이 가족에서 보육시설 교사에게로 이동하고 있어 보육시설 영유아의 평생건강 마련을 위한 전문적인 영양관리가 중요해지고 있다.

1. 보육시설 급식의 중요성

1) 보육시설 급식의 의의

영유아기는 신체성장이 빠른 속도로 이루어지고 신체적 · 정신적 · 사회적인 모든 면에서 발달과정에 있으며 성인에 비해 면역력이 약해 병에 취약한 시기로 균형있는 영양과 위생적인 건강관리가 필요한 시기이다. 또한 영유아기인 만 6세까지 식습관이나 식품기호도가 거의 결정되므로 영유아기의 건강과 영양은 궁극적으로 성인기의 신체건강에 영향을 미치게 된다. 집이라는 한정된 환경에만 있다가 보육시설이라는 새로운 환경에 노출되어 하루의 많은 시간을 지내게 되며, 보육시설에서 간식 및 점심이나 저녁까지의 식사를 하게 된다. 따라서 영유아기의 균형 잡힌 영양공급의 중요성을 고려할 때 영유아들의 보육을 담당하고 있는 시설에서의 급식은 영양적으로 균형을 이루어야 하며 영유아의 영양권장량에도 맞아야 할 것이다(김경희 외, 1997). 영유아의 영양과 관련된 연구에 따르면, 식사가 양호하면 지적 능력, 학업성취 욕구와 인지작용 등이 우수하며, 식사시간이 규칙적인 영유아가 비규칙적인 영유아보다 인지능력이 높았다. 또한 영유아기의 영양섭취나 식습관은 성인기의 건강에까지 영향을 주는 매우 중요한 요소이므로 보육시설 급식의 중요성이 더욱 크다. 영유아기의 영양요구량은 신체 조성과 크기, 활동패턴, 성장속도 등에 따라 다양하게 달라지며 영유아가 받아들이고 섭취하는 식품은 부모의 식품 선택과 보육시설의 식사 환경, 부모의 요구, 광고, 이전의 식경험에 의해 이루어지기 때문에 부모의 적절한 보호가 필요한 시기이다. 취학 전 영유아의 식생활태도와 영양상태는 가정, 사회 환경 등의 요소와 밀접한 관련이 있으며, 특히 부모나 교사의 인식과 영유아에게로의 바른 전달에 큰 영향을 받는다고 보고되고 있다.

또한 영유아의 사회화가 이루어지는 시기로 보육기관에서의 급식 및 또래집단의 식습관은 영유아의 식품섭취와 음식수용 및 거부에 큰 영향을 준다. 이때 형성된 식습관은 성인이 된 후의 식습관에도 영향을 주게 되고 정상적인 성장발달과 건강하고 원만한 성격형성에도 큰 영향을 미친다고 여러 연구결과가 보고되어 있다. 따라서 이 시기에는 바람직한 영양교육이 이루어져야 할 필요가 있다.

보육시설에서 급식실시의 의의는 아래와 같이 정리될 수 있다(조경자, 2004).

첫째, 합리적인 영양섭취를 통하여 영유아의 영양상태를 개선할 수 있다. 유아교육기관에서 먹게 되는 간식 및 점심을 통해서 영유아는 성장과 발육 및 건강한 생활에 필요한 1일 필요열량의 1/2 이상을 섭취하게 된다. 영유아의 가정마다 소득과 가족구성이 다르며 음식의 기호 및 식생활이 달라 일부 영양소가 과잉 또는 부족 되기 쉽다. 유아교육기관에서는 균형 있는 식사를 통해 영유아의 성장발육에 필요한 영양소를 섭취할 수 있으며 가정에서 부족하거나 과잉된 영양소를 보충 또는 개선하는 역할을 할 수 있다.

둘째, 올바른 식습관의 형성 및 개선을 도모할 수 있다. 영유아기는 식품에 대한 이해와 올바른 식습관, 음식에 대한 기호를 몸에 익히게 되는 시기이다. 급식 시 교육적인 환경에서 식생활과 관련된 지도를 함으로써 올바른 식습관 형성을 돕고 편식 등의 잘못된 식습관의 교정도 효과적으로 이루어질 수 있다. 식생활에 대한 바른 이해와 바람직한 식습관의 육성으로 영유아에게는 집단생활을 통해서 생활의 바람직한 형태, 즉 사회생활과 조화되어 장차 훌륭한 사회인으로서 생활을 할 수 있도록 하는 기초적인 훈련이 중요하다. 따라서 급식은 경험교육의 하나로서 영유아에게 바람직한 생활습관을 몸에 익힐 수 있는 가장 좋은 기회가 된다.

셋째, 통합적인 교육활동을 실시할 수 있다. 다양한 음식을 먹는 경험을 통하여 영양과 관계되는 지식의 습득뿐 아니라 사회적, 언어적, 정서적 발달에 도움이 되는 경험을 할 수 있다.

넷째, 가정에서 식사를 마련하는 데 따르는 시간, 노력과 경비를 줄일 수 있다. 즉 유아교육기관에서 바람직한 급식을 통해 영양상태의 개선과 올바른 식습관 형성, 통합적 발달을 도모할 수 있고, 부모들의 노력과 경비를 줄이는 데 기여할 수 있을 것이다.

2) 보육시설 급식 지도의 이점

보육시설에서 실시하는 단체급식 지도의 이점은 다음과 같다.

- 영유아의 건강과 영양관리의 집단 영양지도로 영양권장량에 따른 균형 잡힌 식사를 할 수 있다.
- 교사와 영유아, 영유아와 영유아 간의 협동정신 함양으로 정서적 안정을 도모할 수 있다.
- 계속적인 식습관 개선의 노력으로 그릇된 식습관과 편식을 교정할 수 있으며 식생활의 규범과 질서가 생긴다.
- 영양교육으로 가정에서 가족의 식생활 개선에 기여할 수 있다.
- 학부모의 단체급식 참여로 유치원과 학부모, 지역주민과의 유대가 긴밀해진다.
- 영양의 올바른 개념정립으로 영유아들로 하여금 미래의 합리적인 식생활을 주도하게 할 수 있다.

3) 보육시설 급식 고려사항

- 보육시설의 증가와 더불어 영양 및 급식관리를 책임지는 전문인이 필요하다.
- 급식시설과 인력확보에 많은 비용지출이 따른다.
- 보육시설의 담당자 및 관계자의 업무량이 증가된다.
- 영유아 개개인의 특성 고려가 어렵다.

2. 보육시설의 식단계획

보육시설에서 영유아들에게 급식을 하는 목적은 유아에게 필요한 양질의 영양을 제공함으로써 그들의 신체적, 정신적 성장발달을 도모하고자 하는 것이다. 미리 계획된 식단을 준비하고 식사 및 간식을 제공하는 것은 식품재료의 구매계획이나 조리계획, 작업계획 등에 영향을 주고 같은 음식의 잦은 중복을 피하게 해 주므로 식사계획의 기본이 된다(조미숙, 1998).

보육시설 급식은 계획된 식단에 의해 식사를 공급하므로 영유아에게 반드시 필요한 영양소를 영양적으로 균형 있게 제공할 수 있으며, 보육시설에서 많은 영유아가 집단으로 식사를 함으로써 가정에서 시정하지 못했던 식습관이나 편식 등 잘못된 식습관도 효과적으로 지도할 수 있다. 또 다양한 음식을 먹는 경험을 통해 영양과 관계되는 여러 가지 지식을 습득하고 사회적, 언어적, 정서적 발달에 도움이 되는 경험을 할 수 있다. 그러므로 보육시설에서는 적합한 영양섭취를 위해 영양이 골고루 갖춰진 양질의 식단과 영양의 균형을 이루는 식사를 제공해야 한다. 식사시간은 영유아가 급하게 먹지 않도록 시간을 충분히 주며 분위기를 최대한 조용하고 편안하게 해야 한다(남향수, 2006).

1) 식단계획 시 고려사항

영유아기는 중요한 발육단계로 활동량의 증가, 두뇌의 완성, 신체의 제반 조절기능 및 사회인지능력의 원만한 발달 등을 위하여 충분한 영양소의 공급이 필수적이다(김일옥, 2002). 따라서 생애주기에서 가장 중요한 영유아기의 영양권장량에 부합되는 급식관리가 한 끼 이상의 식사와 간식을 제공받는 보육시설에서 충분히 고려되어야 한다.

영유아보육법 시행규칙의 제34조에 의하면, 급식관리에 관해서 영양사가 작성한 식단에 의하여 공급하되 영유아 100인 미만의 시설은 보육정보센터, 보건소에서 영양사의 지도를 받아서 식단을 작성하도록 하고, 영유아에 대한 급식은 보육시설에서 직접 조리하여 공급하는 것을 원칙으로 한다.

식단계획은 식품의 선정, 사용량의 결정, 조리방법의 선정, 식품구입, 그리고 배식까지를 포함하게 된다. 즉 식단이란 식사의 목표와 일치하는 식사를 하기 위한 일체의 계획과 실천을 위한 관리를 모두 말하는 것이다(김경희 외, 1997). 식단은 영아와 유아를 구분하여 각각의 성장별 특성에 맞는 영양관리가 필요하며, 식단을 작성할 때는 아동의 식품에 대한 기호도를 고려한 세심한 배려로 건강을 증진시킬 수 있도록 한다. 점심과 간식을 계획할 때 영양적 필요를 충족시켜야 하며, 유아들이 즐겁게 먹을 수 있도록 색이나 질감, 냄새, 온도, 맛, 조리법에 신경을 쓰며, 친숙한 음식과 새로운 음식을 균형 있게 제공하면서도 변화 있는 식단을 계획한다. 식단의 주기는 주별, 월별 간격을 유지하는 것이 바람직하며 식단표를 작성할 때에는 경제성, 식품구입의 용이성, 계절의 특성, 요리의 방법과 소요시간 등을 고려해야 한다(조경자, 2004).

식단은 식단 작성자의 계속적인 노력과 영양지식이 필요하며, 올바른 식단작성은 급식원의 건강을 향상시킬 뿐 아니라 합리적인 식습관을 형성시킨다. 그러므로 식단은 영양, 식비, 계절 및 조리원의 능력 등에 중점을 두어 맛있고 변화가 풍부한 식단이 되도록 하여야 한다(김경희 외, 1997).

표 6-1 영유아의 영양섭취 기준

연령	에너지 (kcal)	단백질 (g)	칼슘 (mg)	나트륨 (g)	철 (mg)	비타민A (μg RE)	티아민 (mg)	리보플라빈 (mg)	나이아신 (mg NE)	비타민C (mg)
영아			(AI)			(AI)	(AI)	(AI)	(AI)	(AI)
0~5개월	600		200	0.12		350	0.2	0.3	2	35
6~11개월	730	10	300	0.37	5	400	0.2	0.4	3	45
유아										
1~2세	1,000	12	300	0.8	5	200	0.4	0.5	5	30
3~5세	1,400	15	400	1.0	5	210	0.4	0.6	5	30

출처 : 영유아 단체급식의 표준(2010)

표 6-2 유아 주간식단의 예

분류	요일	월(mon)	화(Tue)	수(Wed)	목(Thu)	금(Fri)	토(Sat)
1주	오전간식	요구르트(호상)	시리얼, 우유 (시리얼)	쇠고기죽	팬케이크	삶은감자	수정과, 약식
	점심식단	기장밥 미역국 쇠고기메추리알조림 청경채무침 배추김치	수수밥 두부된장찌개 닭찜 청포묵무침 오이소박이	비빔밥 달걀국 고추장볶음 오징어튀김 배추김치	차조밥 쇠고기국 고등어구이 콩나물무침 열무김치	검은콩밥 북엇국 두부구이 잡채 깍두기	우동 오징어튀김 깍두기 요구르트(호상)
	오후간식	바나나	수정과, 절편	사과	떡볶이	매실차, 인절미	
2주	오전간식	검은콩우유	머핀	크림수프	우유, 모닝빵	검은콩우유	호두우유, 롤빵
	점심식단	고구마밥 갈비탕 감자채볶음 열무된장무침 깻잎김치	보리밥 어묵국 돼지고기편육 부추전 깍두기	콩나물밥 대구탕 뱅어포구이 쫄면야채무침 배추김치	흑미밥 육개장 코다리조림 시금치나물 깍두기	현미밥 꽃게탕 떡볶이 마늘종조림 배추김치	국수 만두튀김 열무김치 요구르트(호상)
	오후간식	오렌지	삶은계란	인절미	꿀호떡	수박	

출처 : 영유아 단체급식의 표준(2010)

표 6-3 영아 주간 이유식단의 예

분류	요일	월(mon)	화(Tue)	수(Wed)	목(Thu)	금(Fri)	토(Sat)
1주	초기 (4~6개월)	쌀미음	고구마미음	단호박미음	당근미음	브로콜리미음	사과미음
	중기 (7~9개월)	고구마찹쌀죽	단호박 사과메시	달걀노른자 야채찜	닭살감자죽	두부당근죽	쇠고기 브로콜리죽
	후기 (10~12개월)	애호박 완두콩진밥	버섯야채진밥	쇠고기덮밥	진밥 연두부달걀찜	단호박수프	참치살 야채진밥

2주	초기 (4~6개월)	감자미음	애호박미음	옥수수미음	완두콩미음	찹쌀미음	흑미미음
	중기 (7~9개월)	쇠고기우유죽	시금치 바나나죽	야채죽	쇠고기시금치	미역현미죽	부추콩나물죽
	후기 (10~12개월)	흰살생선진밥	쇠고기진밥	감자우엉진밥	김가루흰살 생선주먹밥	닭고기 대추진밥	과일치즈진밥

출처 : 영유아 단체급식의 표준(2010)

표 6-4 1일 식단구성의 예

식단 \ 식품군 및 권장섭취 횟수		밥 (곡류 및 전분류 1)	단백질 반찬 (육류, 생선, 계란, 콩류)	야채반찬 (채소류)
		2	3	4
아침	수수밥	수수밥(130g) 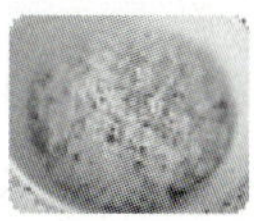 0.6	갈치 조림 1토막(50g) 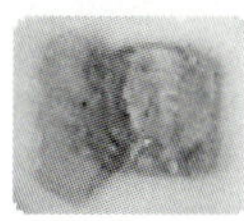 1	미역국 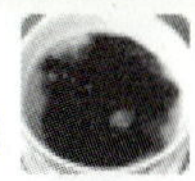 0.5 콩나물무침 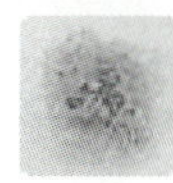 0.5
	미역국			
	갈치조림			
	콩나물무침			
점심	흰밥	흰밥(150g)  0.7	두부 2쪽(80g)  1	무국  0.5 버섯볶음  0.5 배추김치  0.5
	무국			
	시금치나물			
	두부구이			
	배추김치			
저녁	보리밥	보리밥(150g)  0.7	동그랑땡4쪽(60g) 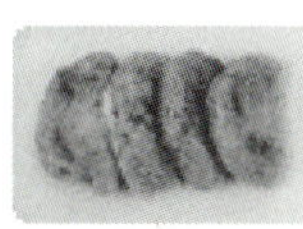 1	시금칫국 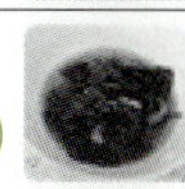 0.5 우엉조림  0.5 오이생채  0.5
	얼갈이국			
	동그랑땡			
	버섯볶음			
	오이생채			

출처 : 영유아 단체급식의 표준(2010)

2) 급식계획

보육시설 급식과 관련된 급식관리로 보건복지가족부령(2008.2.29 개정) 영유아보육법 제33조에 의하면, 보육시설의 장은 첫째, 영유아에게 균형 있고 위생적이며 안전한 급식을 제공해야 하며, 둘째 정상적인 발달에 필요한 영양을 섭취할 수 있도록 영양사가 작성한 식단에 의하여 공급하되, 영유아 100인 미만을 보육하는 시설의 경우 인근 보육정보센터, 보건소 등의 영양사의 지도를 받아 식단을 작성하여야 하며, 셋째 급식은 보육시설에서 직접 조리하여 공급하는 것을 원칙으로 한다고 명시하고 있다.

효율적인 급식 운영관리를 위해 간식과 점심 급식의 계획과 관리는 체계적으로 이루어지는 것이 중요하다. 급식 프로그램의 실행에는 식단계획, 식품의 구매와 준비, 음식의 제공, 시설 설비의 안전하고 위생적인 관리 등이 포함된다(조경자 외, 1998). 식단계획 시에는 적절한 영양섭취를 위한 음식의 종류나 양이 전문적으로 고려되고, 운영 시 음식을 제공하는 시간, 분위기, 급식과 간식시간의 상호작용 내용 등이 고려되어야 한다. 식단의 계획은 식품의 선정, 사용량의 결정, 조리방법의 선정, 식품구입, 배식까지 포함하며, 식단이란 식사의 목표와 일치하는 식사를 하기 위한 일체의 계획과 실천을 위한 관리를 모두 말한다. 영유아를 위한 식단 작성은 이들의 식품기호도를 우선 파악하는 것이 필요하며, 좋은 식습관 형성을 위해서는 보다 영양이 풍부하고 영유아들이 좋아하는 조리법으로 색, 모양, 맛, 질감이 우수한 식사를 개발하여 제공해야 한다(신은경 외, 2005).

3) 간식계획

간식의 종류를 계획하고 결정할 때는 다음과 같은 점을 고려해야 한다.

첫째, 영유아들을 위한 간식은 영양소의 보충이 주목적이므로 주식으로 충당하기 어려운 단백질, 무기질, 비타민의 영양소를 골고루 섭취할 수 있도록 다양한 제품이 제공되어야 한다. 따라서 단백질, 철분, 칼슘, 비타민 등을 많이 포함하고 있는 우유 및 유제품과 야채 및 과실류는 간식으로 적당한 식품이라 할 수 있다.

둘째, 간식은 위에 오래 머무르지 않는 소화가 용이한 식품이어야 한다. 지방질이나 단백질이 너무 많은 음식이나 튀긴 음식 등은 쉽게 소화가 되지 않아 다음의 식사에 지장을 줄 수 있으므로 부적당하다고 할 수 있다(정연강 · 조정순, 1999).

셋째, 간식을 계획할 때 잊어서는 안 되는 것이 충분한 수분을 공급해야 한다는 것이다. 영유아들은 종종 활동에 열중해 목이 마르다는 것, 즉 몸에 수분이 부족하다는 것을 깨닫지 못하는 수가 많다. 따라서 필요한 수분의 섭취를 도와줄 수 있도록 간식이 제공되어야 한다. 우유나 과일주스, 수정과, 식혜 등의 음료가 적당하며 당분이 많이 포함되어 있는 청량음료는 적당하지 않다.

넷째, 간식은 영유아들이 좋아할 수 있는 맛과 색, 모양으로 만들어진 것이어야 한다. 음식의 온도도 적당해야 하며 유아들이 부담 없이 먹을 수 있는 질감으로 단순하게 조리되어야 한다.

다섯째, 간식은 제철에 나는 과실류, 옥수수, 감자, 콩류 등의 자연식품을 제공하는 것이 좋다.

여섯째, 당분이 많은 음식이나 자극적인 음식은 간식으로 적당하지 않다. 당분이 많으면 충치의 원인이 되고 식욕을 감퇴시키며 자극적인 음식은 위에 자극을 주기 때문이다. 사탕류, 탄산음료, 초콜릿, 커피, 녹차 등은 적당하지 않다. 그러나 단음식은 영유아들이 가장 좋아하는 것이므로 소량으로 좋아하는 것을 먹는다는 만족감을 주는 것이 정서의 안정, 심신의 피로회복에 필요하다.

간식에 적합한 식품을 분류해 보면 다음과 같다(정미라 · 배소연 · 이영미, 1999).

표 6-5 간식으로 적당한 식품

열량 급원식품	비스킷, 쿠키, 샌드위치, 밀전병, 감자, 고구마, 카스텔라, 밤, 옥수수, 주먹밥, 떡볶이, 핫케이크 등
단백질 및 칼슘 급원식품	우유, 요구르트, 치즈, 여러 종류의 달걀 요리, 푸딩, 두유, 콩가루 섞인 미숫가루, 삶은 콩, 땅콩, 소시지, 핫케이크 말이, 두부구이, 햄카나페 등
비타민 급원식품	과일주스류, 과일셰이크, 사과, 귤, 포도, 배, 복숭아, 감, 토마토, 참외, 수박, 야채나 과일 샐러드, 야채모듬전, 오이와 당근 등의 생야채 스틱 등

표 6-6 1일 간식구성의 예

식품군 및 권장섭취 횟수 / 식단		곡류 및 전분류 II	우유 및 유제품	과일류
		1	2	3
간식	우유 2컵	시리얼 1접시(30g)  1	우유 2컵(400mL) 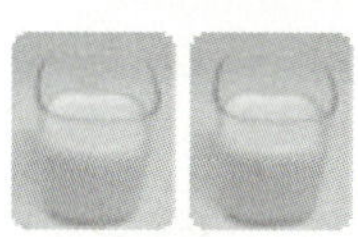 1	귤 1개(100g)  1
	귤 1개			
	시리얼 1접시			

4) 식단의 평가

식단의 평가는 음식을 만들어 제공하기 전뿐만 아니라 제공 후에도 이루어져야 하며 다음의 사항에 대해 이루어진다.

■ 기초식품군이 골고루 포함되었는지의 여부이다.

- 완전한 영양식이어야 한다(다섯 가지 기초식품군에 의해).
- 매끼 식사가 완전해야 한다.
- 식사의 배분을 생각해야 한다.

■ 영유아의 기호가 반영되었는지의 여부이다.

정기적으로 기호조사를 하여 싫어하는 음식에 대해서는 조리의 변화로 식생활을 개선하도록 도와주어야 한다.

■ 식품의 구입 가능성과 예산을 고려하였는지의 여부이다.

식단작성은 경제와는 뗄 수 없는 관계이다. 예산에 맞는 경제적인 관리를 하여야 한다.

■ 인력, 기구 등의 이용가능성을 고려했는지의 여부이다.

- 작업의 단순화(다듬기, 씻기, 썰기, 끓이기 등)
- 작업의 기계화(기계나 기구를 사용하여 처리능력이 향상)
- 작업의 표준화(조리작업의 방법이나 절차를 정해 놓는다.)
- 작업의 자동화(식기세척기, 오븐 등)
- 작업의 전문화(조리시간, 모양, 온도, 농도 등)

■ 위생적인가의 여부이다.

- 식중독, 전염병을 예방하여 급식하도록 한다.
- 식품의 위생관리(생산지 여부, 검수, 조리, 배식까지)

3. 식사와 간식의 운영

보육시설 및 이용 영유아 수의 팽창과 함께 영유아 교육프로그램의 다양화로 인한 연장제, 종일제 프로그램의 증가경향에 따라 영유아의 영양관리에 대한 부담과 책임이 부모에게서 유아교육기관으로 더욱 확대되고 있다. 따라서 영양이 풍부한 음식을 균형 있게 제공하고 건강한 식습관을 조장하는 것은 영유아 교육의 중요한 목표 중의 하나이다. 보육시설에서 영유아의 건강한 식습관 형성을 위해서는 다음의 다섯 단계가 함께 고려되는 것이 바람직하다(Cryer, Ray & Harms, 1996). 첫째, 건강에 좋은 음식을 제공한다. 둘째, 간식과 점심시간을 즐겁게 경험하도록 한다. 셋째, 건강한 식습관 형성을 위한 노력은 부모와 함께한다. 넷째, 건전한 식생활의 모델을 보인다. 다섯째, 일상의 교육과정 영역에 영양교육 내용을 포함하도록 한다. 보육시설에서의 급식은 보충식으로서의 간식과 연장제 및 종일반을 운영하는 기관에서 실시하는 점심 급식의 형태로 주로 이루어지고 있다. 따라서 연령과 아동발달에 맞는 영양권장량을 고려한 균형 있는 식사계획과 합리적인 급식관리를 통한 식사지도를 하는 것이 중요하다.

올바른 영양교육 개념이 정립되지 않은 보육시설에서의 급식 실시는 영유아가 급식 환경에 노출될수록 식행동이 불량해지나 영유아에게 올바른 영양교육을 실시하게 되면 영양불량을 예방하고 식습관과 식생활 태도, 위생개념의 영양지식이 향상되는 것으로 나타났다(Smith & James 1980; Gorelick & Clark 1985). 하지만 영양교육을 실시하는 보육시설이 식사예절과 위생교육에 관한 내용으로 국한되었다는 것은, 교사들이 영양교육의 필요성은 인정하지만 영양에 관한 지식의 부족으로 영양교육프로그램을 계획하지 못하기 때문인 것으로 나타났다.

영유아기의 긍정적인 식습관 형성에 가장 중요한 역할을 하는 사람은 부모나 보육시설 교사라고 할 수 있다. 보육시설 이용 영유아에게는 교사의 역할을 빼놓을 수 없는데, 이들은 영유아의 양육인으로 영유아들의 식생활 행동을 결정하기 때문에 급 · 간식 운영에 있어서도 핵심적인 역할을 하게 된다.

6세 미만의 취학 전 영유아들은 오전 9시~오후 5시까지 평균 8시간 정도를 보육시설에서 지내게 되며 1일에 두 번의 간식과 1회의 점심을 제공받게 된다. 최근에는 아침을 결식하고 등원하는 영유아들의 경우가 종종 있어 간식시간의 탄력적인 운영이 요구된다.

1) 영아의 급식

영아기는 지적 · 신체적 측면에서 성장과 발달이 급속히 진행되는 시기이므로 이를 위한 단백질, 탄수화물, 칼슘, 무기질 등 균형 있는 영양소를 충분히 섭취해야 한다(삼성복지재단, 2005). 신생아는 하루에 체중 1kg당 1.95g의 단백질을 완전히 소화할 수 있고 4개월된 아기는 하루에 체중 1kg당 3.75g의 단백질을 완전히 소화할 수 있다. 모유에서 공급된 지질 중 85~90%가 신생아 체내에서 흡수되며 우유 지방은 70% 이하의 흡수율을 보인다. 동물성 지방보다 식물성 지방의 흡수가 효율적으로 이루어진다. 영아초기에는 전분을 분해하는 장액의 아밀라아제 농도가 낮기 때문에 4~6개월 이후에 곡류나 전분식품을 공급하는 것이 바람직하다(김경희 외, 1997).

영아의 급식 시에는 사랑이 넘치는 환경을 마련해 주고, 적절한 열량과 식품으로 빠른 성장과 체중증가에 필요한 모든 물질을 제공하여 성장발달과정을 뒷받침해 주어야 한다. 이 시기의 다양한 종류의 식품에 대한 경험은 영아가 앞으로 식생활을 영위하고 새로운 섭식기술을 습득하는 데 매우 유익하다. 포근하고 영양이 좋은 환경은 영아에게 안정감과 신뢰감을 갖게 하는 데에도 중요하다.

이처럼 영아기의 적절한 영양공급은 이후 성장의 기초가 되고 긍정적인 성장을 이루지만, 영양이 결핍되거나 불균형적으로 공급된 경우 성장부진, 빈혈, 비만 등 여러 가지 문제를 야기할 수 있다. 영양실조와 영양불균형을 예방하기 위하여 보육시설에서는 균형 잡힌 식단을 제공하고, 위생적인 식생활 환경을 마련해 주며, 가정과의 연계를 통한 통합적 방법으로 영아가 올바른 식생활 습관을 형성할 수 있도록 지도해야 한다(조성연 외, 2006). 영아기의 월령별 발달단계의 특징을 보면 다음과 같다.

표 6-7 **연령별 영아의 식생활 행동**

연령	공통된 식생활 행동
4~6개월	• 이전보다 좀 더 균형 잡힌 자세로 앉는다. • 사물을 쥘 수 있다. • 사물을 입으로 집어넣는다. • 우유병 위에 손을 가져간다. • 더 이상 배고프지 않을 때 음식에서 고개를 돌린다. • 음식이 담긴 숟가락을 향해 상체를 구부린다.

6~7개월	• 이가 난다. • 위아래로 씹는 행동을 보인다. • 음식을 손바닥, 손가락으로 집어서 입에 넣는다. • 컵으로 소량의 음료를 마실 수 있다. • 손으로 우유병을 잡는다.
7~8개월	• 성인이 조금 도와주면 혼자 앉을 수 있다. • 이전보다 입안에서 음식을 더 잘 다룬다. • 컵으로 음료를 비교적 잘 마신다. • 도와주면 혼자서 먹기 시작한다.
9~12개월	• 비교적 정확하게 물체를 잡거나 놓을 수 있다. • 조금만 도와주면 혼자 먹는다. • 컵으로 음료를 잘 마신다. • 식사 환경을 좀 더 잘 인식한다. • 관찰한 동작이나 행동을 따라한다.
12~24개월	• 식욕이 감소한다. • 때때로 먹는 것을 성가셔하고 까다롭게 행동한다. • 서툴지만 숟가라기을 사용할 수 있다. • 준비해 주면 혼자 먹을 수 있다.
2세	• 식욕이 좋아진다. • 음식에 대한 선호가 분명하게 나타난다. • 단일 음식을 좋아하고, 섞인 음식을 싫어하며, 익숙한 방식으로 제공되는 음식을 좋아한다. • 성인이나 다른 유아를 모방하면서 식사예절을 배운다.
3세	• 조금씩 주는 음식을 좋아한다. • 배가 고플 때는 혼자서도 먹을 수 있다. • 어른과 비슷한 수준으로 숟가락을 사용할 수 있다. 그러나 포크나 젓가락 사용은 서툴다. • 배가 고프지 않으면 음식을 가지고 꾸물거린다.

2) 유아의 급식

유아의 식단은 먹기 쉽고 영양소의 균형과 기호에 맞도록 준비해야 한다. 여러 가지 음식을 접할 수 있는 기회를 제공하고, 될 수 있으면 자연식품을 이용하며 1일 3식 및 1~2회의 간식도 고려해야 한다.

유아기가 되면서 성장속도는 영아기에 비해 감소하지만 이들의 성장과 유지에 필요한 영양소를 공급할 수 있는 식사가 계속적으로 요구된다. 모든 영양소의 권장량이 연령에 따라 증가하며 신체 크기의 점차적인 증가와 관련이 있다. 유아기에는 하루 동안 우유군 4회, 어육류군 3회, 곡류 및 빵류 4회, 비타민 C가 있는 과일 · 야채군은 1회, 녹황색 야채 · 과일류 1회, 기타 과일 및 야채류는 2회 제공됨이 적당하다.

제1군인 단백질 경우는 육류를 잘 씹지 못하기 때문에 달걀, 뼈를 제거한 생선, 닭고기, 콩류 등의 씹기 쉬운 식품을 섭취하는 것이 좋다. 제2군인 우유는 뼈와 치아 형성에 필요한 칼슘과 인의 좋은 공급원이며 성장을 위해 이 영양소는 중요하다. 이 시기의 우유섭취량은 1~5세까지는 최소 매일 2~3컵 정도를 권하고 있다(김일옥 · 최경순, 2004).

바람직하지 못한 기호나 식습관에 의해 식욕부진, 편식, 빈혈, 비만증, 소아당뇨병, 충치 등이 발생할 수 있으므로 이의 예방 및 교정을 위해 건전한 식생활을 하는 것이 중요하다. 유아기에 올바른 식습관 및 식사예절을 익히게 함으로써 평생의 건강과 행복을 가질 수 있으므로 보육시설과 가정은 서로 긴밀한 협조하에 일관성 있고 끈기 있는 자세로 애정을 가지고 식사지도를 해야 한다.

3) 간식

간식은 심신의 발달을 위하여 영유아에게 꼭 필요한 것이지만 무계획적인 간식이 식욕을 감퇴시키거나 편식을 조장하는 등의 나쁜 결과도 초래할 수 있으므로 신중히 계획하여 운영하여야 한다.

(1) 간식의 의미

영유아에게 있어 간식은 식생활의 일부분으로 볼 수 있다. 간식을 제공할 때에는 영양과 맛을 함께 고려하여 식사에 방해되지 않는 시간에 알맞은 양을 제공하는 것이 중요하다. 또한 간식 후에는 반드시 양치질을 시켜 충치를 예방하도록 한다.

대부분의 영유아가 먹고 있는 간식은 정규식사보다 질적으로 우수한 영양소를 공급하는 경우도 많은데 간식의 내용이 질적으로 양호해야 영유아에게 필요한 영양소를 지원하는 데 도움이 된다. 또한 간식시간은 활동이 진행되는 중간의 휴식시간으로서 단순히 휴식만을 제공하는 것이 아니라 또래와 함께 어울려 먹는 즐거움을 유발한다.

그림 8-1 **영유아의 식생활 지도 지침**(출처 : 영유아 단체급식의 표준, 2010)

(2) 간식의 양과 횟수

간식의 양은 너무 적으면 만족감을 줄 수 없고, 양이 지나치게 많으면 다음 식사의 식욕을 감퇴시킬 수 있다. 따라서 영유아의 연령, 체격, 소화력, 식욕, 식사상태 등 개인차를 고려하여 영아기는 100~200kcal, 유아기에는 150~300kcal 정도의 열량을 제공하는 것이 적절하다. 또한 적절한 간식의 양은 하루 에너지 필요량의 15~20%가 적당하다. 간식시간은 오전 10시와 오후 3시로 하루 2회가 바람직하며 아침 식전이나 잠자리 들기 직전은 식욕부진과 편식의 원인이 될 수 있으므로 주의해야 한다.

(3) 간식의 선택조건

간식을 선택할 시 유의할 점은 필요한 영양소를 공급해 주면서도 정규식사에 영향이 없도록 포만감이 높지 않아야 한다는 것이다. 따라서 유제품, 과일, 미니 샌드위치 등이 간식에 좋은 식품으로 권장된다. 인스턴트식품, 탄산음료, 냉동식품, 과자류 등은 가능한 한 피하도록 한다.

간식의 내용으로는 주로 계절마다 풍성하게 나오는 과일(딸기, 참외, 수박, 사과, 배, 감 등)이나 제철 채소(오이, 옥수수, 감자, 고구마 등)가 적당하며 탄산음료나 냉동식품, 탄수화물 위주의 인스턴트식품은 제공하지 않는 것이 바람직하다.

간식 선택 시 고려할 점은 다음과 같다.

- 식사에서 부족 되기 쉬운 수분과 무기질, 비타민을 공급해 주어야 한다.
- 지방과 단백질이 너무 많지 않은 것으로 소화가 잘되며 다음 식사에 방해가 되지 않아야 한다.
- 맛이 있고 보기에 좋아야 한다.
- 신선한 계절식품이나 위생적으로 안전한 재료를 선택한다.

4) 영유아의 급·간식 지도

영유아의 올바른 성장과 발달을 돕기 위하여 적절한 급식과 간식을 제공할 때 교사가 유의해야 할 점(조성연 외, 2006)은 영유아의 식사량을 고려하여 한꺼번에 많이 주지 말고 자신이 먹을 만큼 덜어서 먹게 하며, 먹고 싶으면 더 먹을 수 있도록 하는 것이다. 그리고 청결과 위생에 세심한 주의를 기울여야 한다. 즉 식품의 구입, 보관, 섭취과정이 위생적이어야 한다. 또한 영유아에게 알맞은 식사도구를 사용하도록 하고, 매력적인 방식으로 음식을 주며, 먹기에 알맞은 온도로 음식을 제공한다. 그리고 너무 뜨겁거나 차가운 음식은 배식하지 않도록 하며, 음식을 줄 때 너무 오래 기다리지 않도록 한다. 또한 식중독과 소화기 계통의 전염병 발생이 우려될 때는 김치를 포함한 생식품을 공급하지 않도록 한다.

영유아의 식사시간 지도는 자기조절 측면에서도 중요성을 갖는다. 음식에 대한 욕구를 충족시키는 것은 영유아의 신체적 발달뿐 아니라 사회, 정서적 행동에도 영향을 준다(지성애 외, 2001). 그러므로 보육시설에서는 적합한 영양섭취를 위해 영양이 골고루 갖추어진 양질의 식단이 필요하며 영양의 균형을 이룬 식사를 제공하도록 한다. 또한 영유아가 너무 배고프지 않도록 시간을 설정하여 식사를 제공하고, 식사시간은 영유아가 급하게 먹지 않도록 시간을 충분히 주며 분위기는 조용하고 편안하게 한다.

그러나 현장에서 일부 영유아 보육시설 종사자들은 영양지식이 부족하여 급식업무와 식품 및 영양과 관련된 지식을 식생활에 연결시키지 못하고 있으며, 업무의 과다로 영양관리 업무의 중요성은 인식하나 실천하지 못하고 있는 곳이 많다. 또한 이들 보육교사들은 전문교육기관에서 교육을 받을 때 커리큘럼상 영양 관련 과목의 이수 경험이 거의 없거나 수시간 정도의 교육으로 그치고 있어 절대적으로 시간이 부족한 것으로 나타났다. 보육교사를 위한 연수나 보수교육프로그램에서도 영유아의 영양 및 식사지도에 관한 프로그램이 연중 1회 60~90분 정도로 실시되거나 거의 실시되고 있지 않아 일부 교사들은 전문지식의 결여와 업무의 과다로 영유아보육시설에서 급식관리를 행하는 데 많은 어려움이 따르는 것으로 보고되고 있어 개선이 필요하다.

한편, 보육시설 급식운영의 마지막 단계로 급식운영의 과정을 확인, 점검하는 일련의 평가가 이루어져야 한다. 이러한 평가는 급식의 계획과 운영을 합리적이고 과학적으로 수행하는 데 목적이 있으며, 전문영양사나 조리사가 없는 시설의 경우 시설장이나 교사도 손쉽게 활용할 수 있도록 하는 것이 바람직하다. 평가의 내용은 식단작성, 식품 구입 및 보관, 조리, 배식, 먹기 및 치우기 등 급식운영의 전 과정을 포함하며, 평가를 위한 도구는 이들 영역별로 선정된 몇 가지 주요사항의 '좋음', '나쁨' 및 '개선내용'을 기록하도록 한다. 이러한 평가의 결과는 급식운영 과정의 문제점을 발견하여 개선함으로써 영유아들에게 영양적으로 균형 있고 위생적이며 교육적인 차원에서 간식과 점심을 제공하는 데 활용할 수 있는 장점이 있다.

4. 식품의 안전

식품으로 인한 질병은 매우 위험하며 치명적일 수 있다. 음식을 다루는 사람의 청결, 음식의 적절한 관리, 조리과정의 청결, 부엌과 조리시설 설비의 청결이 안전에 필수적이다. 단체급식 중에서도 특히 보육기관의 급식은 면역기능이 덜 발달한 영유아를 대상으로 하므로 위생적 품질에 대해 더욱 신경을 써야 하며 다른 급식에 비해 그 기준을 더 엄격하게 관리(B. J. Pietrzyk, H. C. Brittin, V. M. Chamberlain, 1987)함으로써 보육시설에서 생활하는 영유아들의 건강이 위협받지 않도록 지속적인 관리가 필요하다.

보육시설의 급식 위생관리는 보건복지부에서 영유아보육법령 및 정책을 총괄하고 있으며 서울시 보육 담당팀에서는 보육시설 평가인증과 지자체 담당 공무원의 지도감독 및 안심보육 모니터링단 구성운영으로 보육시설을 지도 · 감독하고 있다. 안심보육 모니터링은 부모, 보육전문가, 공무원으로 구성되어 연 1회 시행되고 있다. 각 구청에서는 가정복지과에서 영유아보육법을 근거로 하여 모든 보육시설의 급식위생관리를 지도점검하고 있는데 의심스러운 시설에 한하여 수시점검과 단속을 하고 있다.

1) 식품의 위생적 보관

철저한 검수를 거쳐 양질의 식품을 구매하였더라도 적정하게 보관 · 관리하지 않으면 식재료에 오염이 일어날 수 있다.

학교급식 위생관리 지침서(2003)에서는 식품보관에 관하여 다음과 같이 제시하고 있다. 냉장 · 냉동고에 식품을 보관할 경우에는 반드시 그 제품의 표시사항(보관방법 등)을 확인한 후 그에 맞게 보관한다. 오염방지를 위해 날음식은 냉장실의 하부에, 가열조리 식품은 위쪽에 보관하며, 개봉하여 일부 사용한 캔제품, 소스류는 깨끗한 용기에 옮겨 담아 개봉한 날짜와 원산지, 제조업체 등을 표시하고 냉장보관한다. 식중독의 가장 큰 원인은 부적당한 냉장에 기인하는 경우가 많다. 냉장고의 냉동고 온도는 적절히 조절하되 보통 냉장고는 5°C 이하로, 냉동고는 영하 1.75°C 이하로 한다. 구입해 온 고기 종류는 즉시 냉동 또는 냉장 보관한다. 냉장고 안에 보관된 고기, 닭고기 등에서 흐르는 육즙을 막기 위해서는 고기를 비닐백에 넣어 두는 것이 좋다. 생고기 또는 생선을 만지기 전후에는 반드시 20초 동안 비누로 손을 씻어야 세균의 오염을 막을 수 있다. 캔 제품은 서늘하고 건조한 곳에 보관하는 것이 좋고, 싱크대 아래에는 음식물을 보관하지 않는다.

2) 조리기구의 세척 및 소독

학교급식 위생관리 지침서(2003)에 따르면, 급식시설에서 사용하고 있는 조리기구나 식기는 적절한 세제를 사용하고 세척하여 흐르는 물에 충분히 헹군 후 소독하여야 한다. 소독의 1단계로는 40℃ 정도의 먹는 물로 기구 및 용기에 붙은 음식물 찌꺼기를 씻어내고 애벌 세척한다. 2단계에서는 수세미에 세제를 묻혀 이물질을 완전히 닦아낸다. 3단계에서는 40℃ 정도의 흐르는 물에 세제를 충분히 씻어내고, 4단계로 열탕 · 약품 · 자외선 소독 등 적절한 방법으로 소독한다. 약제소독을 할 경우는 온도와 시간을, 가열(열탕 · 건열 · 증기)소독을 할 경우에는 가열온도와 시간을 고려하여야 하며, 자외선 살균 등의 방법으로 소독을 하는 것이 바람직하다.

단체급식에서 주로 발생할 수 있는 식중독을 일으키는 중요한 요인으로 조리기기의 부적당한 세척과 칼, 도마 등의 조리기구를 가열 조리 전 식품과 조리 후 음식에 중복 사용함으로써 생기는 접촉오염을 들 수 있다. 따라서 도마나 칼은 야채용, 생선용, 육류용, 전처리용으로 구분하여 사용하는 것이 좋고, 약품소독을 할 경우 도마는 염소액(50ppm)에 장시간 침지 후 먹는 물로 씻어내어 건조시키며, 칼은 요오드액(25ppm)에 5분 이상 침지 후 먹는 물로 씻어내어 건조시켜야 한다. 열탕소독을 할 경우 100℃에서 5분 이상 소독하며, 자외선 소독 시 자외선 소독고에서 30~60분간 소독한다. 행주는 1일 1회 이상 행주전용 냄비를 이용하여 100℃에서 10분 이상 열탕처리로 소독하여야 한다.

3) 급식환경 위생관리

조리실의 구조물, 장비, 기구 및 하수구를 포함한 모든 시설 · 설비는 위생적으로 청소 · 소독하여야 하며, 위생해충이 서식 또는 출입하지 못하도록 반드시 관리되어야 한다. 보육시설에서의 방역은 해충의 번식을 사전에 차단하여 영유아의 건강이 침해당하지 않도록 철저한 관리가 필요하다.

전염병예방법 제7장 39~46조 6에 의하면 집단급식소의 경우 4~9월까지는 2개월에 1회 이상, 10~3월까지는 3개월에 1회 이상 조리장 전체에 대한 방역을 실시하고 그 기록을 보유하도록 되어 있다.

4) 취사부 위생관리

조리원의 건강상태를 수시로 확인하여 전염성(감염성) 질환의 우려가 있는 조리원은 조리작업에서 제외하고, 손에 상처가 있을 경우 적절한 치료 후 고무골무나 고무장갑으로 상처가 식품에 노출되지 않게 한 다음 작업에 임하도록 하여야 한다. 또한 정기적으로 위생교육을 이수하도록 하고, 연 1회 건강검진을 반드시 받도록 하며, 보균자는 식품을 취급하지 못하도록 관리해야 한다.

위생관리를 위해서는 보육시설장과 보육시설 종사원의 마음가짐이 무엇보다 중요한데, 이를 위해서는 위생관리의 중요성과 식중독 발생에 대비하여 정기적으로 교육하고 인지시키는 등의 지속적인 관리 노력이 필요하다. 보육시설에서 급식 및 식품의 안전을 위한 체크사항은 다음과 같다.

표 6-8 보육시설 급식관리 체크리스트 출처 : 중앙보육정보센터(2010)

1. 위생관리

연번	점 검 사 항	점검
1	작업 전 건강상태를 확인한다.(감기, 설사, 손 상처자 등 조리금지)	
2	위생복, 위생화, 앞치마, 위생모를 착용한다.	
3	배식 시 배식 전용기구, 마스크, 위생장갑을 사용하고 있다.	
4	유통기간 확인 및 선입선출을 준수하고 있다.	
5	식재료 보관실은 항상 청결을 유지하고 있다.	
6	가열식품의 중심온도(75℃ 이상)를 측정 · 확인하고 있다.	
7	조리 후 관리 및 오염방지를 위한 조치를 취하고 있다.	
8	보존식 보존 및 관리기준을 준수하고 있다.(배식 직전 소독된 전용용기에 100g 이상 채취하여 144시간 냉동 보관) **	
9	어류 · 육류 · 채소류를 취급하는 칼 · 도마는 각각 구분하여 사용하고 있다.	
10	식기류 및 조리기구의 세척, 소독을 철저히 하고 있다.	
11	쓰레기 및 잔반은 즉시 처리하고 있다.	
12	세제, 소독제, 살충제에 라벨을 부착하고 분리보관하여 오염 또는 혼입을 방지하고 있다.	
13	방충, 구서 등을 위한 정기적인 방역 소독필증을 보관하고 있다.	

2. 식재료관리

연번	점 검 사 항	점검
1	식재료의 입고날짜를 기록한 라벨을 부착하고 있다.	
2	식재료 검수일지를 작성하고 보관하고 있다.**	
3	식재료의 재고관리(기록유지)를 실시하고 있다.**	

3. 작업관리

연번	점 검 사 항	점검
1	조리 후 2시간 이내 배식하고 있다.	
2	영양사가 작성한 식단을 사용하고 있다.	
3	표준 레시피를 작성하고 있다.**	
4	영양사나 교사는 검식 후 검식일지 작성 및 배식 점검을 하고 있다.	

4. 시설 · 설비 관리

연번	점 검 사 항	점검
1	조리장을 오염작업 구역과 비오염작업 구역으로 구분하고 있다.	
2	조리장 바닥과 배수로에는 물고임 및 냄새역류 방지시설이 설치되어 있다.	
3	후드, 환풍기가 설치되어 있고 청결하게 관리하고 있다.	
4	방충, 방서를 위한 적정 설비가 구비되어 있고 정기적으로 관리하고 있다.	

5. 급식경영관리

연번	점 검 사 항	점검
1	조리실 내에 단체급식 신고필증, 영양사 면허증, 조리사 자격증이 게시되어 있다.**	
2	보육시설에서 직접 조리하고 있다.	
3	급식운영계획서가 비치되어 있다.**	
4	급식일지를 작성하고 보관하고 있다.	
5	위생점검일지를 작성하고 보관하고 있다.	
6	운영위원회를 통해 자체점검을 실시하고 있다.	
7	급식내용을 공개(실물전시, 홈페이지 게시 등)하고 있다.	

※ '**' 가 표시된 점검사항은 집단급식소 미신고 대상시설에서 반드시 준수할 사항은 아님.

Ⅲ. 아동 안전교육

7

Chapter

아동 안전 지도의 기초

1. 안전지도의 개념
2. 안전지도의 내용 및 방법

아 동 건 강 교 육

1. 안전지도의 개념

안전지도의 개념을 이해하기 위해서는 먼저 안전의 개념을 살펴보아야 한다. 안전이란 광범위하게 사용되는 단어로 사고의 예방과 개인적 피해 또는 사고로부터 오는 재산적 손실을 없도록 하는 것이라고 정의하고 있다(최경미, 2005 재인용). 1999년 한국산업안전공단에서는 안전지도의 개념을 안전을 위해 필요한 사항을 이해시키는 지식의 교육, 위험요소를 예측하고 예방하거나 신중히 행동하는 태도라고 말한다.

보육시설의 종일반 영유아들은 자신의 가정보다 보육시설에서 더 많은 생활을 하기 때문에 교사들은 각별히 안전에 주의를 기울여야 한다. 영유아들은 스스로 자신을 보호할 수 없고 여러 신체적 발달 미숙으로 영유아끼리의 상호작용에서도 사고가 자주 일어난다. 신체활동을 하다가 서로 부딪혀 입술이 깨지기도 하고 장난감이나 책상 모서리에 다치거나 보행하다가도 자주 넘어진다. 그 밖에도 시설의 관리 소홀로 인한 사고, 현장학습이나 견학 등 이동 중에 일어나는 사고 등 영유아의 교육 환경을 중심으로 많은 사고가 속출하고 있다. 1999년 화성 씨랜드 청소년수련원에서 컨테이너 박스를 영유아의 숙박시설로 사용하다 일어난 대형 인명사고는 유아교육기관에 그동안 허술했던 안전사고에 대한 경각심을 심어 주었다.

또한 우리나라 영유아들은 의학발달과 생활수준 향상으로 질병에 대한 사망률은 낮아지는 데 비해 부주의로 인한 안전사고가 사망의 주요 원인이 되고 있다. 세계보건기구WHO의 통계자료에 의하면 우리나라 영유아들은 1996년에서 2000년 동안

만 14세 이하 아동 10만 명당 안전사고 사망률이 14.0명으로 멕시코(17.0)에 이어 OECD 가입국가 중 두 번째로 높다고 한다(김승현, 2005). 그러므로 우리나라 부모나 교사들은 영유아들이 안전하게 잘 성장할 수 있도록 환경을 마련해 줄 의무와 책임이 있으며, 스스로 자신을 보호할 수 있는 능력을 배양시켜야 한다. 이를 위해 유아교육기관에서는 교사와 부모를 대상으로 안전교육 프로그램과 교육을 통하여 영유아의 안전사고를 사전에 예방하고 대처할 수 있게 해야 한다.

2. 안전지도의 내용 및 방법

유아교육기관 내에서 영유아의 안전을 위하여 교사가 어떤 역할을 해야 할지, 그리고 구체적인 안전 교육내용은 무엇인지, 영유아의 안전문제를 해결하는 사고능력을 위한 접근이 무엇인지 살펴보면 다음과 같다.

1) 영유아 안전을 위한 교사의 역할

영유아 안전을 위한 교사의 역할은 미국 적십자사의 교사 교육자료(1991)에 제시되어 있다. 즉 역할 모델, 보호자, 교사의 역할인데 역할 모델이란 교사가 영유아의 안전교육을 위하여 직접 적절하고 모범적인 '본보기'를 제공해 주는 것이다. 예를 들어 기관 내에서 영유아들에게 안전한 생활을 위하여 지켜야 할 규칙과 행동을 직접 보여주는데, 물 묻은 손으로 전기코드를 만지지 말 것, 콘센트에 젓가락을 넣지 않을 것, 걸어 다닐 때는 우측보행을 할 것, 화장실을 사용할 때는 줄을 서서 사용할 것 등 안전적인 '본보기 제공' 뿐만 아니라 교사들이 직접 좋은 모델로서 올바른 생활태도를 보여야 한다.

또한 보육과정의 기본생활 영역에서 여러 안전교육을 해야 한다. 교사는 영유아에게 위험한 것이 무엇인지 인식시켜야 하며 위험요소를 제거하는 것은 물론, 영유아 안전을 위해 교사 스스로 의사결정을 할 수 있어야 한다(김승현, 2005). 구체적으로 살펴보면,

- 교사는 영유아들에게 안전을 위한 모범적인 역할 모델이 되어야 한다.
- 영유아의 행동관찰을 통하여 위험요소가 있는지, 안전지대에 머물고 있는지 사고를 유발하는 요소는 없는지 살펴야 한다.
- 교사는 늘 영유아가 머물고 있는 환경을 점검하여 시설에서 오는 위험요소를 없애고 영유아가 안전하게 활동할 수 있는 공간이 되도록 환경을 조성해 주어야 한다.
- 교사는 영유아들의 교구와 장난감 등이 안전한지 관리해야 하고 영유아들에게 해로운 영향을 주지 않는지와 주기적인 소독을 통하여 건강에도 안전하도록 관리해야 한다.
- 교사는 기관 내에서 안전을 도모할 수 있는 규칙과 방침을 세우고 결정하는 의사결정자로서의 역할도 함께할 수 있어야 한다.
- 교사는 영유아의 안전사고를 예방하기 위하여 영유아들이 스스로 안전에 대해 바르게 인식하고 행동하도록 적절한 방법으로 교육을 해야 한다(이기숙, 1997).
- 교사는 영유아의 안전과 교육을 위해서 안전에 대한 지식과 내용을 올바르게 인식하고 있어야 한다. 실내시설의 설비기준, 영양, 위생 등의 안전교육 기준 및 내용을 반드시 알고 있어야 한다.
- 교사는 자신은 물론, 부모와 동료 교사들에게 안전사고에 대한 교육과 홍보, 안전에 관련된 정보를 제공하고 사고를 예방할 수 있어야 한다.

2) 교사를 위한 영유아 안전교육

제6차 유치원 교육과정에서 안전교육은 4개의 상위영역과 여러 하위영역으로 구성되며 4개 교육내용별로 발달수준에 맞춰 Ⅰ수준, Ⅱ수준, 공통수준으로 나뉜다. Ⅰ수준에서는 안전지식과 기본적인 안전기술을 Ⅱ수준에서는 안전의식, 태도, 기술을 익히도록 하는 데 중점을 두고 있다. 공통수준에서는 적극적인 대처방법에 대해 강조하고 있다(교육부, 1999; 김동은, 2005 재인용).

표준보육과정에서도 '기본생활' 의 하위영역에 '안전한 생활' 내용으로, 교육목표는 '위험요인과 상황에 대해 알고 안전하게 대처하는 능력을 길러서 자신과 타인을 보호한다' 로 자신과 타인의 안전에 대해 강조하고 있다.

표 7-1 연간 안전교육 계획안(한국어린이육영회, 2004)

월	생활 주제	안전지도 내용	안전관리	가정과의 연계
3월	나와 유치원	-등하원 시 안전 -놀이 안전 -화재의 원인, 예방법 -미아 관련 안전규칙	-등하원로 실태파악 -승하차 안전지도 -놀이터 점검 -방화시설 점검	-등하원로 익히기 -비상연락망 -교통안전 통신문
4월	봄	-가정에서의 안전 -화재 시 대처행동 -운동기구 안전 -도로의 횡단	-실내 환경점검 -놀이기구 점검	-귀가 후 놀이지도 -교통안전 부모교육 -가정 내 안전
5월	가족, 이웃	-소풍 시 안전수칙 -성, 유괴 관련 안전수칙	-소풍지 답사	-소풍 안전지도 -교통규칙 지키기
6월	기구와 도구	-승하차 시 안전수칙 -우천 시 보행안전 -화재진화 방법 -실내 놀이	-우산, 우비정돈	-장마철 통학로 점검 -화재안전 부모교육
7월	여름	-우천 시 보행안전 -안전한 놀이장소 알기 -물놀이 안전지도 -위험한 놀이 유의 -음식물 안전	-놀이기구 점검 -풀장 점검	-여름 건강관리 -여름 방학지도
8월	여 름 방 학			
9월	가을 환경	-교통공원 견학 -환경오염 위험성 알기 -화재 시 대피계획 세우기 -시설, 설비 안전	-신체 건강관리 -승하차 안전지도	-교통안전 부모교육 -귀가 후 놀이지도
10월	운동회 우리나라	-교통안전 면허증 발급 -운동회 시 위험성 방지 -종합화재 대피훈련 1	-운동회 안전점검 -놀이터 점검	-운동회 참여 -불조심 강조
11월	세계 여러 나라	-대중교통 안전수칙 -천재지변 시 안전수칙 -종합화재 대피훈련 2	-견학지 점검	-편한 복장 권장
12월	겨울 불조심	-난방기구 사용주의 -소방서 견학 -눈길 보행 안전	-난방기구 안전점검 -공기환기	-화재 예방지도 -겨울방학 지도
1월	겨 울 방 학			
2월	초등학교에 가려면	-초등학교 안전통학로 알기 -교통표지판 익히기 -불과 우리 생활	-유아의 건강관리 -안전지도 재정비	-초등학교 견학지도

3) 영유아를 위한 안전교육

(1) 안전지식

영유아들이 안전지식에 대한 정보를 획득하고 문제를 안전하게 해결할 수 있도록 안전지식을 개념화시켜야 한다. 이런 안전지식은 영유아가 위험한 사고에 직면하게 되었을 때 문제를 해결할 수 있게 하는데, Scott(1992)과 Pickle(1989)은 교통신호와 안전표시판 인식하기를 강조하였다. 영유아가 교통기관이나 보행과 관련된 안전행동을 하기 위해서는 각각의 교통표지판이 무엇을 의미하는지를 먼저 알고 교통기관을 안전하게 이용하는 방법에 대한 지식을 쌓아야 한다는 것이다(최경미, 2005). 즉 영유아가 안전한 놀잇감과 위험한 도구를 구별할 줄 알아야 한다. 영유아들은 자신이 안전하게 가지고 놀 수 있는 장난감, 음식, 장소, 기구 등에 대한 지식을 인식하여 자신의 안전에 대처할 수 있는 능력을 갖추게 해야 한다.

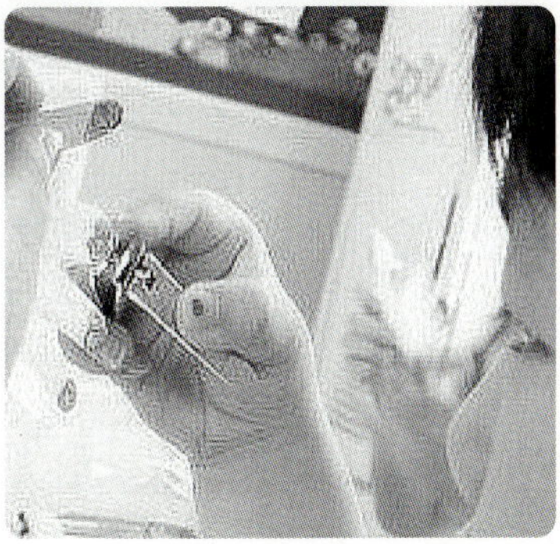

(2) 안전태도

운동과 관련된 물놀이나 자전거, 롤러스케이트 타기와 같은 운동을 하기 전에는 반드시 준비운동을 해야 하며 헬멧, 무릎보호대, 장갑 등을 유아기 때부터 갖추어 착용하는 습관을 들이는 것이 중요하다. 또한 Hughes(1992)는 음식을 골고루 먹기, 음식을 입에 넣고 말하지 않기 등의 올바른 식습관을 유아기에 형성하는 것이 중요하다고 보고 안전태도의 내용에 포함시켰다. 이처럼 유아기 때의 여러 습관은 훗날 성인이 되어서도 안전도와 신체건강, 정신건강에 영향을 주게 되므로 초기 유아기 때부터 안전에 대한 태도를 형성시켜야 한다. 이 안전태도는 기본 생활습관과 더불어 영유아 자신이 안전한 성장이 되도록 자신을 주도해 가는 바람직한 습관이 되는 것이다.

(3) 안전기술

안전기술이란 교육적으로 제시된 안전모델을 직접 경험해 보는 직접경험과 교육의 간접경험을 포함한다. Rosenbaum과 Drabman(1981)은 비상시의 행동요령 인식과 평소의 대피훈련을 중요하게 보았다. 영유아들은 평소 훈련을 통하여 화재 시의 비상 상태에서 민첩하게 행동할 수 있음을 터득하게 되는 것이다.

표 7-2 안전기술

① 설명 및 시연	직접적 안전교육 방법으로 유아가 자기통제능력을 기를 수 있다.(예: 시범 보이기, 현장견학, 예행연습, 실행연습, 반복학습 등)
② 토의	특정 주제에 대한 언어와 비언어적 방법으로 서로의 의견을 교환하고 토의하는 과정에서 교훈을 얻는 간접체험 방법이다.
③ 역할놀이	여러 역할을 수행해 가며 타인의 행동과 태도를 이해해 보고 경험해 보는 체험 방법이다.
④ 모델링	여러 모범이 되는 사람들(예: TV, 비디오, 부모, 교사, 친구 등)의 모델을 통하여 간접경험을 해보는 것이다.
⑤ 모의상황	영유아가 위험상황에 있는 것처럼 상황을 설정하여 직접 경험해 볼 수 있는 기회를 주는 것이다.

출처 : 김연진 외(2009)

4) 발달단계별 안전지도

(1) 신생아 및 걸음마기

과거에는 안전사고를 뜻하지 않은 사고로 우연히 일어나며 예방이 불가능하다고 여겼다. 그러나 최근에는 안전사고와 환경은 서로 연관이 있는 것이라 여겨 안전사고에 대한 예방과 차단에 대한 노력 여하에 따라 사고의 빈도가 줄어든다고 인식되고 있다.

특히 출생에서 4개월 정도의 영유아들은 신생아돌연사(SIDS: Sudden Infant Death Syndrome) 등 뜻하지 않은 사고와 여러 위험 요소가 함께하게 되므로 이 시기에는 각별한 주의를 요하는데 구체적으로 살펴보면 다음과 같다.

표 7-3 발달단계별 안전지도(0~4개월)

발달적 특성	사고 유형	예방적 조치
먹고 자고 운다.	화상	팔꿈치로 항상 목욕물의 온도를 잰다.
	추락	보호울타리가 없는 침대나 탁자 위에 혼자 뉘어 놓지 않는다.
	삼키기	모든 물체를 혀로 탐색하게 되므로 독성이 없으며 모서리가 날카롭지 않고 삼킬 수 없는 장난감을 선택한다.
	날카로운 물체	핀이나 날카로운 물체를 영아 가까이에 놓지 않는다.
	질식	얇은 비닐봉지, 끈, 베개 등에 의해 질식되거나 목이 졸릴 수 있으므로 주의한다. 침대 매트리스나 요는 단단한 것이 안전하다. 이 시기의 영아들은 완전한 보호를 필요로 한다.

표 7-4 발달단계별 안전지도(4~12개월)

발달적 특성	사고 유형	예방적 조치
물체를 손에 움켜쥐며 입에 넣는다. 움직임의 범위가 커진다.	놀이공간	늘 성인이 보는 안전한 장소에 있게 한다.
	목욕실	욕조에 마개 등 여러 위험 요인이 있으므로 절대 영아를 욕실에 혼자 두지 않는다.
	장난감	모서리가 날카롭지 않고 독성이 없는 나무나 플라스틱 종류의 장난감을 선택한다.
	작은 물체	단추, 구슬, 동전 등 작은 물체는 항상 주의하여 보관한다.
	독성물질	이 시기의 영아들도 여전히 완전한 보호가 필요하다.
	추락	계단이나 현관에 안전한 울타리를 설치한다.
	화상	뜨거운 라디에이터 주변에 보호막을 설치한다. 뜨거운 음식, 물, 기구 등을 영아 앞에 두지 않는다. 뜨거운 증기를 조심한다.

(2) 걸음마기(1~2세)와 유아초기(2~3세)

이 시기의 영유아들은 무게중심이 하체로 이동하여 균형감각이 발달되며, 이전에 습득한 능력을 발달시켜 보다 복잡하고 활발한 대근육활동을 하게 된다. 2세경의 영유아들은 리듬감 있는 걸음걸이에서 자유로운 기술로 이어져 공 던지기, 세발자전거 타기, 그네 타기 등 상체와 하체가 기술적으로 조합되어 안정된 활동을 하게 된다. 이때 영유아들의 안전사고가 빈번히 일어나게 되며, 발달적 특성과 사고유형, 예방적 조치에 관심을 가져야 한다.

표 7-5 발달단계별 안전지도(걸음마기, 유아 초기)

발달적 특성	사고 유형	예방적 조치
끊임없이 움직인다. 혼자 하고 싶어 한다. 모방행동과 탐색행동이 증가한다.	화상	난방용 기구는 보호대를 설치하고 조리용 기구는 사용 후 바로 정리한다. 성냥이나 라이터 등 보관에 주의한다. 불의 위험성에 대해 주의를 준다. 집에 영유아를 혼자 두지 않는다.
	교통사고	길가나 도로에 혼자 나가지 않도록 보호울타리를 친다. 자동차에 영유아가 동행 시에는 항상 영유아용 보조의자를 장착한다.
	장난감	날카로운 모서리가 없는 견고한 것과 독소를 주의한다. 자주 소독한다.
	위험물	성인의 보호 없이는 얕은 물도 위험요인이 된다. 특히 목욕탕에서 주의해야 한다. 위험한 곳에 대해 항상 주의시키고 혼자서 갈 수 있는 곳과 절대 가서는 안 되는 곳을 구분 지어 준다. 약품, 소독제, 식물재배용 비료 등은 잠금장에 보관하고 지우개 같은 영유아가 삼킬 수 있는 문구류 등을 잘 관리한다.

발달적 특성	사고 유형	예방적 조치
걷고 기어오르고 탐색한다.	놀이친구	2세 영아들은 방망이, 단단한 공, 자전거 등에 의한 사고가 자주 일어나므로 주의한다.
	모든 문	도로에 접한 문은 항상 닫아둔다. 계단, 복도 등에 안전대를 설치한다.
	놀이공간	실외 놀이장은 울타리를 친다. 실내에 있는 전자제품의 전기코드를 모두 치운다.
	물	욕조, 물가 주변에 유아를 혼자 두지 않는다.
	독성물질	약물, 소독약 등은 보관함에 넣고 잠근다. 화장품, 청소용품 등 가정 필수품들도 영유아의 손이 닿지 않도록 보관한다.

(3) 유아기(3~6세)

이 시기의 유아들은 복잡한 운동기술 능력을 보이며, 숙달된 신체기능을 이용하여 달리기, 뛰어오르기, 두 발로 뛰기, 기어오르기, 빨리 뛰기, 던지기 등 신체놀이를 할 수 있게 된다. 이때 적절한 공간과 기구를 이용할 수 있도록 유아들을 격려하면 열정적으로 놀이를 탐색한다. 어떤 기술을 습득하기 위한 활동보다 유아 스스로 탐색하여 자연스럽게 놀이에 젖어들 수 있는 환경을 마련해 주어야 하며, 기구의 사용에 대한 안전규칙과 안전한 방법 또한 지도해 주어야 한다.

표 7-6 발달단계별 안전지도(유아기)

발달적 특성	사고 유형	예방적 조치
집이나 동네, 이웃 등 활동 범위가 넓어진다.	도구 및 설비	가정에서 사용하는 위험한 도구는 잠금장치가 된 장에 보관한다. 가위, 칼 등을 안전하게 사용하는 법을 교육시킨다. 미끄럼틀, 시소, 그네 등 놀이기구의 사고를 예방한다. 자전거, 롤러블레이드, 스키 등 기구 사용 시 일어나는 사고를 예방한다.
	독성물질 및 화상	약물, 청소용 약품 등은 장에 보관한다. 무독성의 미술재료를 사용한다.

발달적 특성	사고 유형	예방적 조치
자전거를 즐겨 타고 기어오르거나 뛰어오르는 대근육 활동을 즐긴다. 모방놀이가 확장된다.	추락 및 기타 안전사고	버린 냉장고, 쓰레기더미, 건축 현장에서 놀지 못하게 지도한다. 아파트 베란다 및 옥상, 엘리베이터 등의 추락사고에 주의시킨다. 높은 나무에서의 추락사고를 예방한다.
	물	물의 위험을 알려준다. 수영지도를 시작한다.
	교통사고	교통사고의 위험을 알려준다. 보행자의 안전규칙과 올바른 교통규칙을 지도한다. 통원차량 안전지도를 행한다. 골목길 자동차, 오토바이에 의한 사고를 주의시킨다.
	유괴에 의한 사고 및 미아방지	낯선 사람에게 대처하는 요령 등을 지도한다. 교사나 부모를 잃었을 때의 대처행동을 지도한다.
	화재사고	가정이나 유아교육기관의 화재 발생 시에 대처하는 방법을 지도한다.
	성적 학대	성적 학대가 무엇인지, 기분 좋은 접촉과 나쁜 접촉이 무엇인지 지도하고 성적 학대 경험 시 부모님께 알리게 한다.
	음식	상한 음식과 불량식품을 알게 한다.

출처 : 최경미(2005)

8 Chapter

실내외 환경의 안전

1. 실내환경의 안전
2. 실외환경의 안전

아동건강교육

보육시설에서 하루 일과를 보내며 일상생활을 경험하는 영유아들이 점점 늘고 있다. 보육시설은 보호와 교육의 기능을 다하기 위해서 안전한 주변 환경과 놀잇감이 준비되어야 하고 안전하게 생활할 수 있는 습관과 태도를 길러줄 수 있어야 한다.

영유아 시기는 새로운 환경을 끊임없이 탐험하면서 경험하고 익히는 시기임과 동시에 신체조절이나 인지판단 능력이 부족해 위험스런 상황에 대처하지 못하고 자주 위험에 처하게 되는 시기이다. 영유아가 생활하는 환경에 아무것도 없다면 가장 안전한 공간일 수 있으나, 영유아가 생활하는 환경은 발달에 적합한 환경과 동시에 안전한 환경을 만들어 주어야 하므로 도전하고 모험할 수 있는 다양한 환경을 제공하되 최대한 안전에 신경을 써야 한다. 모든 종사자는 보육시설 안전점검 목록에 준하여 정기적이고 반복적으로 시설 안전점검을 실시하고 안전의식을 향상시켜야 할 것이다.

1. 실내환경의 안전

1) 보육시설의 시설안전

보육시설은 영유아의 발달적 환경을 제공하기 위해 다양한 시설과 설비를 갖추게 된다. 건물의 실내구조와 설비의 안전에 대해 살펴보면 다음과 같다.

(1) 실내구조 및 시설물

보육시설의 설치는 단층을 원칙으로 하고 부득이 2층 이상의 건물로 되어 있을 때도 영아가 사용하는 보육실은 1층에 두고 다른 용도의 공간을 2층 이상에 두도록 하고 있다. 1층의 보육실은 실내와 실외를 이동할 때 쉽고 안전하다. 2층 공간은 경사로와 계단을 함께 설치하는 것이 안전하며, 계단의 높이는 영유아의 신체발달에 적합하게 설치되어야 한다.

출입문은 손가락이 끼이고, 서로 부딪히는 사고가 빈번히 발생한다. 문으로부터의 안전을 위해서는 들어오고 나가는 유아를 서로 확인할 수 있도록 유아 눈높이 부분을 보이게 하고, 손끼임 방지 고무이음매 그림 8-1, 문닫힘 속도 조절장치를 설치해야 안전하다. 모든 문의 문지방은 없는 것이 안전하며 문의 안과 밖의 높이 차이가 있다면 경사로를 설치하여야 한다. 계단 혹은 높이가 있는 시설물에는 난간을 설치해야 하며, 유아의 머리가 끼이거나 통과하지 못하도록 촘촘한 축이 필요하다.

••• 그림 8-1 **문의 손끼임 방지 고무이음매**

창문은 채광과 환기를 위해 필요하다. 바닥 면적의 15~20%가 적당하며 영유아가 쉽게 올라가 넘을 수 없도록 50~70㎝의 높이에 설치한다. 시설의 유리창에 그림이나 스티커를 붙여 놓으면 유리임을 알려 부딪치는 사고를 방지할 수 있고, 깨지더라도 유리파편이 스티커에 붙어 떨어지는 효과가 있어 좀 더 안전하다. 창문에는 유해한 해충 등이 드나들지 못하도록 방충망을 설치하여야 한다.

바닥과 벽의 마감 커튼은 방염재질로 설치되어야 한다. 바닥은 자주 세척하고 소독하여야 하므로 견고하고 청소가 용이한 모노륨, 강화마루가 선호되며, 카펫을 설치하는 경우는 세탁이 쉽지 않아 위생에 문제가 발생할 수 있다. 벽지의 경우도 더러워진 부분을 쉽게 닦아낼 수 있는 재질로 바르고 시공 후 독성이 없는 것을 설치하여 영유아를 보호해야 할 것이다.

(2) 실내공간

보육시설 실내공간에는 현관, 보육실, 화장실과 세면대, 원장실, 교사실과 사무실, 자료실, 식당 및 주방, 기타 부속실 등이 있다.

① 현관

현관은 차량운행이나 실외활동으로 다수의 영유아가 함께 이용할 수 있으므로 최소 10~12명의 영유아가 함께 이용할 수 있을 정도로 넓어야 안전하다. 무엇보다도 영유아가 차례를 지키고 스스로 안전을 지키도록 해야 하며, 영유아가 앉아서 신을 신고 벗을 수 있는 낮고 편안한 나무 발판을 마련해 주는 것도 도움이 된다 그림 8-2 .

••• 그림 8-2 현관

② 보육실

보육실은 보육시설 설치 기준에 따라 거실, 포복실, 유희실을 포함하여 영유아 1인당 2.64㎡ 이상이어야 하며, 보육실의 공간배치나 활동계획에 따라 안전은 달라질 수 있다. 영아의 보육실과 큰 유아들의 보육실은 분리되어 있는 것이 안전하며, 출구는 2개 이상이면서 한 개는 실외로 직접 통할 수 있어야 안전하다. 실내에는 화재예방을 위해 스프링클러와 연기 감지기가 필수적으로 설치되어 있어야 한다.

활동이 많은 영유아이므로 책걸상을 포함한 모든 가구설비 주변에 충분한 공간을 두어 활동 시 부딪침이 없도록 하고, 이동이 필요 없는 가구는 고정시켜 안전하게 한다. 가구의 모서리는 둥근 것을 구입하고 각진 모서리에는 안전덮개를 씌워 놓는다. 콘센트는 안전덮개를 덮어 놓아야 하며, 전기제품의 선은 활동 시 걸려 넘어질 수 있으므로 벽 쪽으로 정리하고 부득이 바닥을 지나는 경우는 안전한 마감재를 이용하여 정리하도록 한다.

난간이 있는 침대를 사용하는 경우 난간은 영아키의 75% 정도, 난간 축 사이 간격은 6cm 이하여야 안전하다. 침대 위에는 영아가 밟고 올라설 수 있는 인형 등의 물건을 두지 말아야 한다. 너무 푹신한 매트리스와 침구는 질식의 우려가 있다. 매트리스는 성인 손가락 하나 정도만 들어갈 수 있도록 침대틀에 꼭 맞아야 한다.

기저귀 갈이대는 교사가 서서 사용하는 경우와 무릎을 꿇고 사용하는 경우가 있을 수 있다. 서서 사용하는 경우 보통 작업대 높이로 난간이 있어야 하며 무릎을 꿇고 사용하는 경우는 높이 60~70㎝ 정도가 적당하다. 바닥 매트 위에서 기저귀를 가는 경우는 보육실에 여러 명의 영아들이 활동하므로 바람직하지 않다.

영유아가 혼자 문을 열고 밖으로 나가게 되면 위험할 수 있으므로 교사의 손이 닿는 부분에 고리 잠금장치를 설치하여 보육실 안에서 문을 잠글 수 있으면 좋다.

하지만 영유아의 손이 닿는 곳의 잠금장치는 혼자 있는 경우 위험할 수 있으므로 안에서 잠기지 않게 하여야 한다.

③ 화장실과 세면대

화장실은 실내에 연결되어 있는 것이 바람직하고 주방, 식당과는 분리되어 있어야 한다. 화장실의 시설 설비는 영유아의 신체 크기에 알맞아야 한다. 물기가 많은 공간이므로 미끄러지지 않도록 바닥에 미끄럼 방지 시설을 설치하고 마른 걸레를 이용해 수시로 물기를 제거해야 한다. 화장실의 문은 되도록 없애 개방형의 변기를 설치하거나 반 정도만을 달아 도움이 필요한 영유아를 쉽게 도울 수 있어야 한다. 큰 유아를 위해 원하는 경우 문을 닫고 사용할 수 있는 화장실을 일부 마련해 놓는다.

영아반을 제외한 이동식 변기는 위생적이지 않으므로 가급적 사용하지 않으며, 변기와 세면대는 영유아 10~12명당 1개 이상을 설치한다.

세면대는 바닥에서 50~55㎝ 정도 높이에 설치하는 것이 바람직하다. 수도꼭지를 손으로 돌리는 손잡이는 세균이 많이 쌓일 수 있으므로 상하로 틀 수 있는 손잡이가 위생적이고, 공용 수건보다는 종이 수건을 사용하는 것이 위생적이다.

비누는 고체비누보다 눌러서 쓸 수 있는 액체비누가 편리하고 위생적이며, 온수를 사용하는 경우 화상을 입지 않도록 45℃ 이하의 온도로 조절해 두어야 한다.

④ 식당과 주방

- 식당과 주방은 위생과 안전이 중요한 공간이다. 가스와 전열기구, 뜨거운 조리기구가 사용되고 번잡한 조리과정이 영유아에게 순간적으로 위협이 될 수 있다.
- 영유아가 식사를 하는 공간과 조리공간은 엄격히 구분되어 영유아의 출입이 통제되어야 하고 교사도 주의를 해야 한다.
- 가스기구의 사용으로 실내 산소가 소비되므로 환기시설을 설치하여야 한다.
- 가스누출과 화재에 대비한 안전장치로 가스기구 사용 시 안전밸브와 가스누설 자동차단기, 화재 시 작동할 수 있는 스프링클러가 설치되어 있어야 한다.
- 세제, 소독용제 등 주방에서 사용하는 유독물질들은 영유아의 손이 닿지 않는 곳에 문열림 방지고리를 부착하여 보관한다.
- 식사 후 남은 음식은 뚜껑을 덮어 냉장 혹은 냉동보관하고, 임의로 판단하여 상온에 두었다가 다시 영유아에게 제공되는 일은 없어야 한다.

⑤ 기타

- 놀잇감이나 수건, 기타 의류 등의 세탁을 위한 세탁공간이 있다.
- 레버용 수도잠금 장치는 손을 씻은 후 다시 오염되는 과정을 줄일 수 있다.
- 쓰레기통은 손이 오염되지 않도록 발로 여는 페달식을 배치한다.
- 문이 달린 수납장의 경우는 영유아가 직접 꺼내야 하는 물건을 넣기에는 부적절하다. 보관과 교사가 관리하는 것을 원칙으로 하고 영유아에게 필요한 물건들은 필요할 때마다 선반이나 개방된 진열장에서 꺼내주는 것이 바람직하다. 문이 달린 수납장은 영유아가 임의로 열지 못하도록 시중에서 판매하는 안전고리를 설치한다.
- 정수기를 설치한 경우 냉수와 정수만을 사용하고 온수의 사용은 화상의 위험이 있으므로 제한하는 것이 현명하다. 정수기 바닥에 물이 흘러내리는 경우가 있으므로 미끄럽지 않도록 항상 물기를 제거한다.

2) 놀잇감과 놀이기구

(1) 놀잇감의 선택

놀잇감과 놀이기구는 영유아의 발달에 영향을 주므로 안전한 것을 선택, 제공하여야 한다.

- 놀잇감은 입에 넣어도 무해한 독성이 없는 것이어야 한다.
- 크기가 3㎝ 이상이어야 한다.
- 깨지지 않는 재질(고무, 나무, 천 등)로 된 것이어야 한다.
- 천으로 된 것은 입으로 빨아도 섬유가 뜯기지 않고, 불연성 재질이어야 한다.
- 나무로 된 것은 표면이 매끄러워야 한다.
- 플라스틱이나 금속 등의 놀잇감은 재질에 유해성분이 없어야 하고, 페인트가 벗겨지지 않으며, 접합에 틈이 거의 없어야 한다.
- 놀잇감은 날카로운 면이나 모서리가 없어야 하고, 구조가 견고하고 부착된 부품들이 단단해야 한다.
- 삼킬 수 있는 장난감이나 무거워 떨어뜨릴 수 있는 장난감은 선택하지 않는다.

- 대근육 활동을 위한 기구들은 영유아가 올라갔을 때 흔들리거나 넘어가지 않아야 한다.

(2) 놀잇감과 놀이기구의 관리

- 자주 세척하고 소독하여 제공한다.
- 수시로 점검하여 고장이나 부서진 것이 없는지 점검한다.
- 나무로 된 놀이기구는 외형에는 문제가 없으나 내부에서 부식이 일어나 순간 무너질 수도 있으므로 전문가의 진단이 필요하다.
- 나무로 된 장난감은 물수건으로 닦고 물기를 완전히 제거해 그늘에서 말린다.
- 헝겊으로 된 장난감은 울세제나 샴푸로 손빨래를 해서 말린다. 내부에 건전지나 기계장치가 들어 있는 경우는 물에 담그지 않고 먼지만 떨어낸다.
- 치아발육기 등 영아가 입에 대는 장난감은 주 2회 젖병 소독액을 사용해 소독하고 잘 말린다.
- 플라스틱 장난감은 희석 소독액을 만들어 소독하고, 물에 담가 잘 씻어낸 후 물기를 빼 충분히 말린다. 희석 소독액은 물과 락스를 적정한 비율로 섞어 사용할 수 있으며, 시중에 희석 알코올액을 판매하므로 구입해 사용할 수 있다.
- 보행기는 영아가 앉기 시작하면서 걷기 전까지 돌봄을 도울 수 있는 기구이지만 계단에서 구르는 경우 치명적인 사고로 이어지는 경우가 잦아 부득이한 경우를 제외하고는 사용하지 않는 것이 바람직하다.
- 유모차는 잠금장치, 브레이크, 부속물들이 안전한지를 살펴보고 이용해야 한다. 유모차는 바퀴가 크고 넓은 것, 브레이크 작동이 잘되는 것을 선택해야 한다. 밑부분이 윗부분보다 넓어야 넘어지지 않는다.

(3) 놀이의 안전수칙

실내놀이가 실외놀이보다 안전하다 생각하고 방심을 하는 경향이 있으나 크고 작은 많은 사고가 실내에서 발생하고 있다. 일상생활뿐 아니라 놀이에서 영유아가 놀이규칙을 잘 알고 지킬 수 있도록 지도할 때 안전할 수 있다.

3) 이물질 및 독성물질

(1) 이물질

영유아는 호기심에 또는 먹을 수 있는 것으로 잘못 판단하여 이물질을 섭취할 수 있다. 독성이 없다 하더라도 위와 장에 부담을 주고 건강을 해칠 수 있으므로 주의하여야 한다.

걱정스러운 경우는 이물질을 1개월 이상 습관적으로 고집스럽게 섭취하는 경우이다. 생쌀이나 모래 등을 먹는 신경증적 질환이 있는데 이를 이식증이라고 한다. 이는 소아 청소년 정신장애 기준의 한 가지로 페인트, 회반죽, 머리카락, 끈, 헝겊, 모래나 곤충, 잎, 자갈 등을 혐오감 없이 먹는다. 정신장애를 가진 경우 동반될 수 있으며 정신과 전문의의 진단과 치료를 받아야 한다.

(2) 독성물질

독성물질은 영유아가 일부러 섭취하지 않더라도 활동 중에 영유아에게 점진적으로 악영향을 줄 수 있어 주의하여야 한다. 사물에 대한 인지가 부족한 영유아가 자신의 몸을 독성물질로부터 보호할 수 있도록 정보를 제공하고 독성이 함유된 장난감과 교재교구, 독성물질을 포함한 환경으로부터 영유아를 보호해 주어야 한다.

영유아의 경우 호기심이 강하고 모든 물건을 입으로 가져가는 경향이 있어 잘못 먹거나 흡입할 경우 사망이나 심각한 부작용을 초래한다. 한국 소비자보호원의 조사(2004)에 의하면 가정용 화학제품에 어린이 보호를 위한 포장용기를 사용한 제품은 10.2%였다. 영유아가 주변 독성물질에 노출되어 있다고 볼 수 있는 사안으로 대책 마련이 시급하다. 자외선 차단제, 가구광택제, 얼룩제거제 등은 영유아가 잘못 마셔 폐로 흡입되면 폐렴이나 손상 및 사망에 이를 수도 있으므로 더욱 각별한 포장이 필요하다.

영유아의 중독사고를 예방하기 위한 예방법을 소개하면 다음과 같다(소비자보호원, 2004).

- 매번 쓸 때마다 용기를 꽉 닫고 어린이 안전포장이 되어 있는 제품을 사용할 것.
- 모든 화학제품과 의약품은 어린이가 볼 수 없는 장소에 보관할 것.

- 독극물 중독사고가 발생한 경우에는 응급의료센터에 연락할 것. 구토제를 상비해 두고 사고 시 응급의료센터에서 구토제를 사용할 것을 지시하는 경우에만 사용할 것.
- 모든 물품은 원래 용기에 담아둘 것.
- 모든 제품에 원래의 라벨을 그대로 붙여두고 사용 전에 그 라벨을 숙지할 것.
- 약을 주거나 먹을 때는 항상 복용량을 체크할 것.
- 어린이 앞에서 약을 먹지 말 것. 그리고 사탕이 아니라 약을 먹고 있는 것이라는 것을 반드시 주지시킬 것.
- 약품 보관함을 정기적으로 청소하고 불필요하거나 유효기간이 지난 제품은 버릴 것.

이물질 · 독성물질 예방 프로그램의 실제

먹으면 위험해요

활동 목표	먹을 수 있는 것과 먹을 수 없는 것을 구별할 수 있어요. (기본생활 > 안전한 생활 > 위험한 상황을 알고 안전하게 행동하기)
활동 자료	O, X 바구니, 먹을 수 있는 음식사진카드(철심을 붙임), 먹을 수 없는 세제 등의 사진(철심을 붙이지 않음) 10개, 전기회로실험세트
활동 방법	① 카드의 사진에 무엇이 있는지 함께 이야기를 나눈다. ② O(먹을 수 있어요), X(먹을 수 없어요)가 붙은 바구니에 사진카드를 분류해 본다. ③ 먹을 수 없다고 분류한 사진카드를 살펴보고 어떤 용도로 사용하는 것인지 사용방법을 알아본다.       ④ 위험한 약품을 먹었을 때 어떻게 해야 하는지 이야기 나눈다.
확장 활동	– 전기회로실험을 통하여 먹을 수 있는 사진카드(철심 부착)와 먹으면 안 되는 사진카드(철심 부착 안 함)를 전구에 불이 켜지는지의 여부로 확인해 본다. – 잡지에 있는 광고사진 자료를 이용하여 수수께끼 카드를 만들어 본다.
주의 사항	– 먹을 수 있는 약품 중에서도 함부로 먹으면 안 되는 것(의약품)이 있음을 자세히 이야기 나눈다.

출처 : 보육시설 안전 매뉴얼 연구(2008)

4) 화상 및 화재

불은 인류의 발견 중 손꼽히는 귀중한 자산임과 동시에 잘못 사용되었을 때의 피해는 파괴적인 힘이 너무 커서 재산과 인명의 사고로 이어지고 크나큰 후유증을 남기기도 한다. 우리가 흔히 사용하는 전기, 가스 등의 위험이 발생했을 때를 대비해 철저한 안전교육이 무엇보다 중요하다.

화재는 발생하는 원인에 따라 전기로 인한 화재, 누전에 의한 화재, 합선과 단락에 의한 화재, 과전류에 의한 화재, 전기기구 취급 부주의에 의한 화재, 불장난으로 인한 화재, 가스화재, 유류화재 등으로 구분된다. 영유아가 생활하는 장소에서 화재가 발생하면 스스로 대피할 능력이나 상황판단 능력, 신체조절 능력이 거의 없는 영유아는 치명적일 수밖에 없다. 따라서 화재를 예방할 수 있는 시설 설비가 철저히 갖추어져야 하고, 대처할 수 있는 훈련이 필요하다.

화재 발생 시 화재에 대처할 능력이 없는 만 4세 이하 영유아의 사망이 가장 많으며, 사망자 중에는 화염이 몸에 닿기 전에 유독가스와 연기로 질식하는 경우가 약 60% 이상이고, 약 20% 정도가 화상으로 사망하는 것으로 알려져 있다. 이것은 화재 시 훈련을 통해 의식을 차리고 대피할 수만 있다면 사망사고를 줄일 수 있다는 방증이다. 반복적인 대피훈련과 교육이 반드시 필요하다.

보육시설 내 화재 발생 시 종사자 지침

■ 보육시설 내 화재 발생 시 종사자 지침

- 주방에서 불이 났을 때 '불이야' 하고 큰소리로 외치고, 비상벨을 누른다.
- 119신고 (예) "여기는 00구 00동에 있는 00어린이집인데, 주방에서 전기 과열로 불이 났습니다. 영유아 70명이 함께 있습니다."
- 어린 영아들은 성인들이 안고 정해진 대피로를 따라 신속하게 대피한다.
- 아래층으로 대피하기 불가능할 때는 옥상으로 대피하고, 엘리베이터는 절대 사용하지 않도록 하며 계단을 이용한다.
- 연기와 불길 속을 통과할 때는 최대한 자세를 낮추고 엉덩이를 머리보다 높이 든다. 한 손으로는 손수건, 옷 등을 이용하여 호흡기(코, 입)를 보호하고, 다른 손으로 벽을 짚으면서 한 방향으로 신속하게 대피한다.

• 책상 밑이나 구석진 곳에 영유아가 숨어 있는지 확인한다.
*불이 나면 발화지점으로부터 가장 안전하고 가까이에 있는 비상대피로로 이동하세요.

■ 옷이나 몸에 불이 붙었을 때의 주의사항
하나, 그 자리에 멈춘다.
둘, 바닥에 엎드리고 두 손으로 눈과 입을 가린다.
셋, 불이 꺼질 때까지 바닥에 구른다.

출처 : 보육시설 안전 매뉴얼(2008)

5) 황사대비

황사는 중국과 몽골의 사막과 황토지대에서 작은 모래나 먼지가 대기를 통해 우리나라로 날아와 떨어지는 모래흙이다. 세계 표준용어로는 아시아 먼지Asian dust라 한다.

황사에는 납, 카드뮴, 알루미늄, 구리 등과 같은 중금속과 발암물질이 섞여 있어 인체에 해를 주게 된다.

우리나라는 2002년부터 미세먼지 농도 기준으로 황사 예보와 특보를 운영하고 있으며, 2007년 자연재해대책법 제2조와 재난 및 안전관리 기본법 제3조를 개정하여 황사를 재난으로 규정하고 있다. 황사는 주의보와 경보로 특보가 발효되며, 황사주의보는 1시간 평균 미세먼지(PM10) 농도 400㎍/㎥ 이상이 2시간 이상 지속될 것으로 예상될 때, 800㎍/㎥ 이상이 2시간 이상 지속될 것으로 예상될 때는 경보가 발효된다.

2008년 교육인적자원부는 황사 피해가 심해 정상적인 교육이 어려워지면 유치원과 초·중·고교는 등하교 시간을 조정하거나 임시휴교를 할 수 있도록 하고 있다. 황사 농도가 약하더라도 실외·야외활동을 실내 학습활동으로 전환하고 학생들에게 외출자제와 마스크 착용, 귀가 후 손 씻기 등을 교육하도록 하였다. 이처럼 황사로 인한 피해와 위험성을 정확하게 이해할 수 있도록 발달수준에 맞는 교육자료를 만들어 이해를 돕고, 가정과 연계 지도가 될 수 있도록 가정통신문에도 황사에 대한 내용과 예방법을 실어 적극적으로 대비해야 한다.

환경부에서 제공하는 황사에 대한 대처방법을 살펴보면 다음과 같다.

- 천식환자는 황사가 심할 때 가급적 외출을 삼간다.
- 창문 등을 닫아 외부 공기 유입을 차단한다.
- 공기정화기 등으로 실내공기를 정화시키고 습도를 조절한다.
- 물을 많이 마신다.
- 부득이 외출해야 할 경우 보호안경을 끼고 콘택트렌즈 착용을 삼간다.
- 외출 후에는 미지근한 물로 눈과 콧속 그리고 손과 발을 깨끗이 씻는다.
- 결막염 증세 발생 시 깨끗한 찬물에 눈을 대어 깜빡거리거나 얼음찜질을 해 주면 증상을 완화시킬 수 있다.
- 외출 시 황사에 노출되지 않도록 마스크와 긴소매 옷을 착용한다.
- 피부에 로션 등을 발라 흙먼지가 피부에 닿지 않도록 한다.

황사 발생 시 안전행동 및 대비요령

활동 목표	– 황사가 발생했을 때 자신의 몸을 안전하게 보호하는 방법을 안다 (기본생활>안전한 생활>위험한 상황에 처했을 때 안전하게 행동하기) – 황사가 발생했을 때 안전하게 행동할 수 있다. (기본생활>안전한 생활>위험한 상황에 처했을 때 안전하게 행동하기)
활동 자료	황사관련 사진 및 도서, 시청각 자료, 마스크 등
활동 방법	(사전활동) – 봄의 날씨에 관한 사진 자료나 인터넷, 신문 등의 기상예보 자료를 보며, 자연스럽게 황사에 대한 관심을 갖게 한다. – 황사에 관한 사진 자료 등을 과학영역이나 언어영역에 비치해 둠으로써 관심을 갖게 한다. (본 활동) 1. 모래바람 속에 있는 나쁜 것들이 코나 입, 눈으로 들어오면 어떻게 될지에 대해 이야기해 보도록 한다. ⋯› 기침이 나고, 목이 아프고, 콧속이 더러워진다. 2. 모래바람이 불어오면 어떤 피해가 생길 수 있을지에 대해 각자의 생각을 말해보게 한다. ⋯› 호흡기질환, 알레르기성 비염 등을 일으킬 수 있다. ⋯› 자동차, 가구, 옷, 과일 등에 먼지가 묻고, 공기가 오염된다.

활동 방법

3. 황사의 의미와 원인 등에 대한 자료 탐색을 통해 충분히 이해하도록 한다.
   - ···› 황사주의보: 황사로 인해 1시간 평균 미세먼지 농도 400㎍/㎥ 이상이 2시간 이상 지속될 것으로 예상될 때
   - ···› 황사경보: 황사로 인해 1시간 평균 미세먼지 농도 800㎍/㎥ 이상이 2시간 이상 지속될 것으로 예상될 때

(마무리)

1. 황사의 피해를 막으려면 가정과 어린이집에서 어떤 방법을 사용할 수 있는지 아이디어를 모아 직접 도구를 만들어 본다.
   - ···› 나만의 다양한 마스크 만들어 보기(다양한 재료를 활용하기)

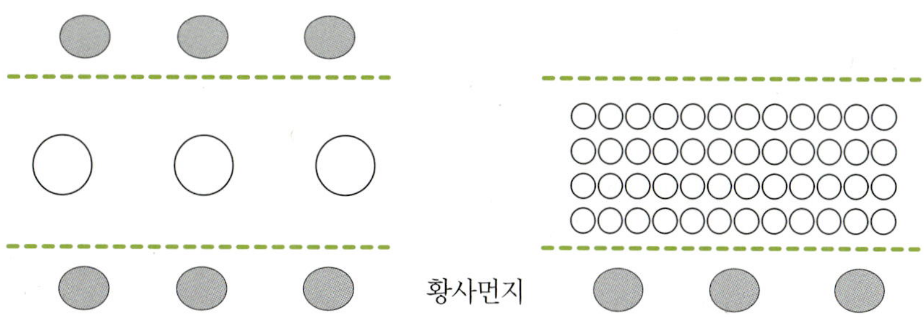

〈면섬유 마스크〉 〈황사마스크〉

   ···› 황사대처방법
   - 황사특보가 발효되면 외출을 삼간다.
   - 외출 시 마스크, 보호안경, 긴 소매 옷을 입는다.
   - 외출에서 돌아와 손발을 씻고 양치를 한다.
   - 창문 등 환기구 단속을 잘하여 먼지가 집안으로 들어오지 못하게 한다.
   - 과일, 채소 등을 깨끗이 씻어 먹는다.
2. 직접 만든 황사 마스크를 쓰고 외출 시의 상황을 연출해 본다.

주의 사항

- 황사관련 내용을 가정통신문으로 보내면 가정과 연계할 수 있어 효과적이다.

출처 : 보육시설 안전 매뉴얼(2008)

2. 실외환경의 안전

1) 놀이기구 및 시설물에 대한 안전

실외에 설치되는 놀이기구는 바닥에 고정시키는 것이 안전하며 눈, 비, 바람, 햇빛 등으로 부식되거나 변형이 되지 않는 재질로 설치되어야 한다. 실외에서 안전한 놀이를 하기 위해 Frost와 Henninger(1979)가 주장한 협동적인 안전계획, 성인과 영유아의 상호작용, 능력과 한계, 도전과 흥미, 발달적 요구, 놀이시간을 상세히 설명하면 다음과 같다(이숙재, 2009).

(1) 협동적 안전계획

교실에서 영유아들이 실외놀이에서 지켜야 하는 규칙을 알려주고 이야기를 나누며 영유아 스스로 규칙 목록을 만들게 하여 안전의 필요성을 깨닫게 한 후 실외 놀이를 실시한다.

(2) 성인과 영유아의 상호작용

교사는 영유아와 상호작용을 하면서 놀이기구나 시설물을 안전하게 이용하는지를 살펴보고 지도하여야 한다. 사용방법을 알려줄 때는 먼저 시범을 보인 후 지도해야 한다.

(3) 능력과 한계

영유아는 자신의 능력과 한계를 정확히 알기 어렵다. 교사는 영유아의 능력을 정확히 파악하여 안내해 주어야 한다. 너무 겁을 내 놀이기구를 이용하지 못하는 경우 격려와 지원을 해 주어 시도해 보도록 자극하고, 무모한 행동을 하는 영유아도 점진적으로 새로운 시도를 계획하도록 지도하여 자연스럽게 자신의 능력과 한계를 경험하도록 지도한다.

(4) 도전과 흥미

영유아의 흥미를 끌면서 다양하게 도전할 수 있는 놀이기구들이 충분하다면 영유아는 다양한 놀이에 몰두하게 되어 위험한 행동을 하지 않을 것이다.

(5) 발달적 요구

기어오르기, 달리기, 균형 잡기, 협응 등의 능력이 제각기 다르므로 영유아들의 발달수준에 맞는 다양한 놀이기구를 설치하여야 한다. 복합놀이시설물의 경우도 영아와 유아의 시설이 구분되어야 한다. 실외놀이 시설에서도 다양한 영역별 활동이 가능하도록 역할놀이 영역, 쌓기놀이 영역, 미술영역, 휴식 및 독서 영역 등을 구성해 놓는다.

(6) 놀이시간

놀이시간이 충분하지 않을 경우 영유아가 서두르다가 사고가 날 수가 있다. 안정되게 놀이에 몰입하고 놀이를 정리하는 데 필요한 충분한 시간을 주어야 한다.

실외시설에 대하여 다음의 내용들의 안전점검을 통해 사고를 방지할 수 있어야 한다.

- 놀이기구나 시설물에 뾰족한 부분이나 날카로운 모서리는 없는가?
- 영유아의 손, 발, 몸이 끼일 수 있는 난간이나 바닥, 손잡이 등에 틈은 없는가?
- 바닥에 돌멩이, 유리나 플라스틱, 금속조각, 기타 쓰레기 등이 없는가?
- 에어컨 실외기, 전기 스위치 박스, 전선 등의 전기시설물이 안전하게 설치되어 있는가?
- 영유아에게 유해할 수 있는 잡초나 이상한 냄새가 나는 풀 등은 없는가?
- 실외 바닥에 움푹 들어간 웅덩이나 발이나 몸이 빠질 수 있는 위험한 곳은 없는가?
- 놀이기구에 여름철 강한 햇볕으로 온도가 올라가 영유아가 화상을 입을 수 있는 금속부분은 없는가?

2) 실외 놀이기구설치 시 고려사항

실외활동은 신체발달, 인지, 정서, 사회성 발달에 도움을 줄 뿐 아니라 영유아들이 가장 좋아하는 활동일 것이다. 어린이집에서 하루종일 보내는 영유아에게 실외활동은 반드시 필요하며 매일 반복되므로 안전은 매우 중요하다. 실외활동은 교사가 관리하고 감독해야 하는 영역이 넓어질수록 위험요인은 커지므로 실외 놀이기구의 안전한 설치와 관리에 관심을 가져야 한다.

(1) 미끄럼틀

- 미끄럼틀은 영유아의 신체적 조건에 따라 달라지겠으나 보통 2.5m 이하로 설치하며, 경사는 30~40°가 적당하다(지혜련 · 김온기, 1990)
- 미끄럼틀의 내려오는 양옆의 난간은 10~15cm 정도로 반드시 설치해야 안전하다.
- 미끄럼틀의 정상은 영유아에게 심리적인 불안을 줄 수 있으므로 난간을 설치하여 안전감을 느끼게 해야 한다. 또한 미끄럼면 양옆 난간은 미끄럼틀을 타고 내려올 때 완충역할을 한다. 안전하고 보호받는 느낌을 줄 수 있도록 60~80cm로 설치하고 부분적으로 투명하게 하여 눈으로는 아래와 밖을 볼 수 있도록 설치한다.

(2) 그네

- 앞뒤 좌우 그네가 움직이는 반경에 접근을 막는 안전바를 설치하여 충돌사고를 막아야 한다 그림 8-3.

그림 8-3 안전바가 설치되어 안전한 그네

- 그네끼리 부딪히지 않도록 하기 위해서는 1개의 그네 틀에 2개 이상의 그네를 달지 않는다.
- 쇠사슬로 된 그넷줄에는 손가락이 끼이지 않도록 영유아의 손이 닿는 부분에 안전커버(플라스틱 호스)를 설치한다.
- 그네 의자는 캔버스나 고무판과 같은 부드럽고 탄력이 있는 재질이 바람직하다.

(3) 시소

- 시소의 기울기는 30° 이내로 한다.
- 엉덩이 아랫부분에 타이어와 같은 충격완화재를 설치하여 영유아의 뇌와 척추에 충격이 가지 않도록 한다.

(4) 정글짐(기어오름대)

- 정글짐은 2.5m 이하의 높이가 적당하다.
- 영유아의 왕래가 적은 곳에 설치하는 것이 좋고 바닥에 모래를 깔아 사고에 대비한다.
- 잡고 올라가는 모서리는 뾰족하거나 날카롭지 않아야 한다.
- 비가 온 후에는 물기가 있으므로 걸레로 닦아 미끄러지는 것을 예방해 준다.

(5) 모래밭

- 모래밭은 세균번식이 없도록 양지 바른 곳에 설치하되 햇볕이 강한 날에 대비하여 영유아가 쉴 수 있는 그늘을 만들어 준다.
- 수시로 큰 돌멩이, 유리조각, 플라스틱 조각, 나뭇잎, 동물의 배설물 등 기타 위험물질을 체로 쳐서 골라 준다.
- 사용하지 않을 때는 동물의 배설물 등에 오염되지 않도록 덮개로 덮어주는 것이 좋다.
- 모래놀이터의 설치는 비가 올 경우 배수가 잘되도록 가장 아랫부분에 자갈을 깔고, 벽돌을 한 층 놓은 후 45~60cm 정도의 충분한 모래를 덮어 놓는다.

(6) 보도

영유아가 걸어 다니는 보도는 미끄럽거나 돌출 부분이나 홈이 있어서는 안 된다. 모든 시설물에는 날카로운 모서리나 돌출 부분이 없어야 한다.

보육시설의 놀이시설물이나 실내외 시설은 주기적으로 점검하여 관리할 수 있는 체계를 마련하고 안전하게 활용 관리할 수 있도록 한다.

3) 교통안전

현대생활의 필수품이 된 자동차는 편안함 뿐 아니라 크고 작은 사고로 안전을 위협하고 있다. 영유아들의 미숙한 상황판단과 운동기능, 자기중심적으로 이해하는 태도 등은 교통사고의 원인이 된다. 따라서 교통사고의 위험에 대처할 수 있는 연습과 훈련을 통해 교통안전의 능력을 길러 주어야 한다.

(1) 걷기 안전

최근 보행자의 보행위치가 좌측에서 우측으로 변경되어 2010년 7월부터 전면시행되었다. 수십 년간 기초질서가 되었던 좌측보행을 우측보행으로 바꾸게 된 것은 보행자에게 가장 안전하고 편안한 방법이라는 연구에 기초하였으며, 미국, 캐나다, 스페인 등 국제사회의 공통 질서를 공유하는 장점이 있다. 도로는 물론 에스컬레이터에서도 우측보행을 하여야 한다.

■ **도로횡단 5대 원칙**

- 우선 멈춘다.
- 왼쪽 오른쪽, 다시 왼쪽을 보고 차가 오는지 살핀다.
- 횡단보도의 오른쪽에 서서 운전자를 보며 왼손을 든다.
- 차가 멈추었는지 반드시 확인한다.
- 운전자와 눈을 맞추고 차를 계속 보면서 건넌다.

영유아는 손에 물건을 들고 있으면 넘어져 다치기 쉬우므로 어린이집 작품이나 기타 물건은 가능한 한 가방 속에 넣어 보내야 한다.

출처 : 보육시설 안전 매뉴얼(2008)

■ **부모지침**

- 영유아에게 5대 원칙을 알려주고 부모가 자녀를 데리고 다닐 때는 항상 자녀의 손을 잡고 다니며, 집에서 어린이집으로 가는 가장 안전한 길을 알려준다.
- 보행 시 신발이나 모자가 벗겨지지 않도록 한다.
- 골목길에서 큰길로 나갈 때는 반드시 멈추어 좌우를 살피도록 지도한다.
- 비가 오는 날 옷과 우산은 하얀색을 제외한 밝은 옷을 입힌다.
- 추운 날씨에 너무 큰 귀마개를 하거나 손을 주머니에 넣는 행동은 위험할 수 있다.

(2) 차를 탈 때의 안전

최근 교통기관의 대중화와 함께 유아교육기관에 다니는 영유아도 대부분 차량을 이용한 등하원이 이루어지고 있다. 하루에도 차를 타지 않으면 생활이 이루어지지 않는 것은 영유아들도 마찬가지이다. 차량을 이용할 때 지켜야 하는 안전규칙에 대해 알아보면 다음과 같다.

- 안전시트에 앉은 후 안전벨트를 맨다.
- 차 안에서 음식을 먹지 않는다.
- 차 안에서의 장난(창문 내리기, 문 열기 등)을 금지한다.
- 교사는 영유아들이 차 안에서 지켜야 할 내용을 알려주어야 한다.
- 운전석 옆 자리에 영유아를 앉히지 않아야 하며 접이의자를 영유아가 접거나 펴는 일이 없도록 한다.
- 창밖으로 손을 내밀거나 물건을 던지면 안 된다는 내용을 알려준다.
- 길게 늘어진 옷이나 끈이 달린 옷은 차 문에 걸리면서 사고가 발생할 수 있다.
- 등원차량 승하차 시 부모와 동행하되 형제가 차량 주변에 가까이 가지 않도록 한다.
- 버스가 정차하면 교사는 반드시 내려 주변을 살펴 안전한지 확인하고 영유아를 승하차시킨다.
- 계단을 오르내릴 때 손을 끝까지 잡고 도와준다.
- 하차 시 어린이집에 도착해서 뛰어 들어가지 않도록 지도하고 부모에게 인계할 때도 안전하게 인계하여야 한다.

■ **어린이 통학버스의 요건**

- 어린이 통학버스를 운행하고자 하는 자는 황색으로 도색, 어린이 보호표지 부착 등을 하여 외관상 일반 운전자가 어린이 통학버스로 인식할 수 있는 차량의 시설 요건을 갖추어야 한다.
- 어린이 보호표지는 앞면유리 우측 상단과 뒷면 유리 중앙 하단의 잘 보이는 곳에 부착해야 한다.
- 보육시설 인가를 받은 자의 명의와 등록차량 등록 명의가 동일하여야 한다.
- 자동차 종합보험에 가입되어 있어야 한다.

출처 : 채혜선 외(2008)

■ 승하차 안전수칙

- 버스가 도착할 때까지 인도에 서서 보호자의 손을 잡고 기다린다.
- 차가 멈춘 다음 안전벨트를 푼다.
- 버스에서 내릴 때 주변 및 바닥을 확인한다.
- 버스에서 내릴 때 선생님의 손을 잡는다.
- 버스에서 타고 내릴 때 손에 물건을 들지 않는다.

출처 : 보육시설 안전 매뉴얼(2008)

(3) 자전거, 인라인스케이트 등 탈것의 안전

영유아가 이용하는 탈것에는 자전거, 인라인스케이트를 비롯해 킥보드 등이 있으며 이러한 탈것으로 인한 사고는 부상 또는 사망에 이를 수도 있기 때문에 안전수칙을 지키도록 지도해야 한다.

영유아의 신체크기에 맞는 헬멧과 보호장구를 착용하도록 하며, 주기적으로 탈것의 바퀴, 브레이크 등의 안전상태를 점검하고 보호자와 함께 지정된 장소에서 타도록 지도한다. 자전거와 인라인스케이트를 타고 차도로 들어가서는 안 된다.

횡단보도를 건널 때 자전거는 내려서, 인라인스케이트를 신고 있을 때는 보호자의 손을 잡고 건너야 하고, 인라인스케이트를 신고 계단을 오르내리지 않아야 하며, 밤이나 날씨가 좋지 않은 경우 더 위험하다는 것을 지도해야 한다.

9 Chapter

사고와 응급처치

1. 응급처치
2. 안전사고에 따른 사례
3. 사고유형에 따른 응급처치 방법

아 동 건 강 교 육

영유아 안전사고는 사전에 안전교육을 통한 예방이 무엇보다 중요하다. 안전사고가 발생했을 때 응급처치가 왜 필요한지, 사고상황에 대비하기 위한 기본지침은 무엇인지, 그리고 안전사고에 따른 사례를 살펴보고 사고유형에 따른 응급처치 방법 등을 살펴본다.

1. 응급처치

1) 응급처치의 개념

응급처치First Aid란 응급환자에게 행해지는 기도의 확보, 심장박동의 회복, 기타 생명의 위협이나 증상의 현저한 악화를 방지하기 위하여 긴급히 필요로 하는 처치를 말한다(응급의료법, 1994). 영유아들은 가정이나 유치원 또는 보육시설, 거리나 놀이터 등에서 사고를 당하거나 사망하는 일이 많고, 질병으로 인한 응급상황이 발생하기도 한다(한국산업안전공단, 2006). 이러한 응급상황이 생기는 경우, 상처의 고통을 덜어주고, 상해를 최소한으로 줄이며, 생명을 구하기 위해서는 응급처치가 매우 중요하다.

유아교육현장에서의 응급처치란 안전사고가 발생했을 때 교사에 의해 시행되는 기본응급처치를 말하며, 의료전문가의 지원이나 처치를 받기 전까지 영유아의 상태를 보호하고, 상처나 질병의 악화를 방지하며 추가적인 손상을 예방하는 과정이라고 할 수 있다. 여기에서 기본 응급처치는 특별한 의료장비나 기구 없이 손으로 시행할 수 있는 기술skill을 말한다(노상균, 2007).

정리하면 응급처치란 사고로 인한 부상이나 갑작스런 병으로 환자가 생겼을 때 그 환자가 보다 나은 병원치료를 받을 수 있기 전까지의 즉각적이고 임시적인 처치를 말한다.

2) 응급처치의 필요성

영유아는 성인과 다르게 성장과 발달이 미성숙한 상태로 위급상황이 발생했을 때 스스로 대처하기가 불가능하므로 그들을 돌보아 주는 양육자의 역할이 크며(김신정 · 최환석, 1999), 영유아 안전사고는 사전에 안전교육을 통한 예방이 무엇보다 중요하다. 이러한 예방에도 불구하고 예기치 못한 위급상황이 발생했을 때 현장에서 교사로부터 시행되는 응급처치는 매우 중요하다. 실제로 영유아들은 기저질환이 없다면 대부분 호흡의 문제로 응급상황이 발생되기 때문에 간단한 응급처치만 시행되더라도 신체적 · 정신적 · 경제적 손상을 최소화시킬 수 있으며, 무엇보다 2차적 손상을 예방할 수 있기 때문에 교사의 기본 응급처치는 반드시 필요하다(노상균, 2007).

3) 사고상황에 대비하기 위한 기본지침

잘못된 응급처치는 오히려 환자의 상태를 악화시킬 수 있으므로 올바른 응급처치 방법을 익히는 것이 중요하다. 의사의 전문적인 치료를 받을 때까지 약품이나 기구를 사용하여 평소에 익혀둔 응급처치 방법으로 침착하고 신속하게 행동해야 한다. 응급처치는 시간을 다투는 일이기 때문에 환자의 상태를 세밀하게 관찰하면서 조심성 있게 실시해야 한다. 김일옥(2001)은 응급상황이 발생하면 첫째, 무엇을 관찰해야 할 것인지, 둘째 무엇을 해야 하고 무엇을 하지 말아야 할 것인지, 셋째 어떻게 행동할 것인지에 대해 신속한 판단을 내릴 수 있어야 한다고 하였다.

응급처치의 일반적인 원칙을 보면 다음과 같다.

① 당황하지 않는다. 침착하고 냉정한 판단이 응급처치의 최우선이다.
② 원인과 상황을 파악하며 주위에 있는 위험원인을 제거한다(전기, 물, 화재 등).
③ 의식수준을 살핀다. → 의식이 명료하지 않을 경우 체계적인 방법으로 기도유지, 호흡, 순환 등을 유지한다.
④ 호흡정지, 심한 출혈, 쇼크, 음독, 중독 순으로 하여 가장 긴급한 환아부터 처치한다. → 심장정지에는 인공호흡과 심장마사지, 출혈이 심한 경우에는 지혈

법, 독을 마셨을 때는 토하게 한다.

⑤ 부상과 질병의 정도를 냉정하게 판단한다. → 어떤 종류의 질병인가, 환부는 어디인가 등을 재빨리 조사하여 처치한다.

⑥ 문외한의 치료법은 하지 않는다. → 적절한 판단을 할 수 없는 경우에는 문외한의 치료법을 피하고, 아무것도 하지 않는 편이 좋다.

⑦ 호흡기에 공기가 들어갈 수 있게 기도를 유지한다.

⑧ 지혈시킨다.

⑨ 쇼크를 예방하는 처치를 한다.

⑩ 상처에 먼지, 세균, 이물질이 들어가지 못하도록 보호한다.

⑪ 안정을 취한다. → 환자의 상태가 악화되는 것을 막기 위해서는 의사나 구급차가 올 때까지 환자를 움직이지 않게 한다.

⑫ 영유아를 편안히 눕히고 체온유지에 주의한다. → 몸이 식지 않도록 충분히 보온한다.

⑬ 영유아를 격려한다. 환자를 불안하게 하는 말은 금물이다.

⑭ 영유아의 상태와 응급 처치한 상황을 모두 기록하고, 관찰하며 재평가한다.

영유아의 응급처치에 있어서 환자의 연령과 응급처치를 행하는 교사가 영유아를 능숙하게 다룰 수 있느냐에 따른 감정적 성숙도가 매우 큰 영향을 미친다. 또한 위급상황에서 교사가 응급처치에 대한 순서와 방법을 알고 신속하고 정확하게 처리할 수 있다면 영유아의 신체적, 정신적 피해를 감소시키고 사고의 후유증도 크게 줄일 수 있다. 특히 자신의 의사표현이 서툰 영유아의 응급상황이 발생하였을 때, 응급처치에 대한 지식이 부족하고 경험부족으로 응급상황에 효과적으로 대처하지 못하면 환자의 상태를 악화시키는 경우가 발생하기도 한다. 그러므로 영유아를 보호하고 교육하는 교사는 부상당한 영유아가 전문적인 치료를 받을 때까지 손상이나 통증이 악화되지 않도록 응급처치 방법을 알아두어야 할 필요성이 있다.

4) 응급처치의 방법

영유아 및 소아는 성인과 해부학적, 생리학적으로 차이가 있으므로 응급상황에서 각각의 처치방식을 다르게 해야 한다.

(1) 영유아 심폐소생술

심폐소생술은 심장마비나 그 밖의 사유로 심장과 폐의 활동이 멈췄을 때 심장, 뇌, 그 밖의 장기에 산소를 공급하는 것이다. 환자의 의식 상태를 파악하고 도움을 요청한 후 심장박동이 없거나, 호흡이 없을 때 시행한다.

기본 심폐소생술 시 영유아는 신체의 크기가 작고, 생리작용이 성인과 차이가 있으므로 성인과 똑같은 기본소생술을 적용할 수는 없다. 성인에서는 심정지가 기본소생술의 원인이 되는 경우가 많지만 소아에서는 호흡정지에 의한 산소결핍의 결과로 심정지가 온다. 그러므로 소아환자의 심정지를 치료할 때는 기도를 유지하고 호흡을 보조하는 것이 매우 중요하다.

영유아의 심폐소생술에 대한 응급처치는 표 9-1, 표 9-2와 같다.

표 9-1 기도유지-호흡확인-인공호흡 순서

① 영유아의 머리를 조심스럽게 뒤로 젖혀 기도를 연 후 호흡 여부를 확인해야 한다. 이때 어른의 경우보다 조금 더 젖혀야 기도가 확보된다. 또한 잘 보고 듣는 등 조심스러운 관찰을 통하여 호흡 여부를 확인해야 한다. 고개가 많이 젖혀지면 오히려 호흡을 악화시키므로 조심스레 다룬다.

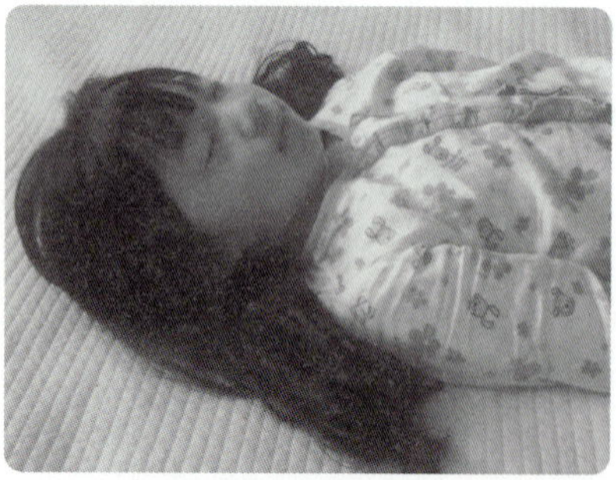

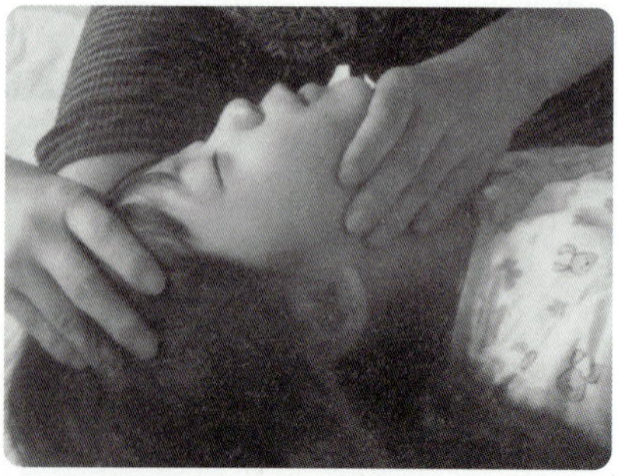

② 호흡이 멈추었을 때는 작은 영아라면 입과 코를 입으로 막고 처음에는 계속하여 2번(한 번에 1~1.5초가량) 크게 천천히 숨을 불어넣는다. 영유아는 어른보다 적은 양의 공기가 필요하므로 어른보다 약하게 살살 불어넣어야 한다(큰 유아라면 어른같이 코를 막고 입에만 숨을 불어넣는다).	③ 숨을 불어넣을 때에는 가슴이 올라오는지 공기가 나가는지 확인해야 한다.
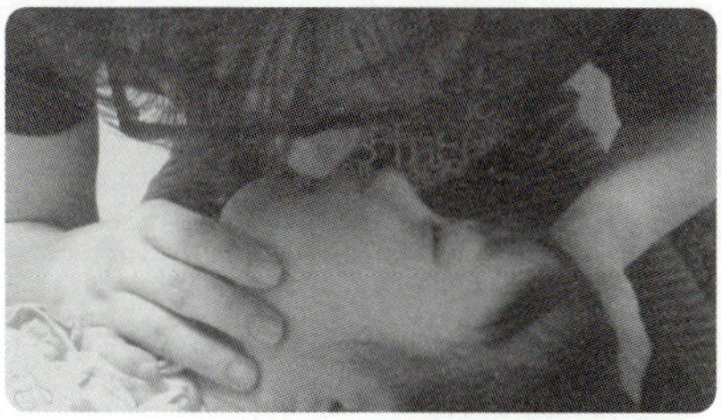	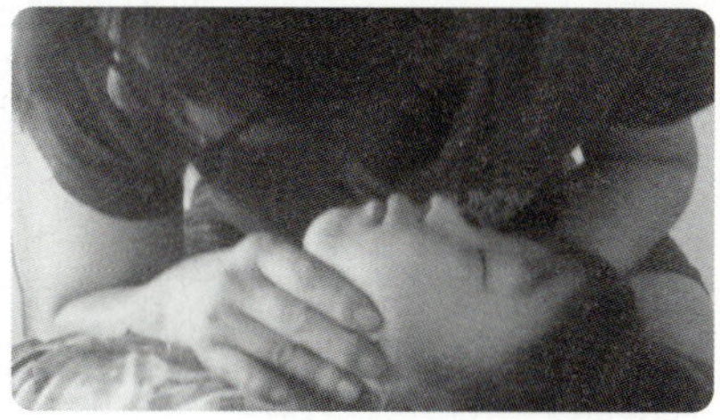
④ 3초마다 반복하여 1분당 20번의 속도를 유지한다.	
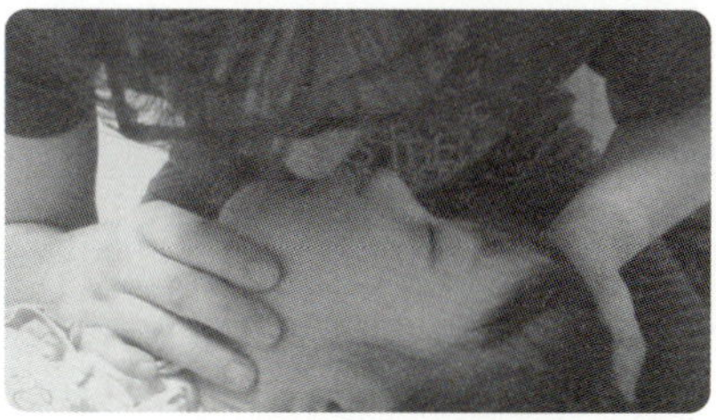	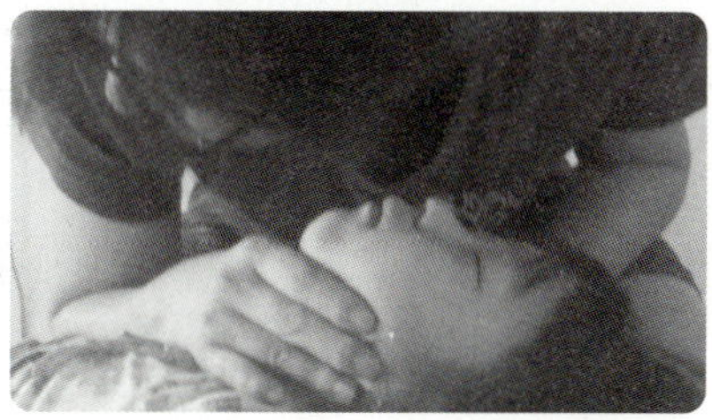

표 9-2 심장 맥박 확인–심장 마사지 순서

① 인공호흡을 한 후 목 옆으로 흐르는 경동맥의 맥박을 5~10초 동안 짚어본다. 맥박은 뛰나 호흡이 없는 경우에는 가슴 압박을 실시한다. 영아의 경우에는 1호흡당 5번 정도 가슴의 정중앙 흉골부위(흉골 위에서 양쪽 젖꼭지를 연결한 가상의 선에서 한 손가락 넓이 아래 부분)를 두 손가락으로 압박한다. 1분간 계속(분당 100회의 속도)하고 심장이 다시 뛰는지 관찰하고 맥박이 없으면 계속한다.	
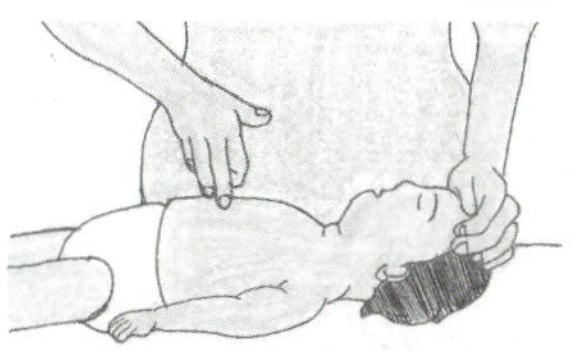	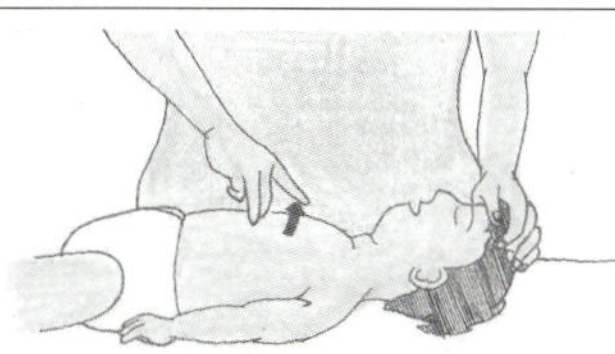
② 1번 호흡당 5번 심장마사지가 필요하다. 손바닥 끝 부위(손목 부분)로 흉골 위를 압박하며 1분당 80~100회 압박한다. 역시 1분간 압박 후 맥박이 돌아왔는지 확인하고 계속한다.	③ 어느 정도 큰 어린이는 어른과 동일하다.
	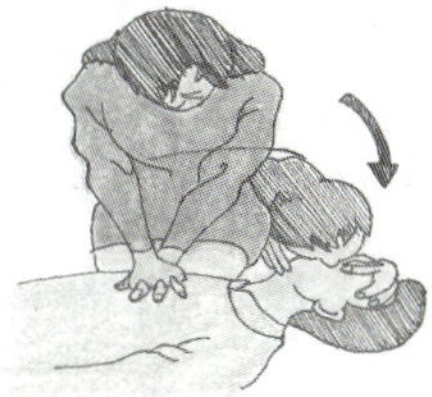

(2) 지혈법

조직이 외상이나 질병에 의하여 혈액이 혈관 밖으로 흘러나오는 것을 출혈이라 한다. 부상을 당하면 많은 경우 그 부위에서 출혈되나, 그 양상과 응급처치의 방법은 모세혈관, 동맥, 정맥 등 출혈하는 부위의 혈관에 따라 다르다. 출혈은 될 수 있는 대로 빨리 멈추게 해야 하는데, 이것을 지혈이라고 한다. 출혈이 심해서 전신의 혈액이 1/3 정도가 없어지면 생명이 위험하게 되며, 유아의 경우 200mL, 성인은 1,500~2,000mL 정도의 출혈량이다.

출혈의 처치에는 직접 압박법, 지혈점 압박법, 지혈대 사용법이 있다.

① 직접 압박법

상처가 난 자리를 거즈나 손수건 같은 것으로 직접 누르는 방법으로, 가장 확실한 방법이다. 작은 상처, 절상 등의 경우 이 방법이 쓰인다. 외과 전문의사도 상처가 파였을 경우, 상처가 난 자리에 직접 거즈를 밀어 넣고 누르는 방법을 취한다. 지혈은 우선 이 방법으로 직접 압박하는 것이 보통이다.

표 9-3 직접 압박법 순서

① 멸균된 거즈나 깨끗한 천(수건, 침대 시트) 등을 두툼하게 접어 상처부위 전체를 덮도록 댄 다음에 손바닥으로 세게 지속적으로 압박한다.	② 만약 피가 천 밖까지 스며 나오면 천을 떼고 다시 하려 하지 말고, 그 위에 새로운 거즈나 천을 대고 처음보다 더 세게, 더 넓은 부위를 압박해 준다.
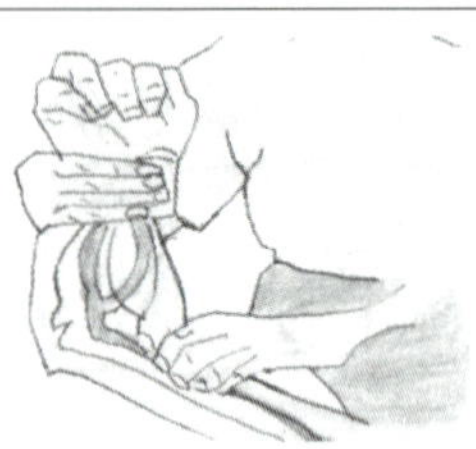	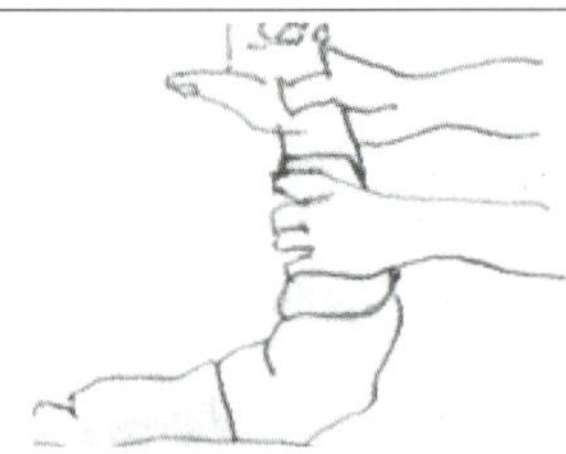
③ 팔, 다리에 출혈이 있을 때는 출혈부위를 환자의 심장보다 높은 부위로 올려야 한다. 이때 팔, 다리에 골절 등 심한 손상이 있을 때는 팔, 다리를 움직이면 안 된다.	④ 피가 멎으면 붕대나 긴 천으로 상처부위를 누르고 있는 거즈나 천을 그 자리에 고정시킨다. 이때 너무 세게 묶어 피가 안 통하는 일이 발생하지 않도록 해야 한다.
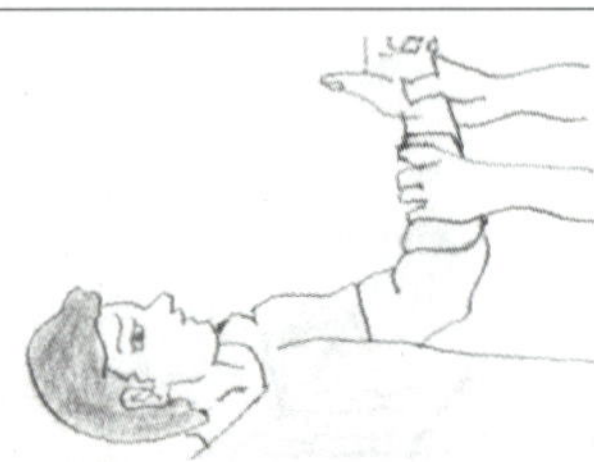	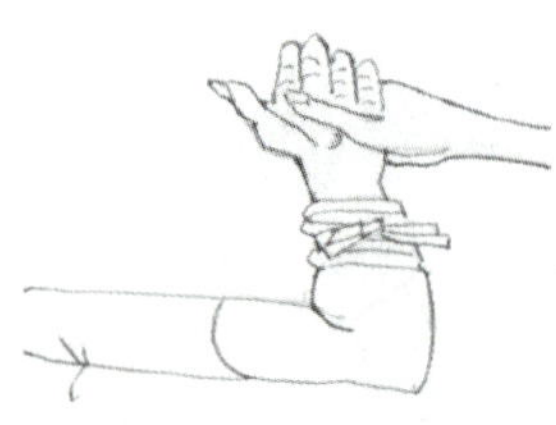

② 지혈점 압박법

직접 압박법으로 피가 멎지 않을 경우에만 사용하는 방법으로 상처 난 자리보다 위쪽에서 혈액의 흐름을 손으로 멎게 할 수 있으면, 즉 지혈점을 손으로 누르면 상처 난 자리의 출혈이 멎는다. 이를 실행하는 것만으로 지혈되는 수도 있다. 이 방법은 상처부위에 손을 대지 않아 염증발생을 줄이는 장점이 있으나 어느 정도 기술을 필요로 한다.

표 9-4 **지혈점 압박법 순서**

① 손가락 끝으로 출혈부위에 해당되는 동맥이 지나가는 부위를 더듬어 보면 맥이 뛰는 것이 느껴진다.	② 동맥을 찾으면 손가락 끝으로 동맥을 밑에 있는 뼈에 닿도록 압박하여 피가 흐르지 않게 한다.
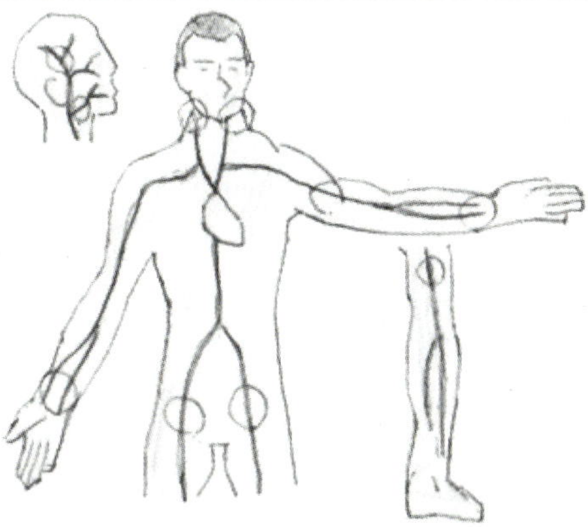	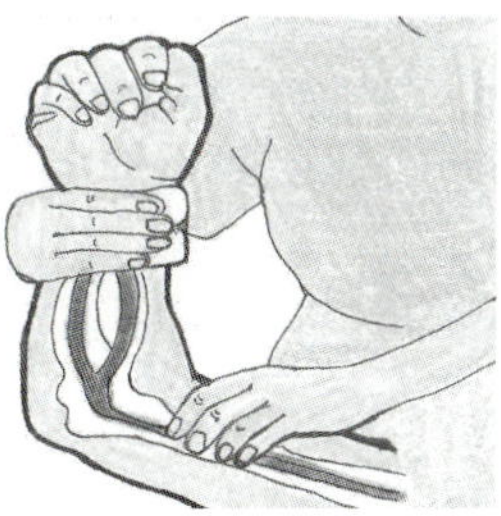
	③ 피가 멎게 되면, 즉시 이 방법을 중지하여 다른 조직이 상하는 것을 방지하여야 한다.

③ 지혈대 사용법

출혈이 심하여 직접 · 지혈점 압박법으로도 지혈이 되지 않고, 상처부위가 팔이나 다리일 때는 지혈대를 사용할 수 있다. 지혈대는 출혈을 멈추는 데는 효과가 크지만 장시간 착용하고 있으면 지혈대 하부의 조직이 다 죽게 되어 나중에 손이나 다리를 절단하게 될 수도 있다. 그러므로 환자의 출혈이 멈추지 않으면 생명을 잃을 것 같은 응급상황이 아니고는 될 수 있으면 이 방법을 사용하지 않는 것이 바람직하며 설사 사용했다 하더라도 즉시 병원으로 옮겨서 치료를 받게 하는 것이 좋다. 만약 시간이 너무 경과될 것 같으면 20분마다 몇 초씩 지혈대를 풀었다가 다시 감도록 한다. 지혈대를 사용한 시간을 꼭 적어 두어 의료진에게 인계 시 반드시 지혈상태와 시간을 알리도록 한다.

표 9-5 지혈대 사용법 순서

① 지혈대는 최소 폭이 5cm 이상, 길이는 팔 또는 다리를 두 바퀴 이상 감을 수 있어야 한다. 재료로는 천으로 된 띠, 혁대, 스카프 등을 사용할 수 있다. ② 상처 바로 윗부분에 지혈대를 대고 두 바퀴 감은 뒤,	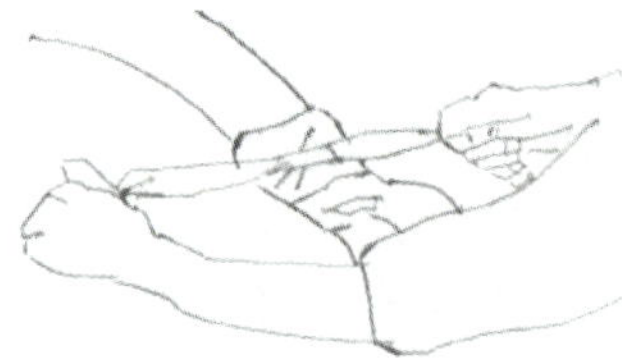
③ 한 번 묶고 그 위에 막대기나 기타 튼튼한 물건을 놓고서 다시 두 번 단단히 묶는다.	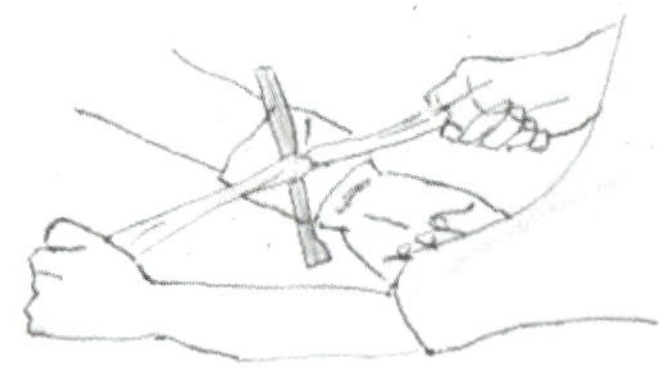
④ 묶인 막대기를 비틀어 피가 멈출 때까지 지혈대를 조이도록 한다.	
⑤ 막대기는 매듭 후에 남아 있는 여분의 천을 이용하거나, 아니면 새로운 천을 이용하여 조인 것이 풀리지 않게 고정한다.	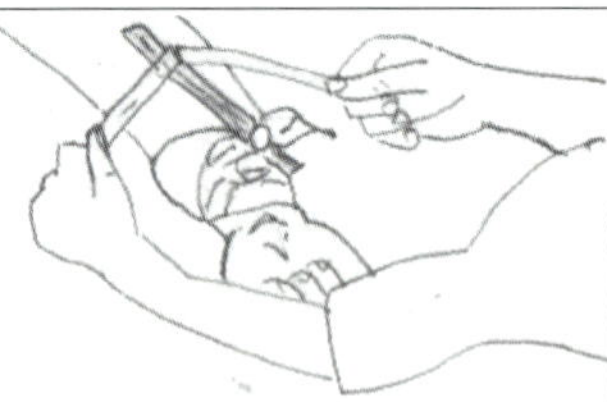
⑥ 지혈대를 부착한 시간과 장소를 표시한 후 환자의 옷이나 지혈대 위에 부착한다.	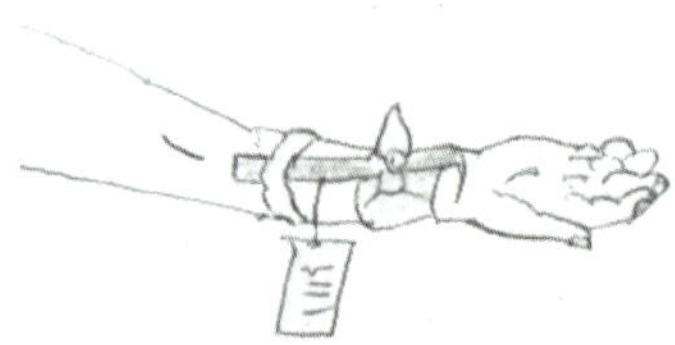
⑦ 즉시 인근 병원으로 옮긴다.	

2. 안전사고에 따른 사례

1) 유아교육기관의 안전사고 현황

유아교육기관은 영아기에서 유아기에 걸쳐 다양한 연령의 영유아들이 장시간 머무르는 곳이어서 안전사고의 발생 비중도 높게 나타나고 있다(이기숙, 2003). 특히 유아교육기관에서는 교실 내와 실외놀이터 등에서 넘어짐, 할퀌, 영유아 간의 싸움에 의한 사고가 가장 많고 얼굴과 팔다리에 많은 손상을 받는 것으로 보고되고 있다. 따라서 안전사고 예방을 위한 환경 조성 및 운영 등의 노력이 무엇보다 시급하다고 할 수 있다. 영유아의 안전한 생활을 위해서 안전시설과 설비를 완비하고 효율적으로 운영하려는 환경적 노력이 유아교육기관의 운영자나 교사 모두에게 잠재적 사고 위험으로부터 영유아들을 보호하고, 안전한 교육 환경을 조성하는 가장 중요한 일이라고 할 수 있겠다.

유아교육기관에서의 안전사고 유형과 장소, 사고부위를 살펴보면 표 9-6 과 같다.

표 9-6 유아교육기관에서의 사고유형, 장소, 사고부위

연구자	남혜경(2001)	최병찬(2001)	허인애(2003)	김해정(2009)
연구 대상	2000년 보험회사에 신고된 보육시설 사고사례 43건	부모대상 보육시설에서의 사고	유치원교사 130명과 보육교사 170명	보육교사 112명
사고 유형	넘어짐 27.8% 부딪침 26.3% 끼임 9.1% 미끄러짐 8.4% 떨어짐 6.6% 뎀 2.5% 이물질 삼킴 0.5%	넘어짐 27.8% 부딪침 26.3% 끼임 9.1% 미끄러짐 8.4% 떨어짐 6.6% 뎀 2.5% 이물질 삽입 외 0.5%	할퀌 33.6% 넘어짐 33.5% 타박상 15.5% 충돌 6.6% 미끄러짐 3.3% 베임 1.8% 끼임 1.5% 골절 0.9% 염좌 0.9% 추락 0.9% 자상 0.7% 화상 0.2% 기타 0.5%	유아 간의 싸움 55.5% 넘어짐 30.0% 충동 14.5%

사고 장소	보육실 88건 실외놀이터 59건 유희실 21건 복도 23건 기타 22건 잘 모름 31건	보육실 88건 실외놀이터 59건 유희실 21건 복도 23건 기타 22건 잘 모름 31건	교실 내 28.0% 계단 23.0% 급식실 15.2% 특별장소 9.3% 복도 8.0% 현관 6.0% 화장실 5.5% 세면대 2.6% 창문 2.4%	교실 62.4% 실내외놀이터 33.9% 화장실 1.8% 계단 0.9% 대근육활동실 0.9%
사고 부위	얼굴 34.1% 팔/손 24.8% 다리/발 20.7% 머리 6.8% 구강 6.0% 눈 0.5%	얼굴 34.1% 팔/손 24.8% 다리/발 20.7% 머리 6.8% 구강 6.0% 눈 0.5%	얼굴 38.8% 팔과 손 23.9% 다리와 발 14.3% 피부 9.1% 구강 7.6% 머리 5.6% 기타 0.7%	얼굴 69.7% 다리 21.1% 팔 5.5% 머리 3.7%

2) 연령에 따른 안전사고 유형

영유아의 안전사고는 영유아의 발달특성과 밀접한 관련이 있으며, 영유아의 연령이 낮을수록 사고 발생률이 높다고 보고되고 있다. 특히 사고에 대한 판단이 미숙한 어린 영유아일수록 사고가 일어날 확률이 크며, 영유아의 주요한 발달적 특성으로서 적극적인 발달의지와 반복행동, 호기심, 해보려는 의지, 도전의식 등이 안전사고를 유발하는 요인이 된다는 것에도 주목할 필요가 있다(최명해, 2001).

영유아의 발달특성에 따른 안전사고에 대해 알아보면 다음과 같다.

(1) 신생아기와 영아기(출생~1세)의 안전사고 유형

신체 움직임의 대부분을 다양한 반사운동능력에 의존하는 신생아기는 사망의 원인을 밝혀내지 못하는 경우가 많다. 특히, 미숙아, 체중 미달아, 심장기관이 약한 영아, 호흡기가 약한 영아의 돌연사가 자주 발생한다. 푹신한 요나 베개에 의한 질식, 우유에 의한 질식, 성인용 이불에 의한 질식 등 사고의 발생 위험이 많기 때문에 6개월 미만의 영아는 엎어 재우지 말고 등을 바닥에 대거나 옆으로 누이는 것이 좋으며, 이불 등의 침구를 덮어씌우지 않도록 주의하여야 한다(이기숙 · 장영희 · 정미라 · 배소연 · 박희숙, 1997).

영아들의 신체 협응력과 운동능력의 발달로 몸을 뒤집거나 기고, 앉고, 서고, 이동하는 등 운동적 행동을 하면서 넘어짐, 추락 및 충돌사고가 빈번하게 발생한다. 따라서 영아기는 안전한 장소에서 성인의 보호가 있어야 하며, 단단한 바닥이나 모서리 등이 있는 곳에 영아 혼자 있지 않도록 한다. 또한 이 시기는 호기심이 많은 시기로 물건을 입으로 가져가는 행동이 많아 위험물질 흡입으로 인한 질식의 위험이 높아 각별한 주의가 필요하다(정옥분, 2007).

이러한 발달특성과 관련지어 일어날 수 있는 신생아 및 영아기의 안전사고 유형과 그에 따른 위험요소를 살펴보면 표 9-7 과 같다.

표 9-7 영아기(출생~1세)의 안전사고 유형

사고의 유형	위험요소
영아돌연사	사망의 원인을 밝혀내지 못함 미숙아, 체중 미달아, 심장기관이 약한 영아, 특히 호흡기가 약한 영아에게 더 많이 일어남
질식사고	푹신한 요나 베개에 의한 질식 우유에 의한 질식(우유를 먹일 때는 반드시 안아서 먹여야 한다) 성인용 이불에 의한 질식 위험물질 흡입에 의한 기도 폐쇄
추락사고	안전대가 없는 침대에서의 추락 소파나 장의자에서의 추락

출처 : 임미혜 외(2006)

(2) 걸음마기(1~3세)의 안전사고 유형

1~2세까지의 영유아는 돌아다니거나, 기어오르기, 문과 서랍 속의 물건들을 빼내 가지고 노는 것을 좋아한다. 따라서 문과 서랍에 끼임 방지를 하여야 하며, 깨지거나 부서지지 않는 재료로 만든 장난감을 사용하고, 뜨거운 물과 위험물질 등은 영유아의 손이 닿지 않게 보관하고, 영유아를 욕조나 수영장 등 물에 혼자 두지 않아야 한다.

2~3세까지의 영유아는 주변세계에 대해 모방하고 탐색하려는 욕구가 더욱 많아지면서 자신의 운동능력을 시험해 보려는 시도를 많이 하게 된다. 따라서 넘어지거

나, 식탁, 의자 등의 모서리 등에 부딪치는 사고가 빈번하게 발생한다. 또한 이 시기의 영유아들은 위험한 물체나 물질, 불에 호기심을 많이 느끼므로 성냥, 담배, 라이터 등 화재위험이 있는 물질에 대한 교육이 필요하며(김경륜, 2004) 모든 약품과 중독물질, 화장품, 가정용품 특히 부식제는 보관함에 넣어 보관하거나 유아의 손이 닿지 않는 곳에 보관해야 한다(보건복지부, 1998).

이 시기의 영유아는 쾌감이나 불쾌감 등 정서적 분화가 활발히 이루어져 놀이를 하다가 화가 난 영아는 상대방을 물거나 할퀴기, 또는 물건을 던져 부상을 입힐 수도 있다. 교사는 위험요소를 제거하고, 사고의 가능성에 만전을 기울여야 함은 물론 위험한 물건을 적절하고 안전하게 다루는 방법을 교육시켜야 한다.

이러한 발달특성에 따라 일어날 수 있는 걸음마기의 안전사고 유형과 그에 따른 위험요소를 살펴보면 표 9-8 과 같다.

표 9-8 걸음마기(1~3세)의 안전사고 유형

사고의 유형	위험요소
질식사고	유독물질, 약품, 너무 푹신한 베개나 요, 단추나 구슬 및 동전 등의 작은 물체, 크기가 큰 사탕이나 과자 비닐, 비닐봉지, 끈이나 가는 실, 목욕탕에서 익사로 인한 질식, 장롱이나 냉장고 속에서의 질식 등
위험물질의 흡입	약품, 화장약품, 세제, 기구, 약, 삼킬 수 있는 작은 조각의 장난감, 독성이 있는 장난감, 화장품, 향수, 살충제, 바느질통, 연장통 등
화상	뜨거운 물이나 음식, 뜨거운 증기, 전기콘센트, 난로나 라디에이터, 다리미, 가스레인지 등
추락 및 충돌	안전대가 없는 침대나 탁자, 소파, 의자, 보행기에서의 추락, 베란다, 창살이 없는 창문, 계단에서의 추락, 가구나 선반, 물체와 충돌 등
놀이사고	칼이나 가위, 단단한 공, 방망이, 실외놀이기구(미끄럼틀, 시소, 자전거, 그네, 롤러스케이트, 회전목마 등)에 의한 사고, 날카롭거나 끝이 뾰족한 놀잇감이나 장난감에 의한 사고
교통사고	길에서 혼자 노는 상태, 자동차, 오토바이에 의한 사고, 차도에서의 보행사고 등

출처 : 허혜경 · 김성희(2003)

(3) 유아기(3~6세)의 안전사고 유형

유아기에는 영아기에 비해 속도는 완만하지만 꾸준한 신체발달이 이루어지고, 신체발달과 더불어 운동능력이 보다 정교하게 분화되고 통합되어 현저한 발달을 보인다. 또한 신체적 협응력과 균형감이 발달하면서 유아의 활동범위가 넓어지고 대근육 활동 놀이를 즐긴다. 하지만 주위상황을 인지하여 대처하는 능력이 부족하기 때문에 안전사고의 위험이 가장 큰 시기이다(정옥분, 2007).

이러한 발달특성에 따라 일어날 수 있는 유아기 안전사고 유형과 그에 따른 위험요소를 살펴보면 표 9-9 와 같다.

표 9-9 유아기(3~6세)의 안전사고 유형

사고의 유형	위험요소
교통사고	자동차나 버스에 의한 사고, 횡단보도 사고, 자전거 및 오토바이, 통원 버스 및 학원차량 급정거에 의한 사고, 도로에 뛰어드는 사고 등
놀이사고	매달리고 뛰어내릴 수 있는 실외놀이기구(골절상 주의), 칼, 스테이플러 등의 날카로운 기구, 칼, 총 등의 공격적인 놀잇감, 장난감 총의 총알, 넘어지고 부딪히는 사고, 미끄러지는 사고, 놀이기구에 끼이는 사고, 수영 및 물놀이에 의한 사고 등
추락 및 충돌	엘리베이터, 계단, 창문에서의 추락, 실외놀이기구에서의 추락, 건축 장소나 공사장, 책상이나 가구의 모서리에 충돌 등
화상	성냥, 라이터 등의 불장난, 전열기구, 가스레인지, 정수기의 더운물 등
운동 관련 사고	자전거, 수영 및 물놀이, 스키, 스케이트, 썰매, 롤러스케이트 등
기타	유괴사고 및 성폭력 사고

출처 : 한국아동안전관리교육협회(2003)

3) 응급상황 시 교사 역할

안전사고의 예방은 교사의 중요한 책임이다. 영유아의 안전사고를 예방하기 위해서는 안전한 환경을 제공하고 건강과 안전을 교육시키며 위급상황에 대비하여 처리절차를 마련해야 한다. 그러나 대부분의 유아교육기관에서는 예상치 않았던 사고가 일어나기 전까지 이러한 위급상황에 대비한 절차 마련을 소홀히 하는 경향이 있다.

실제 안전사고가 발생했을 때 효과적으로 대처할 수 있는 응급상황 시 교사의 역할은 다음과 같다.

- 교사는 영유아와 항상 함께 있어야 한다.
  영유아들은 교사가 함께 있어줄 때 안심하고 편안함을 느낀다. 당황하지 말고 침착하게 대처하며 사고의 진행과 영유아가 보이는 증상에 대하여 유용한 정보를 제공할 수 있다.
- 또 다른 상해의 위험이 없는 한 영유아를 움직이게 하지 않는다.
- 환아의 상태를 파악한 후 적정한 응급조치를 시작하고, 한편으로는 도움을 청해야 한다.
- 배우지 않은 조치는 금물이다. 의사의 처방 없이 영유아에게 음료나 약 등 다른 음식을 주어서는 안 된다.
- 교사 혼자서 어려운 상황을 해결하려고 하지 말고 상황(상태)에 따라 의사에게 연락하거나 구급차를 부른다.
- 가벼운 사고라 생각되더라도 반드시 의사에게 보이거나 학부모에게 연락한다.
- 부모가 도착하기 전에 영유아를 병원으로 옮겼다면 부모가 올 때까지 영유아와 함께 있어야 한다.
- 의사에게 그간의 환자의 상태를 알려주고 지시에 따른다.
- 교사는 영유아의 부모를 만나서 사건의 경위와 일반적인 상태를 이야기해 주어야 한다.

영유아는 교사나 부모가 세심한 주의를 기울여도 사리판단과 신체기능의 조절능력이 미숙하므로 안전사고를 일으킬 수 있다. 그러므로 사고상황에 대비하는 기본지침에는 사고상황에서의 교사나 영유아들의 역할과 책임, 필요한 정보 등을 명확하게 서술하여야 하며, 이러한 것을 사전에 알리고 사고상황 시 대처방법 및 순서에 대한 부모의 동의서를 받는 것이 포함되어야 한다.

응급상황에 대비한 기본지침은 다음과 같다(김일옥 · 이정은, 2006; 이기숙 외, 2006).

첫째, 사고상황에서의 역할을 분담해 두어야 한다(응급처치 담당자, 연락 담당자, 대피담당자, 인솔자).

둘째, 응급상황이나 사고 시 필요한 전화번호를 미리 준비해 두어야 한다(119구조대, 응급실이나 구급차 전화번호, 소방서 등).

셋째, 응급처치법에 대해 평소에 알아두고 비상시 손쉽게 참고할 수 있는 자료를 준비해 둔다. 응급상황에서나 안전사고 발생 시 교사가 취할 수 있는 응급처치법을 알아두고 손쉽게 참고할 수 있는 응급처치 관련 책자를 준비해 두는 것도 필요하다.

넷째, 상비의약품을 구비해 둔다. 응급상황이나 안전사고 발생 시 사용할 수 있는 상비약품과 기구를 준비해 두어야 한다(상용법과 용량안내서 비치).

다섯째, 응급상황 시 필요한 부모의 동의를 미리 받아두고 필요한 정보를 준비해 둔다.

먹는 약	바르는 약	소독약
	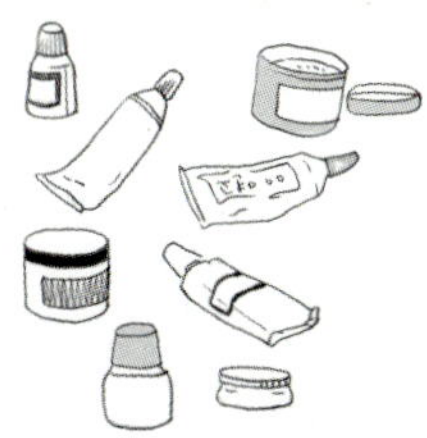	
진통제(통증완화: 사리돈, 게보린 등)/해열제/건위제(위의 상태가 나쁠 때)/정장제(장의 상태가 나쁠 때)/완화제(대변을 무르게 하거나, 설사시키는 약)	암모니아수/올리브유/항생물질 연고류(긁히거나 할퀴어서 상처가 생겼을 때)/부신 피질호르몬 연고류(피부병, 짓물렀을 때)/항히스타민 연고류(벌레 물림)	소독력을 가진 비누액/옥도정기(옥시돌/붕산/중조(탄산수소나트륨))
처치에 필요한 재료	**처치에 사용하는 기구**	**기타약제**

붕대(너비가 다른 것으로 2~3종류)/탄성 붕대/망사 붕대/삼각건/가제/탈지면/반창고/1회용 반창고/기름종이/붕대 고정핀	가위/핀셋/면봉/족집게/숟가락(혀를 누르거나 입에 물릴 때에 사용)/얼음주머니/체온계/소형 전지	찜질약/안약/설파제/안약/관장약

••• 그림 9-1 가정상비약의 종류

응급처치동의서

반이름		생년월일	
성 별	남 여	성 명	

어린이집에서 다음의 절차에 따라 응급처치를 하는 경우, 그 권한을 귀어린이집에 위임할 것을 동의합니다.

20 . .
부 모 : ○ ○ ○ (서명 또는 인)

〈응급처치 절차〉

1. 사고 발생 시 가장 먼저 부모님께 연락합니다.

(시간/기간) (전화번호)
어머니와는 ________ 동안에 ______________ 로 연락됩니다.
________ 동안에 ______________ 로 연락됩니다.
아버지와는 ________ 동안에 ______________ 로 연락됩니다.
________ 동안에 ______________ 로 연락됩니다.

2. 부모님과 신속하게 연락되지 않을 경우, 부모님이 정해 주신 다음의 연락처로 연락드립니다.
(이름) (전화번호)
① ________는 ________________로 연락할 수 있습니다.

아동과의 관계 ________________

② ________는 ________________로 연락할 수 있습니다.

아동과의 관계 ________________

3. 필요한 경우 119 구조대에 연락할 것이며 (어린이집에서 지정하는 의료기관이나, 부모님이 정하신 ____________ 의료기관)로 응급 수송할 것입니다.

4. 의료기관 수송 후에는 다음의 의료보험 관련 정보를 주어 신속하게 치료받을 수 있도록 합니다.

의료보험 종류 ____________________
번호 ____________________
기관 ____________________

••• 그림 9-2 **응급처치동의서**

3. 사고유형에 따른 응급처치 방법

1) 찰과상(Abrasion: 긁힌 상처)

부상 중에서 가장 일반적인 것으로 외상의 상태는 경상이라고 할 수 있다. 피부의 표면이나 점막이 강한 외부의 힘과 마찰하여 벗겨지거나 또는 몹시 긁힘으로써 생긴 상처로 출혈은 심하지 않으나 감염되기 쉽다. 넘어짐, 충돌, 마찰, 추락 및 접촉 사고 등이 그 원인이다.

••• 그림 9-3 **찰과상(긁힌 상처)**

유아나 아동의 경우 머리나 얼굴에 찰과상을 입는 경우가 많으며, 성장할수록 팔, 다리의 찰과상이 많아진다. 증상은 외피가 벗겨져 출혈과 통증을 수반한다.

찰과상의 정도는 다음과 같은 요령으로 분간한다.

- 출혈하고 있는 부위를 흐르는 수돗물로 씻어본다. 이때 오돌오돌 점 모양의 출혈은 상처가 가볍다는 표시이다.
- 찰과상은 대부분의 경우 가벼운 증상으로 이튿날이 되어도 통증이 있는 경우는 거의 없다. 그러나 이튿날이 되어도 통증이 가시지 않을 때는 세균의 감염을 의심해 보고, 곧바로 병원에 가서 의사의 진찰을 받아야 한다.
- 다음과 같은 경우는 가정이나 유아교육기관에서의 치료는 단념하고 응급처치 실시 후 곧바로 병원에 가서 의사의 진찰을 받아야 한다.
  - 찰과상의 하부조직이 많이 부어 통증이 심하고 타박, 피하출혈, 골절 등의 합병증이 염려스러울 때
  - 길이나 논밭 같은 곳에서 흙투성이가 되어서 상처를 입었을 때(이런 경우 파상풍에 감염될 수도 있다.)
- 길거리에서 얼굴 등에 상처를 입었을 경우, 진피 속에 흙이나 모래가 들어가서 그대로 남아 생채기를 남기는 일이 있다. 외상성 자청(상처로 인해 문신처럼 남는 상처)이라 하여 치료가 어렵게 되기 때문에, 미용적으로 문제가 되는 곳에 찰과상을 입었을 경우에는 성형외과 의사의 진찰을 받는 것이 좋다.

찰과상에 대한 응급처치는 표 9-10 과 같다.

표 9-10 찰과상에 대한 응급처치 순서

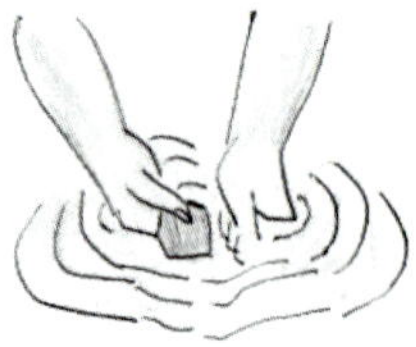 ① 먼저 손을 비누로 깨끗이 씻는다.	 ② 상처부위에 먼지나 기타 더러운 것이 묻어 있을 때는 상처부위를 비누로 가볍게 씻고 물로 헹구어낸다.	 ③ 소독된 마른 거즈나 천으로 물기를 닦아내고, 옥시풀이나 머큐로크롬 등으로 소독하는 것이 좋다.
 ④ 상처가 경미하면 그냥 노출시켜도 무방하나 큰 상처인 경우에는 멸균된 거즈 등으로 덮고, 반창고로 고정한다.	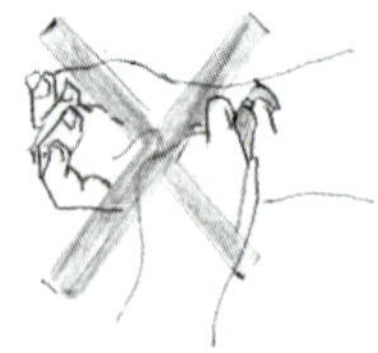 ⑤ 의사의 지시 없이는 연고나 소독약 등을 함부로 바르지 않는다.	⑥ 감염의 증상이 보이면 즉시 의사에게 보이도록 한다.

2) 타박상(부딪힌 상처)

타박상은 여러 가지 둔탁한 넓은 면에 부딪히거나 맞았을 때 생기는 상처이다. 초기에는 붉은색을 띠지만 시간이 지나면서 검푸른 색이나 자줏빛으로 변하게 되어 흔히 멍이라고 부르는 현상이 나타난다. 영유아에게 쉽게 일어나는 상처로 부딪혀 멍이 드는 경우와 충돌, 마찰, 낙상 및 추락사고 등이 원인이다. 증상을 보면 외피에 형태적 변화가 생기는 수도 있으나, 대부분의 경우 외피의 피부손상은 적고 그 아래의 피하조직, 혈관, 근육, 골막 등에 상처가 난다(임미혜 외, 2006).

타박상의 정도는 다음과 같은 요령으로 분간한다.

- 약한 타박상으로 멍이 든 경우에는 시간이 흐르면 원래의 피부색으로 돌아오지만 다소 심한 타박상의 경우에는 응급처치를 해야 한다.
- 타박상의 경우 통증이 생긴 부위는 차가운 얼음찜질을 하거나 붕대로 압박하여 통증을 완화시킨다.

• 심한 타박상의 경우에는 눈에 보이지 않지만 골절이 동반되었을 수도 있으므로 병원에서 진료를 받아야 한다.

타박상에 대한 응급처치는 표 9-11 과 같다.

표 9-11 타박상에 대한 응급처치 순서

다친 부위		응급처치 순서
손, 발부위	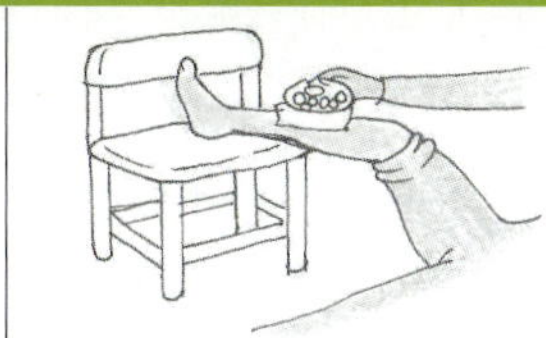	① 물로 식히다가 냉찜질을 한다. ② 부위를 심장보다 높게 하면 통증이 가시고 편안해진다. ③ 부종이 심하고 통증이 심할 때는 즉시 의사의 치료를 받는다. ④ 열이 있고 아플 때는 차게 하고 열이 없어지면 따뜻하게 한다.
머리, 가슴부위	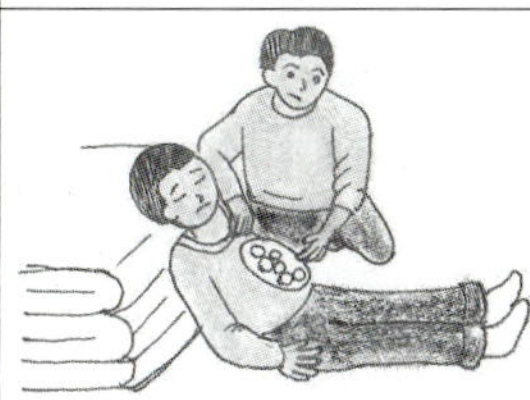	① 머리를 부딪쳤을 때는 코, 귀, 입에서의 출혈여부 및 기절, 구역질 등이 있는지 확인한다. ② 가슴을 부딪쳤을 때는 늑골이 부러졌을 수 있으므로 주의를 기울이고, 머리와 상반신을 높인 후 가슴에 얼음주머니 등을 놓아 차갑게 한다. ③ 영유아를 안정시킨 후 의사의 조치를 받는다.
배부위		① 사고 직후에는 건강해 보이지만 잠시 후 안색이 푸르게 되고, 식은땀이 나며 원기가 없어지고 구역질 등을 일으킨다. 과도한 증상이 나타나면 내장이 상한 것이 아닌지를 의심해야 한다. ② 환아를 수평으로 누이고 양 무릎을 세운다. ③ 음료수는 절대 주지 않는다. ④ 토할 때는 얼굴을 옆으로 보게 한다. ⑤ 보온을 유지시키면서 즉시 의사의 치료를 받도록 한다.

3) 화상

화상이란 열, 불, 뜨거운 물, 전기, 열기로 인한 피부의 손상을 말한다.

영유아의 화상은 대부분 불꽃, 뜨거운 물이나 국, 차, 주전자나 냄비 등 뜨거운 표면, 글루건, 기타 높은 열을 내는 것에 접촉하여 발생하는 경우가 많다. 영유아의 피부는 얇기 때문에 화상을 입었을 경우 상처가 중증이 되기 쉬운데, 일단은 화상의 정도가 생사에 관련될 만큼 위험한 것인지 걱정 없는 것인지를 확인하지 않으면 안 된다.

화상은 피부가 손상된 정도에 따라 3가지 종류로 구분된다.

- 1도 화상(표피화상): 피부가 빨갛게 붓고 화끈거리며 부기가 생기는 일도 있다. 며칠 안에 증세가 없어지지만 그 자리에 가벼운 색소침착이 남는 일이 있다.(예를 들면 일광욕 후 피부가 붉게 되면서 통증이 느껴지는 경우)
- 2도 화상(부분층화상): 피부가 빨갛게 붓고 몇 시간 또는 24시간 이내에 크고 작은 수포(물집)가 형성되는데 열이 나고 통증도 심하다. 일주일이나 몇 주일로 치유가 되지만 그 자리에 색소침착이나 색소탈실이 남는 일이 많다(예 : 뜨거운 물 등에 의한 화상).
- 3도 화상(전층화상): 피부 및 피하조직까지 손상되어 피부가 건조하고 색깔은 회색 혹은 갈색, 검은색으로 변한다(예 : 화염에 의한 화상).

화상에 대한 응급처치는 다음과 같다.

■ **1도 화상이나 상처의 부위가 좁은 2도 화상의 경우**

- 물집이 터지지 않은 1도와 2도 화상은 화상 범위를 줄이기 위해 흐르는 차가운 물에 씻어 내리거나, 차가운 물에 덴 부위를 담가준다.
- 차가운 물로 씻어 내릴 때는 수압이 너무 세지 않도록 하고, 찬물에 담글 때는 10분 이상 담그지 않도록 주의한다.
- 다음 단계로 소독된 거즈나 손수건 등으로 화상부위를 되도록 넓게 덮어 주거나 느슨하게 감아준다. 이때 화상부분이 건조해지지 않도록 물에 적신 거즈

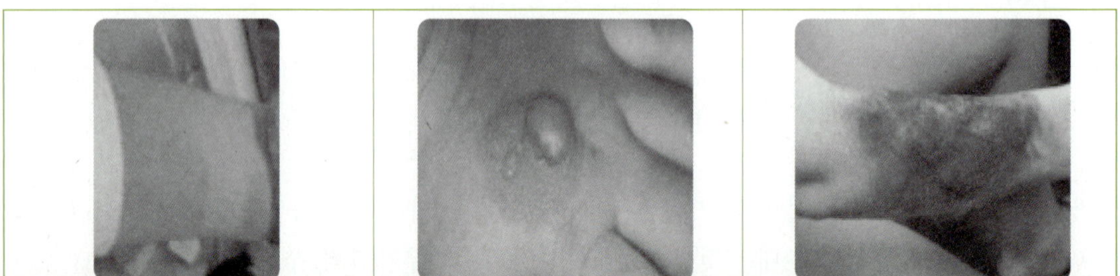

1도 화상 | 2도 화상 | 3도 화상

••• 그림 9-4 화상의 종류

등을 이용하는 것이 바람직하다.

- 화상부위에 기름, 바셀린, 간장, 된장, 밀가루 반죽, 항생제가루, 알코올 등의 이물질 투여는 오히려 감염을 초래하니 바르지 않는 것이 좋다.

■ 2도 화상의 경우

- 물집은 세균에 의해 감염을 일으키므로 터트리지 않는다.
- 심하지 않은 화상 물집은 그냥 두었다가 저절로 아물게 하거나 살이 조금 돋은 후에 터트리는 것이 좋으며, 물집이 터졌다면 소독을 철저히 하여야 염증 발생을 막을 수 있다.
- 물집이 터진 경우 찬물로 씻거나 담그지 않고 소독된 마른 거즈를 환부에 느슨하게 대 준다. 또한 거즈를 자주 갈아주어 감염되지 않도록 주의한다.
- 감염예방 및 체온유지를 위해 화상부위를 소독거즈로 넓고 두툼하게 덮어준다.
- 화상은 매우 감염되기 쉬우므로 불결한 손가락이나 천을 대는 것은 금물이다.
- 화상부분을 소독하면서 영유아가 통증을 느끼지 못하는 경우 화상의 정도가 아주 심한 것이므로 아프지 않다고 할 경우에는 반드시 병원에서 의사의 치료를 받아야 한다.

표 9-12 열에 의한 화상의 응급처치 순서

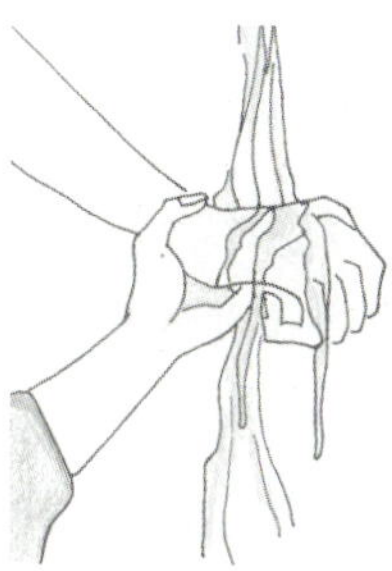	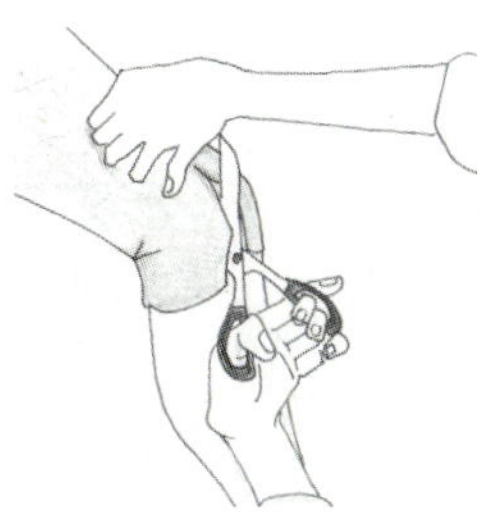	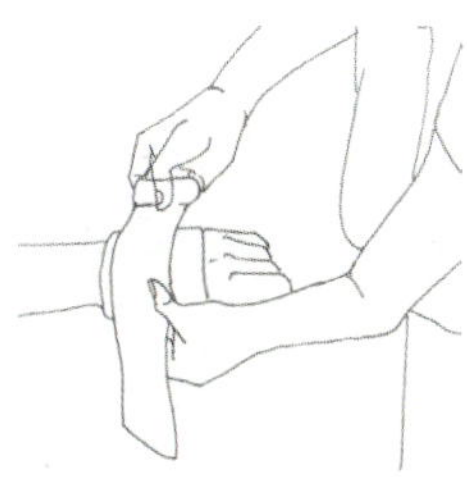
① 차가운 물로 씻어 내리거나, 차가운 물에 덴 부위를 담가준다.	② 화상부위의 옷은 가위로 잘라준다.	③ 소독된 거즈나 손수건 등으로 화상부위를 되도록 넓게 덮거나 감아준다.

4) 베인 상처(Laceration: 절상, 열상)

유리, 칼, 면도날 또는 유리조각과 같은 예리한 물체에 의해 피부와 그 아래 조직이 베이거나 찢어져 생긴 상처를 말한다. 상처부위가 잘 감염되지 않으나 대부분 출혈이 심하다. 베인 상처로 인한 출혈은 거즈나 깨끗한 수건으로 수분간 압박하면 멈춘다. 그러나 길이 1cm 이상의 상처나 피하조직이 드러난 경우에는 봉합수술이 필요하므로 압박한 채 병원에서 의사의 치료를 받아야 한다.

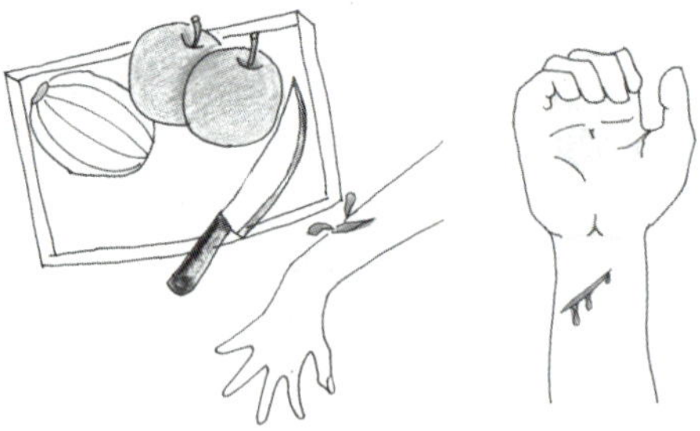

그림 9-5 **베인 상처**

베인 상처 대한 응급처치는 표 9-13 과 같다.

표 9-13 베인 상처에 대한 응급처치 순서

① 조금 베였을 때는 피를 닦고 흐르는 물로 상처를 헹구어낸다. 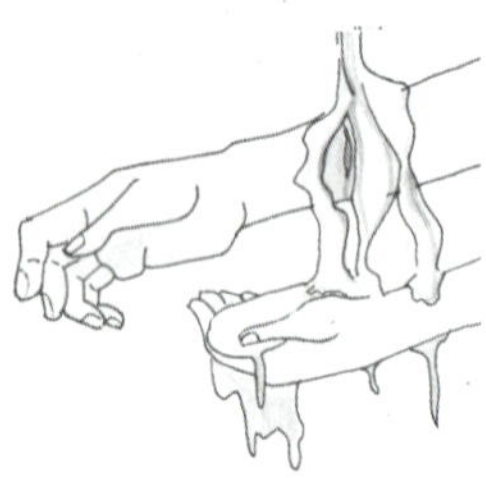	② 소독된 마른 거즈나 천으로 물기를 닦아내고, 옥시풀이나 머큐로크롬 등으로 소독하는 것이 좋다 
③ 멸균된 거즈 등으로 덮고, 반창고로 고정한다. 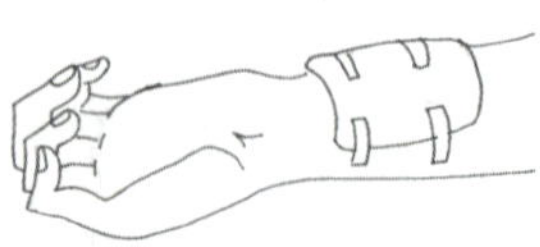	④ 상처가 넓거나 깊어 피가 멎지 않을 경우, 소독된 거즈를 덮고 탄력붕대로 상처를 꼭 누른 후 상처부위를 높이 들고 병원으로 가야 한다. 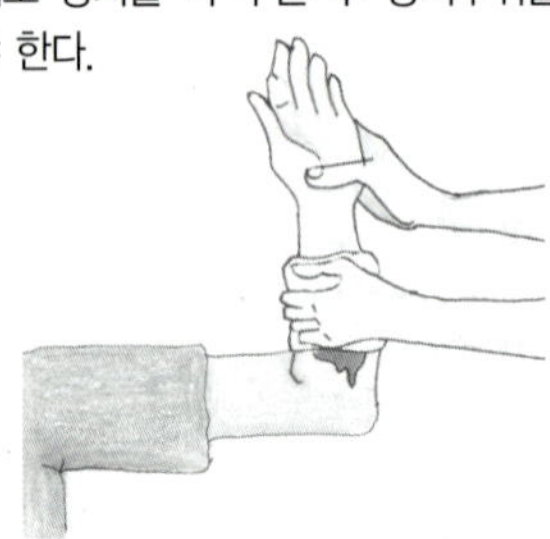
⑤ 긴 것에 깊이 찔린 경우에는 빼면 출혈이 심할 수도 있으므로 바로 병원으로 가야 한다.	

5) 탈골(탈구)

탈골은 타박이나 넘어짐, 심한 운동으로 관절이 어긋나 뼈가 제자리에서 물러난 상태이며 염좌는 관절을 지지해 주는 인대의 일부가 늘어나거나 손상되는 것을 말한다. 탈골이 일어나면 매우 아프고 관절의 모양이 변하고 부어 운동이 불완전해지며 염좌가 일어나 아프고 피부색이 변하기도 한다. 응급처치가 늦어지면 국소의 혈관이 신경의 장애가 일어나는 경우가 있으므로 속히 시행하여야 한다.

탈골에 대한 응급처치는 표 9-14 와 같다.

표 9-14 탈골에 대한 응급처치 순서

① 환부에 두툼한 수건이나 압박붕대를 감아 얼음주머니로 냉찜질을 한다(15~30분간).	② 젖은 붕대와 수건을 떼어내고, 수건과 압박붕대, 또는 삼각건으로 고정한 후에 상처부위를 높인다.
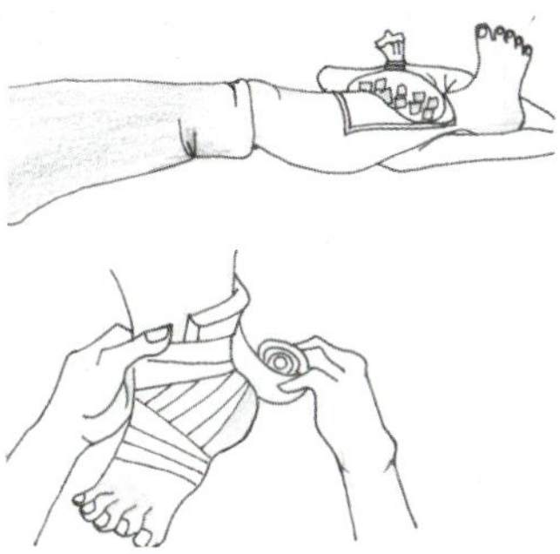	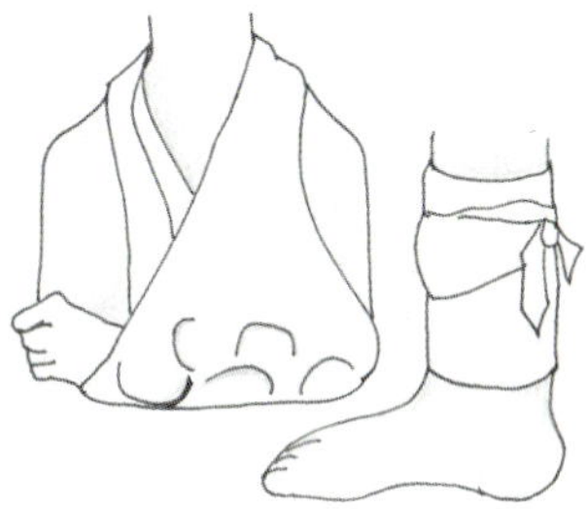

미숙련자가 관절을 맞추는 시도를 잘못했다가 회복할 수 없는 손상을 입을 수 있으므로 골절과 마찬가지로 부목을 이용한 환부를 고정시키는 구급처치를 한 후에 병원으로 이송하여야 한다.

6) 경련(발작)

경련은 뇌신경 조직의 갑작스런 흥분으로 인하여 근육운동이 발작적으로 일어나는 것으로서, 발작 전에 날카로운 울음소리를 내거나 발작 도중 팔, 다리를 움직이고 소변이나 대변을 볼 수도 있다. 발작 후에도 상당기간 의식이 없는 상태로 있을 수 있으며, 입술, 피부 등이 파래질 수도 있다.

증상으로는 팔다리가 굽혀졌다 펴졌다 하거나 비틀리고 눈이 이쪽저쪽으로 빨리 돌아간다. 4세 이하의 어린아이에서 경련을 일으키는 가장 흔한 원인은 열성 경련(열 경기)이다.

경련에 대한 응급처치는 다음과 같다.

- 영유아가 경련을 일으킨 경우 교사들은 냉정을 잃지 말아야 한다.
- 만약 발작의 전조 증상을 보이면 영유아를 뉘어야 한다. 이때 머리 뒷부분에 얇은 베개를 이용하여 머리가 딱딱한 바닥에 부딪치지 않게 한다.
- 질식의 예방을 위해 영유아의 얼굴을 옆으로 돌려 침이나 구토물이 폐로 흡입되지 않도록 한다.
- 발작 도중 억지로 아이의 입을 벌리려고 하지 말고 혀를 깨물지 못하도록 간단한 조치를 취한다(이때 재갈을 물리거나 혀를 잡아당기는 행동은 절대 금물이다).
- 환자 주변에 손상을 줄 수 있는 물건을 치운다.
- 물과 음료수 등은 마시게 하지 말고 목과 허리 부분의 옷매무새를 느슨하게 한다.
- 아이가 열이 있으면 옷을 벗기고 미지근한 물로 몸을 적셔 준다.
- 경련이 끝난 후 숨을 쉬는지 살펴보고 의사나 119 또는 1399에 전화한다.
- 발작이 반복 지속되면 발작의 양상(횟수, 지속시간, 형태 등)을 기억해 두었다가 의사의 진찰 시 설명한다.
- 만약 발작이 처음 일어난 것이라면 꼭 진료를 받아야 한다.

7) 머리를 다쳤을 때

유아들은 넘어지거나, 부딪히거나, 높은 곳에서 떨어지는 등 여러 가지 상황에서 머리를 다치는 일이 있다. 머리를 다친 사고가 발생하면 먼저 사고 상황을 판단해 보고 응급처치를 실시하여야 한다.

머리를 다쳤을 경우 응급처치는 다음과 같다.

- 몸을 고정시켜 특히 목을 움직이지 못하게 한다.
- 머리에는 베개나 담요를 말아 괴어 주고 구토물이나 혀로 인해 기도가 막히지 않도록 몸을 비스듬히 누인다.
- 머리에서 피가 나는 경우 거즈나 붕대 또는 깨끗한 천으로 상처부위를 눌러준다. 혹이 있으면 차가운 찜질을 하고 푹 쉬게 한다.
- 토하거나 졸면서 잠만 자려고 하거나 귀나 코에서 피가 날 때에는 병원으로 데려가야 한다.
- 머리나 목, 척추를 심하게 다쳤을 때, 다친 후 의식소실이 30초 이상인 경우에는 옮기거나 움직이지 말고 119나 1399에 즉시 도움을 요청한다.

머리를 다치고, 48시간 이내에 아래의 증상이 나타나면 의사의 진료가 필요하다.

- 의식을 잃었다.
- 2시간 이상 존다.
- 잠에서 깨기 힘들어한다.
- 계속해서 두통과 구토가 있다.
- 신체 일부를 움직일 수 없거나, 움직이는 데 불편이 있다.
- 귀나 코에서 맑은 액체나 피가 나온다.
- 경련이나 발작을 한다.
- 비정상적인 행동이나 말을 한다.

부록

1. 건강관리 기록지
2. 아동의 발육곡선(신장과 체중)
3. 신장과 체중에 의한 비만도
4. 유치원 건강관리 연간계획
5. 어린이집 건강관리 연간계획
6. 사고보고서

아 동 건 강 교 육

1. 건강관리 기록지

아 동 명 : 성 별 : 남 ( ), 여 ( )

검진항목 \ 검진내용		검진일			
		년 월 일	년 월 일	년 월 일	년 월 일
신체계측	키				
	몸 무 게				
	가 슴 둘 레				
	앉 은 키				
	시 력				
	청 력				
	맥 박				
검진	귀				
	눈				
	코				
	인 후				
	목				
	림 프 샘				
	흉 곽				
	폐				
	심 장				
	복 부				
	척 추				
	사 지				
	생 식 기				
	반 사				
	피 부				
	투베르클린				
	빈 혈				
	소변검사				
	기 타				

2. 아동의 발육곡선(신장과 체중)

1) 남아(0~36개월)

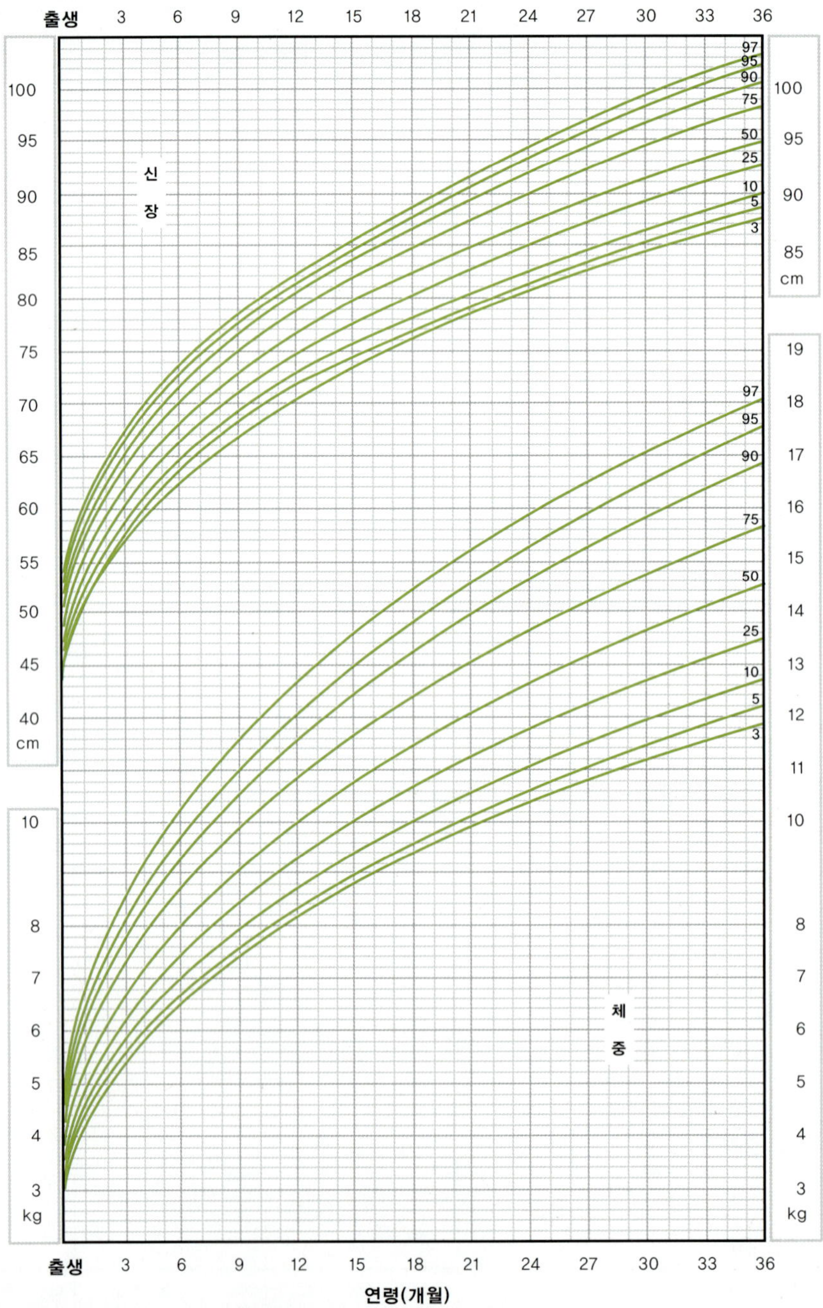

2) 여아(0~36개월)

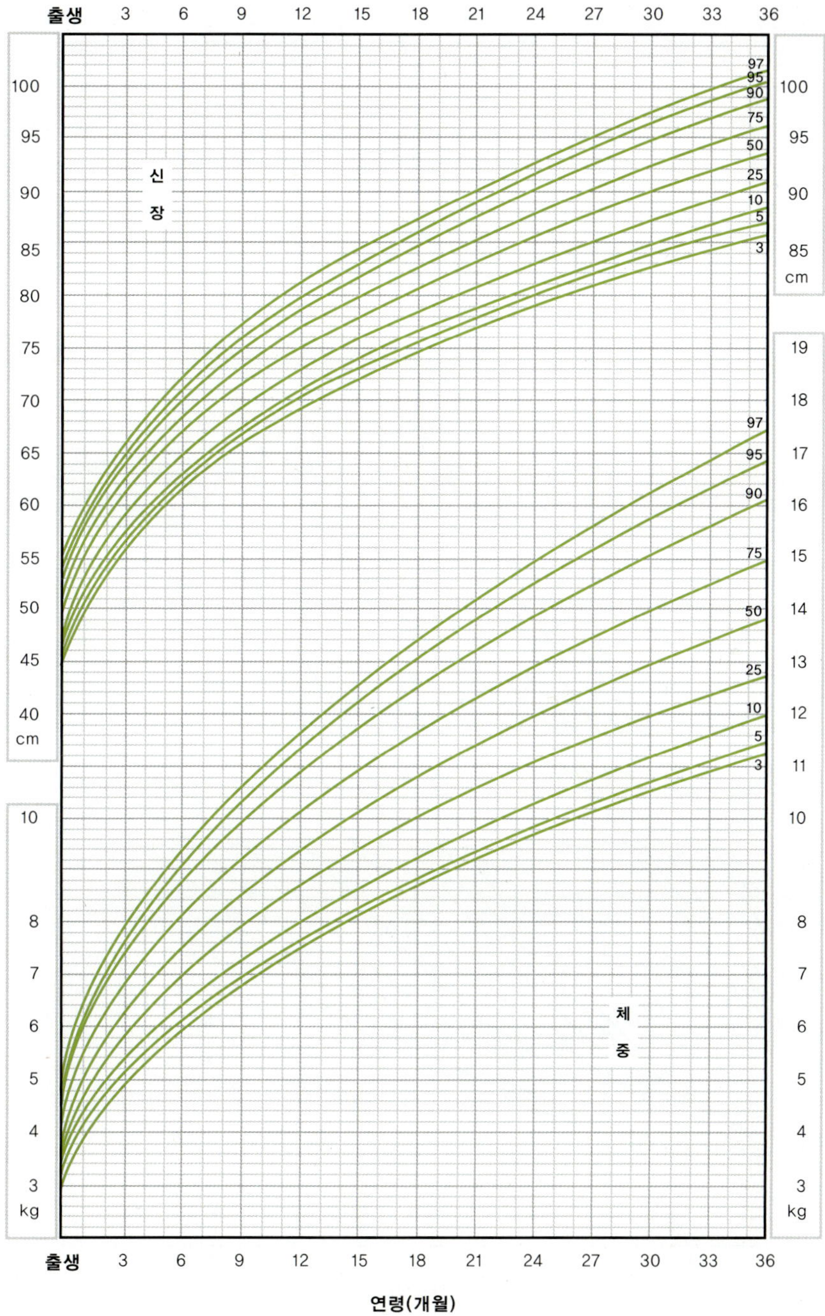
출생
3
6
9
12
15
18
21
24
27
30
33
36
신
장
체
중
100
95
90
85
80
75
70
65
60
55
50
45
40
cm
19
18
17
16
15
14
13
12
11
10
8
7
6
5
4
3
kg
97
95
90
75
50
25
10
5
3
연령(개월)

3) 남아(2~20세)

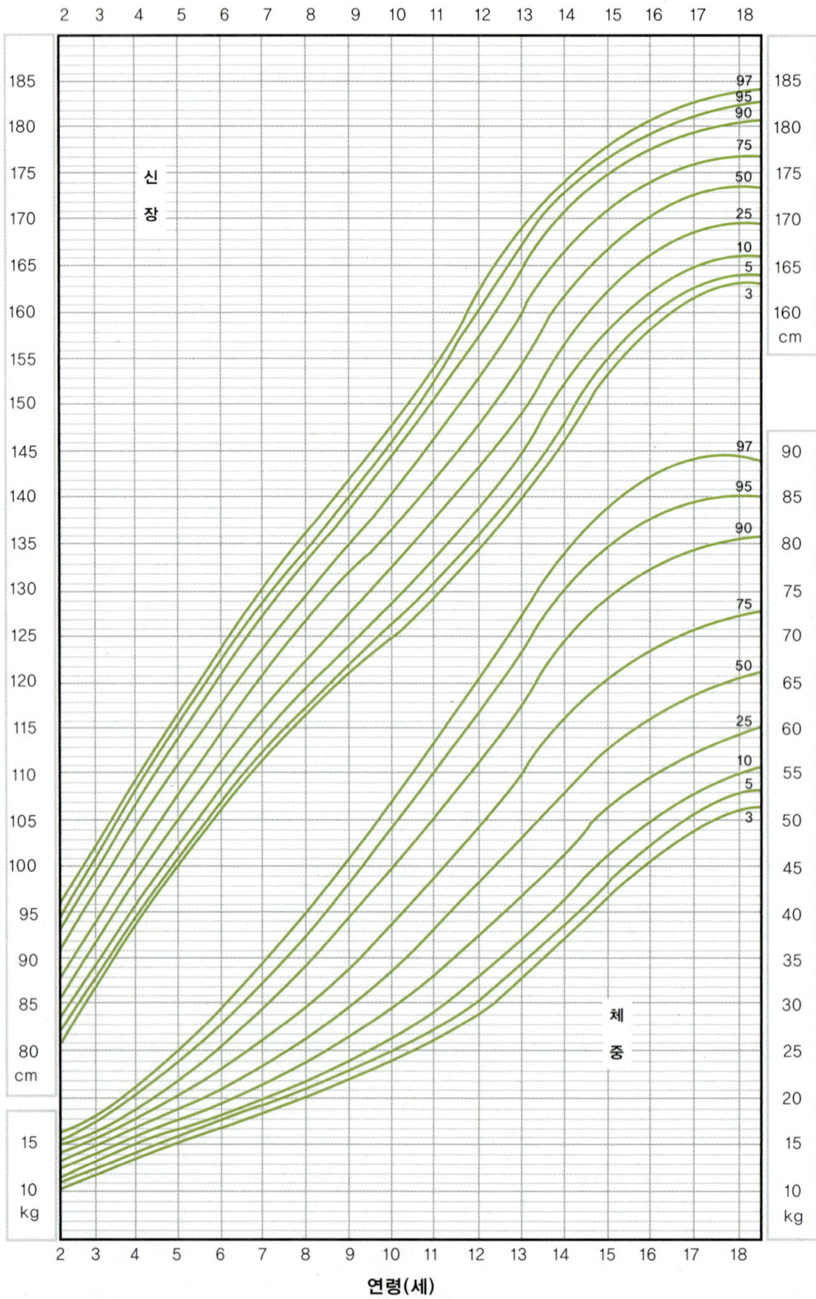

4) 여아(2~20세)

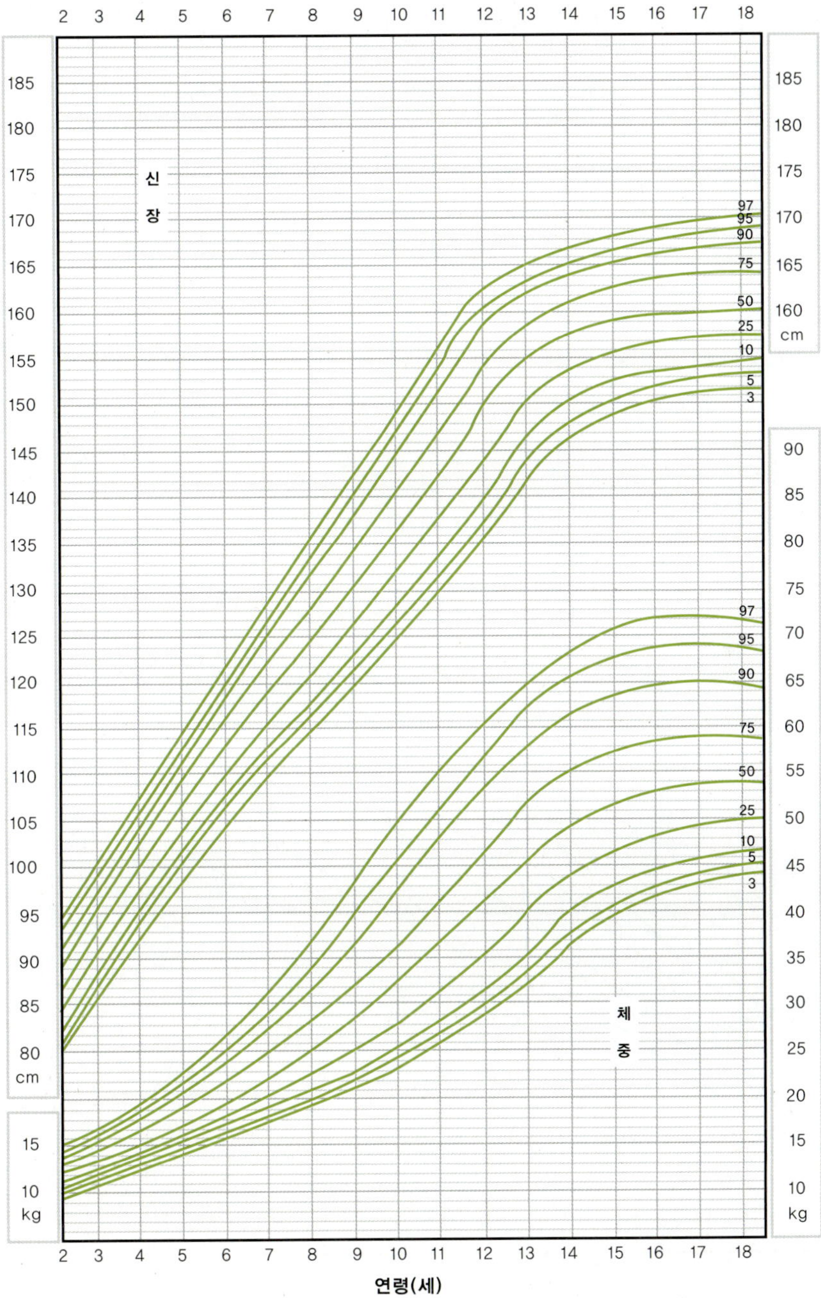
신
장
체
중
연령(세)
2 3 4 5 6 7 8 9 10 11 12 13 14 15 16 17 18
cm
kg
97
95
90
75
50
25
10
5
3

3. 신장과 체중에 의한 비만도

1) 남아(1)

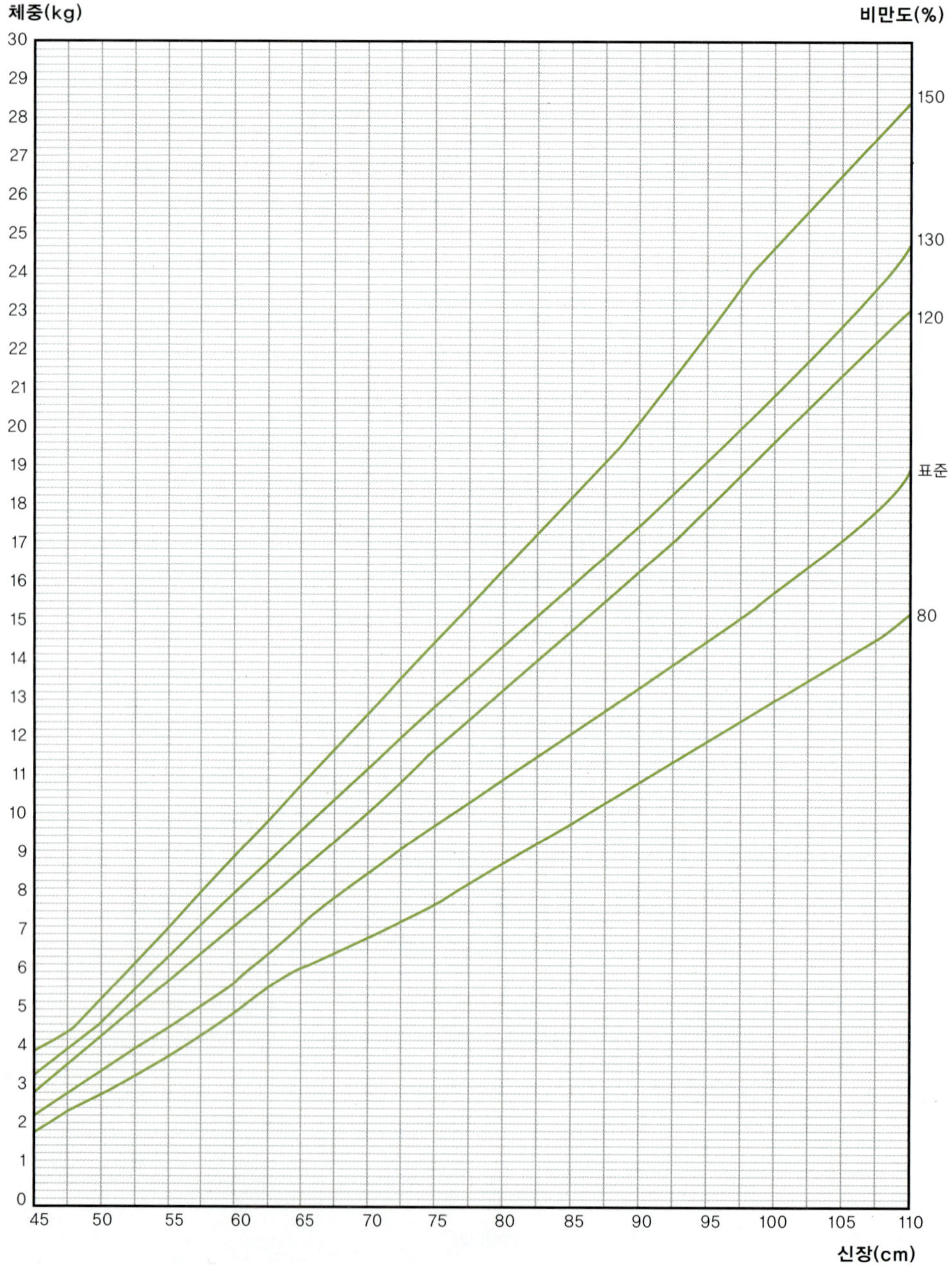

2) 남아(2)

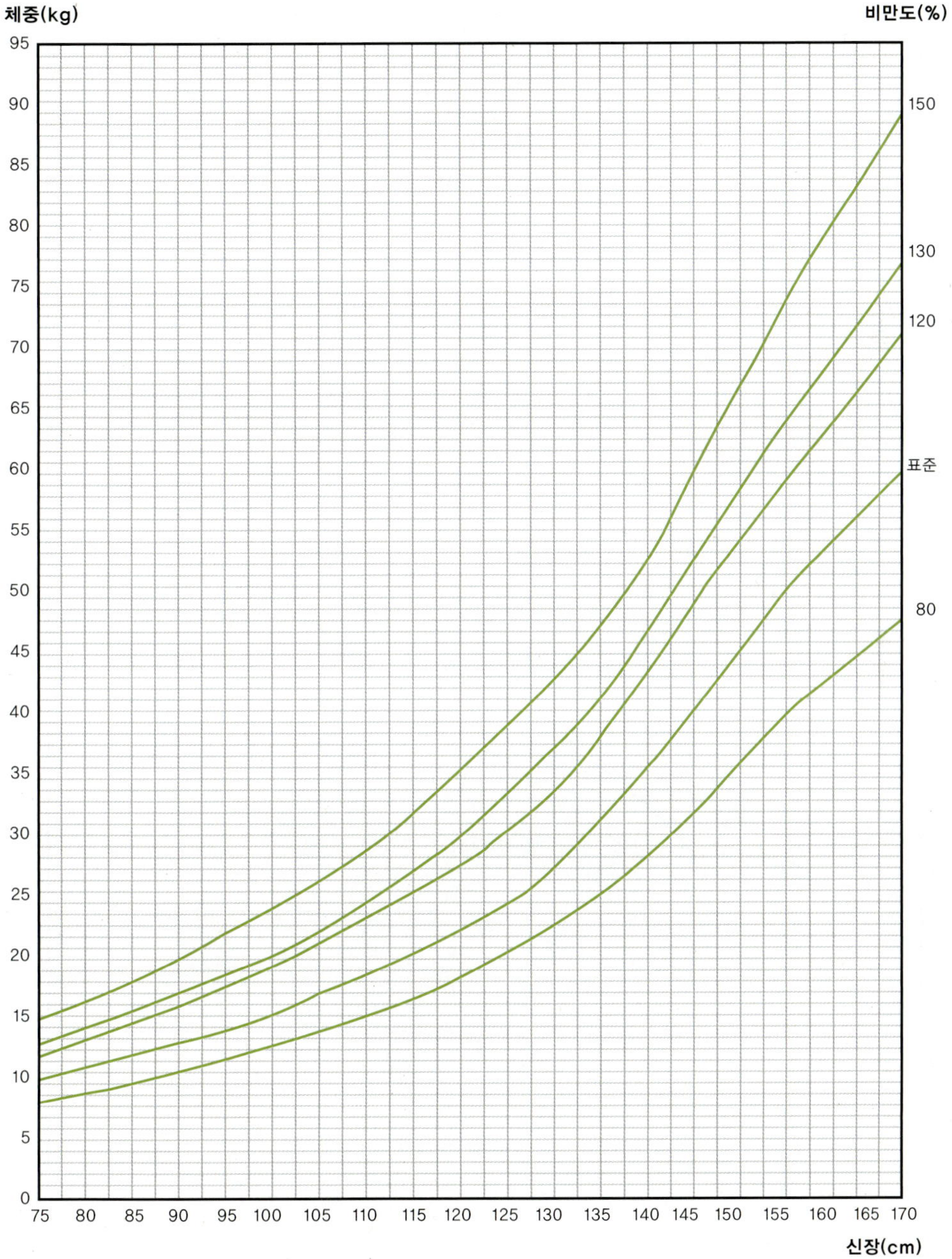
체중(kg)
비만도(%)
95
90
85
80
75
70
65
60
55
50
45
40
35
30
25
20
15
10
5
0
150
130
120
표준
80
75 80 85 90 95 100 105 110 115 120 125 130 135 140 145 150 155 160 165 170
신장(cm)

3) 여아(1)

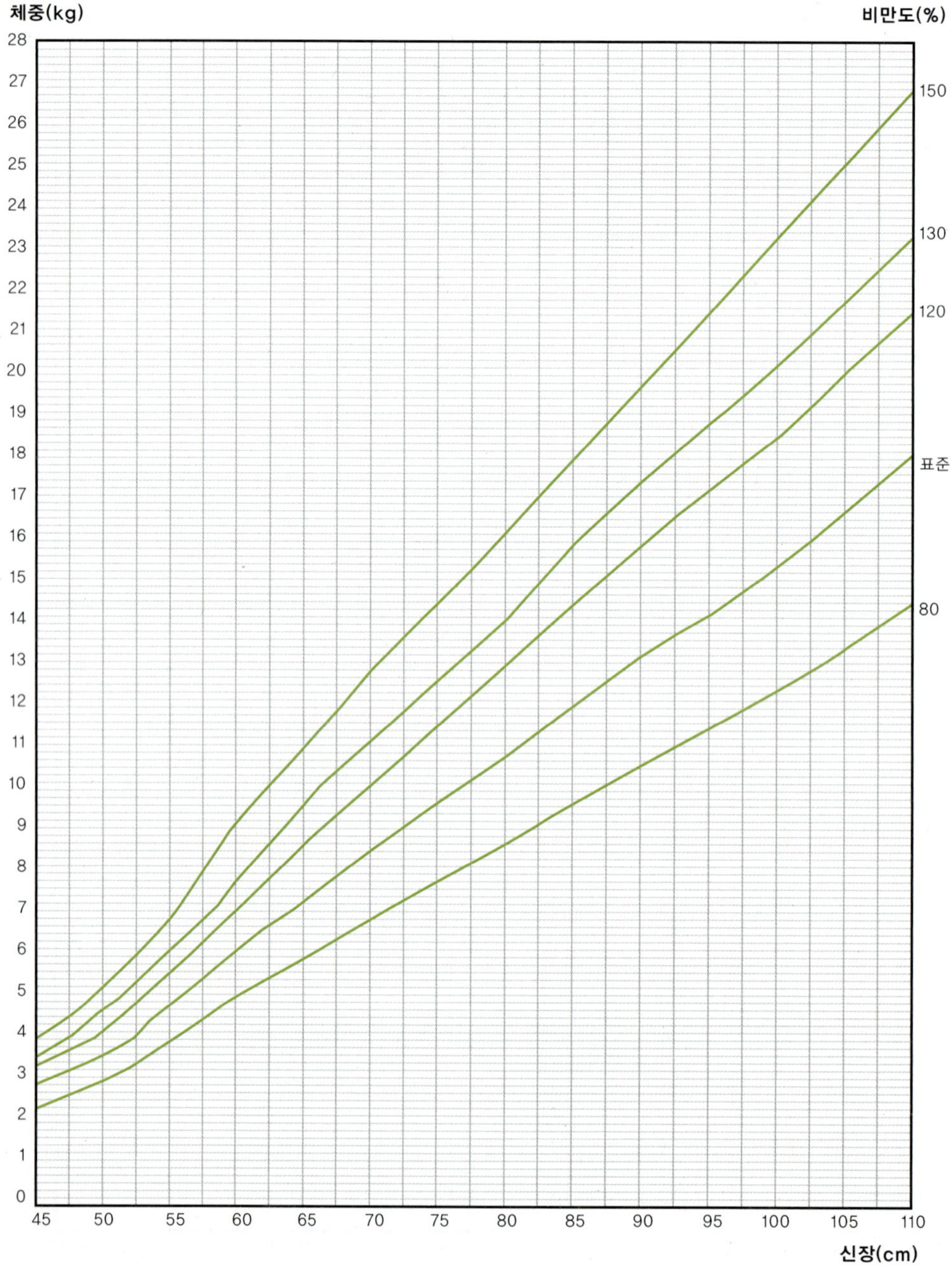
체중(kg)
비만도(%)
0 1 2 3 4 5 6 7 8 9 10 11 12 13 14 15 16 17 18 19 20 21 22 23 24 25 26 27 28
150
130
120
표준
80
45 50 55 60 65 70 75 80 85 90 95 100 105 110
신장(cm)

4) 여아(2)

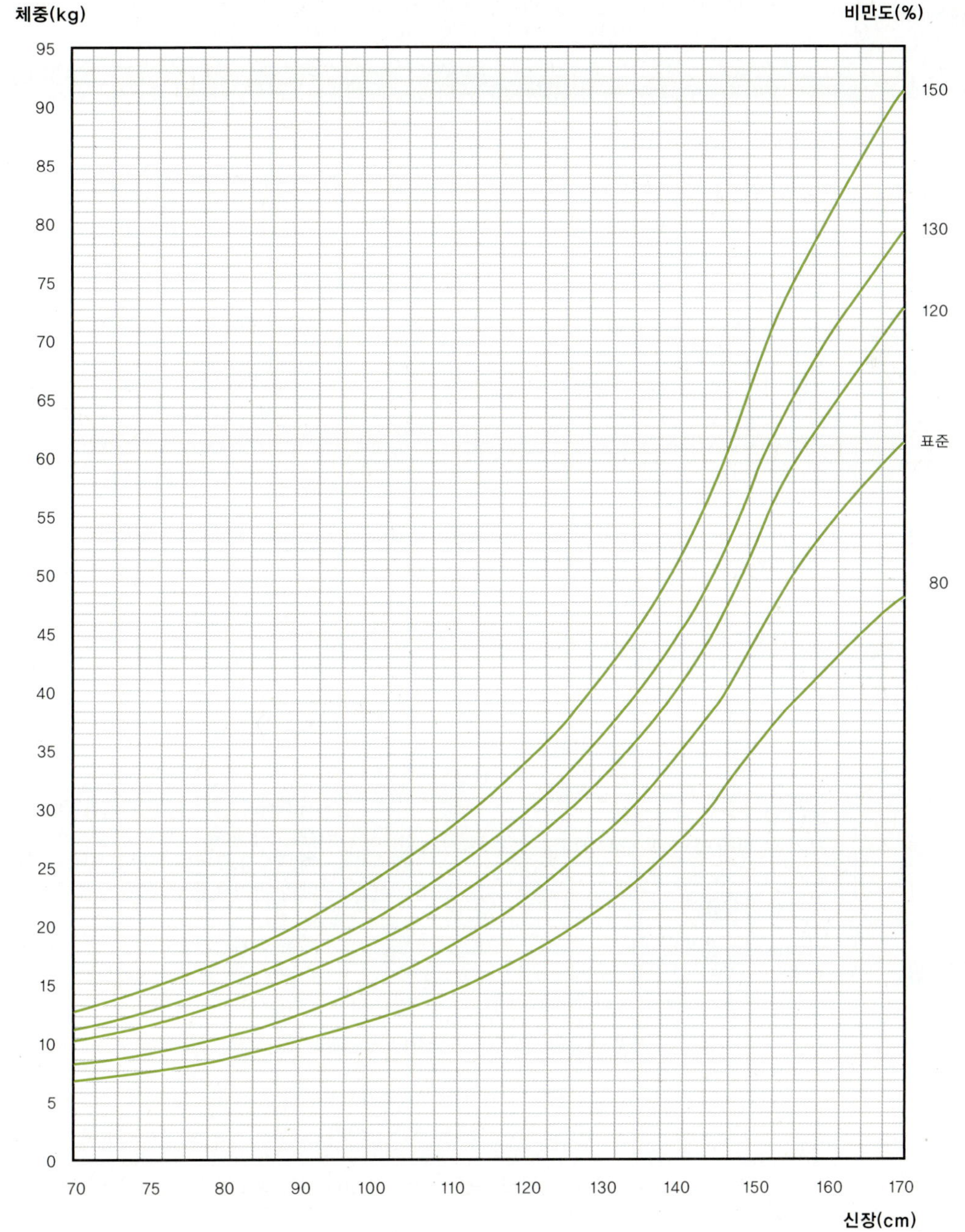
체중(kg)
비만도(%)
95
90
85
80
75
70
65
60
55
50
45
40
35
30
25
20
15
10
5
0
150
130
120
표준
80
70
75
80
90
100
110
120
130
140
150
160
170
신장(cm)

4. 유치원 건강관리 연간계획

목표	1. 유아에게 적합한 건강지도와 기본적인 건강관리를 실시하여 질병을 예방한다. 2. 규칙적으로 이루어지는 청결 및 위생 지도를 통해 유아 스스로 자신의 몸과 주변을 깨끗이 한다. 3. 유아 스스로 자신의 신체를 긍정적으로 인식하여 기본운동능력과 기초체력을 기른다.		
월	건강관리 계획	월	건강관리 계획
2, 3월	- 유아 건강기록부 작성 - 기초체력 증진활동 시작 - 올바른 손 씻기 6단계 교육 - 개인물통 사용교육 - 봄철 전염병 가정 통신문 - 보험 책임한계 공지	9월	- 개인물통 사용교육 - 손 씻기 및 양치질 교육
4월	- 건강검진, 구강검사, 시력검사 - 소아과와 치과, 안과 협약 - 눈병 및 호흡기 질환에 대한 주의 - 유아 건강검진 결과를 가정에 통지 - 건강한 생활습관 형성을 위한 유아 - 치아 관리법 안내	10월	- 독감 예방주사 안내문 - 건강관리 가정통신문 - 손 씻기 및 양치질 교육 - 전염성 장염 및 설사 예방 안내문
5월	- 일본뇌염 예방주사 안내문 - 손 씻기 및 양치질 교육 - 체력증진활동 결과를 가정에 통지	11월	- 환절기 감기 예방교육 - 유아 신체검사 - 손 씻기 및 양치질 교육 - 체력증진활동 결과를 가정에 통지 - 겨울철 식중독 예방 안내문
6월	- 구강교육(보건소) - 유행성결막염 예방교육 - 홍역 예방접종 안내문 - 이질 예방 안내문 - 전염성 장염 및 설사 예방 안내문	12월	- 구강교육(보건소) - 손 씻기 교육 - 환절기 건강관리 교육
7월	- 여름철 눈병과 피부병 예방교육 - 배탈 및 식중독 예방교육 - 모기 및 벌레 물림에 대한 안내문 - 손 씻기 및 양치질 교육 - 교직원 건강검진	1월	- 가정과 연계한 운동을 통한 건강관리 - 손 씻기 교육 - 겨울철 노로바이러스 등 식중독 - 예방 관리요령 안내문
8월	- 여름철 건강관리 안내문 - 손 씻기 및 양치질 교육 - 가정과 연계한 운동을 통한 건강관리	2월	- 겨울철 건강관리 - 손 씻기 및 양치질 교육 - 신입교사 채용 신체검사
기타	- 입학 시 유아의 건강검진 내용과 입학 전 건강상태(특이체질, 병력, 면역, 예방접종) 등을 기록한 건강기록부 작성 및 보관 - 등원 시 유아들의 건강상태 확인/발열체크/개인물통 확인/등하원 시 마스크 착용 - 점심 후 양치질하기/개인 양치컵 사용, 주 1회 소독 · 세척 - 구급약품은 수시 구입 - 청결한 위생관리 : 위생 전문 관리 업체 가입 및 정기적 관리 위탁 및 2개월에 1회 대청소 실시 - 교실 침구 및 카펫 수시 세탁 - 연 1회 이상 유아와 교직원 건강검진 실시 - 요리실험을 통한 영양교육은 월 1회		

5. 어린이집 건강관리 연간계획

월	건강관리 계획	월	건강관리 계획
2, 3월	– 건강기록부 작성 – 신체검사 – 약품구입(기간 내 필요시 수시 구입)	9월	– 약품구입 – 건강검진 및 신체검사 – 손 씻기 및 양치질 교육
4월	– 눈병 및 호흡기 질환에 대한 주의 – 손 씻기 및 양치질 교육	10월	– 독감 예방주사 안내문 – 손 씻기 및 양치질 교육
5월	– 건강관리 안내문(가정통신문) – 영유아 발달체크 리스트 작성(측정 기록) – 손 씻기 교육	11월	– 환절기 감기예방 안내문 – 손 씻기 및 양치질 교육
6월	– 영양소식 – 종사자 건강검진 – 약품구입 – 손 씻기 및 양치질 교육	12월	– 충치교육 – 약품구입 – 손 씻기 및 양치질 교육
7월	– 식중독 예방교육 세균성 이질 – 손 씻기 및 양치질 교육	1월	– 겨울철 운동을 통한 건강관리 – 손 씻기 및 양치질 교육
8월	– 시력검사 – 손 씻기 및 양치질 교육	2월	– 겨울철 건강관리 – 손 씻기 및 양치질 교육 – 신입교사 채용 신체검사
기타	– 등원 시 유아들의 건강상태 확인 – 영유아 건강관리를 위해 유아체조 및 산책하기 실시 – 점심 후 양치질/개인용 물컵 사용, 주 2회 소독, 세척 – 구급약은 연 4회 분기별 구입 – 청결한 위생관리 2개월 1회 방역(하절기 월 1회 방역) 및 매월 1회 대청소 – 매주 침구 세탁 – 연 4회 영아 신체검사, 유아–최소한 2회 – 연 1회 이상 영유아 종사자 건강검진 실시		

6. 사고보고서

<table>
<tr><td>기 관 명</td><td colspan="2"></td><td colspan="2">전화번호</td><td colspan="2"></td></tr>
<tr><td>기관 주소</td><td colspan="6"></td></tr>
<tr><td>상해아동명</td><td></td><td>성별</td><td>남 여</td><td>생년월일</td><td colspan="2">년 월 일</td></tr>
<tr><td>사고일자</td><td colspan="3">년 월 일</td><td>사고시간</td><td colspan="2">am/pm</td></tr>
<tr><td>목격자명</td><td></td><td colspan="3">부모에게 연락한 사항</td><td colspan="2"></td></tr>
<tr><td>연락시간</td><td>am/pm</td><td colspan="2">119신고여부</td><td colspan="3">□ 안 함 □ 신고함 (am/pm)</td></tr>
<tr><td>사고발생 장소</td><td colspan="6">□ 차량중 □ 견학중 □ 실외놀이장 □ 실내놀이실
□ 화장실 □ 복도 □ 교실 □ 대근육활동실
□ 교사실 □ 식당 □ 계단 □ 기타 ( )</td></tr>
<tr><td>사고당시 활동내용</td><td colspan="6">□ 목욕 및 배변시간 □ 교실활동 □ 계단오르내리기
□ 실내자유놀이 □ 점심/간식시간 □ 실외자유놀이
□ 계획된 실외놀이 □ 놀이시설 설비 □ 물놀이
□ 기타 ( )</td></tr>
<tr><td>상해를 입은 시설 설비</td><td colspan="6">□ 오르기시설 □ 평균대 □ 크롤(기어나가는 시설)
□ 장애설비 □ 담/문 □ 실외고정물
□ 회전대 □ 놀이집 □ 시소
□ 미끄럼틀 □ 그네 □ 바퀴 달린 탈 것
□ 바퀴 달린 장난감 □ 잘 모르겠음 □ 기타 ( )</td></tr>
<tr><td>상해의 유형</td><td colspan="6">□ 화상 □ 쇼크/질식 □ 추락/강타 □ 물체에 끼임
□ 찢어짐 □ 뼈가 부러지거나 탈구 □ 압박, 눌림
□ 베임 □ 찰과상(벗겨짐) □ 삠 □ 중독
□ 호흡곤란 □ 기타 ( )</td></tr>
</table>

<table>
<tr><td colspan="2">상해를 입은 다른 아동이 있는가?</td><td colspan="2">□ 예 □ 아니오</td></tr>
<tr><td>사고원인</td><td colspan="3">□ 바닥으로 떨어짐 : 떨어진 높이 약 m
바닥의 형태 :
□ 뛰거나 발을 헛디뎌 넘어짐 □ 다른 유아에게 물림
□ 다른 유아에게 맞거나 밀림 □ 바퀴 달린 탈것 (인라인 스케이트 등)
□ 물체에 의해 다침 □ 음식물에 의한 질식
□ 곤충에 물리거나 쏘임 □ 동물에게 물림
□ 열, 추위에 노출 □ 기타 ( )</td></tr>
<tr><td>다친 부위
(좌, 우 표시)</td><td colspan="3">□ 머리 □ 눈(L, R) □ 귀(L, R) □ 코 □ 입
□ 목 □ 가슴 □ 등 □ 엉덩이(L, R)
□ 생식기 □ 팔(L, R) □ 손(L, R) □ 다리(L, R)
□ 발(L, R)</td></tr>
<tr><td colspan="4">보육기관에서 행해진 응급처치(예: 압박붕대, 세척, 붕대, 위로 등)</td></tr>
<tr><td colspan="4"></td></tr>
<tr><td>학부모와 연락</td><td colspan="3"></td></tr>
<tr><td>응급처치자</td><td></td><td>의료기관 진료여부</td><td>□ 안 함 □ 함</td></tr>
<tr><td>의료기관 진료를 한 경우</td><td colspan="3">□ 외래진료를 받음(예: 진료실, 응급실)
□ 입원 (밤새 혹은 시간)</td></tr>
<tr><td colspan="2">아동의 보호(치료)를 위한 추후 계획</td><td colspan="2"></td></tr>
<tr><td colspan="2">재발방지에 필요한 교정활동</td><td colspan="2"></td></tr>
<tr><td>직원 서명</td><td colspan="3">(인) 날짜 : . . am/pm</td></tr>
<tr><td>부모서명</td><td colspan="3">(인) 날짜 : . . am/pm</td></tr>
</table>

참고문헌 _Reference

강병은(1999). 또래아동과의 협동놀이가 정신지체아의 사회생활 능력에 미치는 효과. 우석대학교 교육대학원 석사학위청구논문.

경기도(2000). 보육교사지침서/경기도. 수원. 126-142.

고은영(2001). 유치원 종일반의 간식 및 점심급식 실태조사 : 서울 지역을 중심으로. 덕성여자대학교 교육대학원 석사학위논문.

김경륜(2004). 보육시설의 안전보육환경 평가척도 개발. 숙명여자대학교대학원 박사학위 청구논문.

김경희 · 정미숙 · 박성미 · 박혜숙(1997). 영유아 영양 관리 및 식생활 지도. 양서원.

김동은(2005). 유아안전교육 활동의 계획과 실행에 관한 연구. 이화여자대학교 교육대학원 석사학위청구논문.

김승현(2005). 유아교사의 안전지식 정도 및 안전연수에 관한 인식과 요구조사. 이화여자대학교 교육대학원 석사학위청구논문.

김신정 · 최환석(1999). 아동에 대한 어머니의 사고예방 실천정도. 대한간호학회지.

김연진 · 송주미(2009). 유아건강교육. 동문사.

김유진(2007). 영아기 안정애착을 위한 춤놀이 프로그램연구. 계명대학교 교육대학원 석사학위청구논문.

김은성(2003). 통합된 장면에서의 연극놀이가 자폐아동의 의사소통 및 사회적 기술향상에 미치는 효과. 정서장애분과 현장특수교육연구보고서(개인).

김일옥(2001). 유아교육기관의 건강교육실태에 관한 연구. 아동간호학회.

김일옥 · 이정은(2006). 아동안전관리. 양서원.

김일옥 · 최경순(2004). 아동건강교육. 양서원.

김일옥 · 최경순(2008). 아동영양학. 공동체.

김정원 외(2008). 보육과정. 파란마음.

김정원(2006a). 어린이 건강을 위한 식생활 교육 활성화 방안. 어린이 건강을 위한 바른 영 양, 안전한 식품 토론회 자료집.

김주연(1996). 가족기능에 따른 아동의 정신건강에 관한 연구. 이화여자대학교 대학원 석사학위청구논문.

김철(2006). 몸의 혁명. 백산서당.

김해정(2009). 유아교육기관의 안전 교육 실태 조사 및 개선방안에 관한 연구. 인제대학교 대학원 석사학위논문.

김혜연(1999). 아동기 정신병리와 어머니의 특성에 관한 연구:성인애착표상 유형. 성격, 결혼만족도를 중심으로. 이화여자대학교 교육대학원 석사학위청구논문.

나양균(2006). 영아의 사회 · 정서능력과 기질 및 애착 간의 관계 연구. 전북대학교대학원 박사학위청구논문.

남향수(2006). 보육시설의 급식관리 운영실태 및 개선방안. 청주대학교 사회복지 행정대학원 석사학위논문.

남혜경(2001). 보육시설의 영유아사고예방을 위한 안전진단과 프로그램 개발. 중앙대학교대학원 석사학위청구논문.

노상균(2007). 유아교사의 기본응급처치 의식에 관한 연구. 한국화재소방학회논문지.

루이스브레서 · 홍강의 · 이영식 역(1998). 인간발달의 통합적 이해. 이화여자대학교출판부.

류경화 · 정명순 · 지주영(2008). 영유아건강교육의 이론 및 실제. 동문사.

마가렛S · 말러 · 프렛파인 · 애니버그만 · 이재훈 역(1997). 유아의 심리적 탄생. 심리치료연구소.

모수미(2000). 알고계십니까 아이들의 식탁. 교문사.

박낭자 외(2007). 아동발달. 정민사.

박성옥 외(2003). 아동의 건강과 안전. 창지사.

박성옥 · 이영환 · 한유미 · 곽혜경 · 양연숙 · 이진숙 · 장혜자 · 안은숙 · 이민경 · 김연주(2008). 영유아의 건강과 안전. 창지사.

서문희 · 신나리 · 김문정(2006). 지역사회 영유아 건강 · 영양 · 안전지원 시범사업 : 보육시설을 중심으로. 육아정책개발센터.

송선영(1999). 모의 산후 우울과 아동의 사회정서 발달특성과의 관계. 숙명여자대학교 대학원 석사학위청구논문.

송태희 · 곽현주 · 우인애 · 김용선 · 이현옥(2008). 유아교사를 위한 아동 영양과 건강. 교문사.

심미경 · 김윤아(2001). 소집단 놀이활동이 자폐성향 아동의 사회적 상호작용 행동에 미치는 영향. 인간환경복지연구 창간호.

오영희(2008). 가정보육시설의 급식 서비스 현황 및 개선방안 연구. 중앙대학교 사회개발대학원 석사학위논문.

유미숙(2002). 유아 안전교육에 대한 부모의 인식조사 연구. 아주대학교 석사학위청구논문.

유한익(2004). 부모의 애착유형과 아동의 정신병리. 서울대학교 대학원 석사학위청구논문.

이경은(2006). 뇌과학에 기초한 영아기 경험의 중요성에 대한 고찰 및 교육적 시사점. 중앙대학교 사회개발대학원 석사학위청구논문.

이기숙 · 장영희 · 정미라 · 배소연 · 박희숙(1997). 영유아를 위한 안전교육. 양서원.

이기숙 · 장영희 · 정미라 · 배소연 · 박희숙(2006). 영유아를 위한 안전교육과 응급처치. 양서원.

이소현 · 박은혜(2008). 특수아동교육. 학지사.

이숙재(2009). 유아를 위한 놀이이론과 실제. 창지사.

이순형 · 이성옥 · 민하영 · 이영미 · 한유진 · 장영은 · 최나야 · 김지현 · 김진경 · 정현심(2008). 영유아건강교육. 학지사.

이유섭(2006). 정신건강과 정신분석. 무지개사.

이인정 · 최해경(1998). 인간행동과 사회환경. 나남출판.

이자형 · 이미정 · 김혜영 · 박현미 · 오진아 · 장은영(2005). 아동건강교육. 교문사.

이제화 · 이소현(2005). 자폐아동의 집착사물을 이용한 게임 중재가 또래 상호작용과 집착행동에 미치는 영향. 정서 · 행동장애연구, P 317~339.

임미혜 · 조숙경 · 지명숙 · 채혜선(2006). 영유아 건강 및 안전교육. 양서원.

정명신(2001). 주의력 결핍 및 과잉행동장애 아동 어머니의 양육 경험에 관한 질적 연구. 이화여자대학교 대학원 석사학위청구논문.

정미라 · 배소연 · 이영미(1999). 유아건강교육. 양서원.

정미라 · 배소연 · 이영미(2007). 영유아를 위한 건강 및 영양교육. 양서원.

정옥분(2006). 사회정서발달. 학지사.

정옥분(2007). 아동발달의 이해. 학지사.

정유진(2007). ADHD아동의 행동개선을 위한 색채수업 지도방안 연구. 동아대학교 교육대학원 석사학위청구논문.

정홍규(2000). 재미있는 감각 찾기와 고요여행. 대건인쇄.

조경자 · 이현숙(1998). 유아건강교육. 학지사.

조미숙(1998). 영유아 보육시설의 급식운영 실태조사. 한국식생활문화학회지, 13(1).

조성연 · 이정희 · 김온기 · 제경숙 · 황혜정 · 나유미 · 박진재 · 송혜린 · 임연진 · 나종혜 · 권연희(2006). 영유아보육의 이해. 서울 : 학지사.

조영자 · 이상복(2003). 미술과 통합수업 프로그램이 자폐아동의 문제행동에 미치는 효과. 정서 · 행동장애연구(제19권 제4호).

지성애 · 김영주 · 염정례 · 조경서(2001). 영아(0-36)프로그램의 이론과 실제. 정민사.

지은숙(2007). 자아존중감 증진 프로그램이 초등 특수학급 아동의 자아존중감과 학교생활 적응에 미치는 효과. 이화여자대학교 교육대학원 석사학위청구논문.

지혜련 · 김온기(1990). 유아의 실외놀이 이론과 실제. 교문사.

채경선 · 김주아(2009). 아동정신건강. 창지사.

채영란 · 김희정(2007). 영아 초기 적응프로그램의 실제. 한국영유아교원교육학회지, Smith & 영유아 단체급식의 표준(2010). http://nutrition.kfda.go.kr/kidgroup/index.jsp

채혜선 · 김경옥 · 김동례 · 마미정 · 박민정 · 박초아 · 이정란 · 한영민(2008). 보육시설 안전 매뉴얼 연구. 중앙보육정보센터.

최경미(2005). 부모의 안전의식과 유아기 자녀의 안전지각과의 관련성에 관한 연구. 군산대학교 교육대학원 석사학위청구논문.

최명해(2001). 유치원 안전사고의 환경적 요인과 안전교육에 대한 실태분석. 대구가톨릭대학교 교육대학원 석사학위청구논문.

최민수 · 정영희(2006). 아동건강교육. 학지사.

최병찬 · 조형원 · 백윤미 · 이인영 · 사공화 · 김혜림(2001). 보육시설에서의 안전사고 예방에 관한 연구. 영등포구 보건소.

최재형(2005). 어머니의 우울성향과 유아의 사회적 유능감과의 관계. 서울여자대학교 특수치료전문대학원 석사학위청구논문.

최지영(2007). 아동건강교육. 동문사.

허인애(2003). 교사가 지각한 유아교육기관 안전사고의 분석. 탐라대학교 교육대학원 석사학위논문.

허혜경 · 김성희(2003). 아동건강교육. 창지사.

교육과학기술부(2007). 제7차 유치원 교육과정 관련 보도자료.

교육부(2002). 학교급식 위생관리 지침서.

국토해양부 홈페이지(http://www.mltm.go.kr/)

대한신경정신의학회(2005). 신경정신의학. 중앙문화사.

매일신문 2010.07.02

보건복지가족부(2007). 표준보육과정.

보건복지가족부(2008). 보육시설 안전 매뉴얼 연구. 보건복지가족부.
보건복지부(1998). 영유아안전보육프로그램, 1, 2권.
소비자보호원(2004). http://www.kca.go.kr/frost/include/forPrint.jsp
한국산업안전공단(2006). 안전! 아이들의 꿈을 키워줍니다. 한국산업안전공단.
한국선(2009). 아동중심의 건강과 안전교육. 교육아카데미.
한국소비자원(2009). 어린이 안전사고 현황 및 부모의식 설문조사 결과(2007.4.30).
한국아동안전관리협회(2003). 아동안전교육개론. 학문사.

Ainsworth, M.D.S., Blehar, M.C., Waters, E., & Wall, S(1978). patterns of attachment. Hillsdak, NJ. Erlbaum.

Gorelick MC, Clark EA.(1985). Effects of a nutrition program on knowledge of preschool children, Journal of Nutrition. Education 17(3):88-92.

Kim EK, Bai YH, Yang IS, Lee SJ, Ahn HJ. 1993. Development of nutrition education program that promotes eating behavior of preschool children-especially focused on being familiar with vegetable. Korean Journal of Dietary Culture, 8(2):125-137.

Newman, B. M, & Newman, P. R., Development through Life: A Psychoscial Approach 5th ed. (California: Brooks/Cole Publishing Company: 1991).

Oakley C.B., Bomba A.K.., Knight K.B., and Byrd S.H.(1995). Evaluation of menus planned in Mississippi Child-care Centers participating in the Child and Adult Care Food Program. American Dietetic Association, Journal of the American Dietetic Association, Chicago.

Olds, S. W. & Eiger. M. S.(1973). The complete book of breastfeeding. New York : Bantam.

Smith SF, James MA. (1980). School lunch and nutrition education resource for fourth graders, Journal of Nutrition Education, 12(2):46-49.

Weikart, D.P., Epstein, A. S., & Bond, J. T.(1978). The Ypsilanti Preschool curriculum demonstration project. Ypsilanti MI: High/scope Educational Researth Foundation.

찾아보기 _ Index

ㅅ

ㅇ

ㅈ

저자 소개

정효정
이화여자대학교 대학원 사회복지학 박사
Washington Baptist University 교수(family studies)

이기영
경희대학교 대학원 이학박사
대덕대학 복지학부 아동특수보육전공 교수

강기숙
경희대학교 대학원 아동학 박사
(재)한국보육진흥원

김미옥
가톨릭대학교 대학원 아동 · 가족학전공 박사과정
가톨릭대학교, 명지전문대학 외래교수

오경숙
명지대학교 대학원 아동학전공 박사수료
국제대학 아동지도계열 겸임교수

이주희
아주대학교 공공정책대학원 사회복지학 석사
수원여자대학 강의, 늘푸른어린이집 시설장

장문규
인하대학교 대학원 아동복지전공 박사과정
한국부모아동연구소장

채소희
덕성여자대학교 대학원 유아교육전공 박사수료
동원대학 아동보육복지과 겸임교수

아동건강교육

2010년 9월 1일 초판 인쇄
2010년 9월 5일 초판 발행

지은이 | 정효정 · 이기영 · 강기숙 · 김미옥
오경숙 · 이주희 · 장문규 · 채소희
발행인 | 유제구
발행처 | 파워북
주 소 | 서울 마포구 염리동 161-5 대동빌딩 4층
전 화 | (02) 730-1412
FAX | (02) 730-1410
등 록 | 1997. 1. 1 제 300-1997-13

정 가 19,000원
ISBN 978-89-8160-161-4 93590

잘못된 책은 바꿔드립니다.